科 学 史 译 丛

牛顿研究

〔法〕亚历山大·柯瓦雷 著

张卜天 译

商務印書館
创于1897　The Commercial Press

Alexandre Koyré

NEWTONIAN STUDIES

本书根据哈佛大学出版社 1965 年版译出

亚历山大·柯瓦雷(Alexandre Koyré，1892—1964)

《科学史译丛》总序

现代科学的兴起堪称世界现代史上最重大的事件,对人类现代文明的塑造起着极为关键的作用,许多新观念的产生都与科学变革有着直接关系。可以说,后世建立的一切人文社会学科都蕴含着一种基本动机:要么迎合科学,要么对抗科学。在不少人眼中,科学已然成为历史的中心,是最独特、最重要的人类成就,是人类进步的唯一体现。不深入了解科学的发展,就很难看清楚人类思想发展的契机和原动力。对中国而言,现代科学的传入乃是数千年未有之大变局的中枢,它打破了中国传统学术的基本框架,彻底改变了中国思想文化的面貌,极大地冲击了中国的政治、经济、文化和社会生活,导致了中华文明全方位的重构。如今,科学作为一种新的"意识形态"和"世界观",业已融入中国人的主流文化血脉。

科学首先是一个西方概念,脱胎于西方文明这一母体。通过科学来认识西方文明的特质、思索人类的未来,是我们这个时代的迫切需要,也是科学史研究最重要的意义。明末以降,西学东渐,西方科技著作陆续被译成汉语。20世纪80年代以来,更有一批西方传统科学哲学著作陆续得到译介。然而在此过程中,一个关键环节始终阙如,那就是对西方科学之起源的深入理解和反思。应该说直到20世纪末,中国学者才开始有意识地在西方文明的背景下研究科学的孕育和发展过程,着手系统译介早已蔚为大观的西方科学思想史著作。时至今日,在科学史这个重要领域,中国的学术研究依然严重滞后,以致间接制约了其他相关学术领域的发展。长期以来,我们对作为西方文化组成部分的科学缺乏深入认识,对科学的看法过于简单粗陋,比如至今仍然意识不到基督教神学对现代科学的兴起产生了莫大的推动作用,误以为科学从一开始就在寻找客观"自然规律",等等。此外,科学史在国家学科分类体系中从属于理学,也导致这门学科难以起到沟通科学与人文的作用。

有鉴于此,在整个20世纪于西学传播厥功至伟的商务印书馆决定推出《科学史译丛》,继续深化这场虽已持续数百年但还远未结束的西学东渐运动。西方科学史著作汗牛充栋,限于编者对科学史价值的理解,本译丛的著作遴选会侧重于以下几个方面:

一、将科学现象置于西方文明的大背景中,从思想史和观念史角度切入,探讨人、神和自然的关系变迁背后折射出的世界观转变以及现代世界观的形成,着力揭示科学所植根的哲学、宗教及文化等思想渊源。

二、注重科学与人类终极意义和道德价值的关系。在现代以前,对人生意义和价值的思考很少脱离对宇宙本性的理解,但后来科学领域与道德、宗教领域逐渐分离。研究这种分离过程如何发生,必将启发对当代各种问题的思考。

三、注重对科学技术和现代工业文明的反思和批判。在西方历史上,科学技术绝非只受到赞美和弘扬,对其弊端的认识和警惕其实一直贯穿西方思想发展进程始终。中国对这一深厚的批判传统仍不甚了解，它对当代中国的意义也毋庸讳言。

四、注重西方神秘学（esotericism）传统。这个鱼龙混杂的领域类似于中国的术数或玄学，包含魔法、巫术、炼金术、占星学、灵知主义、赫尔墨斯主义及其他许多内容，中国人对它十分陌生。事实上，神秘学传统可谓西方思想文化中足以与"理性"、"信仰"三足鼎立的重要传统，与科学尤其是技术传统有密切的关系。不了解神秘学传统，我们对西方科学、技术、宗教、文学、艺术等的理解就无法真正深入。

五、借西方科学史研究来促进对中国文化的理解和反思。从某种角度来说，中国的科学"思想史"研究才刚刚开始，中国"科"、"技"背后的"术"、"道"层面值得深究。在什么意义上能在中国语境下谈论和使用"科学"、"技术"、"宗教"、"自然"等一系列来自西方的概念，都是亟待界定和深思的论题。只有本着"求异存同"而非"求同存异"的精神来比较中西方的科技与文明，才能更好地认识中西方各自的特质。

在科技文明主宰一切的当代世界，人们常常悲叹人文精神的丧失。然而，口号式地呼吁人文、空洞地强调精神的重要性显得苍白无力。若非基于理解，简单地推崇或拒斥均属无益，真正需要的是深远的思考和探索。回到西方文明的母体，正本清源地揭示西方科学技术的孕育和发展过程，是中国学术研究的必由之路。愿本译丛能为此目标贡献一份力量。

张卜天

2016 年 4 月 8 日

目　　录

在 1959 年马德里召开的第九届国际科学史大会上
宣读；最初发表于《第九届国际科学史会议文集》(*Actes
du LXe Congrès International d'Histoire des Sciences*)
(1960)，165—197；重印于《年鉴》(*Annales*) 6 (1960)。

发表于《爱西斯》(*Isis*) 43 (1952)。

发表于 *Archives Internationales d'Histoire des Sciences*
13 (1960)。

发表于 *Archives Internationales d'Histoire des Sciences*
14 (1961)。

前　　言

　　这本牛顿研究的选集包括了我近十几年来写的一些文章,其中每一篇都论及牛顿科学思想的一个不同方面。虽然每篇文章都是分别写成的,彼此之间并无多少联系,但它们却并非仅仅因为研究了同一个人思想的某个方面而被强行拼凑到了一起。其中心主题是,用概念分析的方法来说明基本的科学思想如何既与哲学思想的主流相联系,又被经验控制所决定。

　　除一篇文章("牛顿与笛卡儿")之外,所有文章以前都曾发表过,不过这里每一篇都补充了一些材料,或是稍作修改,或是添加了一些能在现有研究水平上展开某些讨论的内容,再不然就仅仅是引用了一些新近的研究成果,也许可以帮助我们更好地理解本书讨论的某些观点。

　　其中有三篇文章,"牛顿、伽利略和柏拉图"、"牛顿的'哲学思考的规则'"和"牛顿科学思想中的概念与经验"(起初名为"牛顿著作中的假说与经验"),原先是用法文刊印的,这里给出的是英译。"牛顿与笛卡儿"到目前为止还没有发表,它是基于我在哈佛大学所做的第三届霍布利特科学史讲演整理而成。我要感谢这个讲座的创始人霍布利特(Mark M. Horblit)先生,还要感谢哈佛大学科学史委员会邀请我参与出版这套丛书。出版时我大大扩充了讲座内容，并且增加了大量注释和附录。这项研究虽然很重要，却只是探讨了这两位伟人之间关系的一小部分，对于牛顿与笛卡儿之间那些明显的联系，我并没有去详细讨论。比如，我没有研究笛卡儿的几何与牛顿基于希腊模型构想的几何方法之间的关系。

最后，我要对所有那些帮助这些文章出版的朋友们致以谢意，他们是：哈佛大学的 I. B. Cohen 教授，马萨诸塞剑桥的 Henlen R. Kessler 夫人和 Edward. J. Collins 先生，以及巴黎的 Mimica Cranaki Belaval 女士。

A. 柯瓦雷

1964 年 1 月 20 日于巴黎

柯瓦雷教授 1964 年 4 月 28 日在巴黎去世。他去世之前曾仔细审阅了每一章节，修改了"牛顿与笛卡儿"的打字稿，核对了法语文章的翻译，又扩充和重写了英语文章的相当一部分内容。因此，这里出版的版本代表了他的遗愿。

第一篇　牛顿综合的意义

要想用短短几句话就说清楚牛顿科学的世界观的诞生、成长和衰落的详细历史，这显然是根本不可能的，即便要较为完整地讲述牛顿本人所做的工作，也同样让人一筹莫展。[①]因此我不得不局限于那些最关键的地方，以对这个主题做出提纲挈领的把握。而且，我这样做时将假定读者已经具备一定的知识。我想这个假定还算合理，因为事实上我们每个人对牛顿都略知一二，而且对他的了解肯定比生活在 17 世纪——这个世纪曾被怀特海（Alfred Whitehead）称为"天才的世纪"——的其他大科学家和哲学家都多。

比如我们知道，光的分解的想法以及关于谱色的第一个科学理论，[②]要归功于牛顿的洞察力和实验天才——不是技能，其他人，

---

① 关于牛顿科学工作最优秀的一般性论著仍然是 F. Rosenberger, *I. Newton und seine physikalischen Principien*［牛顿及其物理学原理］(Leipzig, 1895)。也可参见 H. W. Turnbull, *The Mathematical Discoveries of Newton*［牛顿的数学发现］(London: Blackie, 1945); S. I. Vavilov, *Isaac Newton*［艾萨克·牛顿］(Moscow: Akademiia Nauk, 1943), German translation (Berlin: Akademie-Verlag, 1951); 以及 I. B. Cohen, *Franklin and Newton*［富兰克林与牛顿］(Philadelphia: The American Philosophical Society, 1956)。牛顿最出色的传记是 L. T. More, *Isaac Newton*［艾萨克·牛顿］(New York and London: Scribner, 1934)。

② 用晶体和水滴来产生谱色，以及随之提出来的彩虹理论，有相当长的历史和历史

4　比如胡克(Robert Hooke)的技能并不亚于他，甚至比他还高；运动和
作用力的基本定律①得以明确提出——尽管不是被发现——以及
科学探索的方法和意义得以被清楚地认识，也都要归功于他那深刻
的哲学思想；正是他发明的微积分，使他证明了天界和地界的引力
是同一的，并且找到了把无限宇宙中最小和最大的物体——星体和
原子——联系起来(至少到目前为止还是如此)的引力所遵从的基
本定律。当然，我们也知道不是牛顿，而是其伟大的对手莱布尼茨，②

(接上页)背景，可以从中世纪一直追溯到古代。17 世纪的相关研究著作主要有：Marcus
Antonius de Dominis, *De radiis visus et lucis in vitris perspectivis et iride tractatus*[论透视
镜中的可视与可见半径及论潮汐](Venice, 1611)；Descartes, *Discours de la méthode*[方法
谈](Leiden, 1637)后面所附的"Dioptrique"[屈光学]和"Météores"[气象学]；Marcus Marci,
Thaumanthias, liber de arcu coelesti deque colorum apparentium natura[关于天弧(彩虹)及
其表面颜色的本性](Prague, 1648)；F. M. Grimaldi, *Physico-mathesis de lumine, coloribus et
iride*[光、颜色和潮汐的物理-数学探讨](Bologna, 1665)；特别是 Robert Boyle, *Experi-
ments and Considerations upon Colours*[关于颜色的实验和思考](London, 1664)和 Robert
Hooke, *Micrographia: Or Some Physiological Descriptions of Minute Bodies Made by
Magnifying Glasses*[显微图谱](London, 1665)。牛顿的功劳并不是发现这些现象，而
在于(1)把精确测量应用于研究，(2)把谱色解释成白光被棱镜分解(且重新组成)为单
色光，而不是像以前所认为的，是白光在通过棱镜时发生了质的改变。关于这个问题
的历史，可以参见 Vasco Ronchi, *Storia della luce*[光的历史](Bologna: Zaichelli, 1939;
2nd ed., 1952)以及 Roberto Savelli, "Grimaldi e la rifrazione,"[格里马尔迪与折射]
Cesalpina, 1951。

①　运动定律的发现归功于伽利略和笛卡儿。参见我的 *Études galiléennes*[伽利
略研究](Paris: Hermann, 1939)；还可参见 R. Dugas, *Histoire de la mécanique*[力学
史](Paris: Éditions Dunod, 1950)和 *La Mécanique au XVIIe siècle*[17 世纪的力学](Par-
is: Éditions Dunod, 1954)，以及 A. R. Hall, *The Scientific Revolution*[科学革命](Lon-
don: Longmans, Green, 1954)。

②　今天，没有人会怀疑莱布尼茨完全独立地发明了微积分，也没有人怀疑过莱布
尼茨提出的符号系统的优越性。参见 H. G. Zeuthen, *Die Geschichte der Mathematik im
XVI. und XVII. Jahrhundert*[16、17 世纪数学史](Leipzig: Teubner, 1903)；C. B. Boyer,
The Concepts of the Calculus[微积分概念史](Columbia University Press, 1939; 2nd ed.,
New York: Hafner, 1949)。因此注意到下面这一点是很有趣的，阿达玛(Jacques Hadamard)

使无穷小演算①得以实际传播和发展,否则,牛顿的"宇宙体系"(*systema mundi*)将不可能被逐渐拓展和完善。

而且,即使不是所有人,我们中的大部分人也都是出生并且成长于——或者更确切地说,不是出生于(因为这是不可能的),而只是成长于——牛顿的或至少也是半牛顿的世界中。我们所有人,或几乎所有的人,都已经把牛顿的世界机器当成了宇宙的真实图景和科学真理的体现,这是因为在 200 多年的时间里,它一直都是近代科学以及经过启蒙时代洗礼之后人类的共同信条和常识(*communis opinio*)。

于是我似乎可以假定,在说到牛顿和牛顿的学说时,我们都或多或少地知道所谈的是什么。或多或少! 不知怎的,当这个词和牛顿连在一起使用时,我总是感到不太恰当,因为在以牛顿为继承者和最高表现的 17 世纪,牛顿的学说甚或整个科学革命最深层的意义和目标,也许恰恰是要废除一个"或多或少"的世界,一个充满性质和感知觉的世界,一个欣赏我们日常生活的世界,而代之以一个精确的、可以准确度量和严格决定的(阿基米德式的)宇宙。

_____

(接上页)教授曾认为莱布尼茨的系统逊于牛顿的系统,就像"微分"概念逊于"流数"的概念一样。参见 Jacques Hadamard, "Newton and the Infinitesimal Calculus," [牛顿和无穷小演算]in the Royal Society of London, *Newton Tercentenary Celebration* [牛顿诞辰三百周年纪念文集](Cambridge, England: University Press, 1947), pp. 35—42。

　　①无穷小演算(infinitesimal calculus)是微积分(differential and integral calculus,或简称 calculus)的旧称。——译者注

现在让我们详细讲述一下这场革命,自从两千年前希腊人发明了"和谐整体宇宙"(cosmos)①以来,它即使算不上人类所取得——或遭受——的最深刻的变革和转变,至少也是其中之一。②人们已经用各种方式描述和解释过这场革命(解释远多于描述),一些人强调了经验与实验在新科学中所起的作用,现代人开始与脱离实际经验的书本知识相抗争,开始相信自己,相信通过训练他的感官和理智,他可以凭借自己的力量去发现真理。培根和笛卡儿强有力地表达了这种信念,一反以往流行的对传统和神圣权威凌驾于一切之上的价值的信仰。

另一些人则强调了现代人的实践态度。中世纪和古代的人据称在沉思的生活(*vita contemplativa*)中看到了人的生活的极致,而现代人则从中摆脱出来,转向了行动的生活(*vita activa*);因此他再也不能满足于纯粹的沉思和理论,而是渴望一种能够实际运用的知识:用培根的话来说,这是一种行动的、操作的知识(*scientia activa*,*operativa*),或者用笛卡儿的话来说,这是一种使人变成自然的主宰和拥有者的科学。③

我们有时会被告知,新科学是工匠和工程师的科学,是实用的、有事业心的精明商人的科学,说到底,是现代社会新兴资产阶

---

① cosmos 是指和谐、有序、结成整体的宇宙概念。——译者注

② 参见我的 "Galileo and the Scientific Revolution of the Seventeenth Century" [伽利略与 17 世纪科学革命],*Philosophical Review* 52(1943),333—348。

③ 哲学家们容易错误地判断其同时代哲学的形势,(在考察过去时)他们往往会忘记,哲学(和宗教)的学说经常与其说是在表达,不如说是在反对当时流行的趋势。

级的科学。^①

　　这些描述和解释当然不无道理：毋庸置疑，近代科学的发展是 6
以城市的发展为前提的；火器，特别是火炮的发展，显然使弹道学

<hr/>

　　① 关于近代科学兴起的心理社会学解释，通常是两种绝不等价的理论的混合体：
(1)近代科学是 16、17 世纪技术发展的衍生物；它是由土木工程师和军事工程师(达·
芬奇，斯台文[Stevinus])，尤其是威尼斯兵工厂等地的技师们创造的；(2)近代科学是
由于随着技术不断增长的重要性，以及 16、17 世纪资产阶级的不断壮大，一些科学家
开始思考自阿基米德时代以来一直被忽视的问题而产生的。在我看来，这两种理论都
缺少以下内容：(1)对数学的纯理论兴趣在导致——并被保持下去——希腊科学被重
新发现的过程中所扮演的角色；(2)天文学研究的巨大重要性及其自主发展，推动其发
展的主要是对宇宙结构的纯理论兴趣，而不是测定海上经度等实际需要。再有，他们
忘记了数学家和天文学家(更不用说实验物理学家)同神学家和法学家一样(甚至有过
之而无不及)也需要钱，因此可能会故意强调自己工作的实用价值，以把他们的科学
"卖给"那些富有但却无知的赞助人。这种宣传绝不是 20 世纪的特色，它从 16 世纪就
开始了。培根主要是由于作为宣传家(吹鼓手)的技能和价值才在 17、18 世纪的科学
家中流行的。关于心理社会学(马克思主义和半马克思主义)理论的最佳文献可以参
见：F. Borkenau, *Der Uebergang vom feudalen zum bürgerlichen Weltbild*[从封建主义
世界观到资产阶级世界观的转变](Paris：Alcan, 1934)；B. Hessen, "The Social and
Economic Roots of Newton's *Principia*,"[牛顿《原理》的社会经济根源], in *Science at
the Cross-roads：Papers Presented to the International Congress of the History of Sci-
ence and Technology Held in London, 1931*[十字路口上的科学], by the delegates of
the U. S. S. R. (London：Kniga, 1931)；以及 E. Zilsel, "The Sociological Roots of Sci-
ence,"[科学的社会学根源]*American Journal of Sociology* 47(1942), 544—562。对
该理论的批评参见 G. N. Clark, *Science and Social Welfare in the Age of Newton*[牛
顿时代的科学和社会福利](London：Oxford University Press, 2nd ed. , 1949)；H.
Grossmann, "Die gesellschaftlichen Grundlagen der mechanistischen Philosophie und die
Manufaktur,"[机械论哲学的社会基础与制造业]*Zeitschrift für Sozialforschung*,
1935, pp. 161 sq. 。还可参见 P. M. Schuhl, *Machinisme et philosophie*[机械论与哲学]
(Paris：Presses Universitaires de France, 1938；2nd ed. , 1947)，以及我的论文 "Les
Philosophes et la machine,"[哲学家与机器]*Critique 23*(1948), 324—333 and *27*：
610—629 和 "Du monde de l'à peu près à l'univers de la prècision,"[从大约的世界到精
确的宇宙]*Critique 28*(1948), 806—823, reprinted in *Études d'histoire de la pensée
philosophique*(Paris：Armond Colin, 1961)。

问题受到了重视。航海,特别是通往美洲和印度的航行,促进了钟表的制造等。但我必须承认,我对这些解释并不满意。我看不出所谓"行动的科学"与微积分的发展有什么关系,看不出资产阶级的兴起与哥白尼或开普勒的天文学有什么关系。至于经验和实验——我们不仅需要把这两样东西区别开,甚至还应把它们对立起来——我确信,实验科学的兴起和发展是那种对于自然的新的理论理解,即新的形而上学理解所导致的结果,而不是它的原因。这种新的理解构成了 17 世纪科学革命的内容,在尝试解释科学革命的历史出现之前(不论是什么解释),我们必须理解它的内容。

因此,我要用两个密切相关甚至互补的特征来刻画这场革命:(1)cosmos 的瓦解,以及基于这个概念的所有想法——即使并不总是事实上,至少也是原则上——都从科学中消失;①(2)空间的几何化,也就是用欧几里得几何学同质的、抽象的——无论现在被认为有多么真实——维度空间,来取代伽利略之前物理学和天文学所采用的具体的、处处有别的处所连续体(place-continuum)。

事实上,这种刻画近乎等同于自然的数学化(几何化),从而近乎等同于科学的数学化(几何化)。

"和谐整体宇宙"(cosmos)的消失——或瓦解——意味着,科学的世界,真实的世界,不再被视为一个有限的、有秩序等级的从而在性质和本体上处处有别的整体,而是被视为一个开放的、无定限的甚至是无限的宇宙,将这个宇宙统一起来的不是其内在结构,而是

①　正如我们所要看到的,牛顿的科学,或者至少是牛顿的世界观,断言了世界(太阳系)的目的论特征。它并非通过从一个目的导出世界的特征来解释这些特征。开普勒仍然在使用这种解释方式。

其基本内容和定律的同一性；①传统观念认为有两个世界，即生成
（becoming）的世界和存在（being）的世界，即地界和天界，它们相
互分离，彼此对立。现在的宇宙则与此相反，它的所有组分似乎都
被置于同一本体论层次，天界物理学（*physica coelestis*）和地界物
理学（*physica terrestris*）是相同的和统一的。在这个宇宙中，天文
学和物理学因为都服从几何学而变得相互依赖和统一。②

　　而这又意味着，所有基于价值、完满、和谐、意义和目的的想法
都要从科学思想中消失，或者说被强行驱逐出去，因为从现在起，
这些概念只是些主观的东西，在新的本体论中没有位置。或者换
句话说，所有作为解释方式的形式因和目的因在新科学中消失了，
或者说被抛弃了，取而代之的则是动力因甚至是质料因。③　只有　8

---

　　①　空间的几何化必然蕴含着空间的无限化，因为我们不能给欧几里得空间指定
界限。因此可以把 cosmos 的瓦解刻画成 M. Nicolson 女士所说的"圆的打破"，或者我
自己所说的"天球的爆裂"。

　　②　参见我的 *Études galiéennes* 和"Galileo and Plato"［伽利略与柏拉图］,*Journal
of the History of Ideas* 4(1943),400—428,reprinted in Philip Wiener and Aaron No-
land,eds.,*Roots of Scientific Thought*(New York:Basic Books,1957)。

　　③　常有人说，近代科学的特征是放弃寻求原因，而只限于用定律解释自然。然
而，正如 P. Duhem,*ΣΩZEIN TA ΦAINOMENA*,*Essai sur la notion de la théorie phy-
sique de Platon à Galilée*［拯救现象：从柏拉图到伽利略的物理理论观念］(Paris:Her-
mann,1908)和 *La Théorie physique:Son object,sa structure*［物理理论的目的与结构］
(Paris:Chevalier and Rivière,1906)所表明的，这种"实证主义"态度绝非在近代才产
生，它在古希腊和中世纪的天文学和哲学中都有广泛体现，它往往把托勒密体系中的
圆、偏心圆和本轮看成纯粹的数学工具而不是物理实在。中世纪提倡这种观点的主要
是阿威罗伊；至于托勒密自己，则似乎在《至大论》(*Almagestum, Mathematical Syn-
tax*)中采纳了这种观点，尽管在《行星假说》(*Hypotheses of the planets*)中还没有。另
一方面，正如 E. Meyerson 在 *Identité et realité*［同一与实在］(Paris:Vrin,5th ed.,
1951),trans. Kate Loewenberg as *Identity and Reality*(New York:Dover,1962)和 *De
l'explicationdanslessciences*［科学中的解释］(Paris:Payot,1921)中令人信服地表明

动力因和质料因才有权被纳入这个几何实体化(hypostatized)的新宇宙,也只有在抽象物体在抽象空间中运动的这个抽象而真实的(阿基米德式的)世界中,新科学——经典科学——的存在法则(laws of being)和运动定律才是有效和正确的。

　　现在就很容易理解,为什么正像通常所说的那样,经典科学是用量的世界取代了质的世界。这是因为——亚里士多德早就清楚地知道——在数的世界或几何图形的世界里是没有质可言的,在数学本体的领域中没有它们的位置。

　　不仅如此,现在也很容易理解,为什么经典科学——这一点很少有人注意——是用存在的世界取代了生成和变化的世界:正如亚里士多德也说过的,这是因为在数和形中没有变化和生成。① 然而在此过程中,它的基本概念,比如物质、运动等,都不得不重新制定、重新表述或重新发现。

　　考虑到这场如此深刻和彻底的革命的范围之巨大和影响之深远,我们不得不承认,总体说来,它发生的速度是惊人的。

　　1543 年,即牛顿诞生一百年前,哥白尼把地球从其根基中掘出,抛入了天空。② 在接下来一个世纪之初(1609 年和 1619 年),开

（接上页）的那样,这种放弃从来都只是暂时的,科学思想总是试图透过定律,到达其背后去找出现象的"产生机制"。我可以补充的是,一方面正是由于对天体运动因果定律的寻求,才使开普勒开创了被称为天界物理学的"新天文学",而另一方面,正是由于缺乏任何重力理论,才导致伽利略错误地把引力当成了一种恒常的力。

　　①　因而牛顿的《光学》否认光透过棱镜时会发生任何质的改变。棱镜只是相当于一个把混合物分离开的筛子,它把白光分解成几种不同的光线,它们在混合的白光中已经是这样。根据牛顿的说法,棱镜实验就像每一个好的实验一样,揭示了某种已经在那里的东西,而没有产生任何新东西。

　　②　*De revolutionibus orbtum coelestium*［天球运行论］(Nuremberg,1543)。

普勒提出了他的天体运动定律,从而摧毁了包围世界并使之维持在一起的天球;①与此同时,伽利略正在制造第一批科学仪器,向 9 人类展示着肉眼从未见过的东西,②使无限大和无限小这两个彼此相连的世界成为科学研究的对象。

不仅如此,通过"让运动服从于数",伽利略为提出物质和运动的上述新概念扫清了道路,这些新概念成了新科学和新宇宙论的基础;③1637 年,笛卡儿④试图借助于这些概念来重建世界(把物质与空间等同起来),结果失败了;牛顿也把这些概念用于自己的重建工作(重新区分物质与空间),结果是那样辉煌和成功。

在经典科学中运用得如此成功的新运动概念相当简单,它是那样简单,以至于虽然很容易使用——一旦像我们那样习惯于它——却很难把握和完全理解。我不能在这里分析它了,⑤但我想指出一点,正如笛卡儿明确告诉我们的,新的运动概念是用一个纯数学概念取代了一个物理概念。在前伽利略和前笛卡儿的观念

---

①　前两条定律在 *Astronomia nova ΑΙΤΙΟΛΟΓΟΓΗΤΟΣ sive physica coelestis tradita commentariies de motibus stellae martis*[新天文学](1609)中;第三条定律在 *Harmonices mundi*[世界的和谐](Lincii,1619)中。

②　*Sidereus nuncios*[星际讯息](Venice,1610)。

③　*Dialogo ... sopra i due massimi sistemi del mondo*[关于两大世界体系的对话](Florence,1632)和 *Discorsi e dimostrazioni intorno à due nuove scienze*[关于两门新科学的谈话](Leiden,1638)。

④　*Discours de la méthode pour bien conduire sa raison et chercher la verité dans les sciences*[方法谈](Leiden,1637)和 *Principia philosophiae*[哲学原理](Amsterdam,1644);但在 1629 年与 1630 年他未发表的"Monde ou traité de la lumière"[论世界或论光]中已经出现了。

⑤　参见我的 *Études galiéennes*。

中,运动是一种生成,是一种影响运动物体的变化过程,而静止则不会影响运动物体;而新的——或经典的——观念则把运动解释成一种存在,也就是说,运动不是一个过程,而是一个状态(*status*),这个状态同静止一样持久和不可摧毁,①而且它们都不会对运动物体产生影响。就这样,运动和静止被置于同一本体论层面,它们之间质的区别被消除了,彼此变得无法区分。② 它们仍然是相反的——甚至比以前更相反——但这种相反变成了一种纯粹的关联。运动和静止不再为物体本身所有,物体只是相对于彼此,或者相对于它们存在、静止和运动于其中的空间而言是静止或运动的;运动和静止都是关系,尽管它们同时被视为状态。正是这种观念——牛顿无疑很清楚其内在困难——承载着(也许是暗中破坏着)经典科学辉煌的结构。牛顿在其著名的第一定律或公理中告诉我们的正是这种运动:任何物体都保持其静止或匀速直线运动状态,除非有力加于其上迫使其改变这种状态(*corpus omne perseverare in statu suo quiescendi vel movendi uniformiter in directum nisi quatenus a viribus impressis cogitur statum illum*

---

① 因此,运动是自行(*sua sponte*)持续的,和静止一样,运动不需要一个内部或外部的推动者或原因就可以持续。于是,运动不变地持续——因为变化蕴含着原因——也就是沿同一方向以同样的速度持续;牛顿正是把"惯性的"一词用于这种匀速直线运动;参见第三篇,"牛顿与笛卡儿"。"惯性"一词源于开普勒,他为其赋予了"对变化的抵抗"的含义。因此对开普勒来说,运动是一种变化,惯性是对运动的抵抗;而对牛顿来说,运动不再是变化,惯性是对(正的或负的)加速度和方向变化的抵抗力。

② 笛卡儿曾明确(*expressis verbis*)断言直线运动与静止的等价性。在牛顿物理学中,相对运动和静止是等价的,而绝对运动和静止当然不等价。不幸的是,至少对我们而言,它们仍然是不可区分的,如果对上帝而言可以区分的话。

mutare)。①

　　这个定律中所涉及的运动并非我们经验中物体的运动，我们在日常生活中不会碰到它。它是几何物体（阿基米德物体）在抽象空间中的运动，因此它与变化无关。几何物体在几何空间中的"运动"不改变任何东西；在这样一个空间中，"位置"是等价甚至是等同的。也许可以说，它是一种不变的变化，是柏拉图试图在《巴门尼德篇》(*Parmenides*)中实现的——最后失败了——对同与异的一种奇特的、悖论式的混和。

　　如果我们不得不让运动服从于数，以便用数学来处理运动，并且建立起一门数学物理学，那么运动概念的转变，即用实体化的数学概念来取代经验概念，就是不可避免的。但这还不够，数学本身也必须转变（牛顿的不朽功绩正在于实现了这种转变）。在某种意义上，必须使数学的东西更加靠近物理学，使之受运动支配，不是在"存在"中，而是在"生成"或"流变"中来看待它们。②

　　几何曲线和图形只能这样来理解：它们并非由其他几何要素所构成，也不是几何体与几何面在空间中交截出来的东西，甚至也不是用代数公式表示的它们自身结构关系的空间图像，而是由空

　　① Issac Newton, *Philosophiae naturalis principia mathematica*, axiomata sive leges motus, Lex I[《自然哲学的数学原理》，运动公理或定律，定律一]。根据这条定律，运动是一种状态，加速度则是一种变化。圆周运动之所以是一种加速运动，是因为它蕴含了方向的连续变化，因此很容易识别，并与静止相区别。马赫在其著名的牛顿批判著作中似乎忽视了这个简单的事实；参见 *The Science of Mechanics*[力学史评]，trans. T. J. McCormack(La Salle, Illinois：Open Court, 1942), pp. 276—285。

　　② 参见 Hadamard, "Newton and the Infinitesimal Calculus"和 Boyer, *The concepts of the Calculus*。

间中点和线的运动所产生或描出的东西。当然,我们这里谈论的
是一种非时间性的运动,或者更奇特地说,是一种在非时间性的时
间(timeless time)中进行的运动——这种说法与不变的变化
(changeless change)同样具有悖论意味。然而只有让不变的变化
在非时间性的时间中进行,我们才能——理智且有效地——处理
这样一些实在,比如运动物体在轨道上任意一点或任一时刻的速
度、加速度和运动方向。

　　这是一段震撼人心的历史。为了提出这些新奇的想法,为了建
立,或如斯宾诺莎(Spinoza)意味深长地说,为了锻造或杜撰(*forge*)
这些新的思想工具和理解方式,人类付出了艰苦卓绝的努力。从
《方法谈》(*Discours de la méthode*)到《自然哲学的数学原理》(*Phi-
losophiae naturalis principia mathematica*),整整用了50年时间。一
连串大思想家——这里只提及卡瓦列里(Cavalieri)、费马(Fermat)、
帕斯卡(Pascal)、沃利斯(Wallis)、巴罗(Barrow)和惠更斯(Huy-
gens)——都为最终的成功做出了贡献,没有他们,《原理》绝不可能
写成;即使是对牛顿来说,这项任务也是太艰巨了,它超出了人之所
能(*qui genus humanum ingenio superavit*)。[①]

　　因此,如果把牛顿致胡克的信中那段名言稍加改动,我们着实
可以说,牛顿之所以比前人看得更远,是因为他是一个站在其他巨
人肩上的巨人。[②]

---

　　① 　Zeuthen, *Die Geschichte der Mathematik im ⅩⅥ. und ⅩⅦ. Jahrhundert*; L.
Brunschvicg, *Les Étapes de la philosophie mathématique*［数学哲学的发展］(Paris: Al-
can,1912)。

　　② 　这段名言不是牛顿的发明,而是可以追溯到中世纪的夏特尔的贝尔纳,而且在
16、17世纪也都被使用过。参见第五篇,第326页,注释1。

　　我刚才一直在概述的那种物理-数学（physicomathematical）
潮流，肯定是 17 世纪科学思想最具原创性和最重要的思潮。但与
之并行的还有另一种潮流，它更少数学和演绎，更重视经验和实
验。由于这种潮流不那么自命不凡（或者说更缺乏信心），它并不
试图像数学家那样做全面的概括，而是对此疑虑重重甚至怀有敌
意。它把自己限定于发现新的事实，以及建立不完整的理论对其
进行解释。

　　激励这种潮流的并非关于数学结构和存在的柏拉图主义观
念，而是卢克莱修、伊壁鸠鲁、德谟克利特的原子论思想（尽管看起　12
来可能有些奇怪，大多数近代思想都可以追溯到古希腊的某些设
想）。伽桑狄（Gassendi）、罗贝瓦尔（Roberval）、波义耳（这群人的
最佳代表）和胡克都用这种更加胆怯、更加谨慎和更加稳妥的微粒
哲学去对抗伽利略和笛卡儿的那种泛数学主义。[①]

　　中世纪的人从自然之书中觉察到了上帝的遗迹（*vestigia*）和
形象（*imagines*），从那些美与光辉的可感符号中读出了上帝的荣
耀，这些符号揭示了上帝创世的隐秘目的和意义。而伽利略却告
诉我们，自然之书其实是由圆、三角形和正方形等几何符号写成
的，只是向我们讲述了关于理性关联和秩序的美妙故事。波义耳
对此反驳说：自然之书肯定是"一个精心构思的传奇故事"，它的每

　　[①] 参见 K. Lasswitz, *Geschichte der Atomistik*［原子论史］(Leipzig, 1890), vol.
Ⅱ; R. Lenoble, *Mersenne et la naissance du mécanisme*［梅森与机械论的诞生］(Paris:
Vrin, 1943); Marie Boas, "The Establishment of the Mechanical Philosophy,"［机械论
哲学的建立］*Osiris 10*(1952), 412--541 以及 E. J. Dijksterhuis, *Die Mechanisierung des
Weltbides*［世界图景的机械化］(Berlin: Springer, 1956), trans. C. Dikshoorn as *The
Mechanization of the World Picture*(Oxford: Clarendon Press, 1961)。

一个部分都"被上帝的全知之手速记下来",并与所有其他部分相关联;但它不是用几何符号,而是用微粒符号写成的。

在波义耳看来,是微粒结构而非数学结构才构成了存在物的内部实在。解释宇宙时,我们必须始于物质或终于物质,这里的物质并非笛卡儿所说的同质物质,而是已被上帝变成各种不同微粒的物质。运动将这些微粒当作字母,用这种语言写出了神的传奇故事。

由此,我们很清楚地看到,牛顿把这两种潮流或观点综合了起来。在牛顿那里,自然之书是用微粒符号和微粒语言写成的,这一点同波义耳一样;然而,把它们结合在一起并赋予文本意义的句法却是纯粹数学的,这一点又同伽利略和笛卡儿一样。

因此,与笛卡儿的世界相反,牛顿的世界不再由两种要素(广延和运动),而是由三种要素所组成:(1)物质,即无数彼此分离和孤立的、坚硬的、不变的——但互不相同的——微粒;(2)运动,这是一种奇特的悖论式的关系状态,它并不影响微粒的本质,而只是把微粒在无限的同质虚空中传来传去;(3)空间,即那种无限的同质虚空,微粒(以及由微粒构成的物体)在其中毫无阻碍地运动。①

---

① 关于牛顿的空间观念,参见 Léon Bloch, *La Philosophie de Newton*［牛顿的哲学］(Paris:Alcan,1908);E. A. Burtt, *The Metaphysical Foundations of Modern Physical Science*［近代物理科学的形而上学基础］(London: Kegan Paul, 1925; 2nd ed., 1932);Hélène Metzger, *Attraction universelle et religion naturelle chez quelques commentateurs anglais de Newton*［万有引力与自然宗教］(Paris:Hermann,1938);也可参见 Max Jammer, *Concepts of Space*［空间概念的发展］(Cambridge, Mass.:Harvard University Press, 1954);Markus Fierz, "Ueber den Ursprung und die Bedeutung der Lehre Isaac Newtons vom absoluten Raum,"［论牛顿绝对空间理论的起源和意义］*Gesnerus 11*(1954), 62—120;以及我的 *From the Closed World to the Infinite Universe*［从封闭世界到无限宇宙］(Baltimore:Johns Hopkins Press,1957)。还可参见 A. J. Snow,

当然,牛顿的世界里还有第四种组分,那就是把它结合和维持在一起的引力。①然而引力并不是牛顿世界的一个构成要素;它要么是一种超自然的力量(上帝的行动),要么是制定上帝自然之书的句法规则的一种数学结构。②

在牛顿的世界中引入虚空(以及与之相关的引力),这是具有决定性意义的天才步骤,尽管这种观念后来引出了物理的和形而上学的巨大困难(超距作用;无的存在)。正是这一步使牛顿能够——真正地,而不是像笛卡儿那样表面上——把物质的不连续性与空间的连续性同时对立统一起来。对物质微粒结构的强调,为把数学动力学应用于自然奠定了坚实基础。③它给出了空间关系的基础(*fundamenta*)。谨慎的微粒哲学实际上并不知道自己正在做什么。但事实上,它一直在为牛顿综合数学与实验指明道路。

虚空……穿过虚空的作用……超距作用(引力),激起欧洲大陆的那些与牛顿同时代的伟大人物——惠更斯、莱布尼茨、伯努利

14

(接上页)*Matter and Gravity in Newton's Physical Philosophy*[牛顿物理哲学中的物质和引力](New York:Oxford University Press,1926),以及 Stephen E. Toulmin,"Criticism in the History of Science:Newton on Absolute Space,Time and Motion"[科学史中的批判:牛顿论绝对空间、时间和运动]in *The Philosophical Review*(1959)。对牛顿而言(也对摩尔[Henry More]或布雷德沃丁[Bradwardine]而言),或许可以这么说,空间是上帝在场与行动的永恒领域——空间不仅是上帝的感觉中枢(*sensorium*),而且也可以说是其行为中枢(*actorium*)。

① 准确地说,我也应当提及斥力,它使微粒分离而不致集聚成团。但这些斥力是短程力,虽然它们在物理学上非常重要,但只要没有被用来提出一种以太理论,即"解释"以太是怎样作用于物体而产生引力的,那么它们对于宇宙的建造就没有作用。参见第三篇的附录 A 和附录 B。

② 事实上,它两者都是:一种按照严格的数学定律起作用的超自然力量。

③ 根据波斯考维奇(Boscovich)的说法,中心力的物理学必然包含了物质的原子结构,即使把物质归于纯粹的点也是如此。

（Bernoulli）——反对的正是牛顿世界观的这些特征与含义，他们对笛卡儿的学说训练有素，拒绝接受那些模糊的无法理解的观念。①

在赫赫有名的《英国书简》（*Lettres anglaises*），即正式标题为《哲学书简》②（*Lettres philosophiques*）的书中——直到今天它都很有可读性——伏尔泰非常机智地总结了这种状况：一个法国人到了伦敦，发觉自己身处一个完全陌生的世界。去的时候还觉得宇宙是充实的，现在却发觉宇宙空虚了。在巴黎，宇宙是由精细物质的涡旋组成的；而在伦敦，人们却一点也不这样看。在巴黎，一

---

① 笛卡儿对引力概念的批判是在攻击罗贝瓦尔时做出的。罗贝瓦尔曾在其 *Aristarchi Sami De mundi systemate partibus motibus eiusdem libellus cum notis. Addictae sunt Æ P. de Roberval notae in eundem libellum*［阿里斯塔克的宇宙体系］（Paris, 1644）中断言了万有引力，梅森又在其 *Novarum observationum physico-mathematicarum*［物理-数学的新观察］（Paris, 1644），vol. Ⅲ 中重新提及。笛卡儿指出（参见他 1646 年 4 月 20 日致梅森的信，*Oeuvres*［笛卡儿全集］，ed. C. Adam and P. Tannery［Paris, 1897—1913］，Ⅳ, 401），为了吸引物体 B，物体 A 应当知道在哪里才能找到它。换句话说，引力包含着万物有灵论（这一点吉尔伯特和罗贝瓦尔都认识到了，但未把它当成反驳的理由）。

② 《哲学书简》最初是用英文出版的，标题是 *Letters Concerning the English Nation*（London, 1733）；后用法文出版，标题是 *Lettres philosophiques par M. de. Voltaire*（Amsterdam［in fact Rouen, by Jore］, 1734）和 *Lettres écrites de Londres sur les anglais par M. de Voltaire*（Basel［in fact London］, 1734）。后来在伏尔泰的修订下又出了许多版本。参见 G. Lanson 为这些书信的校勘版所作的导言：*Lettres philosophiques*, 2 vols. (Paris: Cornely, 1909; 3rd ed., 1924)。关于伏尔泰与牛顿，参见 Bloch, *La Philosophie de Newton*［牛顿的哲学］；Pierre Brunet, *L'Introduction des théories de Newton en France*［牛顿理论在法国的引入］（Paris: Blanchard, 1931），vol. I；以及 R. Dugas, *Histoire de la mécanique au XVII siècle*［17 世纪力学史］（Paris: Dunod Éditeur, 1954）。

众所周知，就像惠更斯对洛克的影响一样，伏尔泰是被莫泊丢变成一个牛顿主义者的，莫泊丢使他确信牛顿的引力哲学是正确的。莫泊丢甚至同意仔细阅读书信中有关笛卡儿与牛顿的部分（第 14 封信和第 15 封信）。关于莫泊丢，参见 Pierre Brunet, *Maupertuis*［莫泊丢］（Paris: Blanchard, 1929）。

切都是用无人理解的压力来解释的;而在伦敦,一切则是用同样无人理解的引力来解释的。①

伏尔泰是完全正确的:牛顿的世界主要是由虚空组成的。② 这是一个无限的虚空,仅有非常小的部分——无限小的部分——被物质、物体填充或占据。这些物体冷漠而且彼此分离,在无界无底的深渊中完全不受阻碍地自由移动。但它却是一个世界,而不是彼此无关的孤立微粒的混沌聚集。这是因为所有这些物体都是由一条非常简洁的数学定律即引力定律联系和整合在一起的——根据这条定律,其中每一个物体都与另一个物体彼此关联和统一。③ 于是,每一个物体都参与构建宇宙体系,都为其发挥着自己的作用。

引力定律的普遍运用恢复了牛顿宇宙的物理统一性,同时也赋予了它理智的统一性。同样的关系把同样的内容结合在一起。换句话说,支配无限宇宙中所有运动的乃是同一组定律:既是苹果落地的定律,④也是行星绕太阳旋转的定律。此外,同样的定律不

15

---

① 参见 letter XIV,Lanson edition,II,1。

② 不仅天上的空间是空荡荡的,甚至连所谓的"固体"中也充满了虚空。构成它们的微粒并非紧紧堆在一起,而是彼此被虚空隔开。从本特利开始,牛顿主义者都极为自豪和愉快地指出,"物质"实际上只占据空间中无限小的部分。

③ 根据牛顿的说法,只有这些微粒的引力才是真实的,无论它们到底是什么。它们的合力绝不是真实的力,而只是"数学的"力。因此,不是地球在吸引月球,而是地球的每一个微粒在吸引月球的每一个微粒,这样产生的整体合力只有数学上的存在性。

④ 有一个常被历代历史学家视为传说的著名故事说,牛顿的引力思想是由苹果落地引发的。这种说法似乎是完全真实的,佩尔塞尼尔在"La Pomme de Newton,"[牛顿的苹果]*Ciel et terre 53*(1937),190—193 中令人信服地证明了这一点。也可参见 I. B. Cohen,"Authenticity of Scientific Anecdotes,"[科学逸事的真实性]*Nature 157* (1946),196—197 以及 D. McKie and G. R. de Beer,"Newton's Apple,"[牛顿的苹果] *Notes and Records of the Royal Society 9*(1951—1952),46—54,333—335。

仅可以解释天体运动的同一样式(由开普勒发现),还可以解释天体运动的个体差异,不仅可以解释规则性,还可以解释不规则性(不均等性)。困扰了聪慧的天文学家和物理学家多少世纪的所有现象(比如说潮汐),似乎都是源于同一组基本定律的联系和组合。

根据牛顿的引力定律,引力的减小与距离的平方成正比。它不仅是唯一能够解释这些事实的定律,而且也是唯一能够普遍用于诸如苹果和月球这样大小悬殊的物体的定律。因此,上帝只有采纳这条定律用于创世才是合理的。①

16　　然而,尽管有所有这些长处,尽管牛顿定律貌似合理,而且具有数学上的简洁(平方反比律正是球面波的传播定律,它与光的传播定律相同),但其中却存在着令人困扰的问题。物体相互吸引,相互作用(至少从行为上看是如此),但它们被虚空彻底地分开和孤立起来,它们到底是如何怎样克服虚空的间隔而进行作用的呢?必须承认,包括牛顿在内,没有人能在当时(或现在)知晓这是怎样实现的。

我们知道,牛顿本人从未承认过引力是一种"物理的"力。他反复重申,引力只是一种"数学的力",不通过作用者就能直接作用

---

① 引力大小与距离的平方成反比的定律,是唯一可能把地球对苹果的吸引与对月球的吸引直接进行比较的定律,因为只有按照这种形式的定律,地球或一个球体对外部物体的吸引才可以被视为好像质量都集中在球心,而不管它们之间的距离为多少。当然,它与另一条定律,即引力大小与距离成正比的定律都有同样的数学性质,但由于在这种情况下,所有天体会同时完成它们的圆周运动,因此它显然不是我们这个世界的定律。

于其他物体的超距作用是绝对不可能的（不仅是物质，就连上帝也是如此）；因此——这为我们理解所谓牛顿经验论的局限性提供了一种独特的视角——引力不能被当作物体（或物质）的一种本质的基本属性，而广延、可运动性（mobility）、不可入性和质量等等则是基本属性，它们既不能减少也不能增加；[①]引力是一种有待解释的属性；牛顿无法做出这种解释，[②]由于他不想在缺乏好理论的情况下就贸然给出一个假想的解释，而且由于科学（数学的自然哲学）没有这种解释也能进行得很好，所以他宁愿不做解释（这是他著名的"我不杜撰假说"[*Hypotheses non fingo*]的一个意思），而使这个问题悬而未决。[③] 但奇怪的是，或者也可以说很自然，除麦克劳林（Colin Maclaurin）以外，没有人在这一点上认同他。牛顿的第一代学生，如科茨（Cotes）、凯尔（Keill）、彭伯顿（Pemberton），都认为引力是物质所具有的一种真实的、物理的甚至首要的属性。他们的这种学说传遍了整个欧洲，遭到牛顿同时代的欧洲大陆学者持续而强烈的反对。

牛顿不承认超距作用，但正如莫泊丢（Maupertuis）和伏尔泰

———————————

① 如果一种性质不能增加也不能减少，那么它就属于事物的本质属性。

② 事实上，他曾经——三次——试图用以太的压力来解释引力。参见 Philip E. B. Jourdain, "Newton's Hypotheses of Ether and Gravitation,"［牛顿关于以太和引力的假说］*The Monist* 25（1915）。

③ 《原理》第二版"总释"中那句著名的"我不杜撰假说"，并不意味着蔑视科学中的所有假说，而只是针对不能被用数学处理的实验所证明或否证的那些假说而言的，尤其是笛卡儿尝试做的那种整体上的定性解释。在牛顿那里，这个词的轻蔑意味与非轻蔑意味并存（在《原理》第一版中，运动的公理或定律被称为假说），这肯定是他从巴罗和沃利斯甚至是伽利略那里继承来的。

非常合理地指出的,从纯经验认识的观点来看(这似乎是牛顿的观点),引力和物体的其他属性在本体论上的区分是得不到辩护的。不错,我们并不理解引力,但我们理解其他属性吗? 不理解并不意味着要去否认一个事实。① 既然现在引力已成事实,我们就不得不接受它,就像承认物体具有其他那些事实或属性一样。谁知道我们还会发现什么未知的属性呢? 谁又知道上帝到底赋予了物质什么样的属性呢?

　　开始时,对牛顿学说——被理解成物理学——的反对强烈而深入,然而渐渐却销声匿迹了。② 牛顿体系的成功证明了自身的价值,引力也渐渐变得不再那样奇特。正如马赫非常精当地指出的:"不寻常的不可理解性变成了一种寻常的不可理解性。"一旦习以为常,除极少数人以外,人们就不再去思考它了。于是,在《自然哲学的数学原理》——这个标题与先于它 80 年的开普勒的《天界物理学》(*Physica coelestis*)和晚于它 200 年的柏格森(Bergson)的《创造进化论》(*Evolution créatrice*)同样大胆和富有挑战意味——于 1687 年出版 50 年之后,欧洲最重要的物理学家和数学家——莫泊丢、克莱罗(Clairaut)、达朗贝尔(D'Alembert)、欧拉(Euler)、拉格朗日(Lagrange)和拉普拉斯(Laplace)——开始奋力完善牛顿世界的结构,发展数学研究和实验研究的工具和方法(德萨居利耶[Desaguliers]、赫拉弗桑德[s'Gravesande]和米森布

---

① 对于马勒伯朗士和洛克而言,一个物体对另一个物体的所有作用——运动的传递——都是不可理解的。

② 参见 Brunet,*L'Introduction des théories de Newton en France*,vol. I。

鲁克[Musschenbroek]），①引领它走向一个个成功。到了18世纪末拉格朗日《分析力学》(*Mécanique analytique*)与拉普拉斯《天体力学》(*Mécanique céleste*)的出版，牛顿科学可以说达到了最终的绝对完美——它是如此完美，以至于拉普拉斯可以自豪地宣称，他的《宇宙体系论》(*System of the World*)没有留下任何悬而未决的天文学问题。

　　关于数学家和科学家，我们就说这么多。还有一些人，比如洛克(Locke)，他们弄不懂几何学推理和无穷小推理中那些复杂细节，只能把它们当作理所当然(惠更斯让洛克可以放心)。他们写了一系列著作，其中不乏优秀之作，比如彭伯顿的《艾萨克·牛顿爵士的哲学观点》(*View of Sir Isaac Newton's Philosophy*)(伦敦，1728年；法译本，巴黎，1755年)，伏尔泰的《哲学书简》和《牛顿哲学概要》(*Eléments de la philosophie de Newton*)(阿姆斯特丹，1738年)，阿尔加罗蒂(Algarotti)的《为女士写的牛顿学说》(*Il Newtonianismo per le dame*)(那不勒斯[米兰]，1737年；第二版，

18

---

　　① J. T. Desaguliers, *Physicomechanical Lectures*[物理力学讲座](London, 1717), in French translation(Paris, 1717); *A System of Experimental Philosophy*[实验哲学体系](London, 1719); *A Course of Experimental Philosophy*[实验哲学教程](London, 1725; 2nd ed. In 2 vols., London, 1744—1745); W. J. s'Gravesande, *Physices elementa mathematica experimentis confirmata, sive introductio ad philosophiam Newtonianam*[物理学纲要], 2 vols. (Leiden, 1720—1721); *Philosophiae Newtonianae institutions*[牛顿哲学教程](Leiden, 1728); *Éléments de physique ou introduction à la philosophie de Newton*[物理学纲要或牛顿哲学导论](Paris, 1747); Petrus Musschenbroek, *Epitome elementorum physicomathematicorum*[物理-数学原理概要](Leiden, 1726); *Elementa physics*[物理学纲要](Leiden, 1734)。参见 Pierre Brunet, *Les Physiciens hollandais et la méthode expérimentale en France au XVIII siècle*[荷兰物理学家与18世纪法国的实验方法](Paris: Blanchard, 1926)。

1739 年;法译本,巴黎,1749 年),麦克劳林的《艾萨克·牛顿爵士的哲学发现》(*Account of Sir Isaac Newton's Philosophical Discoveries*)(伦敦,1746 年;法译本,巴黎,1749 年),①欧拉的《致一位德国公主的信》(*Lettres à une princesse d'Allemagne*)(彼得堡,1768—1772 年),最后还有拉普拉斯的《宇宙体系论》(1796 年)。这些著作用清晰易懂的语言,把牛顿数学物理学和实验科学的福音传播给了那些"绅士"(*honnête homme*)甚至是"淑女"(*honnête femme*)。

难怪牛顿的学说——与洛克的哲学奇特地混在一起——成了整个 18 世纪的科学信条。② 对于同时代的年轻人,特别是对于后世来说,牛顿似乎是一个超人,③他已经一劳永逸地解决了宇宙之谜。

所以当哈雷写下"没有凡人能比他更接近上帝"④(*nec fas est propius Mortali attingere Divos*)时,他绝不是为了恭维,而的确是出于内心深处的诚挚信念。过了一百多年,拉普拉斯不是不无遗憾地把《自然哲学的数学原理》置于人类心灵的所有其他作品之上了吗? 的确,正如拉格朗日感慨地说,我们只有一个宇宙需要解释,没有人能够重复牛顿的工作,他是凡人中间最幸运的一位。

---

　　① 所有这些书,如果不是用法文写的,就会马上被译成法文,以供欧洲所有有教养的人学习。

　　② 在伏尔泰和孔多塞看来,洛克与牛顿代表着哲学和科学的顶峰。

　　③ 有一则流传很广的故事说,洛比达(Marquis de L'Hôpital)曾经——很严肃地——问,牛顿是否也像其他凡人那样进食和睡眠。

　　④ "Isaac Newton, an Ode,"[艾萨克·牛顿颂词]trans. Leon J. Richardson in *Sir Isaac Newton's Mathematical Principles of Natural Philosophy*, trans. Andrew Motte, ed. Florian Cajori(Berkeley:University of California Press, 1947), p. xv.

难怪在见证了牛顿科学取得长足进步的 18 世纪末,蒲柏
(Pope)能够写出这样的诗句:

19

> 自然和自然律隐藏在黑暗中:
> 神说,让牛顿去吧! 万物遂成光明。

蒲柏不可能知道,

> 没过多久,
> 魔鬼吼道,"哦,让爱因斯坦去吧!"
> 黑暗遂重新降临。

不过现在我们还是回到牛顿。常有人说,牛顿思想和工作的
最伟大之处,就在于他把高超的实验才能与过人的数学天赋结合
了起来。也有人说,牛顿科学的显著特征就在于把数学与实验联
系在了一起,在于用数学来处理现象,也就是说,处理实验数据或
(因为在天文学中我们无法做实验)观测数据。然而,虽然这种描
述无疑是正确的,但在我看来,它还不够完整:牛顿的思想中肯定
含有比数学和实验多得多的东西;比如——除了宗教与神秘主
义——对自然做纯机械解释的局限性的一种深刻直觉。[①] 正如我
所说,由于牛顿科学建立在微粒哲学的稳固基础之上,所以会遵循

---

① 在我看来,牛顿肯定会得出结论说,对引力做纯机械的解释是绝不可能的,否则,他必须假设另一种力——不像引力那么尴尬,但仍然是非机械的——即斥力的存在。

对整体事件和作用进行原子分析这样一种特殊的逻辑方式（绝不等同于一般的数学处理），或者更恰当地说，是把这种方式发展到了最完美的地步，即把给定材料还原为原子式的基本组分（它们首先被分解成这些东西）之和。①

　　由于牛顿物理学的巨大成功，人们不可避免地将其特征当成了建立科学——任何种类的科学——所必不可少的要素。18 世纪涌现出来的所有新科学——关于人和社会的科学——都试图遵循牛顿的经验-演绎认识模式，并且恪守牛顿在其著名的"哲学思考的规则"（*Regulae philosophandi*）中定下的规则，这些规则时常被引用，也时常被误解。② 对牛顿逻辑的这种痴迷，即不加批判地尝试把牛顿的（或称伪牛顿的）方法机械地应用于那些与其最初应用迥然不同的领域，所导致的后果绝非令人快慰，这一点我们很快就会看到。不过在把注意力转向牛顿学说的这些在某种意义上不合法的衍生物之前，我们必须考察一下普遍接受牛顿综合所带来的一些更为一般和广泛的结果。其中最重要的一点似乎是极大地巩固了对所谓自然的"简单性"这一古老教条的信仰，并且经由科学把一些非常重要而且影响深远的要素引入了自然，这些要素不仅在事实上不合理，甚至在结构上也不合理。

　　换句话说，牛顿的物理学不仅事实上（*de facto*）使用了诸如能力和吸引这样含混的观念（欧洲大陆的学者抗议说，这些观念暗示了经院哲学和魔法），不仅放弃了用理性的方式来演绎天地万物

---

① 于是，一个物体作用于另一个物体的整体效应就是原子作用的总和。

② 关于"哲学思考的规则"，参见第六篇。

和谐共在的构造,而且其基本的动力学定律(平方反比律)虽然看似可信和合理,却绝非必然,正如牛顿曾经谨慎地说,它们可以与此完全不同。[1] 于是,引力定律本身仅仅是个纯粹的事实罢了。

　　然而,把所有这些事实和谐地纳入空间数学秩序(spatio-mathematical order)的理性框架,纳入世界的美妙结构,似乎显然排除了机会的亚理性(subrationality of chance),而是蕴含着动机的超理性(suprationality);看来很清楚,它不能通过必然原因,而只能通过自由选择来解释。

　　正如牛顿不忘指出的,世界机器精妙而复杂的运行机制显然需要一个有目的的行动。或者用伏尔泰的话来说:钟表暗示有钟表匠存在(l'horloge implique l'horloger)。

　　于是,虽然作为数学的自然哲学,牛顿科学明确放弃了对(物理的和形而上学的)原因的寻求,但从历史上看,它却基于一种物理因果性的动力学观念,并与有神论或自然神论的形而上学联系在一起。当然,这种形而上学体系并非牛顿科学的一个必要组成部分,它还没有进入其形式结构。但是在牛顿本人以及所有牛顿主义者看来——除了拉普拉斯——这种科学蕴含着一种对上帝的合理信仰,这绝不是偶然的。[2]

　　自然之书似乎又一次揭示了上帝,只不过这次是一个机械师的上帝,他不仅制造了世界钟表,而且还必须不断监护它,以在必

21

---

　　[1]　Newton,*Mathematical Principles of Natural Philosophy*,Book I,Theorem IV,Corr. 3—7.

　　[2]　参见 Metzger,*Attraction universelle* 以及 John H. Randall,*The Making of the Modern Mind*[近代心灵的构建](Boston:Houghton Mifflin,2nd ed. ,1940)。

要时修补(莱布尼茨反驳说,牛顿的这个上帝是一个相当糟糕的钟表匠),从而表明他的积极在场和对造物的兴趣。唉,可惜这种逐渐揭示出神圣技师完美技艺及其作品无限完美性的牛顿科学,其后来的发展却给上帝的介入留下了越来越少的余地。世界这座大钟似乎越来越不需要拧紧发条或者进行修补。它一经启动,就会永远运行下去。创世工作一旦完成,牛顿的上帝——就像笛卡儿的上帝对物质第一次(和最后一次)弹指一挥(chiquenaude)之后——就可以隐退了。与遭到牛顿主义者强烈反对的笛卡儿和莱布尼茨的上帝类似,牛顿的上帝在世界中同样不再有事情可做。

不过直到 18 世纪末,随着拉普拉斯《天体力学》的出版,牛顿的上帝才荣升为逍遥神(Dieu fainéant),而这实际上是把上帝从世界中驱逐了出去("我不需要那个假设",拉普拉斯在拿破仑问及上帝在其体系中的位置时这样答道)。而牛顿和第一代牛顿主义者则认为恰好相反,上帝一直积极地在场。他不仅给这个世界机器提供动力,而且还按照其自由确定的法则积极"驱动"这个宇宙。[①]

关于上帝在世界中在场与行动的这种观念构成了 18 世纪宇宙感情的思想基础,并且解释了它独特的情感结构:它的乐观主义、对自然的神圣化等。既然自然和自然律被视为上帝意志和理性的体现,那么,它们除了是善还能是什么呢?服从自然,把自然律当作最高的准则,这与一个人服从上帝的意志和命令是完全一

---

① 在一个由绝对坚硬的微粒构成的世界里,能量必定会不断损失;因此,牛顿的上帝必须不仅提供初始能量,而且还要不断补偿能量损失。当然,最后他仅仅成了一个修补匠。

致的。①

　　那么,倘若自然界中明显充满着秩序与和谐,为什么人类世界中却如此缺少这些东西呢? 答案似乎很清楚:混乱与不和谐是人造的,是人类愚蠢无知地试图左右自然律,甚至想用人为的规则来压制和取代它们所导致的后果。补救方法似乎也很清楚:让我们回到人性,回到我们自身的本性,按照它的法则去生活和行动。

　　但什么是人的本性? 我们应当如何来确定它呢? 当然,我们不应从古希腊或经院哲学家那里直接照搬定义,甚至也不能从笛卡儿或霍布斯等近代哲学家那里照搬定义,而只能依照模式前进,运用牛顿给我们指出的规则,通过观察、经验甚至是实验来查明那些基本而永恒的官能,查明人的存在和特征中那些一成不变的性质;我们必须查明那些把人的原子联系在一起的彼此相关的行动模式或行为法则,再由这些法则导出所有别的东西。

　　一项宏伟的规划! 可惜,它的应用并没有产生预期的结果。事实证明,定义"人"远比定义"物质"困难得多,人的本性仍然要通过大量不同甚至相互冲突的方式来确定。然而,人对"自然"的信念是如此强烈,牛顿的(或者伪牛顿的)秩序模式从孤立自足的原子的相互作用中自动产生出来,其威望是如此令人慑服,以致无人敢去怀疑,秩序与和谐一定也能被人的原子依其本性以某种方式产生出来,无论这种本性是什么——游戏和快乐的本能也好(狄德罗),追求自私自利也好(斯密)。于是,回到本性就意味着自由的

―――――――――

　　① 18 世纪乐观主义的哲学来源不仅在牛顿的世界观之中,而且也在与之敌对的莱布尼茨的世界观之中。更重要的是,它纯粹是基于对社会、经济和科学进步的感受。18 世纪的生活相当愉快,而且至少在前半个世纪有增无减。

激情和自由的竞争。不用说,这是最后一种流行的解释。

事实证明,到目前为止,这种对牛顿的(或伪牛顿的)原子分析
方式和重建方式的热情仿效(或伪仿效),在物理学、[①]化学[②]甚至
生物学中很成功,而在其他领域则导致了非常糟糕的后果。于是,
牛顿与洛克的糟糕结盟造就了一种原子心理学,它把心灵解释成
"感觉"和"观念"通过联想(引力)律拼接成的一种镶嵌画;我们也
有原子社会学,它把社会还原为一堆人的原子,每一个原子都完整
且自足,彼此之间只是吸引和排斥而已。

当然,牛顿绝不应为此负责,或是为过分拓展——或仿效——
其方法所产生的其他怪胎(monstra)负责,他也不应为普遍接受整
体事件和作用的原子分析方式所导致的更一般的灾难性后果负
责,按照这种分析方式,这些事件和作用似乎不再是真实的,而只
是数学结果和背后基本要素的总和。这种分析方式导致了关于整
体与部分之间关系的唯名论误解,事实上,这种误解相当于完全否
定了整体(一个被还原为部分之和的整体就不再是整体了),19、20
世纪的思想很难克服它。没有人应对别人误用他的成果或误解他
的思想负责,即使从历史上看,这种误用或误解似乎是——或已经
是——不可避免的。

不过,有些东西是牛顿——或者更确切地说不是牛顿自己,而
是一般的近代科学——要负责的,即我们的世界被分成了两个部

---

① 当今的物理学被迫超越了原子式的解释模式:整体不再等于部分之和,粒子不
再能与环境分隔开,等等。

② 关于牛顿对化学的影响,参见 Hélène Metzger, *Newton*, *Stahl*, *Boerhaave et la
doctrine chimique*[牛顿、施塔尔、布尔哈弗和化学学说](Paris:Alcan,1930)。

分。我总是说，近代科学打破了天与地的界限，把宇宙统一了起来。这是对的。但我也说过，这样做是付出了一定代价的，它把我们生活、相爱并且消亡于其中的质的可感世界，替换成了几何学在其中具体化的量的世界，在这个世界里，每一个事物都有自己的位置，唯独人失去了位置。于是，科学的世界——真实的世界——变得与生活世界疏离了，并与之完全分开，生活世界是科学所无法解释的——甚至称其为"主观"也无法将其解释过去。

24

诚然，这两个世界每天都被实践（*Praxis*）连接着，甚至越来越如此，但在理论上，它们却为一条深渊所隔断。

两个世界：这意味着两种真理。或者根本没有真理。

这就是近代心灵的悲剧所在，它"解决了宇宙之谜"，却只是代之以另一个谜：近代心灵本身之谜。①

---

① 参见 Alfred North Whitehead, *Science and the Modern World*［科学与近代世界］（New York：Macmillan，1925）；Burtt, *The Metaphysical Foundations of Modern Physical Science*。

第二篇　牛顿科学思想中的
概念与经验

　　牛顿对假说的敌视是尽人皆知的。人人都知道，牛顿在其《光学》著名的第一段话中宣称："我写这本书的目的，不是用假说来解释光的属性，而是要通过推理和实验来提出并证明它们。"[①]我们也都知道，牛顿在《原理》最后的"总释"中提出了著名的"我不杜撰假说"（*Hypotheses non fingo*），牛顿在其中告诉我们——我引用的是安德鲁·莫特（Andrew Motte）的译文，后面我还要提到它——"迄今为止，我还没有能力从现象中找出引力的那些属性的原因，我也不杜撰假说；[②]因为，凡不是来源于现象的，都应称其为

---

　　① 　*Opticks or a Treatise of the Reflexions, Refractions, Inflexions and Colours of Light. Also Two Treatises on the Species and Magnitudes of Curvilinear Figures* ［光学］（London,1704）；一个拉丁译本（不带数学论述）于 1706 年出版，接着英文第二版于 1717 年出版。第一版（英文本）包括 16 个疑问；拉丁文版则把数目增加到了 23 个；英文第二版又增加了 8 个。最近一个版本是 1952 年由 Dover 出版公司在纽约出版的，I. B. 科恩作序，并附有 Duane H. D. Roller 整理的一个内容分析列表。关于对这些疑问的研究可以参见 F. Rosenberger, *Isaac Newton und seine physikalischen Principien*（Leipzig,1895）, pp. 302 sq.，科恩教授给前面的书写的序，以及我的论文 "Les Quéries de L'Optique,"［《光学》中的疑问集］*Archives Internationales d'Histoire des Sciences 13*（1960）,15—29。

　　② 　这里莫特把它误译为"我不构造假说"（I frame no hypotheses），作者在后面还会提到这一点。——译者注

假说;而假说,无论是形而上学的还是物理学的,无论是关于隐秘性质的还是关于机械性质的,在实验哲学中都没有位置。"①

　　用其他非常类似的说法来补充这些引语——它们成了当今对牛顿思想进行实证主义诠释的基础——是很容易的,然而要想弄清楚牛顿说这些话到底是什么意思,则要困难得多,至少在我看来是这样。我认为困难来自两方面:一是材料的获取,二是语义问题或历史问题。后者的困难是显而易见的。

　　因此,我们还是先来看看材料方面的困难。首先,关于牛顿的著作,我们还没有一个好的现代版本,这一点不同于笛卡儿、伽利略和惠更斯。霍斯利(Horsley)在 1779 年到 1785 年间编订的《牛顿现存著作全集》(*Opera ominia*)之所以能有这个标题,只是出于礼貌起见。② 英国几乎把牛顿神化了,对待他就像我们对待圣物一样:触及得越少越好。③

　　甚至我们还没有一个好的——我是指附有校勘的——《原理》

26

----

①　莫特的译本于 1729 年分为两卷出版。卡约里整理的修订版最初由加州大学出版社于 1934 年出版,以后又多次再版。

②　*Isaaci Newtoni Opera quae extant omnia*, ed. Samuel Horsley, 5 vols. (London, 1779—1785).

③　这篇文章完稿之后,三卷本的皇家学会版 *The Correspondence of Isaac Newton*[艾萨克·牛顿通信集]已由剑桥大学出版社出版(1959,1960,1961),牛顿数学著作的编辑工作也已由 D. R. 怀特赛德博士承担了下来。由 I. B. 科恩主编,R. E. 斯科菲尔德协助编辑(M. 博厄斯、C. C. 吉利斯皮、T. S. 库恩和 P. 米勒都写了解释性的序言)的单卷本 *Isaac Newton's Papers and Letters on Natural Philosophy, and Related Documents*[牛顿的自然哲学论文和书信及其他](Cambridge: Harvard University Press, 1958)也已经出版。A. R. 霍尔与 M. B. 霍尔编辑了 *Unpublished Scientific Papers of Isaac Newton*[牛顿未发表的科学论文](Cambridge, England: University Press, 1962)。虽然柯瓦雷与科恩编的《原理》的一个校勘版现已完成,但距离一个包括牛顿所有发表与未发表著作的完整版本似乎还遥遥无期。

版本。众所周知,三种版本——1687 年版、1713 年版、1726 年版——中的文字并不相同,其中有些差异,特别是第一版和第二版之间的差异相当重要。奇怪的是,虽然天文学家亚当斯(John Couch Adams)于 1855 年指出了第二版和第三版之间的差异[①]——尽管不是十分确切和完整——但他并没有研究其重要意义。显然,除了注意到第二版首次出现了结尾处的"总释"以外,还没有人想过要对第一版和第二版做系统的比较。因此,我们还没有一份关于对第一版所做改动的完整清单,而这些改动比已知的第三版所做改动数量更大,也更为重要。就我们所知,尽管里高(S. P. Rigaud)写了一篇关于《原理》出版的非常重要的文章,[②]埃德尔斯顿(J. Edleston)编辑了牛顿与科茨关于准备《原理》第二版的通信集,[③]但他们都没有对前两版进行仔细比较。据称,鲍尔(W. W. Rouse Ball)已经做了这些比较,此前他曾写过一篇关于《原理》的出色论文,但他的这项工作从未发表,也从未有人见到过。[④]

27

---

①　这些差异的列表曾作为附录 XXXIV 载于 Sir David Brewster, *Memoirs of the Life*, *Writings*, *and Discoveries of Sir Isaac Newton*[艾萨克·牛顿爵士言行录](Edinburgh, 1855), II。

②　Stephen Peter Rigaud, *Historical Essay on the First Publication of Sir Isaac Newton's Principia*[关于艾萨克·牛顿爵士《原理》首版的研究](Oxford, 1838)。

③　J. Edleston, *Correspondence of Sir Isaac Newton and Prof. Cotes*[艾萨克·牛顿爵士与科茨教授通信集](London, 1850)。

④　W. W. Rouse Ball, *An Essay on Newton's "Principia"*[论牛顿的《原理》](London, 1893), p. 74:"我存有在第二版中所做增补与改动的列表手稿。"他可能是指他私人藏书中的一本非常奇特的第一版;在 18 世纪初,这本书的一些拥有者已经把第二版中所有的(包括附录的)改动都加进去了。这个本子现藏三一学院图书馆。R. 鲍尔在第 106 页对第一版作了一个暗语,说第三版中的"哲学思考的规则"要比第一版中被换掉的"假说"清楚得多。

至于后来的历史学家,似乎还没有一个人做过这种比较,即使是通常讲求精确的罗森伯格(F. Rosenberger)也是如此。卡约里(Florian Cajori)[①]也没有,他曾对《原理》的前三版以及牛顿 1704 年作为《光学》的增补发表的《论曲线的求积》(*Tractatus de quadratura curvarum*)的相关文本进行了比较,还对莫特的《原理》译本(以现代形式)做了再版。[②]

然而,我们必须承认——这当然能使我们平复一些——这种比较之所以不容易做,纯粹是由于材料上的原因。事实上,《原理》——我指的是第一版,当时只印制了 250 到 300 本[③]——是一本极其罕见和贵重的书,通常只有在非常大的图书馆里才能找得

---

　　① 　Florian Cajori, *A History of the Conceptions of Limits and Fluxions in Great Britain from Newton to Woodhouse* [极限与流数的观念史] (Chicago and London: Open Court, 1919).

　　② 　*Sir Isaac Newton's Mathematical Principles of Natural Philosophy and His System of the World*, 莫特于 1729 年把它译成了这个英文本。卡约里对这个译本进行了修订,并且加入了一个历史的解释性的附录(Berkeley: University of California Press, 1934; 2nd ed., 1946)。卡约里在附录中(p. 634)引用了《原理》第二版中的"三处增补",牛顿通过它们"使其[关于重力与引力的]立场更加清楚",还(pp. 653 sq.)引用了 Augustus de Morgan, "On the Early History of Infinitesimals in England," [英格兰关于无穷小的早期历史] *Philosophical Magazine* [4] 4 (1852), 321—330, 以说明前两版对无穷小量和流数的处理之间的差异。

　　③ 　参见 A. N. L. Munby, "The Distribution of the First Edition of Newton's *Principia*. The Keynes Collection of the Works of Sir Isaac Newton at King's College, Cambridge," [牛顿《原理》第一版的传播] *Notes and Records of the Royal Society of London* 10 (1952), 28—39, 40—50, 以及 Henry P. Macomber, *A Descriptive Catalogue of the Grace K. Babson Collection of the Works of Sir Isaac Newton* [Grace K. Babson 收藏牛顿著作的描述性目录] (New York: Herbert Reichner, 1950), p. 9。H. P. Macomber 估计大约印了 250 本, A. N. L. Munby(p. 37)则认为至少印了 300 或 400 本。

到。那些有幸拥有这一珍品的图书馆通常将它秘不示人,以免使
之降低身份与读者接触。至于极少数私人收藏者,则小心翼翼地
28 使之不在阅读中受损。由道森父子出版公司(Messrs. William
Dawson & Son)出版的《原理》第一版(1687)的影印本,①终于使
前两版的比较变得容易了一些,它将有利于筹备一个异文校勘版,
或至少是一份异文列表,它们在学术研究中的作用正变得越来越
明显。② 第三版的原文由彭伯顿整理并于 1726 年出版,③此后又
在 18、19 世纪多次重印,所以现在随时都可以找到。不过这里要
补充的是,除了 1739—1742 年的日内瓦版④(及其重印本)以外,还
没有一个《原理》的版本具备一个名副其实的内容列表,这对于一本

---

① *Philosophiae naturalis principia mathematica*(London, 1687;影印重印本,
Wm. Dawson & Sons, Ltd., London, 1954)。

② 编订一个牛顿《原理》校勘版的任务已由柯瓦雷与科恩承担下来,它依据的是
对三个已出版本、最初的手稿以及牛顿私人图书馆中第一版和第二版的批注本,当然
还有牛顿批注和改正过的其他一些本子(比如牛顿献给洛克的第一版)进行逐字逐句
的(*verbatim et literatim*)校勘整理。

③ George J. Gray, *A Bibliography of the Works of Sir Isaac Newton*, *Together
with a List of Books Illustrating His Works*[牛顿著作文献目录](Cambridge: Macmil-
lan and Bowes, 1888; 2nd ed., revised and enlarged, Cambridge: Bowes and Bowes,
1907)以及 Macomber, *A Descriptive Catalogue of the Babson Collection*.

④ *Philosophiae naturalis principia mathematica auctore Isaaco Newtone*, 3
vols. (Geneva, 1739, 1740, 1742);这个版本对牛顿在《原理》中对数学问题的处理有非
常仔细与有趣的评注,它基于同样负责《原理》印制的 D. 格雷戈里、P. 瓦里尼翁、J. 赫尔
曼、J. 凯尔、J. L. 卡兰德林的工作。第三卷还包括了 D. 伯努利的 *Traité sur le flux
and le reflux de la mer*[论海洋的涨潮与退潮](pp. 132—246),C. 麦克劳林的 *De cau-
sa physica fluxus et refluxus maris*[论大海涨潮与退潮的物理原因](pp. 247—282)以
及欧拉的 *Inquisitio physica in causam fluxus et refluxus maris*[论大海涨潮与退潮成
因的物理研究](pp. 283—374)。这本书是献给皇家学会的!

内容如此庞杂且又被糟糕拼凑在一起的书来说是非常必要的。[①]

29

　　绝大多数《原理》版本都有一个索引（由科茨在准备第二版时整理），[②]但说得婉转些，这个索引并非十分有帮助。例如，如果你查找"hypothesis"（假说），你将会在莫特翻译的拉丁文第三版的索引中找到一个条目"rejects all hypothesis"（拒斥所有假说），以及让你去参考我在本文开头所引用的"总释"中那段话。但如果我们不想局限于索引，而想在牛顿著作本身（从第三版开始）中寻找的话，我们就会在《原理》的第二编中（第二编"物体的运动"，第六

---

　　① 　第一版什么都没有，第二版和第三版只有每一编的章节列表（由科茨整理）。从莫特和夏特莱侯爵夫人到卡约里，这份"内容列表"被接下来重印的所有《原理》版本复制，直到 William Thomson 爵士与 Hugh Blackburn（Glasgow，1871）的版本及其译本为止。这个日内瓦版在第三编的末尾（pp. 678—703）有一个"全集的命题索引"（Index propositionum totius operas），其中首先列出了第一编的公理或运动定律，然后是第一编中的所有命题，接着是第二编中的命题，最后是第三编中的命题。必须注意，虽然这个索引列出了《原理》中所有的命题，即定理和问题，但它既没有提书中出现的附释（*scholia*），也没有提出现的假说（*hypotheses*），所以即使是这份"内容列表"，也不能被认为是完整的和令人满意的。

　　这个 1760 年在科隆、1833 年在格拉斯哥重印的日内瓦版，尽管其扉页上明白地写着："附有通篇评注，由来自法国的 Minims 家族的 Le Seur 和 Jacquier 神父作坊印制"（*Perpetuis commentariis illustrata，communi studio PP. Thomae Le Seur & Francisci Jacquier ex Gallicanâ Minimorum Familiâ*），却时常被——错误地——称作"耶稣会士（Jesuits）版"。任何一本好字典，比如韦伯斯特（Merriam-Webster）或小拉鲁斯（*Petit Larousse*），都会告诉读者 Minims 是一类圣方济各会修士。把 Minims 变成耶稣会士的原因，可以在格拉斯哥版的编者身上找出（顺便指出，内容列表分别列在《原理》每一编的后面，而不是整本书的最后）。虽然他们在扉页正确地把 Gallican 省的 Minims 头衔给了 Le Seur 和 Jacquier，却在写给读者的序言中说，*Newtoni illustrissimi opus*［牛顿最著名的著作］已经成了稀罕物，cujus exemplaria … immense pretio parantur［原书已经非常昂贵］，他们决定将它重新出版；他们觉得再没有什么能比（在 John. M. Wright 的监督下）重印"Le Seru et Jacquier，Societatis Jesu Sociorum"著作的改进版更好的了。

　　② 　但在日内瓦版和莫特-卡约里版中却没有。

章"流体的圆运动")找到一个假说,"由于流体各部分缺乏润滑而产生的阻力,在其他条件不变的情况下,正比于使该流体各部分相互分离的速度"。① 而在《原理》名为"宇宙体系"的第三编中,我们又找到了两个被明确称为假说的命题。这一点相当有趣,值得进一步考察。这些假说是:

　　　假说Ⅰ:宇宙体系的中心是不动的。② 这一点已达成共识。不过固定在中心的,有人说是地球,其他人说是太阳。③

　　　假说Ⅱ:如果去掉地球的体积,让剩下的环沿着地球绕太阳运动的轨道做周年运动,而它同时绕着自己与黄道面成 $23\frac{1}{2}$ 度的轴做周日旋转,那么不管这个环是流体的,还是由坚硬的刚性物质所组成,它在赤道面上的点的运动将和原来一样。④

　　既然在一个本不应有假说的地方能出现两个假说,那么如果

30　看一下《原理》的第二版(拉丁文版),我们就可以在同一处找到同样的假说。但如果把我们的疑惑推及第一版(拉丁文版),我们就

---

　　① First edition,Book II,Sec. IX,*De motu circulari fluidorum*,p. 373;Cajori,p. 385. *Hypothesis*:"Resistentiam,quae oritur ex defectu lubricitatis partium fluidi caeteris paribus,proportionalem esse velocitati,qua partes fluidi separantur ab invicem."这个假说可以在《原理》三个版的同一处找到,这里我就不讨论它了,因为这过于技术性。这个假说和下面两个假说都没有在 Minims 版的"索引"中提到。

　　② 在第三版中,假说Ⅰ紧随命题 10 之后。

　　③ 对这个假说的详细考察表明,世界的——也就是指太阳系的——不动中心是这个体系的重心,它既非太阳也非地球,因为二者都在运动。

　　④ 在第三版中,假说Ⅱ紧随命题 38 的引理 3 之后。

会发现,第三版中的假说 II 在那里被称为命题 38 的引理 4,而假说 I 则与另外八个假说列在一起,成了假说 IV。事实上,在第一版第三编的开头,我们发现了"假说"这一称呼,以及以这个称呼出现的九个命题。这是相当奇特的;也许事情还另有深意。

　　说实话,这些假说组合得一点都不漂亮,让我们看看前三个是怎么说的。

　　　　假说 I:除那些真实而足以解释其现象者外,不必去寻求自然事物的其他原因。
　　　　假说 II:因此[对于同一类自然结果],其原因是相同的。
　　　　假说 III:无论什么种类,每一个物体都可以转化成另一个物体,而且性质的所有居间程度都可以被相继推导出来。

　　假说 V 到 IX 引入了天文学数据,比如:"环绕木星运动的行星"(即木星的卫星)的运动服从开普勒第二定律;"五大行星"围绕太阳旋转;这些行星和地球围绕太阳(或太阳围绕地球)运转的周期,依照开普勒第三定律而与到太阳的平均距离相关联,而如果"五大行星"都围绕地球旋转,则开普勒第三定律就不再适用了(尽管它仍然适用于月亮)。

　　这意味着什么? 这意味着牛顿的《原理》除其他目的以外(inter alia),还致力于证明哥白尼的假说或哥白尼-开普勒天文学体系的真理性(的确,在 1686 年 4 月 28 日的皇家学会会议上,有人说牛顿的著作包含了一种"对开普勒提出的哥白尼假说的数学证明"[①])。

――――――――――

　　①　引自 Rouse Ball,*Essay*,p. 62。

因此,尽管很不严格,但牛顿却是在天文学所接受的正常意义上使用"假说"一词的,即他打算提出的理论的一个前提或基本命题。

现在让我们转到第二版。"假说"这一称呼消失了,取而代之的是"哲学思考的规则"(*Regulae philosophandi*)①。前两个假说现在被称为"规则"(Rules)②,而第三条假说,本来是告诉我们一个物体向另一个物体的转化的,③在这里却不见了踪影,至少是从《原理》中消失了④(尽管稍后又在《光学》的疑问集[*Quaeries*]中出现了)⑤。假说 V 到 IX 变成了"现象"(*Phaenomena*),假说 IV 则仍然是假说。正如我已经说过的,命题 38 的引理 4——说明旋转球与旋转环的运动是等价的——成了假说。⑥ 因此牛顿宣称他不

----

① 莫特把 *Regulae philosophandi* 译成了"哲学中的推理规则"(Rules of Reasoning in Philosophy),夏特莱夫人在法文本中译成:"物理学研究中必须遵循的规则"(Règles qu'il faut suivre dans l'étude de la physique)。

② 关于这些变化,参见第六篇,"牛顿的'哲学思考的规则'"。

③ 在"Hypothesis explaining the Properties of Light, discoursed of in my several Papers"[解释光属性的假说](1675)这篇文章中,牛顿强烈地坚持万物的统一性,认为万物彼此之间可以普遍转化,所有物质可能只是稠密程度不同的以太而已。参见 Thomas Birch, *The History of the Royal Society of London*[伦敦皇家学会史](London, 1757), III, 250; 重印于 Cohen, *Newton's Papers and Letters*, p. 180。

④ 也许我们可以在牛顿对形成彗尾的"蒸汽"(vapori)的讨论中找到一点它的线索。这些蒸汽弥漫在空间中,"也许最终消散于整个天空,并且在引力的作用下渐渐向行星聚集,汇入行星大气"。[行星上流体损失的部分]可以得到持续的补充和产生。牛顿接着说:"我还进一步猜想,这种精气(spirit)主要来自于彗星,它确是我们空气中最小、最精细也最有用的部分,也是维持一切生命所最需要的东西。"参见 *Principia* (first edition), Book III, Prop. XLI, Prob. XX, example[《原理》(第一版),第三编,命题 41,问题 20,例子]pp. 505—506; Cajori trans., Book III, Prop. XLI, Prob XXI, example pp. 529—530。

⑤ 参见拉丁文本中的疑问 22(英文第二版中的疑问 30),牛顿在其中断言光与粗大物体可以相互转化; Cohen and Roller edition, p. 374。

⑥ 第一版命题 38 的引理 4,变成了第二版的假说 II。

"杜撰假说"，假说"在自然哲学中没有位置"。

我们完全可以理解，面对着这些术语上的——甚至不仅是术语上的——变化，以及牛顿在结尾的"总释"中对假说的强烈抨击，为什么科茨在准备第二版时会忐忑不安地提出一些异议。[①] 的确，难道假说不是充斥在牛顿著作的字里行间吗？万有引力本身不就是一种假说吗？这几乎是肯定的——至少当我们取这个词的传统经典含义，亦即牛顿在《原理》第一版中的用法时就是如此。于是，"假说"意味着理论的一个假设或基本假定。哥白尼在《天球运行论》（*De revolutionibus orbium coelestium*，出版于 1543 年）[②]的序言中提到了"被希腊人称作'假说'的原理或假设"（*principia et assumptiones quas Graeci hypotheses vocant*）；在《天球运动假说简评》（*Commentariolus de hypothesibus motuum coelestium a se constitutis*）[③]中，哥白尼又把这些"假说"作为"被称作公理的设定"（*petitiones，quas axiomata vocant*）提了出来。现在牛顿又在"宇宙体系"（*De systemate mundi*）（或《原理》的第三编）的开头列出了"假说"，也就是说，把它们当成了他自己天文学的基本预设。[④]

32

---

① 1712/1713 年 2 月 18 日牛顿致科茨的信，载于 Edleston，*Correspondence*，pp. 151—154，特别是第 153 页。参见第七篇，"引力、牛顿与科茨"。

② 旧译《天体运行论》，这其实是不正确的。因为在哥白尼看来，天空转动着的是"天球"，行星只不过是附着在天球之上。把"天球"译成"天体"，是将现代人的观念强加于古人。此书应当译成《天球运行论》或《论天球的旋转》。——译者注

③ 参见 Edward Rosen，trans. and ed.，*Three Copernican Treatises*［哥白尼的三篇论文］(2nd ed.，New York：Dover，1959)，p. 58。

④ 牛顿早期的一本小册子《论运动》（*De motu*）以一组"定义"开篇，接下来是四个"假说"，由它们导出了引理、定理和问题。参见 Rouse Ball，*Essay*，pp. 33，36 以及 Hall and Hall，*Unpublished Scientific Papers*，pp. 243，267，293。

　　而且别忘了，"假说"绝不是一个意义明确的词，它有许多相似的含义，弄不好就容易混淆。但有一点是共同的，就是它们都暂时（或明确地）减弱（或抑制）"假说"命题的肯定语气以及它与真理（或实在）的关系。所以严格说来，假说并不是一个判断，而是一个假设或猜测，其正确与否只能通过它的结果和蕴含来"证实"或"证伪"。这些结果和蕴含可以是内在的，比如柏拉图《巴门尼德篇》中的假说以及欧几里得和阿基米德的设定（petitiones）就是如此；它们也可以是外在的，比如自然科学的那些假说都属这一类。

　　"假说"还可以指一个或一组命题，提出它纯粹是为了导出其逻辑推论。数学家们经常这样做，他们说：让我们假定或者承认，在一个直角三角形中，角 A 是给定的……或者，当一条直线段绕着它的一个端点匀速转动时，一个点沿着它做既定的匀速运动或匀加速运动……或如牛顿本人所说，让我们假设或者承认，物体彼此吸引的力并非与距离的平方成反比，而是与其立方成正比或反比，那么这种假设会导出什么结果来呢？不过可以指出，当牛顿在《原理》第一版中对这些不同的引力定律可能引出的推论进行分析时，他实际上并没有使用"假说"一词，当他研究物体在假想的不同阻力的介质中运动时也是如此。而牛顿学说的忠实信奉者克莱罗（Clairaut）却明确使用了这个词。

　　我们也可以像托勒密时代以来所有天文学家那样，把一个或一组命题称为"假说"，然后用它们去规定或导出——从而预言——天界现象（以此来"拯救现象"[①]），而不承认观测数据对这

---

　　① 拯救现象，这是柏拉图提出来的问题，即研究行星目前的运行是由哪些均匀圆周运动叠加而成。——译者注

些命题的"证实"意味着这些假说有任何本体论意义或实质意义上的"真理性"。正是在这个意义上，奥西安德尔（Osiander）在给哥白尼《天球运行论》所作的匿名序言①中，只是把哥白尼的天文学体系当成了一种假说，一种纯粹的简便易用的数学技巧，它绝不是断言这个体系就是真理，也就是说地球实际上真的在绕太阳旋转；作为一种计算工具，这个"假说"甚至与地球静止不动的信念完全相容。② 这也是伽利略在《关于两大世界体系的对话》（*Dialogue on the Two Principal Systems of the World*）③中用来呈现哥白尼体系的"假说"的含义。宗教裁判所也是这个意思，它后来谴责伽利略只是假装把遭到谴责的观点当作假说（*quamvis hypothetice*）。

　　然而很清楚的是，同样的结论可以从完全不同的前提中推导出来，现象无法唯一地确定必须由哪一组假说来"拯救"它们。正如开普勒在致梅斯特林（Maestlin）的一封著名信件（1616 年 12 月 12/22 日）中所说："天文学假说是任何可以用来比较[计算]行星位置的东西。"（*Astronomica hypothesis est quicquid se praebet ad*

---

　　① 　Rosen, *Three Copernican Treatises*, pp. 57—90。对奥西安德尔而言，所有天文学"假说"都只是数学工具而已，它们的明显"错误"，比如托勒密的金星理论，并不影响其实用价值。这种"实证主义"观念可以追溯到古希腊，后来在中世纪又被阿威罗伊及其追随者所接受。

　　② 　参见 A. Koyré, *La Révolution astronomique*[天文学革命]（Paris: Hermann, 1961）, chap. 3。Edward Rosen 在给 *Three Copernican Treatises* 所作的序言中讨论过这个问题。

　　③ 　伽利略在前言中写道："在这篇对话中，我已经从一种纯数学的假说出发表达了哥白尼主义者的立场"；参见由 Giorgio de Santillana 修订并作评注的 Salusbury 译本（Chicago: University of Chicago Press, 1953）。

computanda loca planetarum）

因此可能同时存在若干种实现这些"比较"或计算的方法，它们甚至可能是等价的。一个例子是托勒密天文学中的本轮和偏心 34 圆"假说"，开普勒在其《新天文学》（*Astronomia nova*）的开篇就向我们解释了这些内容，而且这本书的"第一部分"还被特别冠以"对假说的比较"（*De comparatione hypothesium*）之名。

于是，可能有两种甚至三种相互冲突的假说——托勒密的与哥白尼的，或者托勒密的、哥白尼的与第谷的——同时存在，它们中每一个都能"拯救"现象，结果是至少从严格天文学的观点来看，没有理由在它们当中做出任何选择。每一种假说都可能是真的，但也可能都是错误的。我们知道，这是 17 世纪一些天主教（也有新教）天文学家所采用的观点，至少官方观点是如此；虽然出于宗教理由，地心体系仍被保留，但他们可以讲授至少是可以阐释互相冲突的体系。[1]

---

　　[1]　当然，我们也许会怀疑对传统地心说的接受是否就一直那么死心塌地——比如伽桑狄和博雷利，但我们对下面这件事就只能付之一笑了：我们发现 Le Seur 和 Jacquier 在他们的版本（包括《原理》的第三编"宇宙体系"）第三卷开头的"声明"（*declaratioi*）中宣称，由于牛顿在这一编中假定了地球是运动的，于是他们就只能基于如下假说来解释他的命题了："除了它为教皇所反对之外，我们可以顺从地主张地动说"（caeterum latis a summis Pontificibus contra-Telluris motum Decretis nos obsequi profitemur），除此之外别无他途。开普勒虽然在《新天文学》中放弃了那种"实证主义"观点，主张天文学必须根据三种基本假说（托勒密的、哥白尼的、第谷的）去发现宇宙的真实结构，研究天文数据（"现象"），但最终完全抛弃了托勒密与第谷的假说，也部分地抛弃了哥白尼的假说。他保留了哥白尼假说中太阳不动的特征，却抛弃了为哥白尼和托勒密体系所共同接受的圆的机制，为的是用一种由太阳提供动力的天体动力学取而代之，从而使行星具有椭圆的而非圆的运动轨道。不过从严格的运动学观点来看，这三种"假说"——首先是后两种——是完全等价的。

我们甚至可以把假说的虚构性强调得更厉害一些,一如笛卡儿在其《哲学原理》(第三部分,第44条)中所说:"我期望我写的东西仅仅被当作一种假说,一种也许距离真理甚为遥远的东西;但不管怎样,如果它所导出的东西与经验完全一致,那么我将深信我还是实际获得了某些东西的。"笛卡儿进而不怀好意地坚持真理与"假说性"前提之间的差距,他宣称,"我将在这里提出几条我确信是错误的[假说]",虽然"其谬误并不妨碍可以由之推出正确的结论"。[①]

35

我们知道,面对着这种已然流行于他那个时代的、在科学中由谬误推出真理的认识论,也就是说,在笛卡儿完整提出理论(假说)与真理的脱节之前很久,拉穆斯(Petrus Ramus)曾经强烈抗议这种认识论。他坚持认为,用错误的前提去证明自然事物的真理是荒谬的(*absurdum naturalium rerum reveritatem per falsas causas demonstrare*)。[②] 拉穆斯呼吁一种没有假说的天文学,甚至愿意把他的皇家学院(今天的法兰西学院)主席一职让给那些能够担

[①]　*Principia philosophiae*,Ⅲ,44,45,47;*Oeuvres*,ed. Adam and Tannery,Ⅷ,99—101.然而也许可以怀疑,笛卡儿对他的说法是否完全真诚;参见第三篇。

[②]　*Scholarum mathematicarum libri XXXI*[数学论著](Basel,1569),lib. Ⅱ,p. 50.拉穆斯是受前面提到的奥西安德尔给哥白尼《天球运行论》所作的匿名序言影响,特别是他以为这篇序言是雷蒂库斯(Rheticus)所写。参见 E. Rosen,"The Ramus-Rheticus Correspondence,"[拉穆斯—雷蒂库斯通信集]*Roots of Scientific Thought*[科学思想的根源](New York;Basic Books,1957),pp. 287 sq.。关于拉穆斯,参见 Charles Waddington,*P. Ramus,sa vie,ses écrits,et ses opinions*[拉穆斯的生平、著作与见解](Paris,1855)以及 R. Hooykaas,"Humanisme,science et réforme,"[人文主义、科学与宗教改革]*Free University Quarterly*,August 1958。

当此任的人。[①] 开普勒也曾经拒绝过那种对天文学的"实证主义"阐释,而主张科学是追求真理的。我们同样可以理解为什么几百年后,牛顿如此强烈地把"杜撰假说"拒斥为非科学的,并且自豪地宣称,在任何情况下他都不会那样做。*Hypotheses non fingo*,"我不杜撰假说",这对牛顿来说意味着:我不使用虚构的东西,我不把错误的命题当作前提或者解释。

　　读者们也许已经注意到,我把 *Hypotheses non fingo* 译成了"我不杜撰假说"(I don't feign hypotheses),而非通常的"我不构造假说"(I don't frame hypotheses)。这样做的原因很简单:"feign"(杜撰)与"frame"(构造)的含义不同,"Feign"——*feindre*——暗含着错误,而"frame"则不然,或至少并不一定如此,因此,"feign"假说绝不等同于"frame"假说。事实上,*fingo* 是指"feign"而不是"frame"。深谙英语和拉丁语的牛顿,从来也没有在任何地方使用过"frame"一词,而莫特却在他翻译的《原理》中用了。[②] 当牛顿说 *non fingo* 时,他的意思是指"我不杜撰",但如此重要的观点却被莫特误译了,以致夏特莱夫人也跟着他译成了"我

---

　　①　在一封给老师梅斯特林的信中(1597 年 10 月;*Gesammelte Werke*[开普勒著作全集],XIII,140),开普勒戏称自己由于《宇宙的神秘》(*Mysterium cosmographicum*)一书而得到了(拉穆斯的)法兰西皇家学院的主席一职。注意到以下一点是很有趣的,在《新天文学》的扉页背后,开普勒重申他已经实现了拉穆斯的愿望,因此有权得到后者所许诺的回报,即把法兰西皇家学院主席一职让给自己。不过,开普勒还是晚了一步,而且,他的《新天文学》中是否能说一条假说都没有也相当可疑。

　　②　牛顿在《光学》中类似的一段话里写道:"没有杜撰假说"(without feigning hypotheses);Query 28,Cohen-Roller edition,p. 169. I. B. Cohen,"The First English Version of Newton's *Hypotheses non fingo*,"[牛顿的 *Hypotheses non fingo* 的英文第一版]*Isis 53*(1962),379—388 讨论了牛顿主义者对"杜撰"的用法。

不设想假说"(Je n'imagine pas d'hypothèses)，而不是"我不杜撰
假说"(Je ne feins pas d'hypothèses)。莫特和夏特莱夫人仅仅是
犯了个错误吗？也许。不过正如一句意大利谚语所说的，"译者即
背信者"①(*traduttore-traditore*)，在我看来，他们所做的事情还要
糟糕许多。他们并没有仅限于翻译本身，而是通过"阐释"，把一种
并不符合牛顿本意的意思强加给了他。

　　对牛顿本人而言，"假说"一词除了在《原理》第一版中的经典
含义以外，还有其他两种（或更多的）意思。② 首先是好的或至少
可以接受的含义，即假说是一种虽然无法证明但却看似合理的观
念，牛顿愿意在这种意义上使用这个词；与此相反的则是坏的含
义，它——以及与之对应的思路——被笛卡儿、胡克、莱布尼茨等
人所采用，这对牛顿来说就等同于虚构，一种毫无根据而且必定是
错误的虚构，于是在这种坏的意义上使用"假说"，就意味着科学与
实在或真理的脱节。这意味着，如果这种虚构被认为与实在相脱
节，那么就会导致彻底的怀疑论；要么像通常那样，意味着用一个
虚构的实在，或至少是一个本身无法感知和认识的实在，一个为达
特定目的而被随意赋予了假想属性的伪实在，来代替既定的实在。
　　从第一次发表光学著作开始，牛顿就反对在建构理论时如此

　　① 参见 A. Koyré,"Traduttore-traditore. À propos de Copernic et de Galileo,"[译
者即背信者]*Isis 34*(1943),209—210。
　　② 牛顿对"假说"一词的使用的不同含义列表，可以参见 I. B. Cohen,*Franklin
and Newton*(Philadelphia：American Philosophical Society,1956)app. 1,"Newton's Use
of the Word *Hypothesis*"[牛顿对"假说"一词的使用]。

使用假说,就像他也反对使用错误的,或者说不能由经验"证实"或者"导出"的原因解释一样——我们可以随意想象,或者更确切地说是杜撰这些原因。① 从那时起,"假说"对牛顿而言就意味着某种无法得到证明的东西。于是,牛顿总是沿用一种非常类似于帕斯卡在《关于真空的新实验》(*Expériences nouvelles touchant la vide*)中所采用的思维模式,②以一种纯粹的或"蛮横的"(brute)形式,或者说——用塞缪尔·克拉克(Samuel Clarke)在《光学》的拉丁文译本中所引入的术语来说,但这不见于牛顿原先的英文版——是以一种"无遮拦的"(naked)形式提出实验。因此,他并不像胡克和格里马尔迪(Grimaldi)等人那样,把超出现象的无法确证的假说与实验描述混在一起。

不过到了晚年,"假说"的坏的含义在牛顿心中似乎又占据了统治地位。如果取这种坏的含义,甚或只是把它当成某种无法证明的东西,那么就只能尴尬地把牛顿认为已经得到证明的天文学实际数据称为假说了。于是你只好使用另一个术语,比如"现象"这个旧名,虽然这个词的含义其实略有不同。③ 你也不能继续把你的理论的真正基础称为假说,你将需要给它们重新命名,比如称

---

① 毫无疑问,牛顿在某种程度上是被培根和波义耳所激励。对波义耳和牛顿进行比较将会非常有趣,但这将使我们离题太远。关于这一主题有一篇著名的文章,参见 Marie Boas,"The Establishment of the Mechanical Philosophy,"*Osiris 10*(1952),412—541。

② 参见 A. Koyré,"Pascal savant,"*Cahiers de Royaumont*,Philosophie No. 1,pp. 259—285(Paris:Éditions de Minuit,1957)。

③ 事实上,牛顿所说的"现象"不仅包括观测数据,而且也包括开普勒的行星运动定律。

它们为规则、定律或公理。①

　　这恰恰就是牛顿在《原理》第二版中所做的事情。他区分了两个方面的内容：一是哲学中一般的逻辑-形而上学的（logicometa-physical）推理规则、运动的公理和定律，二是被牛顿称为现象的实验或观察数据及其直接推论。这也就是牛顿向科茨解释的事情，他说："如同在几何学中，'假说'一词并不含有这样广泛的含义，足以把公理和公设都包括在内，所以在实验哲学中，它也并不含有这样广泛的含义，足以把那些被我称为运动定律的基本原理或公理都包括在内。这些原理从现象中推出，通过归纳方法使之成为一般，这是在这种实验哲学中一个命题所能有的最具说服力的证据。我这里使用的'假说'一词，仅仅是指这样一种命题，它既不是一种现象，也不是从任何现象中推论出来的，而是一个没有任何实验证据的臆断或猜测。"②于是，为了把意思表达得足够清楚，牛顿指示科茨加入那段著名的话："因为凡不是从现象中推论出的，都应称其为假说，而这种假说无论是形而上学的还是物理的，无论是关于隐秘性质的还是关于机械性质的，在实验哲学中都没有位置。在这种哲学中，特定的命题总是从现象中推论出来的，然后再通过归纳使之成为一般。物体的不可入性、可运动性和冲力，以及运动和

38

---

　　①　于是在《原理》中，牛顿用"公理或运动定律"（*axiomata sive leges motus*）来称呼这些"命题"，而在 1684—1685 年写成的小册子《论运动》中（参见 Rouse Ball，*Essay*，pp. 35 sq.），他却把这些"命题"称为"假说"。按照 J. W. Herivel，"On the Date of Composition of the First Version of Newton's Tract *De motu*，"［牛顿《论运动》第一版的编纂日期］*Archives Internationales d'Histoire des Sciences* 13（1960），68，n. 7 的说法，这种术语变化已经出现在牛顿在 1684—1685 年的大学讲义《论运动》中。

　　②　牛顿 1713 年 3 月 28 日致科茨的信，载于 Edleston，*Correspondence*，p. 155。

引力定律,都是这样发现出来的。对我们来说,能知道引力确实存在,并且按照我们业已说明的那些定律起着作用,还可以用它来广泛地解释天体和海洋的一切运动,就已经足够了。"①"假说,无论是形而上学的还是物理的,无论是关于隐秘性质的还是关于机械性质的……",我必须承认,到目前为止我尚未完全弄明白牛顿所说的"形而上学假说"是什么意思,它也许是指亚里士多德或开普勒天文学中的"假说",但更有可能是指笛卡儿所断言的从上帝的不变性推出运动的守恒。② 牛顿的"形而上学假说"肯定不是指上帝的存在及其在世界中的行动。③ 拉普拉斯也许会把上帝称为一个假说——一个他并不需要的假说——但对于牛顿来说,上帝的存在是个不争的事实,所有现象最终都要通过它来解释。

　　"隐秘性质"可能是指炼金术的隐秘性质,我们知道,牛顿对此深感兴趣,并试图与他的朋友波义耳一起把炼金术转变成化学。《光学》(疑问集)中的一段话表明了这种解释,④ 即隐秘性质并不像科茨在《原理》第二版序言中所暗示的那样,仅仅指笛卡儿的先入之见。科茨说:"那些人设想了一种完全虚构的、不能为我们的感官

———————

　　① Motte-Cajori, p. 547.

　　② 参见 A. Koyré, *Études galiéennes* (Paris: Hermann, 1939), part Ⅲ, "Galilée et la loi d'inertie"[伽利略与惯性定律]。

　　③ E. W. Strong, "Newton and God,"[牛顿与上帝]*Journal of the History of Ideas 13*(1952), 147—167 已经说明了这一点。

　　④ 疑问 31。A. Rupert Hall and Marie Boas Hall, "Newton's Chemical Experiments,"[牛顿的化学实验]*Archives Internationales d'Histoire des Sciences 11*(1958), 113—152; "Newton's Theory of Matter,"[牛顿的物质理论]*Isis 51*(1960), 131—144 已经探讨了这一主题。

所感知的物质涡旋,宁愿求助于隐秘原因去解释那些运动。"①

　　"机械假说"可能是指培根的假说,但更有可能是指笛卡儿和笛卡儿主义者的假说,牛顿有诸多理由可以反驳它们。首先,它们无法解释天文学现象,即开普勒定律。② 不仅如此——也许同样重要的是——机械假说是不虔敬的,根据牛顿的说法,③它们会把上帝从宇宙中驱逐出去。

　　至于"物理假说",我认为牛顿这里想到的是,他的万有引力理论被一些人频繁地曲解了,比如本特利和切恩④、惠更斯和莱布尼茨⑤,他们都把引力说成是一种物理的力,使之成为物体的一种本质属性,或者至少是一种基本属性——本特利和切恩是为了接受这一"假说",惠更斯和莱布尼茨则是为了拒斥它。这种意义上的机械解释和物理解释,已然被视为无事实根据的错误虚构,甚至被视为无法容忍的谬论而从自然哲学中排除出去,因为引力不是一种"机械的"或"物理的"力。于是,"物理假说"成了最坏意义上的假说,牛顿当然很有理由拒绝杜撰这些错误的虚构。

---

　　① 　Motte-Cajori, p. xxvii.

　　② 　我们不要忘了,著名的"总释"开篇就对涡旋假说提出了批评。开头的句子是这样的:"涡旋假说面临许多困难。"《原理》第二编结尾的附释是这样开头的:"由此看来,行星的运动并非为物质涡旋所携。"

　　③ 　科茨在给《原理》第二版写的序言中也说过同样的话。参见第三篇,"牛顿与笛卡儿"。

　　④ 　关于切恩博士,参见 Hélène Metzger, *Attraction universelle et religion naturelle chez quelques commentateurs anglais de Newton*(Paris:Hermann,1938)。

　　⑤ 　莱布尼茨甚至宣称引力是一种"隐秘性质";参见第三篇;还可参见 M. Gueroult, *Dynamique et métaphysique Leibniziennes*［莱布尼茨的动力学与形而上学］(Paris:Les Belles Lettres,1934)。事实上,是罗贝瓦尔最先把引力称作"隐秘性质"的。

既然如此,牛顿下面的做法就愈发有趣了。他把宇宙中心的静止不动,以及液体或刚性的球壳与实心的地球之间的等价都称为假说,当然,他这里取的是好的含义,或者至少也是好坏参半。在牛顿看来,这两个命题虽然看似合理,却仍然有些可疑。他无法证明其中任何一个,所以很诚实地称它们为"假说"。也许起初他觉得自己能够证明第二个假说,于是在《原理》的第一版中它是作为一个引理出现的。后来他发现自己没法证明它(后来是拉普拉斯找到了证明),所以在第二版中他又把这条引理变成了一个假说,即"假说Ⅱ"。至于第二版和第三版中的"假说Ⅰ",考虑到宇宙体系(太阳系)中心的静止不动,牛顿无疑相信它可能是完全错误的。

我想我们现在多少已经清楚了,牛顿所理解和使用的"假说"到底是什么意思。在《原理》的第一版中是取其经典含义,假说是作为理论的基本命题出现的;而在第二版中则相反,假说被当作一种虚构的东西,而且通常是错误的,或至少是一种未经证实的断言。牛顿的观点并不代表当时的普遍看法,科茨起初并没有理解它,就充分证明了这一点,不过可以把牛顿的观点解释为英国经验论传统,即培根和波义耳传统的最终结果。正如我所说,虽然形式并不很严格,但反假说的态度从牛顿最早的著作就已经表现出来了。现在我们把注意力转向这些著作,因为对它们的分析将会帮助我们理解实验在牛顿那里所扮演的角色。

1671年12月,牛顿把他在当年秋季自制的一架反射式望远镜送交皇家学会审查。12月21日,沃德(Seth Ward)提议选牛顿为学会会员,到了1672年1月11日,他正式当选为皇家学会会员。牛顿在 18 日写给奥尔登堡(Oldenburg)的信中,说明了他为什么要把一项哲学发现提交给学会,他并不故作谦虚,而是把它形容为"即使不是迄今为止在自然的运作方面所做出的最重大的发现,也是最奇特的发现。"①

在这篇文章中,牛顿完全推翻了光学业已建立的最牢固的基础。他证明,颜色其实并不属于有色物体,而是属于光线;颜色并非光的改变,而是光线原初的固有属性;白光并非最基本、最单纯的光,各色光都由它从棱镜产生,而是一种由各色光组成的复杂混合物,各色光本来就存在于白光之中。这封描述其发现的信于 2 月 8 日被收到,然后 19 日被刊登在皇家学会的《哲学会报》(*Philosophical Transactions*)上,按语如下: 41

> 这是剑桥大学数学教授艾萨克·牛顿先生的一封信,内有他关于光和颜色的新理论:光不再被认为是相似的或者均匀的,而是由不同光线所组成,其中一些要比另一些更容易折射;而颜色并非从自然物体的折射中所导出的光的性能(一如通常所认为的那样),而是一种原初的、固有的、因光线而异的属性,文中举出了几项观察和实验来证明这种理论。②

---

① *Correspondence of Issac Newton*, I, 82.

② *Phil. Trans.*, No. 80, 19 February 1671/72, pp. 3075—3087; reprinted in facsimile in Cohen, *Newton's Papers and Letters*, pp. 47—59,附有一篇 T. S. 库恩的研究文章"Newton's Optical Papers"[牛顿的光学论文]。关于牛顿的颜色理论,参见 M. Roberts 与 E. R. Thomas, *Newton and the Origin of Colours*[牛顿与颜色的起源](London: Bell, 1934)以及 R. S. Westfall, "The Development of Newton's Theory of Color,"[牛顿颜色理论的发展]*Isis* 53 (1962), 339—358。

在致奥尔登堡的信中,牛顿讲述了这项发现的历史经过:

> 我在 1666 年初(那时我正在从事于磨制一些非球面形的
> 光学玻璃)做了一个三角形的玻璃棱镜,以便试验那些著名的
> 颜色现象……起初我看到那里产生的鲜艳、浓烈的颜色,颇感
> 有趣;但经过较为周密的考察,我惊异地发现它们是长条形
> 的;而根据公认的折射定律,我预期它们应该是圆形的。①

正是这种"惊奇"促使牛顿进行实验和观察,从而建立了关于
颜色的新理论,并把结果报告给了皇家学会。这里我就不再去描
述牛顿所做的实验了——直到现在,全世界课堂上所做的还是这
42 些实验;②不过,把它们和它们的结构同波义耳和胡克的实验③进

---

① Cohen, *Newton's Papers and Letters*, p. 47; *Correspondence*, I, 92. 很奇怪,牛
顿并没有告诉奥尔登堡(或其他什么人),他关于颜色的新理论不但基于 1666 年所做
的那些实验和观察,而且还基于他在剑桥所做的研究,这些工作在他 1669 年、1670 年
和 1671 年的《光学讲义》(*Lectiones opticae*)中有所论述。但牛顿并没有发表这些讲
义,因而它们在很长时间里一直不为人知,直到 1728 年才被译成英文,题为 *Optical
Lectures Read in the Public Schools of the University of Cambridge. Anno Domini
1669*。接着在 1729 年出了拉丁文版, *Lectiones opticae annis MDCLXIX, MDCLXX,
MDCLXXI in scholis publicis habitae et nunc primum in ex. MS in lucem editae*。后来
这些讲义在 J. Castillon 编的牛顿的 *Opuscula*[短篇著作集](Lausanne and Geneva,
1744)中,以及 Horsley, *Opera omnia*(London, 1782), vol. III 中重印。这些版本的文字
不尽相同。

② E. Mach, *Principien der physikalischen Optik*[物理光学原理](Leipzig: Barth,
1921); English translation, *The Principles of Physical Optics*(London: Methuen,
1926),reprinted by Dover Publications 对这些实验做了精彩的分析。

③ R. Boyle, *Experiments and Considerations upon Colours*[关于颜色的实验与
思考](London, 1663), reprinted in Thomas Birch, ed., *The Works of the Hon. Robert*

行比较会很有趣,他们与牛顿同时(确切地说是稍早一些)研究了
"著名的颜色现象"。

　　简而言之,它们的差异可以归结为牛顿的一个极为典型的特
征:牛顿做测量,波义耳和胡克则不做测量。他们对鸟的羽毛、金
属、云母的美丽颜色进行描述、赞美和解释——虽然胡克把云母片
(他们叫"俄国玻璃")和肥皂泡的颜色解释得相当出色,但并不是
建立在测量的基础之上。牛顿则与此相反,他"起初看到鲜艳、浓
烈的颜色,颇感有趣",但却没有就此止步;在他看来,光谱的延
长[1]以及不同颜色在其中占据的不同位置才是这个现象更重要的
特征。正是由于这种定量的研究方法——它超越了感官知觉——
他才精确地测量了折射角,并发现"不同的颜色"与"不同的折射
度"密切相关,而且颜色和折射度无论怎样都无法通过实验来改
变,也就是说,无法被反射或折射所改变。对于这些实验的意义,
牛顿是非常清楚的,尤其是那个某种单色光陆续穿过棱镜的实
验,牛顿把它称为"判决性实验"(*experimentum crucis*)。[2]让我们

(接上页)*Boyle*(London,1744),Ⅰ,662 sq. R. Hooke,*Micrographia of some Physio-
logical Descriptions of Minute Bodies made by magnifying glasses,with Observations
and Inquiries thereupon*(London,1665),reprinted by R. T. Gunther,*Early Science in
Oxford*[牛津的早期科学](Oxford;printed for the subscribers,1938),vol. ⅩⅢ.

　　[1]　在 *Lectiones opticae* 中(pars Ⅱ,sec. 1,§ⅩⅩ,p. 92 of the edition of Castil-
lon;p. 267 of that of Horsley),他甚至尝试用金星的光来做棱镜实验;实验结果是一条
线(*lineola*)。

　　[2]　特恩布尔教授(*Correspondence*,I,104)指出,*experimentum crucis* 这个说法是
胡克对培根的 *instantia cruces*[关键情况]的错误引用(*Micrographia*,p. 54),于是牛顿
在使用它时会"想起他对胡克著作的阅读"。

看看他是怎样得出结论的：

> 同一大小的折射度总是对应着同一种颜色，而同一种颜色也总是对应着同一大小的折射度。折射得最少的光线都倾向于呈现红色，反过来，凡倾向于呈现红色的光都折射得最少；同样，折射得最大的光线都倾向于呈现深紫色，反过来，凡倾向于呈现深紫色的光都折射得最大。此外对于连续系列中的所有中间颜色，也有各种居中的折射度与之相配。颜色与折射度之间的这种类比关系是精确而严格的；两条光线总是或者在这两方面完全一致，或者都按同样的比例不相一致……

> 事情既然这样，就没有必要再去争论黑暗地方是否有颜色，颜色是否是我们所看到的物体的性质，以及光是否可能是一种物体等问题。因为既然颜色是光的性质，并把光线作为它们完全而直接的主体，那么我们怎么能够设想那些光线也是性质呢，除非一种性质可以是其他性质的主体并且可以承载它；这实际上就应称之为实体。如果不是由于物体的那些可感性质，我们就不会知道它们是实体，而当现在由于别的什么东西而发现了可感性质的主体之后，我们就很有理由认为它也是一种实体。

> 此外，谁曾想到任何性质是一种异质的聚集，如同我们对于光所发现的那样？但是，要想更确切地判定什么是光，它怎样折射，还有它是通过什么方式或作用在我们头脑中产生颜色的感觉印象，这都不是那么容易的事。我不想把推测和既

已确定的事实混淆起来。①

　　于是对牛顿而言,那个著名的争论问题(*question disputa-ta*)——光到底是一种实体还是仅仅为一种属性——似乎已有定论:光是一种实体。它甚至还是一种物体,虽然牛顿——这是胡克等人注意不到的——没有直接把它说出来。牛顿当然相信这一点,但他认为自己还没有证明它:"物体"和"实体"并不是相同的概念。

　　在我看来,牛顿的实验结果有助于我们理解实验的结构。它们以公理化的方式预设了一种数学的自然结构,旨在把纷繁复杂的经验现象厘清,查明或孤立出其真实的简单组分。牛顿的实验并不把确立现象之间的数值关系或函数关系当作目的,而是要去揭示它们真正的充分原因。

　　牛顿的"关于光和颜色的理论"的出版引发了一连串极为有趣的争论。唉,可惜这里没那么多地方来讨论。巴蒂斯(Pardies)、利努斯(Linus)、惠更斯②,特别是胡克,都反对牛顿的新"假说"。44

---

　　①　*Phil. Trans.*,No. 80,19 February 1671/72,pp. 3081 and 3085;reprinted in facsimile in Cohen,*Newton's Papers and Letters*,pp. 53 and 57;*Correspondence*,1,97,100. 颜色与折射度密不可分的联系使牛顿坚信,要想去除折射式望远镜中的色像差是不可能的,除非用反射式望远镜来替代。于是,他放弃了完善折射式望远镜的努力,而在 1668 年自制了一架反射望远镜,他送给皇家学会的那一架是它的改进品。

　　②　这些论争的文献现在都载于 Cohen,*Newton's Papers and Letters*;关于它的最好论述仍然是 F. Rosenberger,*I. Newton und seine physikalischen Principien*;还可参见 L. Rosenfeld,"La Théorie des couleurs de Newton et ses adversaries,"[牛顿及其对手关于颜色的理论]*Isis* 9(1927),44—65;R. S. Westfall,"Newton and His Critics on the Nature of Colors,"[牛顿及其批评者论光的本性]*Archives Internationales d'Histo-rie des Sciences* 15(1962),47—62,以及"Newton's Reply to Hooke and the Theory of Colors,"[牛顿对胡克的答复与颜色理论]*Isis* 54(1963),82—97。

他们认为,如果每一种光线都被赋予了特别的颜色,那么这就意味着颜色的种类近乎无穷。[①] 不仅如此,胡克还暗示,[②]牛顿的实验(在他看来)实际上没有什么新东西,牛顿所有的实验,甚至是其"判决性实验",都没能证明牛顿关于"光是一种物体"的假说,而这却可以用胡克在《显微图谱》(*Micrographia*)中所提出的假说同样好地解释,即使不是比牛顿更好的话。这种假说把光看成一种以无限大的速度在以太介质中传播的波动或脉冲,这种脉冲在白光情况下是直的,也就是与传播方向垂直,而在单色光情况下则是倾斜的。[③] 或者,甚至可能有"两三种其他[假说]非常不同于"牛顿和胡克的看法,却同样可以解释这些现象。

---

　　① 参见胡克 1671/72 年 2 月 15 日致奥尔登堡的信,Cohen,*Newton's Papers and Letters*,pp. 110 sq;*Correspondence*,I,110 sq.:"我已经仔细阅读了牛顿先生关于颜色和折射的出色论文,我对他的发现如此奇妙感到高兴。然而,虽然上百次的试验使我完全赞同他所说的那些事实,但至于他说如此就解释了颜色现象,我得承认,我还没有找到任何确凿的证据使我相信这一点。"

　　② Cohen,*Newton's Papers and Letters*,p. 113;"毫无必要地增加那些实体的数目没有一点用处",胡克这样说道。他自己只发现了两种基本色,红色和蓝色,而牛顿尽管给每种光线都赋予了特定的颜色,却承认若干数量的原色或基本色。他在《光学讲义》中(pars II,sec. 1,p. 185 of the Castillon edition;vol. III,p. 352 of the Horsley one)列出了:红(*Rubrum*)、黄(*Flavum*)、绿(*Viridem*)、蓝(*Caeruleum*)和紫(*Violaceum*);在"关于光和颜色的新理论"中(Cohen,Newton's Papers and Letters,p. 54),他列出了"红(*Red*)、黄(*Yellow*)、绿(*Green*)、蓝(*Blew*)和深紫(*Violet-purple*),橙(*Orange*)和靛青(*Indico*),还有无数中间程度的颜色"。在 1675 年写的"Hypothesis explaining the Properties of Light,discoursed of in my several Papers"[用于解释在我几篇论文中所谈到的光的属性的一个假说]中(pars II,sec. 1,p. 192 of the Castillon edition),他说,"就像声音在一个八度内可以分成各种声调一样,颜色或许也可以分成它的基本色度,即红、橙、黄、绿、蓝、靛青和深紫"。

　　③ *Micrographia*,p. 64;"蓝色是一种倾斜的混杂的光脉冲在视网膜上留下的感觉印象,这种光最弱的部分在前,最强的部分在后……红色是一种倾斜的混杂的光脉冲在视网膜上留下的感觉现象,这种光最强的部分在前,最弱的部分在后。"

　　牛顿对胡克攻击的回应非常奇特。[①] 他当然否认自己提出了 45
一种假说：他所提出的只是一种理论。牛顿批评胡克(a)把一种不
是他提出的假说，即光是一种物体（难道他没有说"也许"吗？）强加
给了他；(b)不理解他自己的（胡克的）假说非但不能解释光的直
进现象，[②]而且也是被牛顿的判决性实验否证的诸多假说之一。

　　显然，牛顿的话既对又错，甚至有点不公平——说他错和不公
平是因为，不要说胡克，没有人能不附带"可能"或者"也许"就提出
一个假说的，至少也要在头脑中带上，而这也正是牛顿批评那些使
用假说的人的原因。于是我们不能否认——胡克在这一点上非常
正确——牛顿在给皇家学会的信中，实际上是提出了一个关于光
的物质性的假说。[③] 不过牛顿也有对的地方，即虽然他暗示光线
是物质性的，却并没有把这种设想当成一个理论基础。这与笛卡
儿和胡克相反，笛卡儿把他的光学建立在预设的并且彼此不相容
的假说之上，而胡克则把他的光学基于一个错误的假说，整部《显
微图谱》中充斥着他根据需要而特设的各种假说。

　　牛顿并不否认他的实验可以同时被若干机械假说所解释，因

---

　　① 参见 Newton's reply to Hooke, *Phil. Trans.*, No. 88, 18 November 1672, pp.
5084—5103; reprinted in Cohen, *Newton's Papers and Letters*, pp. 116—135; *Correspon-
dence*, I, 171 sq.。载于 *Correspondence* 的文本是牛顿的原始信件的影印本，与当时奥尔
登堡在《哲学会报》上发表的有些不同。奥尔登堡对它做了删改，使之变得个人色彩不
是那么强，并把胡克的名字替换成诸如"反对者"或"批评者"这样的称呼。

　　② 根据牛顿的说法，如果光是由波动或者波组成的，它将会绕过角落。

　　③ 牛顿说(Cohen, *Newton's Papers and Letters*, p. 119)："他当然知道他所断言
的光的属性可以用某种办法……通过很多……机械假说来说明的，因此[他]宁愿拒绝
所有假说，而用一般性的术语来谈论光，把它抽象地看成由发光物体发出的沿直线传
播的某种东西，而不去判断它到底是什么。"然而牛顿难道没有说过光是一种实体吗？
而被赋予了可感性质的实体只能是一个物体。

此,他并没有提出任何假说,而只是详细阐述了一种严格遵守可证实——和已被证实——的东西,即折射度与颜色之间密切联系的理论。他的理论暗示,甚至可能提出,光的粒子性是非常正确的。但这是完全正当的,因为这个假说(如果希望它是假说的话)是作为实验数据的结果,而不是作为某种已经得到证明的东西而提出的,所以并不构成理论必不可少的一部分。

我们知道,牛顿不"涉足猜测"。于是很有意思,牛顿说如果他也可以提出假说,那么他的做法一定会与他所尊敬的朋友胡克有所不同,而且方法肯定要出色得多。胡克对光的微粒说的敌意是牛顿所不理解的,牛顿本人对光的波动说并没有太大敌意,事实上,这两种假说他都需要。如果他要构造一个假说,他会开始积累事实亦即实验数据,以把它的假说"奠基于"现象和严格的测量之上,然后假定光线是由极小的微粒构成的——按照牛顿的说法,这一假定是解释光的直进现象所必需的。然而除了这个微粒假说之外,牛顿还会再补充一个假说,即存在着一种以太介质,这些光微粒在其中激发出不同"大小"的振动或波动,其"大小"取决于光的不同颜色。牛顿会用这两种假说来完整地解释折射、反射和薄片的颜色。因此,他实际上是综合了这两种看法,这种方式在他给胡克的答复中就已初见端倪。

1675 年,牛顿发现"一些大师(virtuosos)①的头脑中……处处萦绕着假说",②情况是如此严重,以致当他"抽象地"谈论光的时候,没有人能够理解他说的是什么,而当他补充了一个假说以使理论变得

---

① "virtuosos"一词在当时既不是贬义也不是讽刺。

② Birch, *History of the Royal Society*, Ⅲ, 249; reprinted in Cohen, *Newton's Papers and Letters*, p. 179.

更加具体之后，他们立刻就明白了——"就好像我的论文需要假
说来解释一样"，于是牛顿交给奥尔登堡即皇家学会一篇很长的
论文，其中包括那篇"用于解释在我几篇论文中所谈到的光的性
质的一个假说"。① 他特别指出，他提出这个假说只是作为对理论的
一个"说明"，即使它看似正确，他本人也并不这样假定。这意味着，虽
然他相信自己的观点是正确的，但他知道自己还不能证明。牛顿告诉
我们：

47

  假定[牛顿喜欢"假定"（supposition）这个词；假定不同
于假说，我们当然有权去做假定]……存在着一种以太介
质，②它的构成大体与空气相同，但却远为稀薄和精细，而且
更有弹性……③

---

  ① 应牛顿的要求，这个假说没有在《哲学会报》上发表，直到 Birch, *History of the Royal Society*，Ⅲ，247—305 才刊登出来；参见 Cohen, *Newton's Papers and Letters*，pp. 178—235。

  ② 牛顿受胡克发光以太观念的影响，似乎不亚于胡克受牛顿不同以太波或脉冲的"大小"对应于不同颜色思想的影响。

  ③ Birch, *History of the Royal Society*，Ⅲ，249；Cohen, *Newton's Papers and Letters*，p. 179。牛顿接着又说："在抽去空气的玻璃容器的一个摆几乎能运动得和在空气中一样快，这就是关于这种介质的存在的一个并非无关紧要的论证。"注意到下面这一点是有趣的，在《原理》第二版和第三版第六章末尾的总释中（第一版中没有），牛顿讨论了这一点（第二版说它是"当今广为接受的哲学观点"[*Receptissima Philosophorum aetatis hujus opinion*]，1714 年阿姆斯特丹版，p. 292，而在第三版中仅为"某些人的观点"[*nonnulorum opinion*]，[Horsley，11，379；Motte-Cajori，325/607]）："存在着某种极为稀薄而精细的以太介质，可以自由穿透所有物体的孔隙；而这种穿透物体孔隙的介质必定会引起某种阻力。"牛顿然后又继续说（p. 326）："这个摆的实验是凭记忆描述的，原始记录已经丢失。"摆的实验证明了物体内部的阻力确实存在，而且装满的箱子（和空箱子相比）的较大阻力"不是来自于任何其他未知的原因，而只能是某种稀薄流体对箱内金属的作用所致"。

　　假定以太像空气一样是一种能振动的介质,只是它的振动要远为迅速和微小;人们通常说话的声音所产生的空气振动,前后两个之间的距离要大于半英尺或一英尺;而以太振动的间距则要小于十万分之一英寸。而且由于在空气中的振动有大有小,而快慢却没有什么差别……因此我假定,在以太中的振动大小不同,而快慢相同。①

　　还应当假定(Birch,p. 255),"光与以太是相互起作用的,以太使光发生折射,而光使以太发热;而且越稠密的以太起的作用也越强"。事实上,由于以太并非均匀,而是密度有所不同,②光线将被较密的以太向较疏的一边推压或挤压,从而向较疏的以太偏折。如果假设光是斜向透过越来越稠密的连续介质层的话,那么这一过程可以解释折射和全反射,甚至只要我们承认以太流大体上与流体类似,它还可以解释一般的反射,这是由于以太流"在其表面附近不像内部那样柔顺",因此,光线有时无法穿透反射物体"更为刚硬的"以太表面。

　　还必须进一步假定(Birch,p. 263):"虽然光的运动不可思议地

---

　　① Birch, *History of the Royal Society*, Ⅲ , 251; Cohen, *Newton's Papers and Letters*, p. 181. 牛顿的以太振动或波——类似于胡克的——当然就像空气的振动或波产生声音一样,是纵向的"脉冲",于是振动的"大小"就是它的波长。牛顿假定,既然不同音调的声音对应于不同大小的空气振动(p. 262, p. 192),那么不同颜色的光线也对应于不同大小和"强度"的以太振动,而且最大最强的振动是由红光在以太中产生的,最小最弱的振动是由紫光产生的,这就解释了为什么红光比紫光折射更小。

　　② 牛顿认为包含在物体中的以太没有外面的以太稠密。

迅速,然而为光线所激起的以太的振动却要比光线本身的运动快得多,①所以它们会一个接一个地赶上并超过光线。"这使我们能够解释半反射现象和薄片的颜色:穿透第一个表面的光线在通向第二个表面时被以太波赶上,于是"就在那里发生了反射或折射,具体情况依赶上它的是以太波的稠密部分还是稀疏部分而定"。

正是利用了这种综合了微粒与波动两方面内容的假说,牛顿才成功地研究了现在以他的名字命名的环②和格里马尔迪发现的光的衍射。③

牛顿自己是这样说的:

> 我假定光既不是以太,也不是它的振动,而是从发光物体传播出来的某种不同的东西。

接着他提出了两种可能性。他首先说,

———————————

①　牛顿在写他的假说的时候,假定"光并非像一些人想象的那么快",可能至少要用"一两个小时才能从太阳传到我们这里"(p. 263,p. 193)。又过了 30 年,当他在《光学》中提出(第二编,第三部分,命题 7)一种易折射和易反射"猝发"的假说解释时,他虽然知道光的速度,却坚持认为由光线引起的折射和反射介质的振动要比这些光线运动得更快。

②　Birch, *History of the Royal Society*, Ⅲ, 263 sq. ; Cohen, *Newton's Papers and Letters*, pp. 193 sq. . 胡克和牛顿对薄片颜色的研究再次例证了我曾经说过的他们之间的差异:牛顿做测量,而胡克则不做测量。胡克的确研究过云母薄片或肥皂泡的颜色,但其厚度胡克没有也不可能测出;而牛顿则用压在一起的大凸透镜和平凸透镜测量了出现的环的直径,于是可以计算出它们之间空气层的厚度。

③　Birch, *History of the Royal Society*, Ⅲ, 269 sq. ; Cohen, *Newton's Papers and Letters*, pp. 199 sq. . 很奇怪,牛顿从来也不用格里马尔迪的术语"衍射"(diffraction),而是用胡克使用的"屈折"(inflexion),虽然意义与他不同。

如果人们愿意,可以想象它是逍遥学派①所说的各种性质的集合体。

显然,这不是牛顿自己的观点。接着他又介绍了另一些人的观点
49 (其中无疑包括牛顿自己的观点),

他们设想光是一群小得不可思议的、大小不同的、快速运动的微粒,它们从远处发光体那里一个接一个地发射出来,但在相继两个之间我们却感觉不到有什么时间间隔,它们为一种运动本原所不断推向前进,正是这种运动本原在开始时使它们速度得到增加。②

牛顿又进而明确指出,只要能够给出一种定量标准,任何种类的假说都是可行的。他用一种微粒(沙粒)和一种波(水波)来说明这一点:

为了避免争论,并使这个假说的讨论更加普遍,每个人在这里愿意讲什么就讲什么;不过我认为,无论光是什么,它总是由一些互不相同的光线所组成,这些光线的大小、种类或活力都依所处环境的不同而不同;就像海边的沙粒,大海的波

---

① 这个词用来称呼亚里士多德的门徒,因为据说亚里士多德在向学生讲学时,常常在他的学园里边走边谈,逍遥漫步。——译者注

② Birch, *History of the Royal Society*, Ⅲ, 254 sq. ; Cohen, *Newton's Papers and Letters*, pp. 184 sq. .

涛,人们的面容,以及其他一切种类相同却彼此存在差异的自然事物一样。①

在 1704 年出版的《光学》中,牛顿似乎已经放弃了他曾经在其假说中提出的综合理论,他并没有用以太来解释折射和反射。在解释折射时,他求助于一种迫使物体(光微粒)偏向折射面的(吸引)力;②而关于反射,他只是告诉我们,"光线的反射……是由一种均匀弥散在[反射体]表面的力量实现的,这种力量使得反射体不与光线直接接触就能作用于它"。③甚至在处理半透明现象和牛顿环现象时,他也很谨慎地避免提及以太,而只是说"每条光线透过任何折射面时,都会处于某种暂时的状况或状态,这种暂态会在光线的行进过程中以相等的间隔恢复",因为当光线透过镜片时,"它被某种从第一个镜片表面传到第二个镜片表面的作用或倾向影响了"。牛顿把这些状况或状态称作"易反射猝发"(Fits of easy Refexion)和"易折射猝发"(Fits of easy Transmission),它们的存在并非假说。和往常一样,他说自己"不会去追问,使光线进入这些状态的到底是一种什么样的作用或倾向"。④

50

---

① Birch, *History of the Royal Society*, Ⅲ, 255 sq.; Cohen, *Newton's Papers and Letters*, pp. 185 sq..

② 用引力概念对折射和全反射进行解释,是牛顿在《原理》第一编的第 14 章提出来的。

③ *Opticks*, Book Ⅱ, Part Ⅲ, Prop. Ⅷ; Cohen-Roller edition, p. 268.

④ *Opticks*, Book Ⅱ, Part Ⅲ, Prop. Ⅻ; Cohen-Roller edition, p. 278.《光学》中的"猝发"取代了以太振动的假说,而且也起着同样的作用:它们为光线引入了周期性。

那些除非用假说来解释就不愿接受任何新发现的人,现在可以认为,既然石块落到水中会使水荡漾,物体相撞会在空气中激起振动;那么当光线射到折射面或反射面时……也会在折反射介质或物质中激起振动……这种振动的传播方式很像引起声音的振动在空气中的传播,而且其运动比光线更快,从而能够超过它们[产生猝发]。①

然而牛顿又加了一句,"这个假说是对是错,我在这里不做考虑"。②

我们又一次看到了牛顿对能够证实和无法证实的东西所做的严格区分,以及对怀特海所说的"具体性误置"(misplaced concreteness)的厌恶。

牛顿在《光学》英文第一版(1704 年)结尾所增补的疑问中甚至有过之而无不及。在那里,牛顿完全放弃了对自己的假说正确与否所一贯持有的中立或漠不关心的态度,声称只有通过那些不可或缺的假说,他的理论才能被更好地理解。不过他这里使用的并非"假说"一词,③但他确信自己所提出的假定无疑是正确的,于是他就用一些等价而方便的修辞性疑问句来表达自己的看法:"物体对于光难道没有超距作用吗……?""这种作用,当其他情况相同

---

① *Opticks*,Book Ⅱ,Part Ⅲ,Prop. Ⅶ;Cohen-Roller edition,p. 280. 然而牛顿又接着说."可能[光]一从发光体中射出,就进入了这种猝发状态,然后在行进过程中继续处于这种状态",很显然这种介质不可能是别的,而正是假说的以太。

② 它的意思是说,牛顿——很有理由——认为自己没有能力证明这些猜测。

③ 参见 A. Koyré,"Les Quéries de L'*Optique*"。

时(*ceteris paribus*)，难道不是在距离最小时最强吗?"(疑问 1)，或者"难道物体和光彼此不发生相互作用吗(疑问 5)?"①

　　后来，牛顿在《光学》的拉丁文版(1706 年)和英文第二版(1717 年)中又补充了一些疑问。② 他仍然没有直接说出自己的真 51 实观点，而是继续使用一些等价而方便的修辞性疑问。他问道："暖地方的热难道不是由一种远比空气更为精细的介质的振动穿过真空传过去的，而这种介质在空气被抽出后仍旧留在真空中?这种介质不就是光赖以折射和反射……并使光处于易反射猝发和易折射猝发状态的那种介质吗?"③

　　疑问中充斥着这类修辞性疑问。如果我们事先不知道牛顿从不做假说，我们很可能会误把它们当成一个令人兴奋的假说集，这些假说大胆而有影响力，其数量也多得近乎奢侈。④ 当然，那样一来我们就错了，假说在牛顿的哲学中是没有位置的。必须记住，这一点是牛顿在"总释"中明确告诉我们的。不过，这一点在疑问 28 中也有清楚的说明，该疑问是最先被收入《光学》拉丁文版(1706

---

　　① 　Cohen-Roller edition，p. 339.

　　② 　需要注意的是，在《光学》的英文第二版(以及后来的版本)中，疑问 17 提出了与第二编、第三部分的命题 12 相同的假说，旨在给那些没有假说就"不愿接受任何新发现"的人看，而它在 1704 年或 1706 年的拉丁文版《光学》中却没有出现。参见 Cohen，*Franklin and Newton*，pp. 162—163 对这一点的讨论。牛顿主义者们通常认为，牛顿相信疑问中所提出的假定(假说)是正确的，于是黑尔斯(Stephen Hales)依据疑问 18 和疑问 21，提出以太介质"(伟大的艾萨克·牛顿爵士假定)使光发生折射和反射"。1705 年，格雷戈里(David Gregory)在付印之前看到了手稿中新的疑问，他写道，牛顿"已经用疑问的方法解释了……"。德萨居利耶也认为疑问包含了牛顿相信的东西。参见 Cohen，*Franklin and Newton*，chap. 7。

　　③ 　疑问 18。在疑问 19 和疑问 20 中，这种介质干脆就被称作"以太的"。

　　④ 　参见 Cohen，*Franklin and Newton*，chap. 7。

年)中的疑问之一,然后又被收入英文第二版(1717 年)。牛顿在
其中说,他本人的观点其实与古希腊和腓尼基的那些哲学家的观
点相同,他们都承认虚空和非机械的原因。可惜,

> 后来的哲学家们都把对这样一种原因的考虑排除在自然
> 哲学之外。为了机械地解释一切事物,他们就杜撰了一些假
> 说,而将其他一些原因交给形而上学去解释。然而自然哲学
> 的主要任务是不用杜撰的假说而是从现象来讨论问题,并从
> 结果中导出其原因,直到我们找到那个第一因为止,而此原因
> 一定不是机械的。

上述文本为我们理解"总释"的结尾提供了一个独特视角。在
那里,牛顿先是声明他还没有发现重力的原因,而且他也不杜撰假
说,然后牛顿告诉我们:

> 现在我们不妨再谈一点关于能渗透并隐藏在一切粗大物
> 体之中的某种异常微细的精气;由于这种精气的力和作用,物
> 体中各微粒在距离较近时能相互吸引,彼此接触时能黏连在
> 一起;带电体的作用能够延及较远的距离,既能吸引又能排斥
> 周围的微粒;由于它,光才被发射、反射、折射、衍射,并能使物
> 体发热;而一切感官之受到刺激,动物肢体在意志的驱使下运
> 动,也是由于这种精气的振动沿着神经的固体纤维,从外部感
> 官共同传递到大脑,并从大脑共同传递到肌肉的缘故。但是
> 这些都不是用寥寥数语就可以讲得清楚的事情;而要精确地

52

得到和证明这些电的和弹性的精气作用的规律，我们还缺乏必要而充分的实验。①

那么显然，要承认虚空、原子、以太精气以及非机械力的存在，并不是说要去杜撰假说；而假设空间的充实、涡旋以及宇宙中运动的量的守恒，却反倒应该由于使用这种方法而受到责备。随着牛顿走向生命的尽头，"假说"这种表述似乎成了一个类似"异端"那样的古怪术语，我们从来都不把它用于自己，而只用于别人。我们不杜撰假说，我们不是异端。是他们，培根主义者、笛卡儿主义者、莱布尼茨、切恩以及其他人——是他们杜撰了假说，他们才是异端。

---

①　在卡约里修订的莫特译本中，"总释"的结尾说："这种电的和弹性的精气发生作用的定律"。A. R. Hall and M. B. Hall，"Newton's Electric Spirit: Four Oddities，"［牛顿的电的精气：四点奇特之处］*Isis 50*（1959），473—476 已经指出，"电的和弹性的"这些词本不在拉丁文本中，它们是莫特后来加上去的。非常奇怪，这些词还可以在牛顿自己批注的《原理》第二版中找到，而在第三版中却无影无踪了；参见 A. Koyré and I. B. Cohen，"Newton's Electric and Elastic Spirit，"［牛顿的电的和弹性的精气］*Isis 51*（1960），337。注意这种"精气"只在小距离内起作用，而且不产生重力或引力，而在 1717 年版的《光学》中却与此相反，它们是用产生光的反射、折射和屈折（衍射）的同一种以太介质来解释的（疑问 17—22）。牛顿自然要加上"他并不知道这种以太是什么"（疑问 21）。

第三篇　牛顿与笛卡儿

17 世纪曾被恰如其分地称为天才的世纪。的确,很难找到另一个世纪能自诩产生了那么多一流人物:开普勒和伽利略,笛卡儿和帕斯卡,牛顿和莱布尼茨,这还不算费马和惠斯。然而我们知道,即使是在天空中,星星也不是同样明亮的,在我看来,群星中有两颗是最耀眼的:一个是笛卡儿,他奠定了近代科学的理想——或其梦想?——即把科学还原为几何学之梦想(*somnium de reductione scientiae ad geometriam*);另一个是牛顿,他使物理学完全走上了独立发展的道路。因此,我觉得考察或重新考察一下他们两人之间的关系会很有趣,尤其是最近对牛顿手稿的研究又发现了一些尚不为人所知的材料,将给这个问题提供新的研究思路。

18 世纪,常常有人按照一种普鲁塔克的(Plutarchian)方式来 比较笛卡儿和牛顿,或使两者对立。[①] 现在不再有人这样做了。我

---

① 比如参见 Fontenelle's "Éloge de M. Newton,"[牛顿颂词]*Histoire de l'Academie Royale des Sciences*,année 1727(Paris:De L'Imprimerie Royale,1729),pp. 151—172;我引用英文版 *The Elogium of Sir Isaac Newton*⋯(London,1728),pp. 15 sq. 中的话,它重印时加了一篇 C. C. 吉利斯皮写的很有意思的序"丰特奈勒与牛顿"(Fontenelle and Newton),载于 I. B. Cohen,ed.,*Isaac Newton's Papers and Letters on Natural Philosophy*(Cambridge,Massachusetts:Harvard University Press,1958),pp. 457 sq.:"这两位伟人的体系极为相反,但在某些方面很相像。他们都是第一流的天才,

们很可以理解这种状况的原因:笛卡儿的科学对我们来说完全属于过去,而牛顿的科学虽然已经被爱因斯坦的相对论和当代的量子力学所超越,却仍然有生命力。在很大程度上的确如此。[①]而在18世纪,至少是在18世纪上半叶,情况却有所不同。当时笛卡儿的哲学仍然是一股有影响的力量,它曾在17世纪下半叶启发了欧洲大陆的绝大多数科学思想;[②]而牛顿的影响则实际上仅限于英国。[③]

(接上页)生就超常的理解力,都适合做知识王国的奠基者。作为出色的几何学家,他们都注意到有必要把几何学引入物理学,因为他们都把自己的物理学建立在几何学的发现之上,而这些发现几乎可以说是他们自己做出的。但其中一位野心勃勃地想立即找到万物的本原,试图通过清晰而基本的观念来掌握第一原理,然后他可能就没有更多事情可做,而只能降低到自然现象的层面去追寻必然的因果联系;另一位则更加小心谨慎或者说谦逊,他从掌握已知现象入手去寻求未知的原理,而且只有在它们能被一连串因果关系产生出来时才肯承认。前者从他认为清楚无误的东西出发去寻求现象的起因,而后者则从现象出发去寻找其背后的原因,无论它是清楚的还是模糊的。前者所主张的自明的原理,并不总能使其找到现象的真正原因,而现象也并不总能使后者获得足够明显的原理。使这两个人止步不前的各自探索道路上的边界,并不是他们本人理解力的边界,而是人类自身理解力的边界。"

① 比如人造卫星成了牛顿学说在宇宙尺度上的第一个实验证据。

② 甚至是反对笛卡儿一些基本论点的人,比如惠更斯和莱布尼茨,也深受笛卡儿的影响,并接受他关于一门纯粹机械论科学的理想,尽管他们拒绝接受笛卡儿对广延与物质的等同以及动量守恒,并因此认为自己是非笛卡儿主义者(惠更斯)或反笛卡儿主义者(莱布尼茨)。参见 P. Mouy, *Le Développement de la physique cartésienne*, *1646—1712*[笛卡儿物理学的发展](Paris:Vrin,1934)。

③ 即使在英国,笛卡儿学说的影响也是非常大的,这主要是由于罗奥(Jacques Rohault)的一本出色的教科书 *Traité de physique*[论物理学](Paris,1671;12th ed.,1708)的推波助澜,这本书由博内(Théophile Bonet)译成了拉丁文,1674年即在日内瓦出版(*Jacobi Rohaulti Tractatus physicus*)。因此,S. 克拉克利用对罗奥教科书——1697年出版了一个更好的新拉丁文译本(*Jacobi Rohaulti Physica*[London,1697;4th ed.,1718;我将引用这个拉丁文第四版])——做注释(*Annotationes*)(从1710年的第三版开始就变成了脚注)的方式来传播牛顿那些完全与笛卡儿对立的思想,的确是一个高招(一种特洛伊木马计)。这种非同寻常的方式大获成功,以至于这本书曾经数次再版(最后一版是1739年出现的第六版),甚至还被 S. 克拉克的兄弟 J. 克拉克于1723年

众所周知,只是在对笛卡儿的学说进行了旷日持久的斗争之后,牛顿
55 的物理学,或者其自称的自然哲学,①才在欧洲获得了普遍认可。②

　　这种局面所造成的一个后果是使英国与欧洲大陆的世界观
完全分道扬镳。正如伏尔泰在其著名的《英国书简》中幽默地指
出的:

　　　　一个法国人到了伦敦,发觉哲学上的东西跟其他事物一样
　　变化很大。他去的时候还觉得宇宙是充实的,现在却发觉宇宙

(接上页)译成了英文(再版于 1729 和 1735 年),书名是意味深长的 *Rohault's System of Natural Philosophy*, *illustrated with Dr. Samuel Clarke's notes taken mostly out of Sir Isaac Newton's philosophy... done into English by John Clarke*, *D. D.* , *Prebendary of Canterbury*[罗奥的自然哲学体系,配以塞缪尔·克拉克博士根据艾萨克·牛顿爵士的哲学所做的注释……由坎特伯雷的受俸牧师、神学博士约翰·克拉克译成英文], 2 vols. (London:James Knapton, 1723;我们将引用这个版本)。在欧洲大陆,罗奥的 *Physica* 的拉丁文本于 1700 年在阿姆斯特丹出版, *cum animadversionibus* Antonii Le Grand;它于 1713 年在科隆再版, *cum animadversionibus* of Legrand and of Clarke。参见 Michael A. Hoskin, "'Mining All Within': Clarke's Notes to Rohault's *Traité de physique*,"*The Thomist 24* (1961), 353—363。

　　① 牛顿的《光学》非常容易和迅速地就得到了认可:它于 1720 年被科斯特 (Coste)译成了法文(*Traité d'optique*, Paris, 1720);1722 年问世的第二个版本据称"比第一版好得多"(beaucoup plus correcte que la première)。

　　② 关于这场争论的历史,以及敌对的两派,即荷兰物理学家米森布鲁克(Musschenbroeck)和赫拉拉弗桑德(W. J. s'Gravesande)为一方,莫泊丢为另一方在其中扮演的角色,参见 P. Brunet, *Les Physiciens hollandaise et la méthode expérimentale en France au XVIIIᵉ siècle*[荷兰物理学家与 18 世纪法国的实验方法](Paris:Blanchard, 1926)以及 *L'Introduction des théories de Newton en France au XVIIIᵉ siècle*[18 世纪牛顿理论在法国的引入](Paris:Blanchard, 1931)。也可参见 D. W. Brewster, *Memoirs of the Life*, *Writings and Discoveries of Sir Isaac Newton*(Edinburgh, 1855), vol. I, chap. XII;F. Rosenberger, *Isaac Newton und seine physikalischen Principien* (Leipzig, 1895), Buch I, Theil IV, Kap. 1:"Die erste Aufnahme der Principien der Naturlehre"[自然理论原理的第一个版本];René Dugas, *La Mécanique au XVIIᵉ siècle*(Paris:Dunod, 1954)。

空虚了。在巴黎，宇宙是由精细物质的涡旋组成的；而在伦敦，人们却一点也不这样看。在法国人看来，潮汐现象的产生是由于月球的压力，而英国人却认为是由于海水受到了月球的吸引。对于你们这些笛卡儿主义者而言，每一种事物都是由无人知晓的推力完成的；而对于牛顿先生而言，则是由一种引力完成的，它的起因还没有被更好地了解。[①]

---

① *Lettres philosophiques*, édition critique par Gustave Lanson（Paris：Edouard Cornély，1909，and later editions），letter 14，vol. Ⅱ，p. 1. 伏尔泰的《哲学书简》最初是以英文（匿名地）出版的，书名是 *Letter Concerning the English Nation*（London，1733）；然后是法文版，书名是 *Lettres philosophiques par M. de V****（阿姆斯特丹，1734；实际是在鲁昂由 Jore 印制）和 *Lettres écrites de Londres sur les anglais... par M. D. V****（Basle，1734；实际是伦敦，1734）。有关《哲学书简》的完整历史，参见 G. Lanson 给前述版本写的"引言"。根据笛卡儿的说法，太阳——以及所有其他恒星——被由发光物质组成的巨大"流体"涡旋包围，这些物质可以分为"第一元素"和"第二元素"。行星在涡旋中各居其位，较小的涡旋如同几根稻草或几块木头在河水中漂流，被河水带着围绕大涡旋的中心物体运动，在我们这里是围绕太阳。每一个涡旋的膨胀都受到周围涡旋的严格限制，笛卡儿用这些涡旋的作用或反作用来解释使行星不偏离轨道的向心力，也用类似的小的行星涡旋的作用来解释重力。一贯对笛卡儿心怀敌意的莱布尼茨，指责他是从开普勒那里"借来"了涡旋概念而不承认，"这是他的习惯"。参见 *Tentamen de motuum coelestium causis*［论天体运动的原因］，in C. J. Gerhardt, ed., *Leibnizens Mathematische Schriften*［莱布尼茨的数学著作］（Halle, 1860），Ⅵ，148，以及 L. Prenant，"Sur les references de Leibniz contre Descartes，"［莱布尼茨著作中反笛卡儿的引文］*Archives Internationales d'Histoire des Sciences 13*（1960），95—97. 也可参见 E. J. Aiton，"The Vortex Theory of Planetary Motion，"［行星运动的涡旋理论］*Annals of Science 13*（1957），249—264，14（1958），132—147，157—172；"The Cartesian Theory of Gravity，"［重力的笛卡儿理论］*ibid.*，*15*（1959），24—49；以及"The Celestial Mechanics of Leibniz，"［莱布尼茨的天体力学］*ibid.*，*16*（1960），65—82. Sir Edmund Whittaker，*A History of the Theories of Aether and Electricity*［以太与电的理论史］（London：Nelson，2nd ed.，1951；New York：Harper，1960），Ⅱ，9，n. 2 指出了笛卡儿的涡旋与现代宇宙学概念的联系："试想一下，要是在笛卡儿的涡旋理论被推翻之前就能发现螺旋状星云，那会产生怎样的冲击。"另一方面，可以完全肯定地说，法拉第、亥姆霍兹、麦克斯韦的构想与笛卡儿的构想，特别是马勒伯朗士的"小涡旋"之间有类似之处，他们都

另一方面,笛卡儿和牛顿的支持者与反对者之间的持续争论把两个人都变成了偶像;牛顿体现了进步的、成功的现代科学的理想,他很清楚这种科学的局限性,将它严格建立在能做精确数学处理的实验与实验观测数据的基础之上;而笛卡儿却是这样一种人的典型,他试图使科学隶属于形而上学,用那些关于物质结构和行为的、未经证明且不可能得到证明的幻想的假说来取代经验、精确性和测量,这种做法不仅不合时宜,而且反动和虚妄。或者简单地说,牛顿一方代表着真理,而笛卡儿一方则代表着主观的谬误。①

这当然只是牛顿主义者心中的图像。不用说,笛卡儿主义者持有不同的看法。的确,他们承认与笛卡儿模糊的宇宙论相比,牛顿精确的宇宙论有很大的优越性,他们也承认牛顿在把开普勒描述性的行星运动三定律还原为其动力学基础方面所取得的巨大进步,而且相信笛卡儿的物理学需要进一步发展和完善,但他们断然否认牛顿的引力,认为其中存在着直接的超距作用。虽然牛顿曾多次重申不应按"吸引"的字面意思来理解,也没有把重力归于物

_____

拒绝承认超距作用(参见 Whittaker,I,170 sq.,291 sq.)。关于惠更斯与莱布尼茨对引力吸引的看法,参见附录 A。

① Voltaire,"Lettre à M. de Maupertuis sur les Éléments de la philosophie de Newton,"[与莫泊丢关于牛顿哲学概要的通信]*Oeuvres complètes*[伏尔泰全集](Paris:Baudouin Frères,1828),XLII,31—32:"笛卡儿几乎没有做过任何实验……如果做了,他就不会得出那些错误的运动规律……如果他肯屈尊读一读他同时代人的著作,他就不可能在阿采留斯(Azellius)发现正确的道路 15 年后,仍然认为 Pacteous 静脉中的血液是流过肝脏的……笛卡儿既没有观察过落体的运动规律,从而像伽利略那样发现一片新天地,也没有像开普勒那样猜到星体运动的规则;既没有像托里拆利那样发现空气的重量(重性),也没有像惠更斯那样计算出摆的离心力和它所遵循的定律;等等。而牛顿则凭借几何学与经验的帮助……发现了万物所遵循的引力定律、颜色的起源、光的属性、流体阻力的定律。"

体内在的本质属性，①但他们却坚持认为这是一种隐秘性质，②甚至称之为魔法或奇迹。③ 而且除惠更斯以外，他们谁都不承认有

---

① 对引力是否是一种物质本性的争论的进一步讨论，参见附录C。

② 面对着把隐秘性质引入哲学的指控（顺便提及，牛顿之所以如此火冒三丈，也是因为他在《原理》第一版的"致读者序"[Praefatio ad lectorem]一开篇就说："由于古人在研究自然事物方面，把力学看得最为重要，而现代人[显然也包括他本人]则抛弃了实体形式和隐秘性质，力图将自然现象诉诸数学定律，所以我将在本书中致力于发展与哲学相关的数学"[Cum veteres *Mechanicam* in rerum Naturalium investigatione maximi fecerunt，et recentiores，missis formis substantialibus et qualitatibus occultis，Phenomena Natura ad leges Mathematicas revocare agressi sunt：Visum est in Hoc Tractatu *Mathesin* excolere quatenus ea ad *Philosophiam* spectat]），牛顿在拉丁文版《光学》的疑问23中（1706年，p.335；1717年英文第二版的疑问31）为自己做了辩护，并且攻击了笛卡儿学说本身的弱点。他写道（*Opticks*，ed. I. B. Cohen and D. H. D. Roller[New York：Dover，1952]，p.388；我引用的是英文本上的话）："所有均匀而坚硬的物体，它的各个部分彼此完全接触而且十分坚固地黏结在一起。为了解释其所以能如此，有些人想象一种带钩的原子，这是一种以假定为论据的狡辩；另一些人[笛卡儿]告诉我们说，静止使物体黏在一起，也就是说靠一种神秘的特性，或者毋宁说是靠虚无使物体黏在一起……我则宁愿从它们的内聚力出发，说它们的微粒是由于某种力而相互吸引，这种力在微粒直接接触时极其强大；在短距离处，它起着上述那些化学作用……而在距离微粒不远的地方，它就没有什么看得出来的效应。"接着（拉丁文版，pp. 344 sq. ；英文版，p.401），他又说："再则，在我看来，这些微粒[拉丁文版用的是 *primigeniae*]不仅有一种惯性力（伴随着由这种力所自然产生的那些被动的运动定律），而且它们还在某些主动本原，如重力本原、引起发酵的本原和物体的内聚力的作用下运动。这些本原，我认为都不是据信由事物的特定形式所产生的隐秘性质[拉丁文版：*oriri fingantur*]，而是一般的自然定律，正是由于它们，事物本身才得以形成；虽然这些定律的原因还没有找到，但它们的真理性却以种种现象出现在我们面前[拉丁文版：*licet ipsorum Causae quae sint，nondum fuerit explicatum*]。如果你告诉我们说，每一种事物都有一种隐秘性质，由于它的作用而产生明显的效果[拉丁文版：*per quas eae Vim certam in Agendo habeant*]，那么这实际上什么也没有说。但是如果先从现象中得出两三条一般的运动原理，然后告诉我们，所有有形物体的性质和作用是如何从这些原理中得出来的，那么虽然这些原理的原因还没有发现，在哲学上却迈进了一大步。因此，我毫无顾虑地提出了上述那些应用范围很广的运动原理，而把它们的原因留待以后去发现。"

③ 关于牛顿的引力是否是一种奇迹或隐秘性质的进一步讨论，参见附录B。

据说使引力发生作用的绝对虚空即无的存在。①

丰特奈勒(Fontenelle)在他那篇著名的《牛顿颂词》中,表达了这些人以及他本人的疑虑。他先是介绍并适当赞扬了一下牛顿的万有引力体系,又谈到艾萨克爵士不愿解释其真实本性,然后他说:

> 我们不知道重力是什么,艾萨克·牛顿爵士本人对此一无所知。如果重力只是通过推动来起作用的,我们就会认为正在下落的石头是被推向地球,同时地球却不以任何方式被推向它;总之,但凡与重力造成的运动相关的中心,都是固定不动的。然而如果它是通过引力起作用的,既然这块石头不吸引地球,地球也就不能以同样的方式吸引这块石头,那么为什么引力存在于一些物体而不在另一些物体中呢?艾萨克爵士一直假定,存在于所有物体中的重力作用是相互的,而且只与它们的大小成正比,并想通过这些来断定重力的确是一种引力。他自始至终用这个词来表示物体之间那种主动的力量,一种尚不清楚而他又不予解释的力量;然而如果它可以通过推动来类似地起作用,那为什么不用这种更清楚的术语来取而代之呢?因为必须承认,没有办法可以同时不偏不倚地使用这两个词,它们的意思太相反了。虽然"引力"这个词曾经得到过一些权威的支持,或许也得到过牛顿本人的偏爱,但继续使用这个词,至

58

---

① 众所周知,笛卡儿和许多笛卡儿主义者都否认虚空或真空的存在,而认为广延与物质是同一的。对于这个问题的进一步讨论,参见附录 D。

少可以使读者熟悉一个业已被笛卡儿主义者推翻的观念，
他们的指责已经为其余哲学家所认可；我们现在必须提高
警惕，以免认为那里面有什么真理，从而把我们陷于一种危
险境地，即误以为已经理解了它……

我们必须提高警惕……但大多数人却没有：

于是，业已被笛卡儿驱逐出物理学的引力和真空，现在似
乎又被艾萨克·牛顿爵士复活了，而且还用一种全新的力量
包装了起来。这样做是于事无补的，或许只能稍微地掩人耳
目罢了。①

丰特奈勒当然是对的。语词不是中性的，它们具有意义并且
传达意义，它们也有自己的历史。因此即使是指相互吸引，"吸引"
这个词也隐含或表明了——正如丰特奈勒恰当指出的——吸引者
与被吸引者之间的某种主动关系，即前者主动，后者却不然。于
是，磁体"吸引"铁块，是通过磁体之中的一种"力"或"效应"而起作
用的；它从外面（*ab extra*）作用于铁块，铁块被磁体"拉"向磁体，
而不是自动地"趋向"于它，也不是被周围的介质"推向"它。举例

---

　　① Fontenelle, *Elogium*, pp. 11 sq. ; Cohen, *Newton's Papers and Letters*, pp. 453
sq.. 关于丰特奈勒，参见 J. R. Carreé, *La philosophie de Fontenelle ou le sourire de la
raison*［丰特奈勒的哲学或理性的微笑］(Paris; Alcan, 1932)。关于笛卡儿主义者罗奥
在其《物理学》中，以及牛顿主义者克拉克对它的注释中关于引力的争论的探讨，参见
附录 E。

说来,认为地球是个大磁体的吉尔伯特,在处理两个磁体的相互
"吸引"时,并没有用这个词来描述,而是说它们的"结合"
(coitio)。① 关于这个词的含义就说这么多。至于它的历史,"吸
引"当然已经被磁的研究者们广泛使用了;而更为重要的是,这个
词是开普勒从他们那里借用过来的,他把重力解释为一种磁力或
者磁型(magnetiform)力的效应,这种力是一种吸引的力(*vis at-
tractive*)或者拖曳的力(*vis tractoria*),它内在于物体,并使物体
在彼此类似的情况下能够相互拖动、拉动或牵引(*trahunt*);地球
之所以能把石块和月球拖向自身,月球之所以能够吸引海洋,所凭
借的正是这种力量。事实上,开普勒选择了"吸引"和"牵引"这两
59 个术语来使其理论区别于哥白尼的理论,哥白尼认为类似的物体,
如地球和月球等等,都被赋予了一种使物体合为一体的内在倾
向;②"吸引"也被罗贝瓦尔使用过③——正如莱布尼茨不失时机地

---

　　① 参见 William Gilbert, *De magnete , magnetisque corporibus et de magno mag-
nete tellure physiologia nova*[论磁](London,1600),pp. 65 sq. 。
　　② 附录 F 讨论了哥白尼和开普勒对重力所持的观点。
　　③ 用吸引来解释重力早在 1636 年就被罗贝瓦尔作为一个假说提了出来。Leon
Brunschivicg and Pierre Boutroux, ed. , *Oeuvres de Blaise Pascal*[帕斯卡全集](Paris:
Hachette,1923),I,178 sq. ,或者 Paul Tannery and Charles Henry, ed. , *Oeuvres de
Fermat*[费马全集](Paris,1894),II,36 sq. 。收录了一封写于 1636 年 8 月 16 日的信,
名为"Letter of Étienne Pascal and Roberval to Fermat"[艾提安·帕斯卡和罗贝瓦尔致
费马的信],其中有以下说法:
　　"3.重力可能是一种存在于下落物体本身之中的性质,也可能是一种存在于像地球
那样的吸引下落物体的物体之中的性质,它还很有可能是一种使物体合在一起的相互吸
引或天然趋向。像磁体吸引铁块那样的情形就显然是如此,如果把磁体固定,那么铁块
只要不受阻挡,就会向磁体移动;如果把铁块固定,那么磁体就会向铁块移动;如果它们
都不受束缚,它们就会彼此接近,只是其中吸引能力较强者移动的距离较小……
　　"9.我们不清楚重力的这三种起因中哪一种是正确的,甚至不敢肯定答案就是其

指出的——他的宇宙论曾经遭到笛卡儿的痛斥；伽桑狄也使用过 60
这个词，他竭力想把哥白尼与开普勒的观念结合起来，然后再将两
者与他自己的原子论结合起来；最后是胡克，他在《通过观测来证

（接上页）中之一，或许它与这些都不同……

　　"在我们看来，如果物体趋近于重物公共中心的能力相同或者不同，就称它们一样
重或者不一样重；如果一个物体具有的这种能力总是不变，就称它具有不变的重量，而
如果这种力量增加或者减少了，那么即使它还是同一个物体，我们也不认为它还具有
同样的重量。至于当物体远离中心，或者正在接近中心时物体的重量是否会变化，这
是我们想知道的，然而我们还没有找到任何令人满意的答案，于是也只能让它悬而未
决了。"

　　过了些年，罗贝瓦尔出版了他的《宇宙体系》(System of the World)。为了逃避教
廷的责难，这本书当时是以阿里斯塔克的名义出版的，而且还声称，这位希腊天文学家
原书的阿拉伯译本有一个糟糕的拉丁文版，他只是改进了一下它的风格；于是罗贝瓦
尔不会因为作者持有的观点而负有责任，尽管他确实承认，阿里斯塔克的体系在他看
来是最简洁的。Aristarchi Samii de mundi systemate partibus et motibus ejusdem li-
bellus (Paris, 1644)；reprinted by Mersenne in his Novarum observationum physico-
mathematicarum...tomus Ⅲ. Quibus accessit Aristarchus Samius (Paris, 1647)。

　　罗贝瓦尔在《宇宙体系》中宣称，散布于宇宙各处的（流体）物质的每一部分都被赋
予了一种特定的属性或偶性，这种属性使得所有物质都彼此〔奋力［nisus］拖动并且相
互吸引（sese reciproce attrahant，p. 39）。他同时承认，除了这种普遍吸引以外，还存在
另一些类似的力，它们为每颗行星所固有（哥白尼和开普勒也承认这一点），它们使行
星保持在一起，并使其球状得以解释。

　　25 年后，在法国科学院举行的一次关于重力起因的论辩中（"Débat de 1669 sur les
causes de la pesanteur," in C. Huygens, Oeuvres complètes〔The Hague: Martinus Ni-
jhoff, 1937〕，ⅩⅨ, 628—645），罗贝瓦尔在 1669 年 8 月 7 日宣读了一篇研究报告（pp.
628—630），在这篇报告中，他实际上重复了给费马那封信的内容，认为存在着三种可
能的对重力的解释，并进而指出，用相互吸引或者物质不同部分的结合趋势来解释重
力是最简单的。非常奇怪，他在这篇报告中称引力为"隐秘性质"。

　　罗贝瓦尔的宇宙论，正如《宇宙体系》所显示的，是极为含混甚至是混乱不堪的。
于是我们可以理解为什么它会遭到笛卡儿的严厉谴责，还有当莱布尼茨把牛顿的观点
与罗贝瓦尔的等同起来时，为什么牛顿会火冒三丈（参见附录 B）。不过从历史角度看，
罗贝瓦尔的工作还是有意义的，不仅因为他第一次尝试在普遍吸引的基础上提出一个
"宇宙体系"，而且还因为他提出了一些典型的特征或解释模式。我们将会发现，这些特

明地球运动的尝试》(*Attempt to prove the motion of the Earth by Observations*)(伦敦,1674 年)中也使用过。[①]

　　丰特奈勒当然没有提及我所引述的这些历史先例,但绝对了解他们。于是我们就理解他的意思了:笛卡儿好不容易使我们从这些陈腐的、虚幻的、非理性的观念中解脱出来,艾萨克爵士不是又使之死灰复燃了吗? 绝非如此,伏尔泰这样答道:

　　　　几乎所有法国人、学者和其他人都反复这样责备他。我们到处可以听到:"为什么牛顿不用大家都很明白的'推动'

─────────────

(接上页)征或模式,或者至少是与之类似的东西,后来为胡克所讨论并为牛顿和莱布尼茨所提倡。

　　于是,按照罗贝瓦尔的看法,充满或者构成这个"大宇宙体系"(*magnum systema mundi*)的透明的流体物质,形成了一个以太阳为中心的巨大——但有限——的球体。太阳这个滚烫的旋转球体,对这种流体物质施加了两方面的影响:(a)使之受热并且变得稀薄;正是这种稀薄化的过程以及由此引起的宇宙物质的膨胀,平衡了不同部分的相互吸引,并防止其落到太阳上。这种稀薄化过程还赋予了宇宙球体一种特殊的结构,它的物质密度随着与太阳距离的增加而增加。(b)太阳的旋转运动波及整个宇宙球体,其中的物质绕日旋转的速度随着与太阳距离的增加而减小。诸行星被认为是一些小的体系,它们和宇宙这个大体系相类似,根据自身密度的不同而调整与太阳的远近,也就是说,它们要把自己置于密度同于自身的区域内,遂被天界物质的圆周运动带着围绕太阳旋转,一如物体在旋转容器中浮动。奇怪的是,罗贝瓦尔虽然从未考虑过离心力,却相信这些物体会划出圆形轨道!

　　罗贝瓦尔的研究从未得到过应有的重视,其绝大多数著作仍未出版;不过,可以参见出色的 Evelyn Walker, *Study of the "Traité des indivisibles" of Gilles Persone de Roberval*…[关于罗贝瓦尔"论不可分"的研究](New York: Bureau of Publications, Teacher's College, Columbia University, 1932)与半通俗读物 Léon Auger, *Un Savant méconnu: Gilles Personne de Roberval*…[一个被误解的学者:罗贝瓦尔](Paris: Blanchard, 1962)。

　　①　附录 G 中讨论了伽桑狄关于引力和重力的观点,附录 H 讨论了胡克的观点。

一词,却用了大家都不懂的'吸引'?"——牛顿尽可这样回答那些批评:第一,你们对"推动"并不比对"吸引"更明白……第二,我不能承认"推动";因为那样一来,我就必须先发现果真有一种推动行星的天界物质;然而,我不但不晓得这种物质,而且我已经证明它并不存在……第三,我使用"吸引"一词,只是为了表达我在大自然中所发现的一种作用,一种未知本原的、确定的、无可置疑的作用,它是物质固有的属性,有待于那些比我聪明的人去找出它的原因,倘若他们办得到的话。其实,可以被称作一种隐秘性质的倒是那些涡旋,因为人们从未证明过它们的存在;而引力却相反是一种真实的事物,因为人们证明了它的作用,并且计算了它的大小,上帝知道它的原因。到此 61 为止,不再向前。(*Procedes huc, et non ibis amptius.*)①

　　因此,不是牛顿而是笛卡儿,错误地以为自己理解本不理解的东西,那就是物质,对我们的心灵来说,再没有什么比物质更异己

---

　　① Voltaire, *Lettres philosophiques*, letter ⅩⅤ (vol. 2, p. 27 of Lanson's edition). 这段话取自《圣经·约伯记》38 章 11 节,圣经的原文是这样的:"你只可到这里,不可越过。"(*Usque huc venies, et non procedes amplius.*)在谈论牛顿的哲学时(第 15 和 16 封信),伏尔泰主要是从 Fontenelle, *Éloge*, Pemberton, *A View of Sir Isaac Newton's Philosophy*(London, 1728)以及 Maupertuis, *Discours sur les différentes figures des asters...avec une exposition abbrégée des systèmes de M. Descartes & de M. Newton*[论星体的不同形状……以及关于笛卡儿和牛顿体系的简述](Paris: 1732)那里得到的启发。事实上,伏尔泰是受到莫泊丢的影响而成了一个牛顿主义者;因此他在 1732 年底让莫泊丢审阅他的《哲学书简》的手稿;参见 Lanson's edition of the *Lettres philosophiques*, vol. 2, pp. 8 and 29。关于莫泊丢,参见 Pierre Brunet, *Maupertuis*(Paris: Blanchard, 1929)。

了。因此,笛卡儿认为物质充满了整个宇宙空间,而牛顿却表明,我们并不知道整个宇宙中是否有一丁点的坚实物质。恰恰相反,牛顿教导我们要承认存在着我们并不理解的东西,接受事物的那些明显的可感性质——引力就是一例——而不是绕到其背后企图用幻想来解释它们。①

　　几何学在某种意义上是笛卡儿创造的,它是一位良好的向导,本可以为他指出物理学中的一条稳妥道路,但他却最终放弃了这位向导,而宁愿被构造体系的精神所支配。从此以后,他的哲学便成了一部精妙的小说而已……②他[的说法]把灵魂的本性、运动定律、光的本性都弄错了;他承认天赋观念,发明了新的元素,创造了一个世界,

这个世界只存在于他的想象之中,他用由精细物质组成的涡旋充满了这个世界;有人甚至计算了涡旋的速度——这是对惠更斯的绝妙嘲讽——声称是地球旋转速度的 17 倍,并且不厌其烦地去论证这些涡旋是否存在于自然界。③

　　在伏尔泰看来,笛卡儿是另一个亚里士多德,甚至比老亚里士

---

①　*Lettres philosophiques*,letter ⅩⅥ,vol. 2,p. 46. 参见 Pemberton,*A View of Sir Isaac Newton's Philosophy*,p. 291. 所有牛顿主义者——本特利、凯尔、德萨居利耶、彭伯顿——似乎都对下面这一点得到证明感到极大满足:在这个世界中,虚空远比坚实物质多得多,甚至连坚实物质也主要是由虚空组成的。

②　*Lettres philosophiques*,letter ⅩⅣ,vol. 2,p. 7.

③　*Lettres philosophiques*,letter ⅩⅤ,vol. 2,pp. 17 sq..

多德更加危险,因为和他比起来,笛卡儿似乎更为理性。确如伏尔泰所说:

　　笛卡儿的学说似乎给这些现象提供了一个貌似合理的原因,而由于这个原因本身简单,人人都可以懂,遂显得更为真实。但在哲学上,太容易懂的事物和不懂的事物同样不能轻信。①

　　笛卡儿主义者相信,哲学永远也不能放弃完全的可理解性这一理想,笛卡儿的工作已经使这一理想日渐深入人心,科学绝不能把无法理解的事实当作自己的基础。然而,牛顿的科学却正是用无法理解的吸引力和排斥力而取得节节胜利的,而且是那样成功!但胜利者不仅造就了历史,而且还书写了历史。对于那些已征服之物,他们少有仁慈之心。于是,伏尔泰——我之所以引用伏尔泰的话,是因为在牛顿的所有鼓吹者当中,他是最有才气和最有影响的一位——在给夏特莱(Châtelet)侯爵夫人(和克莱罗)的《原理》法译本所作的著名序言中,向世界宣布了牛顿科学决定性的胜利,裁决如下:

　　在这里作为原理而给出的每一样东西都名副其实;它们是自然的最初源泉(ressorts),在他以前无人知晓;如果一个人现在还不懂这些,就再也不能自称物理学家了。

————————————

　　①　*Lettres philosophiques*,letter ⅩⅤ,vol. 2,pp. 16 sq. .

　　如果仍然有人愚蠢至极,以至于还在为盘旋的(螺旋状的)精细物质辩护,宣称地球是一个被包上外壳的太阳,月球是被拉到地球的涡旋中来的,精细物质产生重力,以及所有那些恢复了古代人无知的不切实际的看法,我们就会说:此人是笛卡儿主义者;如果他相信单子,我们会说:他是莱布尼茨主义者。然而却没有牛顿主义者,就像没有欧几里得主义者一样。只有谬误才有权给派别命名。①

　　一份刺耳的裁决。艾萨克爵士固然厌恶笛卡儿和笛卡儿主义者,但即使是他本人,可能也不会把它写得如此尖刻。不过我们必须承认,其中也有一些真理的成分,甚至是很大成分,但还不是真理

----

　　① *Principes mathématiques de la philosophie naturelle* par feue Madame la Marquise du Chastelet(Paris,1759),p. vii。在笛卡儿的世界中,物质被上帝简单分成了立方体——可被分割的最简单的几何形体——并使之运动或"搅动"起来。在这一过程中,立方体的棱角被磨掉而变成了小球。那些磨出的碎屑构成了第一元素,它们的"搅动"生成了光,光再通过"第二"元素的小球传播出去。除了这些明亮的和发光的(第一和第二)元素之外还有第三种元素,它们是由这些"碎屑"重新组合成的一种盘旋的、螺旋状的或"通道式的"(*cannelés,striatae*)微粒。一方面,它们可以"旋入"紧压着的"第二"元素的球形微粒之间的间隔或空隙;另一方面,它们也可以彼此结合在一起形成更为粗大的物质,从而构成地球和行星的表面。参见 Descartes's *Principia philosophiae*,pars 3,art.52;以及 Whittaker,*History of the Theories of Aether and Electricity*,I,8 sq.。在其早期的著作《论世界》中,笛卡儿把他的三种元素与传统的火、气、土联系起来(*Oeuvres*,ed. C. Adam and P. Tannery[Paris:1897—1913],Ⅺ,24)。根据笛卡儿的看法,天上所有物体开始时都是明亮炽热的星体,只是后来由于粗大物质聚集于它们的表面而被"包上了一层硬壳";因此它们都是"熄灭的太阳"。这种观念绝不像伏尔泰认为的那样荒谬。关于笛卡儿的物理学,参见 J. F. Scott, *The Scientific Work of René Descartes*[笛卡儿的科学著作](London:Taylor and Francis,1952)以及 G. Milhaud,*Descartes Savant*[学者笛卡儿](Paris:Alcan,1921)。

的全部。当然,笛卡儿的出发点是一种纯理性的物理学的纲领——
"我的物理学中有的东西,在几何学中也有",他写信给梅森说——
却终止于一种纯想象的物理学,或者如惠更斯和莱布尼茨所说,是
一个富于想象的哲学故事。的确,这个世界中既没有精细物质,也
没有螺旋状的微粒,甚至也没有笛卡儿认为构成光的那种第二元素
的球形微粒;说涡旋不存在也是对的,因为它们即使存在,也不能用
来解释引力和重力;特别是最后一点,物质与空间并不等同,因此不
能把物理学还原为几何学,[①]具有悖论意味的是,正是把物理学还原
为几何学的尝试——我称之为极端的几何化(*géométrisation à out-rance*)——导致笛卡儿走到了一种进退维谷的境地。

　　然而尽管是错误的,宇宙涡旋的观念也并非像伏尔泰所说的
那样荒谬;毕竟,很多人都接受了它,尽管是在做了某些改进之后,
其中包括像惠更斯和瓦里尼翁(Varignon)这样讲求实际的人,更
不用说莱布尼茨了。就连牛顿本人也并非断然拒绝接受它,而是
做了严肃认真的批判和分析。[②]事实上,我们可以说,既然地球上　64

---

　　①　物理学不能被还原为几何学——但做这种还原的尝试属于物理学的本性。爱
因斯坦的相对论不就是尝试把物质和空间融合在一起,或者说,把物质还原为空间吗?

　　②　他甚至可能年轻时就接受了这些思想。事实上,惠斯顿(Whiston)在其自传
中(参见 *Memoirs of the Life of Mr. William Whiston by Himself*, London, 1749, pp. 8
sq.)这样写道:"我现在正在写自己的历史。担任圣职之后,我返回了学院,继续进行自
己的研究,特别是数学和笛卡儿主义哲学;那是那个时代唯一流行的风尚。然而,经
历了巨大的痛苦和无助之后,我很快就以极大的热情开始研究艾萨克·牛顿爵士
在《自然哲学的数学原理》中的美妙发现。我曾在公立学校的几场讲演中听他讲过其
中一两个发现,虽然那个时候的我对此还一窍不通……我们这些身居剑桥的可怜虫,
可耻地研究着笛卡儿主义者炮制出来的那些假说。我听牛顿说,他自己以前也这样做
过。至于艾萨克·牛顿爵士为什么会远离笛卡儿的哲学,并发现他那惊人的重力理论,

的物体被拉向或推向一种旋转流体的中心,从而能够提供一种产生向心力的机械模式,那么把这种作用方式推广到天上去就是非常自然的;牛顿本人强烈感到应该有这样一种机制,以至于他不是一次,而是三次试图用以太介质中的运动或以太压力来解释它,而以太是否存在,这就同它的起源——精细物质是否存在一样没有把握。最后,我们还可以说,宇宙涡旋的观念不久就被康德和拉普拉斯用作模型;而且,尽管我们对自然的理解总是存在着某些界限,于是就像马赫和孔德所说的,只好时常把一些事物当作无法理

───────────────────────

(接上页)我很早以前听牛顿说过,那是在我 1694 年左右和他相识之后不久。关于这些,彭伯顿给出了更完整的类似描述,那是在他对牛顿哲学所作解说的序言中:事情是这样的。艾萨克爵士突然萌生一种想法,那种使月球偏离原有轨道,而不是像他一直认为的应该沿切向做直线运动的力量,与那种不论抛射速度为多少,都能使石块和所有重物下落的力量是否是同一种力量,也就是我们所说的重力? 怀着这个以前的想法,(牛顿猜测)这种力量的大小可能正比于到地心距离的平方。艾萨克爵士第一次试验的时候,根据当时已有的粗略测量结果,把地球表面大圆的一度[即一个纬度]仅仅当作 60 英里来计算,从而可以把月球处一度的距离推算出来。结果有些令他失望,因为通过测量轨道的反正弦而得到的把月球维持在轨道上的力,似乎与预期结果并不一致,除非影响月球的力量除重力以外还有其他。这次失败使艾萨克爵士猜想,这种力量可能部分是由于重力,部分是由于笛卡儿的涡旋造成的,于是他就把算稿扔到一边而转向了其他研究。然而过了一段时间,皮卡尔先生更精确地测量了地球,发现大圆的一度应该约为 69.5 英里。于是艾萨克爵士查阅了他以前的手稿,开始重新考虑这个不完善的计算;改正了以前的错误之后,他发现如果用正确的地月距离来计算,那么月球处的力不仅与一般的重力一样都指向地心,而且计算出的结果也是正确的;如果把一块石头带到月球,或者距地面 60 个地球半径那么远的地方,并让它只在重力的作用下自由下落,然后再停止月球自身的周月运动,让它仅在此前维持其在轨道上运动的力的作用下下落,那么它们将以同样的速度精确落向同一个点;因此,只存在重力而没有其他的力量。而且,既然那种力量似乎能传到月球那么远即 240000 英里的地方,那么假定它也可以传到同距离的 2 倍、3 倍、4 倍等等那么远,并且永远按照距离的平方而成比例地减小,就是很自然或者相当必要的了。这项卓越的发现,见证了美妙的牛顿哲学得以发明这一幸事。"

解或解释的既定事实接受下来,但人类的思想从未在这些界限上驻足不前,而总是试图去超越它们。不过我们不能在此详述这些观点了,别忘了笛卡儿物理学中还有比涡旋和三种元素更具价值的东西。例如,我们发现它第一次尝试建构一种理性的宇宙论,尽管还很不成功,这种宇宙论试图把天界物理学和地界物理学等同起来,因此天上第一次出现了离心力;无论是开普勒还是伽利略,都没敢把这些力赋予天体的运动,因此也不需要向心力来平衡它们。[①]这项功绩并不寻常,伏尔泰可以轻视它,而牛顿却不能。但牛顿从未提起过它,就像他也从未提起过动量($quantity\ of\ motion,mv$)这个概念是起源于笛卡儿一样。尽管他不接受笛卡儿关于世界中运动守恒的观点,但却顽固地把动量当成一种力的量度,以对抗惠更斯和莱布尼茨的活力($vis\ viva,mv^2$)概念。[②]他也没有提起过,正是笛卡儿提出的惯性定律把运动和静止置于同一本体论地位,才启发了他本人的表述。

我们不应就此认定牛顿主义者或牛顿本人对笛卡儿不公平。

---

① 对开普勒而言,圆周运动仍然是自然运动;因此,被太阳的动质($species\ motrix$)推动的诸行星将自然地做圆周运动,而不会有任何偏离的趋向;换句话说,它们的圆周运动不会产生离心力。如果说在月球的情况下他需要一种阻止其"落"向地球的力,那么他所诉诸的是一种灵魂的力或生命力,而不是离心力。伽利略几乎也是一样的;当然,伽利略的行星不再需要推动力和推动者推着它们围绕太阳旋转:运动本身天然就是守恒的——然而对开普勒而言,行星也不产生离心力,于是它们就不必再被向心力维持在轨道上了。

② 在笛卡儿的意义上,也就是说在取绝对值的情况下,运动的量(动量)当然是不守恒的,无论是在世界中,还是在必须用代数处理的碰撞中——雷恩和惠更斯发现了这一点——而活力(动能)却是守恒的。然而,假设必定有某种守恒的能量,却正是笛卡儿的伟大功绩;科学思想接下来的发展完全支持了这条基本原理,尽管是逐渐用一

人的思想是要争论的,有否定才会有发展。新真理是旧真理的敌人,前者必须把后者变成谬误,真理才能前进,因此很难说一方亏欠了另一方多少。牛顿的思想几乎从一开始(*ab ovo*)就沿着与笛卡儿对立的方向形成和发展。因此,我们不应指望能在《自然哲学的数学原理》中看到对笛卡儿的褒扬甚或公正的历史评价,该书标题明显在影射和拒斥笛卡儿的《哲学原理》。不过,我们必须力图更加不偏不倚。

66　　虽然我确信所有这些定律,甚至是作用力和反作用力相等的第三定律,都与笛卡儿的运动传递学说相关联,即一个物体给予或"传递"给另一个物体的运动将精确等于它自身损失的能量,但我这里将不对牛顿《原理》开篇的三条运动公理或定律(以及相关的定义)做全面的历史考察。我想主要讨论一下被牛顿归功于伽利略的第一定律,即惯性定律。

　　这条著名的定律告诉我们:"每个物体都保持其静止或匀速直线运动状态,除非有外力作用于它迫使其改变那个状态。"它的拉丁文原文远比现代英文翻译更能表达牛顿的思想:*corpus omne perseverare in statu suo quiescendi vel movendi uniformiter in directum*,

---

(接上页)般的能量概念取代了特殊种类的能量。关于笛卡儿主义者(和牛顿主义者)同莱布尼茨主义者关于用 mv 还是用 mv^2 作为力的量度所做争论的历史,参见 Erich Adickes, *Kant als Naturforscher*［作为自然研究者的康德］(Berlin, 1924—1925); J. Vuillemin, *Physique et métaphysique kantiennes*［康德的物理学与形而上学］(Paris: Presses Universitaires de France, 1955); 以及 Erwin N. Hiebert, *Historical Roots of the Principle of Conservation of Energy*［能量守恒定律的历史根源］(Madison, Wisconsin: State Historical Society of Wisconsin, 1962)。

nisi quatenus a viribus impressis cogitur statum ille mutare. [①]这个表述中的每一个词无论是就其本身来说(*in se*)还是对牛顿来说都很重要。我们知道,牛顿写作极为谨慎,他经常要反复琢磨同一段话,有时要写上五六遍,才能让自己完全满意。何况,努力表述这些公理或定律对他来说已经不是第一次了,顺便提一句,它们开始时被称为"假说"。它的每一个词都很重要,比如被非常糟糕地译成"继续"的"保持"(*perseverare*)。不过在我看来,这些词中有两三个比其他词更为重要,或者说是关键词。我认为,它们是"状态"(*status*)和"沿直线"(*in directum*)。

运动状态(*status*):牛顿用这个词是想暗示或者宣称,运动不再像两千年来——自亚里士多德始——所认为的那样是一种变化过程,从而与静止(*rest*)这种真正的状态[②]相区别,它同样也是一种状态,也就是说,它和静止都不再蕴含变化。正如我已经说过的,运动与静止正是由于这个词而被置于同一本体论地位,其含义 67 再也不像开普勒用黑暗与光明(*tenebrae et lux*)做类比所表达的

---

① *Philosophiae naturalis principia mathematica* (London,1687),"Axiomata sive Leges Motus,"lex Ⅰ,p. 12;*Sir Isaac Newton's Mathematical Principles of Natural Philosophy*,translated by Andrew Motte,the translation revised by Florian Cajori (Berkeley:University of California Press,1934),p. 13. 最初的莫特译本(London, 1729),p. 19 对牛顿拉丁文原文的翻译要远远好于莫特—卡约里版的翻译:"Every body perseveres in its state of rest,or uniform motion in a right line,unless it is compelled to change that state by forces impressed thereon."

② Status 源自 *sto,stare*(站立),意为驻扎(station)、位置(position)、情形(condition)。"运动的状态"(*Status movendi*)与"静动力学"(*statical dynamics*)一样有悖论含义。

那么不同了。现在,正因为运动像静止一样是一种状态,所以运动本身就能守恒,而不需要任何力或原因使物体运动,就像静止也可以持续下去一样。显然,只要运动仍被视为一个变化过程,物体就不可能如此。正如牛顿明确指出的,没有原因就没有变化——至少在量子物理学之前是这样,因此,只要运动是一个过程,那么如果没有推动者,它就不可能持续下去,只有作为状态的运动才不需要一个原因或推动者。然而,并不是所有运动都是这样一种状态,而只有沿直线(in directum)匀速前进的运动,即沿同一方向的相同速度的运动才是如此。任何其他运动,特别是圆周运动或旋转运动,即使均匀,都不属于这样一种状态,尽管旋转似乎也能与直线运动保持得同样好,甚至更好;至少在我们的经验中,直线运动往往很快就停止了。① 事实上,希腊人很久以前就发现,在这个世界上我们所能碰到的永恒运动只有天上的圆周运动。他们甚至认为,只有圆周运动才是真正均匀不变的运动,再没有其他什么运动是永恒的。当然,他们错了,但这种错误并不是——我们——一眼就能看出来的,甚至可以说,对于他们所处的有限世界而言,这样说是正确的:因为惯性定律蕴含着一个无限的世界。我们必须牢

---

① 于是按照罗奥的说法,关于运动守恒的最好例子就是一个旋转的球(参见 *Physica*,pars Ⅰ,cap. Ⅺ,p. 50;*System*,vol. Ⅰ,p. 53:"11. 第三,如果一个物体几乎是完全自发地运动,以至于不传递给周围物体什么运动,那么它将是所有物体中运动持续时间最长的:我们通过经验发现,一个直径半英尺长,用两个枢轴支起,并且被抛光得很好的黄铜球,如果轻轻一击,它将持续转动三四个小时。")这并不意味着罗奥误解了惯性定律:事实上,牛顿也给出了同样的例子;参见 Lex I:"Trochus...non cessat rotari. Majora autem Planetarum & Cometarum corpora motus suos & progressivos et circulares…conservant diutius. "

记这一点,以免对那些不能从圆的魔咒中解脱出来的人,以及不晓得把圆换成直线的人过于苛刻。

唉,伽利略就是这些人当中的一员。他的伟大功绩在于推翻了亚里士多德把运动当作过程的经院哲学观念,而主张运动的守恒,也就是说一个物体一旦发动,只要不遇到外界的阻力,就会永远运动下去,也不会减慢或者静止。但他也认为这种守恒性只为圆周运动所有,即地球和天体的永恒运动。至于直线运动,他实际上从未说过沿一条直线的运动,而是说水平运动或在一水平面上的运动。①但至少有一次,他的确说运动是一个状态,尽管这种观念其实已经蕴含在他对运动的所有讨论之中了。②

伽桑狄的思想中缺少这种观念,但因其在《论受迫运动》(*De motu impresso a motore translato*)(1642)中的表述,他已被公认为提出惯性定律的先驱之一。的确,他曾宣称,③"石块以及其他一些被我们认为是重的物体,并不具有通常(*vulgo*)所认为的对运

---

①　参见 Galileo Galilei,*Opere*(Edizione Nazionale;Florence,1897),Ⅷ,268,269,272,285。英译本参见 *Dialogues Concerning Two New Sciences*,trans. by Henry Crew and Alfonso De Salvio(New York:Dover,n. d.),pp. 244,245,248,262。

②　在伽利略的"Letters on Sunspots"[关于太阳黑子的书信],in Stillman Drake,trans. ,*Discoveries and Opinions of Galileo*[伽利略的发现与观点](Garden City, New York:Doubleday Anchor Books,1957)中,我们看到了这样的话:"因此,如果除去所有外界的阻碍,那么重物……就将保持其原有状态;也就是说,如果原来处于静止状态,它就将继续保持静止;如果(举例来说)原来向西运动,它就将继续向西运动。"但这是一个"在与地球同心的球面上"运动的例子,所以它描述的是圆周的而不是直线的惯性。

③　我们可以说,应由卡瓦列里享有第一次提出惯性定律的荣誉。他在其 *Lo specchio ustorio,overo tratato delle settioni coniche et Alcuin loro mirabili effetti intorno al lume,caldo,freddo,suono et moto ancora…*[燃烧的镜子](Bologna,1632),cap. XXXIX,pp. 153 sq. 中宣称,一个沿任意方向抛出的物体,如果不被重力所偏转,则将由于加于

动的抵抗",在空的空间中,即在世界之外的想象的空间中,物体
既不会被其他物体所阻碍也不会被它们所吸引,所有物体,无论
被推向何方(*in quacumque partem*),只要运动起来,就将永远沿
着这一方向匀速运动下去;由此他断言,所有运动依其本性都应
如此,如果在我们这个世界中,物体实际上(*in facto*)并非以这
种方式运动,也就是说,既不是永远运动下去,也不是沿着同一
方向匀速运动,那是因为物体受到了阻碍,地球的引力把它们拉
了"下来",使之偏离了原有路径。① 一方面,我们不得不承认伽
桑狄所取得的进展,但另一方面我们也应注意到,当他宣称运动
将沿同一方向时,他并没有使用直线一词;虽然他断言了运动守
恒本身,并且说,"施动物体加到受动[物体]之上的没有别的,只有
运动","只要受动物体与之连在一起,这种运动就与[施动]物体的
运动相同",而且"如果不被一个相反的运动削弱的话,它将永远持
续下去",② 但他并没有把运动和静止等同起来,也未把它们理解
为状态。

　　只有在笛卡儿的著作中,我们才能找到所有这些内容。在伽
桑狄、卡瓦列里(Cavalieri)和巴利亚尼(Baliani)之前很久,笛卡儿

（接上页）其上的力而继续沿那个方向匀速运动;如果重力加入,则它将划出一条抛物
线。参见我的 *Études galiéennes*(Paris:Hermann,1939),part Ⅲ,p.133。有人也称是巴利
亚尼首先提出的惯性定律,但实际上他只是在其 *De motu gravium solidorum et liqui-
dorum*[论固态与液态重物的运动](Geneva,1646)的第二版中才提出方向的等价性。

　　①　Petri Gassendi,*De motu impresso a motore translato*,*epistolae duae*(Paris,1642),
cap. Ⅳ,p.60.也可参见我的 *Études galiéennes*,part Ⅲ,p.144;以及后面的附录Ⅰ。

　　②　Petri Gassendi,*De motu impresso a motore translato*,*epistolae duae*(Paris,
1642),cap. ⅩⅨ,p.75;*Études galiéennes*,part Ⅲ,p.144;以及后面的附录Ⅰ。

就已经在他那未出版的未竟之作《论世界》①（*Monde*）中明确断言
了"惯性"运动的均匀性和直线性，②同时也把运动明确定义为一
种状态。正是运动状态概念的建立，才使笛卡儿能够——也将使
牛顿能够——断言其第一运动定律或运动规则的有效性，虽然假
定物体在其中做匀速直线的纯粹惯性运动的世界是绝对不可能
的。的确，实际运动本质上都是时间性的；一个物体在一段时间内
从位置 A 运动到位置 B，如果这段时间可以任意短，那么该物体
必定要受到迫使其改变状态（*qui cogent it statum suum mutare*）
的力的作用。然而，状态本身是以一种不同的方式与时间相关联
的：它要么维持下去，要么只持续一个瞬间。因此，一个做曲线运
动或加速运动的物体每时每刻都要改变自己的状态，因为它在任
一时刻都要改变自己的方向或速度；不过，它在每一时刻还是处于
匀速直线运动状态（*in statu movendi uniformiter in directum*）。
笛卡儿说得很清楚，不是物体的实际运动是直线的，而是其倾向

---

　　① *Le Monde ou traité de la lumière*；大约写于 1630 年，1662 年在莱顿首版；Des-
cartes，*Oeuvres*，vol. Ⅺ。

　　② 笛卡儿当然并没有使用开普勒的术语，即意指对运动的反抗（当然自牛顿以
后，"惯性"就意指对加速度的反抗了）；恰恰相反，笛卡儿明确反对在物体中存在着任
何种类的惯性。参见他 1630 年 12 月"致梅森的信"，*Oeuvres*，Ⅱ，466 sq.："我不承认物
体具有任何惯性或天然的滞后性，迈多格（Mydorge）先生也是如此……但我向博纳
（Beaune）先生让步说，受同样的力推动的较大物体，诸如被同样强烈的风推动的较大
的船，总是要慢于其他，也许这已经足以作为理由，而不用求助于一种无法证明的自然
惯性……我认为所有造物之中都有一定量的运动，它既不增加也不减少；所以当一个
物体推动另一个物体时，它失去的运动与它传给另一物体的运动一样多……那么，如
果两个大小不等的物体分别得到了等量的运动，那么较大物体所获得的速度不会等于
较小物体所获得的速度，因此可以说，在这种意义上，一个物体所含的物质越多，它所
具有的自然惯性也就越大。"

70 (*conatus*)是直线的。牛顿则把它说得更为隐晦,他只用了笛卡儿的"尽可能地"(*quam in se est*)这一表述。

当然,笛卡儿和牛顿解释物体如何保持其状态的方式是非常不同的。牛顿是赋予物质以某种固有之力(*vis insita*),它是"某种反抗的力量,每一个物体都通过它自身的这种力量尽可能地去保持当下的状态,不论它是静止还是做匀速直线运动"——*potentia resistendi qua corpus unumquodque*,*quantum in se est*,*perseverat in statu suo vel quiescendi vel movendi uniformiter in directum*。这种力或力量是借用了开普勒的一个术语,并且扩展了它的含义(我们知道,在开普勒那里,它的意思是对运动的反抗),牛顿称这种力为惯性力(*vis inertiae*)。[①]

而笛卡儿却不肯赋予物体以力量,甚至是自身守恒的力量。他相信上帝对世界的连续创造或连续作用,没有它们,世界会立即回到它尚未创生之时的无(*nihil*)。所以,笛卡儿不是把解释物质保持运动和静止状态的任务交给固有之力(*vis insita*),而是诉诸上帝。由于上帝是永恒的,所以上帝显然只能让物体在做直线

---

① 牛顿很清楚这个术语的来源以及他所赋予的新含义。哈佛大学的科恩教授告诉我,牛顿在他本人做过批注并附有插页的《原理》第二版中做了如下注释,可能是想把它加入以后的版本中:"我所理解的惯性力不是开普勒的那种使物体趋于静止的力,而是物体不论是静止还是在运动状态中都会保持的力。"(Non intelligo vim inertiae Kepleri qua corpora ad quietem tendunt,sed vim manendi in eodem seu quiescendi seu movendi statu.)这条注释以及其他类似的注释将会出现在我们编的《原理》的异文对校版中。关于这两种惯性概念的差异,参见 E. Meyerson, *Identité et réalité* (Paris:Alcan, 1908) app. Ⅲ, pp. 528 sq.。

的（正确的）运动（*mouvements droits*）①时守恒，而做曲线运动时则不然，就像这种永恒也使他赋予这个世界的运动的量保持守恒一样。

笛卡儿在《论世界》中告诉我们，他将不去描述我们这个世界，而会描述上帝可能已经在遥远的想象空间中创造出来的一个超越的世界。当然，这是一个伎俩。笛卡儿希望不招来批评；也希望从一开始就表明，这个只具有广延和运动的新世界最终将与我们这个世界完全无法区分，②从而表明——这样不会被指控为不虔敬——它目前的样子不需要上帝用任何特殊行动来赋予，自然定律已经足以从混沌中引出秩序，建立起一个类似于我们这样的世界。③

世界的最高定律是守恒定律。无论上帝创造了什么，他都仍然存在于物体当中；因此我们不必去追问物体运动的第一因、第一推动者和运动者（*primum movens* and *mobile*）；我们只要承认物体在世界创生那一刻开始运动就可以了；由此可知，这种运动永远

---

① 笛卡儿使用了一个双关语：*droit* ＝ right 和 *droit* ＝ straight。参见 *Oeuvres*，Ⅺ，46。

② 牛顿在他年轻时写的 *De gravitatione et aequipondio fluidorum*［论流体的重力与平衡］中也会这样做（参见 Newton's *Unpublished Scientific Papers*）。

③ 参见 *Le Monde*，*Oeuvres*，Ⅺ，37。在《哲学原理》（pars 3，art. 43）中，笛卡儿说，尽管可以清楚地推出所有现象的原因不大可能是错的，但他（art. 44）仍将对其有所保留，并且只把它当作假说（法文版说，他将不断言他所提出的这些假说是正确的）；他还说（art. 45），他甚至会假设一些显然错误的原因（法文版说，他将假设一些他相信是错误的原因）；例如，可以推论出世界是由混沌发展而来的那些宇宙论假说当然是错误的；它们之所以必定是错的，是因为笛卡儿确信这个世界已经被上帝造得尽善尽美，一如基督教所教导的那样。

也不会停止,而只是在物体之间来回传递而已。

　　然而,什么是运动,什么又是与之相关的定律呢?它绝非哲学家所说的运动,即潜能作为潜能的实现(*actus entis in potentia prout est in potentia*),笛卡儿认为这只是一堆语词的拼凑,其含义是如此模糊,以至于他无法理解;[①]它也不是哲学家所谓的位置运动(*local motion*)。事实上,他们一方面告诉我们,运动的本性是难于理解的,另一方面又说,运动具有比静止更高的实在性,他们认为静止是一种缺乏。在笛卡儿看来则正好相反,运动是我们已经完全理解的东西。无论如何,他说他将探讨那些比几何学家的线条更容易理解的运动,[②]它使物体从一处到达另一处,相继占据它们之间的所有空间。"这种运动并不比静止具有更高的实在性;恰恰相反,我认为静止是当物体待在一个地方不动时所必须赋予的一种性质,正如运动是当物体改变位置时也必须赋予的一种性质一样。"[③]此外,哲学家所说的运动是如此奇怪,以致倾向于以静止告终;而笛卡儿的运动则与其他一切事物类似,倾向于自我保持。

　　笛卡儿的运动所遵循的自然规则或定律,亦即上帝借以使大

---

　　①　*Le Monde*, *Oeuvres*, XI, 39.

　　②　*Le Monde*, *Oeuvres*, XI, 39:"几何学家……用点的运动来解释线,用线的运动来解释面";笛卡儿又说:"哲学家也任意假设了几种运动,物体不用改变位置就能实现这些运动,正如他们所说:形式的运动,热的运动,量的运动(*motus ad formam*, *motus ad calorem*, *motus ad quantitatem*)以及其他诸多种类的运动。在我看来,我不知道还有什么能比几何学家的线更好理解的了:它使物体从一处移到另一处,并且连续占据着它们之间的所有空间。"

　　③　*Le Monde*, *Oeuvres*, XI, 40.

自然运作起来的规则,由此很容易推论出来。① 第一条是,只要与其他物质部分的相遇不迫使其改变,那么每一个特定的物质部分都会继续保持其原有状态(état)。也就是说,如果它有一定的体积,那么只要不是被其他物质分开,这个体积就永远不会变小;如果它是圆的或方的,那么它就会永远保持圆形或者方形,除非有外来的作用迫使其改变形状;如果它开始静止于某处,那么它就永远也不会离开那里,除非有别的什么原因迫使其运动;它一旦开始运动,就将以同样的力沿着同一方向将这种运动永远保持下去,直到有其他作用阻碍它或使之停止。

　　没有人会认为这条涉及体积、形状、静止以及类似事物的规则在古代世界中不被遵守;但哲学家们却把运动排除在外,而这正是我最想让这条规则涵盖的东西。因此,不用说,我将驳斥他们的说法:他们所说的运动与我所设想的大相径庭,很有可能在一方看来是正确的东西,在另一方看来并不正确。②

---

　　① *Le Monde*,*Oeuvres*, XI,38. 参见 Rohault,*Physica*,pars I,cap. XI,p. 51;*System*,vol. 1,p. 53:"13. 因为世界是充满的,所以一个沿直线运动的物体必定要推动另一个,然后是第三个,但这一过程不会无限地进行下去;因为某些被推动的物体将被迫打破这个过程,而去占据最先被推动的物体的位置。那是它们唯一能去的地方,也是随时都可以去的地方。因此当一个物体被推动时,必定有一定量的物质以环或圆或其他与此等价的形式被推动。"参见 Newton,*Principia*(1687),Book II,Prop. XLIII,Th. XXXIII,pp. 359—360;(1713),Book II,Prop. XLIII,Th. XXXIII,Cor. 2,p. 334;Motte-Cajori,Prop. XLIII,Th. XXXIV,p. 372。

　　② 笛卡儿是完全正确的,甚至超出了他所知道的程度:他的运动——状态——确实与"哲学家"说的运动——过程——非常不同;因此对一方正确的东西,对另一方则不一定正确。

第二条规则涉及一个物体作用于另一个物体时的运动守恒：

当一个物体推动另一个物体时，它不能向另一方传递任何运动，除非它也同时失去了同样多的量；也不能从另一方带走（任何运动），除非它也同时增加了同样多的量。这条规则，连同前面那一条，与经验符合得相当好，在这些经验中，我们发现一个物体是由于被其他物体推动或阻碍，才开始运动或者停止运动的。假定了前面的规则后，我们就避免了经院学者们（Docti）在解释为什么抛出的石块离手以后，仍能继续移动一段时间这个问题所碰到的麻烦：因为我们应该问的是，它为什么不继续一直运动下去呢？原因很容易给出，谁会否认石块运动于其中的空气加给了它一些阻力呢？①

然而，应该考虑的并非阻力本身，而仅仅是运动物体成功克服的那部分阻力；也就是说，运动物体速度的减慢直接正比于它传递给阻碍物的运动。尽管已经诉诸经验——空气的阻力——但笛卡

---

①　*Le Monde*，*Oeuvres*，ⅩⅠ，41；参见 Rohault，*Physica*，pars Ⅰ，cap. ⅩⅠ，p. 44；*System*，vol. 1，p. 47："运动物体到底是如何被连续推动的，这是关于运动的最重要的问题之一，它曾使技艺高超的哲学家们一筹莫展；但根据我们的原理，并不难解释它；因为正如之前看到的，没有东西倾向于自我毁灭。除非有外部原因介入，所有事物都将继续保持其原有状态，这是自然定律之一；于是我或许可以这样说，那些今天存在的东西，也将竭力永远存在下去；相反，那些本不存在的东西也将竭力永远不存在；因为如果不是由一些外界原因所产生，它永远也不会自发产生；所以现在是方形的，将尽可能地继续保持为方形；现在是静止的，永远也不会自发地运动，除非有某种东西来移动它；现在是运动的，也将永远不自发地停止运动，除非有某种原因使它的运动减慢或者停止。这就是为什么抛出的石块在离手之后仍能继续运动一段时间的真正原因。"

儿完全清楚,他正在提出的规则——更不用说他将在以后提出的
那些规则(碰撞规则)——与日常生活的常识经验并不很一致,对
后者来说就更是如此! 的确,

> 虽然我们的感官在旧世界中经验到的每一样东西,似乎都与
> 这两条规则明显相悖,然而它们存在的理由是如此有力,以至
> 于我觉得不得不把它们当作我正在向你们描述的新世界中的
> 假定而接受下来。因为即使可以任意去选择,还有什么真理
> 赖以建立的基础能比上帝的永恒不变更加坚实稳固呢?[①]

不仅前两条规则都显然来自于上帝的永恒不变,第三条规则
也是如此。"我还要补充,"笛卡儿接着说,

> 当一个物体移动时,虽然它在大多数情况下是沿着曲线运动
> 的……但它的每一个特定部分却总是倾向于继续沿着直线运
> 动。因而它们的最终表现,或者说它们被迫运动的趋势是不
> 同于其实际运动的。[例如,如果让一个轮子绕轴旋转,]虽然
> 它的各个部分在做圆周运动,但其整体却有一种沿着直线运
> 动的趋势。[所以,]当一块石头被弹弓投掷出去时,它不仅一
> 离开弹弓就[沿着一条]直[线]运动,而且在投掷过程中的每
> 一时刻,它[石块]都在挤压弹弓的中心[这说明它被迫沿着圆
> 形的路径运动]。这条规则——直线运动的规则——与前两

74

---

① *Le Monde*,*Oeuvres*,Ⅺ,p. 43.

条规则建立在同样的基础之上，即上帝通过一次连续作用而使每一事物都守恒这条原理，因此，可能在此之前的某些时间它是不守恒的，然而在上帝令其守恒的那一刻全都精确地守恒。不过在所有运动中，只有直线运动是绝对简单的，其全部本性在一瞬间就形成了。这是因为，①为了设想直线运动，只要设想物体朝着某一边运动就足够了，在它运动中的每一确定时刻都可以发现这一点；然而如果要设想圆周运动，或者任何其他可能发生的运动，我们需要至少考虑两个时刻，以及它们之间存在的关系。②

我们看到，直线的——正确的——运动被赋予了非常特殊的本体论属性，或者说本体的完满性；它确实是"正确的"运动。于是，笛卡儿玩笑式地总结说：

　　　　按照这条规则，我们不得不说，上帝是把世界中的所有运动都按照正确的运动来创造的，然而正是物质的种种不同倾向使其运动变得不规则和弯曲起来；一如神学家教导我们的，上帝也把所有行为都按照善来创造，但我们意志的种种不同倾向却使之变得邪恶。③

笛卡儿《哲学原理》的拉丁文版于 1644 年问世，法文版于 1647

---

①　*Le Monde*，*Oeuvres*，Ⅺ，pp. 43，49.

②　*Le Monde*，*Oeuvres*，Ⅺ，p. 45.

③　*Le Monde*，*Oeuvres*，Ⅺ，pp. 46，49.

年问世,①这本书把支配运动的自然规则(现在统一叫作定律)的顺序改变了——第三条变成了第二条,第二条则变成了第三条——还改变了它们的提出方式:《哲学原理》是——或者本来计划写成——一本教科书,《论世界》则不然。不过笛卡儿既没有改变它们的推导,也没有改变它们的内容,至少对于严格意义上的(*proprio sensu*)运动规则或定律是如此。涉及物体之间相互作用(《论世界》中的第二条规则,《哲学原理》中的第三条定律)和碰撞过程中动(量)守恒的规则没有改变,但笛卡儿在《哲学原理》中对其做了丰富和发展,目的是由此推出碰撞规则——这是他在《论世界》中没有做的。

　　正如在《论世界》中所做的,笛卡儿这里是通过诉诸神的不变性而引入自然基本的守恒定律的,即上帝的行动总是保持世界中运动和静止的量与他最初创造世界时所投入的量相等:②

　　　　事实上,尽管这种运动只是被移动物质的一种样式,但它却具有特定的量;我们不难理解,尽管这个量在单个部分中可以变化,但在整个宇宙中却总是守恒的。因此,如果一个物质部分的运动有另一个物质部分的两倍那样快,而后者的体积却是前者的两倍,那么每一个部分就都具有相同的运动的量;只要一部分的运动减慢,另一部分的运动就会按照相应的比例加快。我们也知道,上帝之完满不仅在于他自身的永恒,而

75

---

　　①　由于法文版的翻译是修道院院长珀蒂(Petit)在笛卡儿的亲自监督下完成的,它的行文有时要比最初的拉丁文版更加清楚,所以使用这两者都是必要的。

　　②　*Principia philosophiae*, pars 2, art. 36:"Deum esse primariam motus causam, et eandem semper motus quantitatem inuniverso conservare."

且也在于他总是以恒常不变的方式来行动……①由此可以推论出,只有认为上帝在物质中始终保持着与创造之初相同的运动的量,才是最合乎理性的。②

从上帝的不变性出发,我们还可以导出关于某些自然规则或定律的认识,

第一条自然定律是,每一个事物,只要它是单纯的、未分割的,就会尽可能地保持其原有状态不变,除非有外在的原因作用于它。因此,如果有一块物质是方形的,我们就可以毫不费力地断定,它会永远保持方形……如果它是静止的,那它就永远也不会开始运动,除非有另外某个原因将它推向运动。如果它正在运动,又没有其他任何东西可以阻碍它,那就没有理由设想它会以同样的力让自己停止运动。因此我们可以下结论说,但凡运动的物体,都将尽可能地永远运动下去,(而且不会趋于静止,因为)静止是与运动相对的,没有东西依其本性趋向于自己的反面,也就是趋向于自己的毁灭;(由此我们得到了)第一条自然定律,即每一个事物都会尽可能地保持其原有状态;于是物体一旦开始运动,就将永远运动下去。③

---

① 笛卡儿把"嬗变"(mutatio)当作例外,因为我们是通过神的启示而得知它的。

② *Principia philosophiae*,pars 2,art. 37.

③ *Principia philosophiae*,pars 2,art. 37:"Prima lex naturae:quod unaquaeque res,quantum in se est,semper in eodem statu perseveret:sicque quod semel movetur,semper moveri pergat."拉丁文的表述 *quantum in se est* 不大容易用现代语言来表达。法文版《哲学原理》把它译成了"autant qu'il se peut";J. 克拉克在他翻译的罗奥著作中把它译为"尽可能地"(as much as in it lies)(定义 III,p. 2)。我用的是笛卡儿的法文版,因为它比拉丁文版讲得更清楚。

就像在《论世界》中所说,笛卡儿告诉我们,物体尽可能(*quan-tum in se sunt*)保持的运动状态的直线性同样是从上帝的永恒不变得来的。因此第二条自然定律宣称,所有运动就其本身而言都是直线的(*quod omnis motus ex se ipso sit rectus*),虽然事实上,自然之中实际上并没有这样的运动,所有运动都在以一种圆周的形式进行着。[①]和在《论世界》中一样,圆周运动所产生的离心力被引作证据。[②]和在《论世界》中一样,不,是比在《论世界》中强烈得多,笛卡儿坚持认为,把运动和静止置于不同存在论层次是一个粗陋的错误,我们不能认为使一个静止物体运动起来,要比使一个运动物体变为静止用的力量大。这无疑是对的,运动和静止在本体论地位上的等价,正是新的运动概念的核心,牛顿在使用笛卡儿的术语"状态"时也会默认这一点。[③]然而,不仅是笛卡儿的同时代人,甚至连牛顿的同时代人都很难承认和理解这一点;因此,无论是马勒伯朗士(Malebranche)还是莱布尼茨都没能领会它的含义。[④]但我 77

---

①　*Principia philosophiae*,pars 2,art. 33:"在所有运动中,由物体构成的一个完整的圆是如何同时运动的。"(Quomodo in omni motu integer circulus corporum simul moveatur.)

②　*Principia philosophiae*,pars 2,art. 39:"另一条自然定律:所有运动就其本性而言都应该是直线的,甚至那些做圆周运动的物体,也总是倾向于脱离这个运动所划出的圆周的圆心。"(Altera lex naturae:quod omnis motus ex se ipso sit rectus;et ideo quae circulariter moventur,tendere semper ut recedant a centro circuli quem descri-bunt.)注意到下面一点是有趣的,笛卡儿很清楚,运动守恒并不必然意味着直线性,于是他用两条定律来分别说明守恒和直线性,而牛顿则把它们统一成了一条。

③　对于作为状态的运动与静止的进一步讨论,参见附录 J。

④　克拉克不会忘了指出这一点。于是他提到了马勒伯朗士的 *De la recherché de la vérité*[真理的探寻](Paris,1674—1675;6th ed,Paris,1712),它已于 1694—1695 年以及 1700 年被译成英文。参见 Rohault,*Physica*,pars I,cap. X,p. 39;*System*,vol. 1,p. 41,

们不得不承认，正是这种把运动与静止完全等同起来的做法，导致笛卡儿令人扼腕地把静止当成了反抗（一种反运动），并且赋予了静止物体以一种反抗的力（静止的量），从而与运动物体所具有的运动的力（运动的量）相对照。正是从这种观念出发，再辅以完善

（接上页）note 1："关于静止的定义，所有人都没有异议，然而静止到底只是运动的缺乏还是某种肯定的东西，人们则莫衷一是。笛卡儿等人主张，静止的物体有某种力使其继续保持静止，它凭借这种力去反抗任何想改变其状态的东西；运动也可以被称为静止的停止，而静止则可以被称为运动的停止。而在 *Malebranch in his Enquiry after Truth*〔《真理的探寻》中的马勒伯朗士〕，第六编，第 9 章中以及其他一些人则主张，静止只是运动的缺乏；其简要论证可以在克莱尔（Le Clerc）先生的《物理学》第五编，第 5 章中找到。顺便说一句，我在其中发现了一个与该主题相关的问题，那就是，马勒伯朗士与克莱尔先生如下的论证都把结果当成了论据。他们是这样说的，假定有一个球处于静止，并且上帝不再行使任何有关于它的意志，那么结果将如何呢？答案是，它仍将保持静止；假定它在运动，并且上帝不再行使任何让它继续运动的意志，那么结果又将如何呢？答案是，它将再也不会运动下去了。难道不是吗？因为运动的物体继续保持其原有状态所凭借的力是上帝的主动意志，而保持静止所凭借的力则只是上帝的剥夺意志：这显然是一种循环论证。事实上，运动或静止的物体保持其原有状态所凭借的力或者趋势，只不过是物体所具有的惯性；因此，如果上帝可能停止行使意志，那么物体一旦开始运动，就将永远运动下去，而静止物体也将永远保持静止。"

至于莱布尼茨，克拉克在与"博学的莱布尼茨先生"的争论著作（参见 *The Leibniz-Clarke Correspondenc*e〔莱布尼茨-克拉克通信集〕，ed. by H. G. Alexander〔Manchester：Manchester University Press，1956〕，p. 135）中大量引述了他从后者的著作中所选出的言论，它们非常清楚地表明，莱布尼茨从未理解惯性定律。顺便提及，这是一件幸事……否则，他怎么可能会想到最小作用量原理呢？

马勒伯朗士的 *De la recherche de la vérité où l'on traite de la nature de l'esprit de l'homme et de l'usage qu'il en doit pour éviter l'erreur dans les sciences* 最初是 A. Pralard 于 1674—1675 年在巴黎出版的，但没有附上作者的名字；只是到了 M. David 于 1700 年在巴黎出版的第 5 版中，作者才被写成"Nicholas Malebranche，Prêtre de l'Oratoire de Jésus"。英文版于 1694—1695 年和 1700 年问世。*Recherche de la vérité* 最好的现代校勘本是 Geneviève Lewis 女士编的三卷本（Paris：Vrin，1946）。对运动和静止的讨论可以在第六编（"方法谈"），第二部分，第 9 章（第二卷，pp. 279 sq. of the Lewis edition）中找到。

Le Clerc，*Opera philosophica*〔哲学著作〕，tomus Ⅳ，*Physica sive de rebus corpor-*

的逻辑推理,他导出了完全错误的碰撞规则。这条规则说,无论较小的物体运动有多快,也绝不可能使一个较大的物体运动起来,因为它不可能克服比它更大"更强"的物体的反抗力。①因此,(只要 78 两个物体都是坚硬的,)它将以同样的速度反弹回来:

　　第三条定律:当一个物体碰上另一个[比它]更强的物体时,它不会失去任何运动[因此较强的物体也不会得到任何运

――――――――――――――――

(接上页)*eis libri quinque*[物理学或论有形物体,五卷](Amsterdam,1698,fifth ed.,1728;also Leipzig,1710;and Nordlusae,1726),lib. V,cap. V,*De motu et quiete*[论运动和静止],sec. 13,"Regulae sive leges motus"[运动的规则或定律]说,物体一旦运动起来,就会保持那个状态(*in eodem statu manet*);然而,他提出了一个问题(第14节),即静止作为与运动相对的东西与运动相比较是一种肯定的东西还是一种缺乏?(*quae est motui opposita sit aliquid positivum an vero privatio dum taxat motus*),并且断言静止只是一种缺乏——一种除笛卡儿以外为所有哲学家接受的观点。克莱尔并没有引述马勒伯朗士的话,但却遵循他的推理:"Fingamus Deum nunc globo motum induere,qui opus est ab eo fieri ut motus sistantur? Nihil profecto,nisi ut desinat velle globum moveri."[我们猜想上帝让地球运动,这是地球能够运动所必需的? 我们不能肯定,除非上帝不想让地球运动。]

　　① 参见笛卡儿的第四条规则,*Principia philosophiae*,pars 2,art. 49。拉丁文版的文字更加简短,它只是说:"如果物体C处于静止,并且略大于物体B,那么无论B朝向C运动的速度有多大,都不能使C运动,而是会沿相反方向从C处弹回;这是因为静止的物体更能反抗较大的速度,反抗的程度正比于一个大于另一个的量;因此,C反抗B的力总是要大于B推动C的力。"法译本又加了一条说明:"因为如果不能使C运动得与此后一样快,B就不能推动C,所以可以肯定,当B朝着C运动得更快时,C对B的反抗力必须依照B接近它的速度成比例地增加,而且这种反抗力必须要超过B的作用力,因为C比B略大。例如C的大小是B的两倍,而B有三个数量的运动,那么如果B不能传给C两个数量的运动,也就是说先给C的每一半各一个数量,再给自己留一个数量,那么B就不能推动静止的C;这是因为B还没有C的一半大,而且此后运动得不会比它快。同样,如果B有30个数量的速度,则它必须传给C 20个数量;如果它有300个数量,则它必须传给C 200个数量等,也就是说总是传给C两倍于自己所剩余的数量。但由于C是静止的,它接受20个数量以后的反抗力将是接受两个数量的10倍,而接受200个数量的反抗力将是它的100倍;于是随着C具有更大的速度,它将发

动］；而当它碰到一个更弱的物体时，它失去的运动将与传给对方的一样多。①

当然，在日常经验中并非如此，这一点笛卡儿也不得不承认，就像在《论世界》中那样。然而这一次他却没有拒斥日常经验；他说他的定律本身是有效的，但其预设的条件并未在事物的本性中（*rerum natura*）实现（也不可能被实现），也就是说，相关物体不仅彼此完全分离，而且还与其余的世界分离，以及它们都是绝对刚性的等。实际上，它们都浸在某种类似于流体的介质当中，也就是说，它们周围的物质四处运动，并从各个侧面挤压这些刚性的物体。于是，一个物体在流体中推动另一个物体，可以得到所有沿着同一方向运

（接上页）现 B 具有成比例增加的反抗力。而且因为 C 的每一半保持静止的力与 B 推动它的力一样多，而且它们是同时反抗 B，所以很显然它们将获胜，并迫使 B 原路弹回。因此，无论物体 B 以什么样的速度趋近于更大的静止物体 C，都无力使之运动。"

笛卡儿的推理过程乍看起来似乎是绝对荒谬的，但事实上是完全正确的，当然，只要我们接受他的前提，即 C 与 B 都是完全刚性的；事实上，在这种情况下，运动的传递即它的加速度应当是瞬时的，因此一个物体从静止跃至 20 个数量的速度所产生的反抗力，将是从静止跃至 2 个数量的速度所产生的反抗力的 10 倍。

① *Principia philosophiae*，pars 2，art. 40. 通常认为，笛卡儿的碰撞规则中只有第一条是正确的，而其他各条都是错误的。这条规则说，两个同样的（坚硬）物体，在一条直线上以相等的速度相向运动，那么在碰撞之后，它们将各自沿着相反的方向以同样速度弹回。事实上，正如蒙蒂克拉（Montucla）已经注意到的（*Histoire des mathématiques*［数学史］［nouvelle ed.；Paris，1799］，Ⅱ，212），第一条规则和后面各条一样，也是错误的：绝对坚硬的物体（不是"无限弹性的"，而是刚性的）将不会反弹，如果笛卡儿断言它们将反弹，那只是因为他不能容许它们不这样做就会导致的运动损失。

笛卡儿的碰撞规则是如此错误，看起来又是如此荒谬（如第四条规则，参见前一个注释），以至于它们往往被历史学家一笑了之。他们没有认识到笛卡儿从其前提中推出这些结论时所使用的完美逻辑，这些前提是，运动的守恒以及碰撞物体的绝对刚性。

动的流体微粒的"帮助",因此,"要想让被流体包围着的坚硬物体 79
运动起来,用最小的力就够了",这当然适用于在世界中存在的一
切物体。①

　　这里我并非要讨论笛卡儿的碰撞定律,尽管这种研究本身很
有趣。正如我所说,它们都是错误的,这一点牛顿不可能没有认识
到,细读它们只能加深他对笛卡儿物理学——无数学的数学物理
学——的厌恶,并且证明牛顿本人在《哲学原理》一书空白处标记
的著名的"错误,错误"是正确的。② 然而,事实也许就是如此。这
里我们只考察牛顿的第一运动定律即惯性定律,能够指出下面一
点对我们就足够了,即无论是在《自然哲学的数学原理》的观念上,
还是在对它的表述上,牛顿都受到了笛卡儿的直接影响。

---

　　①　*Principia philosophiae*,pars 2,art.56.正因为他没有考虑到碰撞定律的"抽
象"(笛卡儿没有使用这个术语)性质,所以罗奥对这条定律提出了反驳;参见 Rohault,
Physica,pars Ⅰ,cap. Ⅺ,p.50;*System*,vol.1,p.53:"但由于一个物体不可能把自己的运
动传给另一个物体太多,以免不能与其共同运动,而是要给自己留一些运动,虽然它的量
从来也不是微乎其微;因此,一个物体一旦运动,似乎就永远也不可能完全静止下来,而
这与经验是相反的。但我们应该想到,两个近乎不动的物体彼此之间可能会做如此连
接和调整,以至于在某种程度上是处于静止状态,这就是经验显示给我们的全部。"

　　②　参见 Voltaire,*Lettres philosophiques*,letter ⅩⅤ(Amsterdam[＝Rouen],
1734),p.123:"牛顿的外甥孔杜伊特(Conduitt)先生曾向我断定,他的舅舅 20 岁时曾
读过笛卡儿的著作。他在前面一些书页的空白处用铅笔作过批注,并且总是重复着同
一个词:错误;但由于后来厌倦于不得不在书的每一处都标上错误,他就把书扔在一边
不去读它。"在《哲学原理》后来的版本中,伏尔泰删去了这段话(参见 Lanson's edition,
vol.2,p.19)。按照 Sir David Brewster,*Memoris of the Life*,*Writings and Discoveries
of Sir Isaac Newton*(Edinburgh,1855),Ⅰ,22,n.1 的说法,牛顿注释"错误,错误"的地
方并非笛卡儿《哲学原理》的页边空白,而是《几何》的页边空白:"我曾在我们家族的文
稿中发现了牛顿所保存的笛卡儿《几何》,他在很多地方都亲笔写着:错误,错误,没有
一处有几何学(*non est Geom*)。"

正如我们看到的,笛卡儿《哲学原理》中的运动规则或定律,与他在《论世界》中所确立的规则完全一致。然而与早期著作相比,他的后期著作却出现了一些重要变化,即关于运动的一种半相对主义观念和一个纯相对主义定义,并把他在《论世界》中的观念看成一种通常的想法。他首先这样说:

当我们说物体位于某一处时,位置和空间这两个词所指示的并非真正相异,它们所要指示的仅仅是物体的大小、形状以及置身于其他物体之中的情况。要想确定这种情况,我们必须去考虑其他一些被我们视为静止的[物体];但由于那些我们做如此考虑的物体可能不同,我们可以说,同样的东西在同一时间既改变了位置又没有改变位置。例如,一只船开到海上,一个人坐在船尾,风从岸边吹来,如果我们只注意船的各个部分,则可以说那个人永远处于同一个位置,因为相对于船的这些部分来说,他的情况是没有变化的;而如果我们去注意临近的海岸,则似乎那个人又在不断改变自己的位置,因为他正在不断远离海岸;此外,如果我们还假定地球在围绕自己的轴旋转,而且它自西向东的运动正等于船自东向西的运动,则我们又会说,船尾上的那个人并没有改变自己的位置,因为我们是通过想象中的天际的一些不动点来确定这个位置的。①

---

① 　*Principia philosophiae*, pars 2, art. 13.

解释了"位置"的相对性之后,笛卡儿又说:

　　所谓运动,就这个词的一般含义而言,仅仅是一个物体从一个位置到另一个位置的活动(我此处所谓运动乃是指位置运动而言,因为我想不到还有别种运动,因此,我认为也不应该假设还有其他本性如此的[rerum natura]运动)。我在上面指出,同一种东西可以说同时既改变又不改变它的位置,既在运动又不在运动。比方说,一个人坐在一只离开港口的船上,他可以认为自己相对于海岸在运动,而把海岸看成固定的;可是他并不认为自己相对于船在运动,因为他的位置相对于船的各个部分并没有变化。由于我们通常(vulgo)以为一切运动都包含活动,静止就是停止活动,所以那个坐在甲板上的人与其说是运动的不如说是静止的,因为他并没有察觉到自己在活动。

　　但如果我们要考虑运动是什么意思,不是从[对这个术语的]通常的用法,而是按照事情的真相(ex rei veritate)去考虑,从而赋予它一个确定的本性,我们就可以说:所谓运动,就是一部分物质或者物体,从与之直接接触的、被视为静止的那些物体附近移到其他物体附近的意思。①

笛卡儿解释说,他之所以说"从与之直接接触的物体附近移到

---

　　①　*Principia philosophiae*, pars 2, art. 25:["Motum esse] translationem unius partis materiae, sive unius corporis ex vicinia eorum corporum quae illud immediate contingunt et tanquam quiescentia spectantur, in viciniam aliorum."笛卡儿坚持要把运动物体参照于被视作静止的物体来看,牛顿对此是反对的。

81　其他物体附近",①而不说"从一个位置移到另一个位置",仅仅是
因为"位置"是一个相对概念,如果不这样定义,那么各种运动就都
可以加到同一个物体之上了;而如果采用他的运动定义,那么就必
须认为,物体只具有一种为其自身所固有的运动。此外,他说他的
定义还蕴含着运动的相互性,

> 我们不能设想,物体 AB 能在不知道物体 CD 从 AB 附近
> 移开的情况下,就从 CD 附近移走,显然它们每一方所需要的
> 力和作用都应该是同样多的。所以,如果我们只想找到运动
> 固有的本性而非其他,我们就会说,当两个相邻的物体彼此分
> 开,一个物体移到这一边,而另一个物体移到另一边时,这两
> 个物体将具有同样多的运动。②

通过把一个半亚里士多德的位置概念,运用到一个所有物体
都在运动,且没有一个固定点可以作为运动参照的世界里,以使笛
卡儿可以通过选择各种参考点以"拯救"相对主义的运动概念,其
价值是显而易见的,而且还可以给出物体的"固有"运动概念的精
确含义,这也是相当重要的。③ 更为重要的是,它提供了一种方

---

① *Principia philosophiae*,pars 2,art. 28. 笛卡儿反对"位置"(处所)的概念,这
一点是很奇怪的。因为他的"与之直接接触的物体附近"的概念,只不过是亚里士多德
对"处所"的定义"围绕着一个物体的表面"的改写。

② *Principia philosophiae*,pars 2,art. 29.这条陈述明显与笛卡儿的"第三"运动
定律不相容。

③ 毕竟,我们是相对于地球、房屋等而运动的,我们同时参与了几种运动,就像船
上的水手或者衣袋中的手表一样。

法,使笛卡儿可以避开教廷对哥白尼体系的谴责;这种谴责——对伽利略的审判——令笛卡儿深感恐惧,以致他最后决定不再出版《论世界》了。十年后,他找到了或自认为找到了一条出路:他对运动的新定义使他能够依据真理(*secundum veritatem*)保持地球不动,尽管地球仍然被涡旋携带着围绕太阳旋转。于是笛卡儿宣称那些谴责对他无效,因为他的确没有让地球运动起来;恰恰相反,他还宣称地球是静止的。① 因此毫不奇怪,由于这种让自己与哥白尼和伽利略脱钩的企图(它被波舒哀[Bossuet]称为"太谨慎的哲学家"[trop précautionneux philosophe])是如此微妙和幼稚,所以它除了能逃过某些现代历史学家的视线以外,其实骗不了任何人。然而它却奏效了。②

82

另一方面,正是这个相对主义的运动定义——它确实成了笛卡儿学派的官方定义——才最先激起了牛顿对笛卡儿物理学(而不是他的涡旋理论)的反对,他的涡旋理论后来成为牛顿在《自然哲学的数学原理》中攻击笛卡儿的主要焦点。这个定义或概念,以及笛卡儿的一些最基本的哲学论点,比如广延与物质的同一,拒绝

---

① 解释了哥白尼与第谷的假说仅作为假说而言(*in quantum hypotheses*)并没有重大的区别之后(*Principia philosophiae*,pars 3,art. 17),笛卡儿又说:"我在拒绝地球的运动时,比哥白尼更谨慎,比第谷更接近真理"[art. 19];"地球静止于天上,然而却又被天所运送"[art. 26];"严格说来,地球和行星都没有运动,尽管它们被天所运送"[art. 28];"即使以通常的用法来不恰当地考虑运动,也不应赋予地球任何运动;然而这样一来,其他行星却可以说是运动的"[art. 29]。参见 Rohault's *Physica*,pars Ⅱ,cap. 24,pp. 303 sq.;*System*,vol. 2,p. 62。

② 直到 1664 年,《哲学原理》才被列入《禁书目录》(*Index librorum prohibitorum*),但即使如此,这也不是由于笛卡儿明显的哥白尼主义观点,而是因为其物质概念与圣餐变体的教义不相容。

接受虚空和空间的独立实在性,对思想与广延两种实体的截然区分,以及世界只是"无定限"而非"无限"的断言,所有这些,都被牛顿在一篇我已经说过的尚不为人所知的长文中给予了彻底批判。

这篇长达 40 页的手稿只不过是一个片断,[①]赫里维尔(John Herivel)博士和霍尔(Rupert Hall)教授已经慷慨允许我去引述其抄本中的内容。牛顿一开始就告诉我们,他的目标是以两种不同方式来处理流体平衡问题以及流体中物体的平衡问题:"尽可能使这个问题与数学联系起来……用几何学家的方式,从抽象自明的原理中导出特殊的命题";尽可能使这个问题成为自然哲学的一部分,用一系列附释和引理(*scholia et lemmata*)来说明这些"通过大量实验"而得到的命题。[②] 事实上他两方面都没做到:他并没有写流体静力学论文,而是写了一篇哲学论文。不过至少我并不感到遗憾,我认为它对于我们确有异乎寻常的价值,因为它可以使我们对牛顿思想的形成有更深的理解,认识到全神贯注于哲学问题并不是牛顿思想的一个外在附加物(*additamentum*),而是它不可分割的组成部分。[③] 不幸的是,我们不清楚这份手稿的确切日期,它大概是 1670 年左右完成的。[④]

---

① *MS. Add.* 4003,"De gravitatione et aequipondio fluidorum."它现在载于 A. Rupert Hall and Marie Boas Hall,*Unpublished Scientific Papers of Isaac Newton*,*A Selection from the Portsmouth Collection in the University Library*,*Cambridge*(Cambridge,England:Cambridge Universtiy Press,1962),pp. 89 sq. 我将参考这个版本。

② *Unpublished Scientific Papers*,p. 90. 非常有趣,这也正是他即将写《原理》的方式。

③ 它也表明牛顿曾经非常彻底地研究过笛卡儿的《哲学原理》。

④ 霍尔二人(*Unpublished Scientific Papers*,p. 90)认为它是"一篇由一个年轻学生在 1664 年和 1668 年之间所写的论文",或者即使晚一些,也是在 1672 年以前完成的。

和往常一样，牛顿仍以定义开篇，并且告诉我们，量、延续和空间这些术语不需要定义，也不可能被定义，因为和定义它们的术语相比，我们对它们要更加了解。但他定义了：

　　Ⅰ.位置是被一样东西所完全占据的那部分空间；

　　Ⅱ.物体是占据一个位置的东西；

　　Ⅲ.静止是在同一位置的持续；

　　Ⅳ.运动是位置的改变，或者说，是物体从一个位置到另一个位置的过渡、转移或迁移。物体一词不能以哲学的方式，被当作一种被赋予了可感性质的物理实体，而应以一种类似几何学家的方式，被当作某种从中抽象出来的、有广延的、可运动的、不可入的东西。①

牛顿的定义，特别是把不可入性列为物体的基本特征——对笛卡儿而言，这是一个派生的特征——显然暗示了对笛卡儿的广延与物质同一以及运动的相对主义定义的拒斥。牛顿当然很清楚这一点，于是，他写道：

　　由于在这些定义中，我已假定除物体之外还有空间，并且运动是相对于空间本身的一部分，而不是相对于邻近物体的位置[而被定义的]……现在我将尝试推翻他的虚构，免得这

---

① *Unpublished Scientific Papers*, p. 91.

被当作反对笛卡儿的学说而被有意假设出来的。①

这些"虚构"中最糟糕的之一,如果不是最糟糕的话,就是对运动的相对主义看法。之所以这样说,是因为这种与常识相悖的说法竟被认为是正确的——或用牛顿的术语来说,是"哲学的"——观点;而牛顿自己所认同的,却正是被笛卡儿视为"平庸"和错误的一般观点,因此,牛顿试图用一系列论证来"推翻"这种观点。这些论证有好有坏,有的甚至还带有诡辩色彩,其中最重要的论证——它在《自然哲学的数学原理》中也出现了——诉诸对正确的、真实的运动以及错误的、表观的运动所下的定义分别可能产生或不能产生的结果。因此很清楚,不是地球与行星"哲学的"静止,而是它们围绕太阳的"通常的"运动产生了离心力;纯粹相对主义的"哲学的"运动永远也不可能产生这种力。因而,这两种观点中哪一种应被视为真实,是显而易见的。

而笛卡儿似乎也承认它

与他本人的观点相矛盾。因为他说,严格说来,地球与其他行星在哲学的意义上并没有运动,如果只因为它们相对于恒星的转移就说它们在运动,这样的人是强词夺理。② 然而他后来又假定,地球和行星有一种从太阳(它们运动围绕的中心)后撤的倾向(*conatus*),通过它[*conatus*,以及]旋转涡旋的一

84

---

① *Unpublished Scientific Papers*,p. 91.

② *Principia philosophiae*,pars 3,arts. 26,27,28,29.

种类似的倾向,这些星体就可以在它们所在的地方平衡了。那便会怎么样呢?难道这种自然倾向果真如笛卡儿所说,是从真正的哲学的静止,或者通常的非哲学的运动中产生出来的吗?①

结论是显然的,只有那些能够产生正确而真实的结果的运动——而不是那种什么都不能产生的运动——才是真正的运动,也就是说,绝对的、物理的运动不是相对于其他物体的位置改变——这只是一种外在的说法——而是相对于物体之外的静止不动的空间的位置改变,这种空间后来被称作绝对空间。只有在这样一种空间中,"不受阻碍的运动物体的速度……才可以被称为恒定,运动路径才可以被称为直的。"②

非常有趣,牛顿在反驳相对主义运动概念时走得有些太过,以致抛弃了如下观点,即如果两个物体彼此相对运动,那么运动就可以被随意(*ad libitum*)归于任何一方。为了反驳笛卡儿,牛顿说,如果接受笛卡儿的理论,那么即使是上帝也不可能精确地确定天体所占据或将要占据的位置——这是因为在笛卡儿的世界中,没有固定的参照物可以使这些位置被计算出来:

因此,在确定位置以及位置运动时,有必要参照一些 85

────────────

① *Unpublished Scientific Papers*,pp. 92 sq. .

② *Unpublished Scientific Papers*,p. 97. 牛顿是完全正确的:惯性定律蕴含了绝对空间。

不动的东西,比如广延或者空间本身,因为它被认为是某种与物体迥然不同的东西(*quale est sola extensio vel spatium quatenus ut quid a corporibus revera distinctum spectatur*)。①

　　不过仍然有一个疑问存在着。笛卡儿不是证明了并不存在迥异于物体的空间吗?广延、物质和空间不都是等同的吗?笛卡儿的方法是这样的,他一方面想说明,"物体绝不异于广延",也就是说,如果我们把物体所有的可感性质,比如"硬度、颜色、重量、冷、热等都抽去……那么剩下的就只能是它沿着长、宽、高的广延";另一方面,他指出虚空是无,因此不可能具有任何限定,因为所有这些限定,例如距离、大小等,都需要一种主体或者实体使之能够寓于其中。②

　　这样,我们就"顺次说明了什么是广延和物质,以及它们是如何相异的,从而回应了这些论证"。③然而我们必须更进一步,"由于广延与思维的区分……是笛卡儿哲学的主要基础",我们不得不尝试着把它彻底推翻。在牛顿看来,笛卡儿所犯的严重错误在于,他企图把实体与偶性这样一个对存在的旧的划分应用于广延,而实际上,它两者都不是。④它不是一种实体,因为它不能像实体那

86

---

　　①　*Unpublished Scientific Papers*,p. 98.

　　②　*Unpublished Scientific Papers*,pp. 98 sq. .

　　③　*Unpublished Scientific Papers*,p. 98.

　　④　*Unpublished Scientific Papers*,p. 99:"[广延]具有自己独特的存在方式,它既非实体,也非偶性所能具有。"([Extensio]habet quendam sibi proprium existendi modum

样负载或承载（*substat*）属性，还因为它并非仅仅依靠自身而存在。实际上，广延是一种从上帝那里流溢出的效果（*effectus emanati-*

（接上页）qui neque substantiis, neque accidentibus competit)注意到下面这一点是有趣的，帕斯卡在 1648 年致帕耶（Le Pailleur）先生的一封信中（参见 Pascal, Oeuvres complètes[Paris : Bibliothèque de la Pléiade, 1954], p. 382)曾宣称，把存在划分为实体与偶性的传统做法并不适用于空间（与时间），它们两者都不是："既非实体也非偶性。这是真的，我们所理解的'实体'这个词，要么指物体，要么指精神。那么在这个意义上，空间就既非实体也非偶性，但它仍是空间，正如在同样意义上，时间既非实体也非偶性，但它仍是时间，因为或许它不必然是实体或偶性。"（*Ni substance ni acci-dent*. Cela est vrai, l'on entend par le mot substance, ce qui est ou corps ou esprit ; car en ce sens, l'espace ne sera ni substance, ni accident ; mais il sera espace, comme, en ce même sens, le temps n'est ni substance, ni accident, mais il est temps, parce que pour être, il n'est par nécessaire d'être substance ou accident.)同样的话伽桑狄也说过，他的话可能同时成为帕斯卡和牛顿的资料来源；参见 *Syntagma philosophicum*[哲学论集], *Physica*, pars I, sec. I, lib. II, cap. I, p. 182, col. 1（*Opera philosophica*[Lyons, 1658]), t. I: "存在物（*ens*）在其被广泛接受的意义上说，被划分为实体与偶性并不全面；位置与时间必须作为两个成员补充进来，我们说：所有存在都是实体，或是偶性，或是所有实体与所有偶性所处的位置，或是所有实体与所有偶性延续的时间。" *Syntagma philosophi-cum*, *Physica*, pars I, sec. I, lib. II, cap. I, p. 18p. 183: "而且，我们只能把空间和空间大小这样的名称，理解成通常被认为是想象中的空间，绝大多数神学家都认为它存在于世界之外。"lib. IV, cap. IV, p. 307: "位置似乎只是一种空间，如果它被物体占据，就称它是充实的（*plenum*），如果未被占据，就称它是空的（*inane*）。"也参见他早期于 1649 年对第欧根尼·拉尔修第十本书（关于伊壁鸠鲁的哲学）的反驳（*animadversiones*）（Petri Gassendi, *Anmadversiones in decimum librum Diogenis Laertii...*[Lyons, 1649]. I, 613): "的确，[逍遥学派]对最一般的存在物的划分是有错误的；除了划分的那两个部分，实体与偶性之外，还应该加上其他两个同样是一般存在物的处所和时间，它们也是除了实体和偶性之外的范畴。"(Enim vero videtur[Peripatetici]primum in generali illa seu Entis, seu Rei distributione peccari ; quoniam illis duobus divisionis membris, Substantiae nempe, et Accidenti, adjicienda alia duo sunt, ipsis etiam generaliora, videli-cet Locus et Tempus, res exclusissimae a Substantia, Accidentisque categoriis.) Petri Gassendi, *Anmadversiones in decimum librum Diogenis Laertii...* (Lyons, 1649). I, 614: "于是，位置和时间都不是实体或偶性；但它们仍然存在，也就是说，它们并非无；的确，它们是所有实体与偶性的位置和时间。"(Hoc igitur modo tam Locus, quam Tempus, neque Substantia, neque Accidens sunt ; et res tamen sunt ; seu nihil non sunt ; Sunt enim *vus*)，①从而也是每种实体即每样东西所具有的特定属性。但它也不是一种偶性，

> 因为我们可以很清楚地设想，即使没有主体，广延也可以单独存在，正如我们也可以设想，超世界的空间或者没有物体的空间也可以存在一样；因为我们相信，无论我们想象物体存在与否，它都可以继续存在，我们不能设想，如果上帝要摧毁一个［物体］，它会与之共同毁灭；所以广延并非以偶性的方式内在于一个主体之中。因此，它不是一种偶性。②

　　至于对虚空实在性的否定，笛卡儿也是错误的，这个错误可以归因于他自己的理论。自然，我们没有关于无的清晰观念，因为它不具有属性；然而对于空间在长度、宽度、深度上没有限定这一点，我们却有非常清晰的观念。我们还可以同样清楚地想象空间的许多属性，因此，空间绝不是无，③正如我们所说的，它是上帝流溢出的效果（*effectus emanativus Dei*）。

（接上页）omnium Substantiarum, Accidentarumque Locus et Tempus.）关于伽桑狄对牛顿可能产生的影响，参见 R. S. Westfall, "The Foundations of Newton's Philosophy of Nature,"［牛顿自然哲学的基础］*British Journal for the History of Science I*（1962），171—182。

　　① *effectus emanativus* 这个表述使我们认识到，虽然空间并非独立于上帝（*independens et improductum*［独立的和非产生的］；参见 Gassendi, *Syntagma*, p. 182），但确切地说，它也不是通过上帝的意志而产生的一种受造物；它是一种效果（*effectus*）（而不是一种属性），但却是一种必然的效果。

　　② Hall and Hall, *Unpublished Scientific Papers*, p. 99.

　　③ Hall and Hall, *Unpublished Scientific Papers*, pp. 98 sq.. 牛顿把笛卡儿的论证彻底推翻了。

牛顿当然认为空间是无限的,这既不奇怪又不新颖。[1] 但有趣的是:(a)牛顿觉得自己是和笛卡儿对立的,笛卡儿认为空间——更精确地说,是世界——仅仅是无定限的,而只有上帝自己才是无限的;[2](b)牛顿的论证从深层上说是笛卡儿式的;(c) 87 至少在一定程度上,他的反驳类似于摩尔对笛卡儿所做区分的反驳。[3]

　　的确,空间沿各个方向伸展至无限。因为无论在什么地方给它立一个界限,我们都不能设想(*intelligendo*)在它之外会没有空间。因此,所有直线、抛物线、双曲线,所有锥体和柱体,以及所有其他[我们认为可以嵌于其中的]形体,都会伸展

----

① Hall and Hall,*Unpublished Scientific Papers*,p.101.

② 笛卡儿在《哲学原理》中宣称,空间具有无定限的广延,他说我们无法设想空间有一个无法被越过的界限(pars 1,art. 26)。"我们还将认识到,这个世界或物质实体的全部,其广延是没有界限的,因为不论我们在什么地方设一个界限,我们都不仅可以想象在此界限以外还有许多广袤无定的空间,而且我们还发现,那些空间是真正可以想象的和真实的;因此,它们也包含着一种有着无限广延的有形实体。"(pars 2,art. 21)我们将把它称为无定限而非无限:"对于所有那些我们无法找到界限的事物,我们将不称之为无限,而只认为它们是无定限的。因此,由于我们无法想象一个大到无法再大下去的广延,所以我们说,所有可能事物的总和是无定限的。"(pars 1,art. 26)物质所能分割成的最小部分的数目,以及星宿的数目等等也都是如此:"我们所以要称那些事物为无定限,而不称之为无限,乃是想只把'无限'这个头衔留给上帝。之所以如此,一是因为,我们不仅发现他在任何方面都没有限制,而且我们还确实设想,他就不容有任何限制。二是因为,我们并不同样确实地设想别的事物在各部分也没有限制,我们只是被动地承认,它们的界限(如果有的话)不是我们所能发现的。"(pars 1,art. 27)

③ 参见我的 *From the Closed World to the Infinite Universe*(Baltimore:Johns Hopkins Press,1957)。

至无限,虽然[它们可能]被各种横贯的线和面在多处截断。①

我们这里所说的无限是指实无限,牛顿对其实在性的证明过程相当有趣:他让我们考虑一个三角形,如果增加一个底角的大小,那么其顶点将会逐渐远离底边,到了两个底角互补,即三角形的两条边变得平行的时候,顶点或交点的距离

将比任何指定的值都大……不能说它仅在想象中才是无限的,而实际上并非如此,[这是因为]产生出来的直线[三角形的边]的交点总是实际的,即使它被想象为超出了世界的界限。

另一方面,如果

有人反对说,我们不能想象一段无限的距离,这一点我承认;然而我们却可以理解它……我们能够理解,无论怎样想象,都有更大的广延存在。这种理解的能力必须与想象力截然区分开。②

这无疑是正确的,然而它也纯粹是笛卡儿式的。在下面这段话

---

① 牛顿(*Unpublished Scientific Papers*,p. 100)认为空间是处于其中的各种形体(球体、立方体、三角形、直线等等)的位置的集合。它源于永恒(*ab aeternitate*),只是通过"物质的描画"(material delineation)才显现出来:"我们坚信,在球体占据它之前,空间就是球形的。"这种空间在数学的实在中是所有的形体,但在物理的潜在性中却是"容器",即柏拉图那里的"*chōra*"。

② *Unpublished Scientific Papers*,p. 101.

中,牛顿断言了无限概念所具有的肯定性,它同样纯粹是笛卡儿式的:

> 如果有人进一步指出,除非对有限事物的界限进行否定,
> 我们就根本无法设想无限是什么,它是一个否定的概念,因此
> 就没有价值。我反对这种说法,恰恰相反,正是界限的概念包
> 含了否定,由于"无限"是对否定(即有限)的否定,因此,就其
> 意义和对我们的观念而言,这个词是很肯定的,尽管它在语法
> 上似乎是否定的。①

然而若是如此,笛卡儿怎么会宣称"广延"不是无限而是无定
限的呢?这样说不仅错误,甚至在语法上也不正确,②因为无定限
总是意指将来,也就是还未被确定的东西,世界虽然在被创造出来
之前可能是不确定的,但它现在肯定不是这样。如果笛卡儿坚持
认为,我们不知道世界没有界限,只不过对它是否存在界限一无所
知罢了,这样说是没有用的,因为上帝肯定知道不存在这样的界
限;而且我们非常清楚,广延或者空间超越了所有的界限。

事实上,牛顿非常清楚笛卡儿为什么要否认空间的无限性,而
只把它归于上帝。因为在笛卡儿看来,无限就意味着存在的完满
性,③因此他"害怕"[metuit]如果说空间是无限的,那么就不得不

---

① *Unpublished Scientific Papers*,pp. 101 sq. . 关于笛卡儿对无限与无定限的看
法,附录 K 做了讨论。

② 牛顿说:"它将被语法学家们纠正"(a Grammaticis corrigendus est)。*Unpub-
lished Scientific Papers*,p. 102.

③ *Unpublished Scientific Papers*,pp. 101 sq. . 关于上帝和无限的观念在笛卡儿
以前的简史,参见附录 L。

因为无限所具有的完满性而把空间等同于上帝了。但他不能这样做，因为在他看来，空间或者广延等同于物质实体，而物质实体又与思维实体或精神实体截然对立。但对牛顿而言，所有这些都是错误的：空间与物体并不是一类东西；无限并非完满；广延与心灵是紧密相连的。

的确，与空间相关联的不是物质，而是存在，*spatium est entis quatenus ens affection*[空间是存在本身的属性]。

> 没有东西可以不与空间相联系就能存在。上帝是无所不在的，受造的心灵潜藏于空间的某个地方，而物体就在它所占据的空间中；任何东西都是要么无处不在，要么处处不在(*nec ubique*, *nec ullibi*)。因此，空间是从第一存在那里流溢出的效果[即从上帝那里：*spatium sit entis primario existentis effectus emanativus*]，这是因为如果一个实体定了，空间也就定了。延续也是如此，也就是说，它们都是效果或者属性，分别对应着单个[实体]的两个不同存在的量，一个是在场(presence)的广阔程度，另一个是存在延续的时间。于是，上帝关于存在延续的量是永恒的，关于[在场]的广阔程度的量是无限的；而一个造物关于存在延续的量同于它已经存在的时间，关于在场的广阔程度的量则同于它所占据的空间。①

很奇怪，这种把时间与空间完全并列起来的做法，导致牛顿构

---

① *Unpublished Scientific Papers*, p. 103.

造了在场的量（或大小）的概念，从而补充了笛卡儿把延续的概念作为存在的量（或量值）的做法。这很奇怪，也很重要。在我看来，我们的确可以在《原理》的一些著名的话中觉察到它的影踪，牛顿在这些文字中对上帝的无时不在（*semper*）和无处不在（*ubique*）坚定不移，这不仅体现于上帝的行动，也体现于上帝的永恒意识。①这种思想是从何而来的呢？也许是从摩尔那里，他曾批评过笛卡儿对世界只是"无定限"而非"无限"的观点，他也反对笛卡儿对虚空的否认，以及把广延与物质等同起来。他认为物质的本质并非仅仅是广延，还应包括不可入性和坚固性；反之亦然，广延或空间也不同于物质，它并不依靠物质而存在——于是，不含物质的虚空就成为可能甚或是必要的了；他还反对笛卡儿对广延实体与思维实体所做的截然划分，他主张任何事物都有广延，不仅物质有，心灵甚至上帝也有——在摩尔看来，空间就是上帝的"广延"，笛卡儿的看法则相反，笛卡儿取消了心灵与上帝存在的可能性，事实上是把它们从世界中驱逐了出去。它们既不存在于某些地方（*alicubi*），也不处处存在（*ubique*），因此只能无处存在（*nullibi*）。因此，摩尔称笛卡儿为虚无主义者（*nullibistae*）。②

①　*Philosophiae naturalis principia mathematica*（2nd ed.，Cambridge，England，1713）；*Scholium Generale*，p. 485；Motte-Cajori，p. 545.

②　在1648年12月11日致笛卡儿的信中，摩尔写道（*Oeuvres*，V，238）："第一，你对物质或物体所建立的定义太宽泛了。上帝的确似乎与天使一样都是有广延的东西（*res*）；通常每样事物都靠自己而存在，因此，广延似乎被加上了类似于事物的绝对本质那样的界限，这些界限可以根据那些本质的不同而有所改变。在我看来，上帝在行动方式上很显然是有广延的，因为他无处不在，他牢牢控制着整个世界机器，控制着每一个微粒。如果他没有用最切近的方式接触宇宙中的物质，或者至少是在某一时刻触及它们，他到底是怎样把运动传给物质的？他曾经这样做过，而按照你的说法，他甚至现

让我们考虑一下早期的牛顿是怎样看待空间的存在，以及它与上帝和时间的关系的。牛顿早期的观点，与他在"疑问集"和《原理》中提出或暗示出的观点之间的联系非常显著。在早期牛顿那里，我们认识到空间是必不可少的、永恒的、不变的和不动的。尽管我们可以想象空间中一无所有，但我们不能认为空间本身不存在（摩尔说，我们无法不想象空间），如果没有了空间，上帝就将无

91

（接上页）在也在这样做。如果他不是处处都在并且占据所有空间的话，他肯定永远无法做到这一点。因此，上帝是以这种方式延伸与扩张的；因此，他是一种有广延的东西（*res*）······"

"第四，我不明白你所说的世界的无定限是怎么一回事。这种无定限的广延必定或者是绝对地（*simpliciter*）无限，或者只是相对我们而言。如果你把广延理解为绝对地无限，那你为什么还要用这样低调和谦虚的话语来模糊自己的思想呢？如果它只是相对于我们而言是无限，那么广延事实上就应该是有限的；因为我们的心灵既不是事物的量度，也不是真理的量度。因此，由于神的本质还有另外一种绝对无限的扩张，所以你的涡旋物质将从中心撤离，整个世界的结构将化为原子和微尘颗粒。"

这并不完全正确，因为在笛卡儿的世界中不存在"更广阔之处"可供涡旋撤入；每一些涡旋都为另一些涡旋所包围和限制，照此类推直至无限（*ad infinitum*），或者按照笛卡儿的说法，直至无定限（*ad indefinitum*）。当然，摩尔的看法与此不同，他相信空间是无限的，认为这是上帝的属性；他也相信物质是有限的，物质与空间截然不同。不过他明白，笛卡儿既然把空间（广延）与物质等同起来，就难以承认这种（物质的）广延的无限性。于是他告诉笛卡儿说（*Oeuvres*，V，238）："我更加佩服你所表现出的谦逊，佩服你害怕承认物质的无限性，以及物质被分成了实际上是无限数目的微粒。如果你还没有承认这一点，那么你会被迫承认它的。"

笛卡儿当然回答说，虽然他并不想就具体的言辞进行争辩，因而如果有人说，上帝由于无处不在而具有广延，他将不会加以反驳；然而他不得不否认在精神实体，比如上帝或某个天使中会有真实的广延存在；他还说（1649 年 2 月 5 日致摩尔的信，*Oeuvres*，V，267 sq.）："至于我把事物称为无定限而非无限，这并非故作谦虚，而是一种必要的防范。因为我认为只有上帝自己才肯定是无限的，而其他事物，诸如世界的广延，物质被分成小块的数目等，如果你问我它们是否是绝对无限的，我承认我并不知道。我只知道我没有发现它们有任何终了，因此我称它们是无定限的。尽管我们的心灵不是事物或者真理的量度，但它一定是我们肯定或否定事物的量度。还有什么能比企图对不能为我们的心灵所把握的事物做出判断更荒唐、更轻率的呢？"

处存在。我们还认识到,空间中所有的点都是同时的;最后,空间是不可分的,因此,神的无处不在不会把复合引入上帝,正如我们在身体中的存在不会把可分性或者分割引入我们的灵魂。是的,"既然我们能够想象延续的一个瞬间可以没有任何部分地遍及整个宇宙空间,那么灵魂也应当不必分割就能遍及整个空间"。①

当然,没有什么能比心灵或者灵魂以这样的方式——即整体是由整体构成的,并且整体是由所有部分构成的(*tota in toto et tota in omnibus partibus*)——存在于身体当中的观念更传统——和反笛卡儿——了;然而,尽管传统上也认为上帝无所不在,但这个观念还几乎从未被用于上帝与世界的关系上。② 不过对牛顿而言,正是这种在场解释了上帝怎样通过其意志来移动空间中的物体,就像我们可以通过意志来移动自己的身体一样,甚至还可以解释他是怎样由纯粹空间创造出物体的,或至少——这里牛顿遵循了笛卡儿表达思想的方式,即只把它说成是一种假说——可以解释,他是怎样创造出某种不是物体,却可以展示物体所实际产生的一切现象的东西来的。③

事实上,上帝所要做的全部工作,就是给空间中某些确定的部分赋予相互间的不可入性、反射光的能力以及可运动性和可感知

① *Unpublished Scientific Papers*,p. 104. 关于牛顿对时间的看法(以及它与巴罗的观点的联系),参见 E. A. Burtt,*The Metaphysical Foundations of Modern Physical Science*(Garden City,New York:Doubleday Anchor Books,1954),pp. 155 sq. 。

② 牛顿的上帝不是世界的灵魂,世界也不是他的身体。参见 Newton's *Opticks*(New York:Dover,1952),Query 31,p. 403;以及牛顿的《原理》1713 年版以及此后的版本(Motte-Cajori,p. 544)第三编结尾的"总释"。

③ *Unpublished Scientific Papers*,p. 105.

性。他没有必要创造物质,因为要想获得物体的"现象",不必假设存在一个无法理解的物质实体,仅凭空间中那些运动着的、不可入的部分或微粒就可以把"现象"解释得很好了;于是,这些微粒将彼此阻碍对方的运动,并像光一样相互反射。总而言之,它们的行为至少在某种意义上非常类似于物体的行为。

92　　　　　如果它们是物体,我们就能把物体定义为上帝使之无处不在的、被赋予了特定条件的一种确定的广延量,这些条件是(1)它们可以运动,因此我从未说过它们是空间中绝对不动的数值部分,我只是说,它们是能够从空间的一处转到另一处的确定的量;(2)两个这样的[微粒]不能同时占据某一位置,也就是说,由于其不可入性,当它们因彼此的运动而相遇时,它们就会停止下来,并且根据某种定律反射出去;(3)它们可以在受造的心灵中激起各种感觉和幻觉,也可以相反地被心灵所移动……它们的实在性不亚于物体,被称作实体也不为过。①

而且,它们就是实体,甚至是可被理解的实体。

---

① *Unpublished Scientific Papers*,p. 106. 参见霍尔在上书第二部分(力学)的引言中所做的评论(p. 81):"贝克莱为了使物质存在而不得不诉诸上帝,而牛顿则通过否定物质而使上帝存在。与其说科学家是哲学家,倒不如说是神学家。"在这里我将不去讨论霍尔对贝克莱哲学的阐释,但对于牛顿,下面一点是有趣的,按照科斯特(Pierre Coste)的说法——科斯特把牛顿的《光学》翻译成了法文(Amsterdam,1720;2nd ed.,Paris,1722),他非常了解牛顿——牛顿甚至直到晚年都没有放弃"非物质性的物质"(immaterial matter)以及它是由上帝所造的观点。的确,在他翻译的洛克的《人类理解论》(*Essay Concerning Human Understanding*)第三版(1735年在阿姆斯特丹出版)的

于是我们看到，上帝所要做的所有事情，就是让笛卡儿的某些广延部分不相互渗透——是某些，而非所有：在这些不可渗透的部分之间，虚空的存留是必不可少的。笛卡儿所犯的一个重大错误 93就在于，他没能认识到这一点，也没有认识到不可入性本身并不属

（接上页）一个脚注中（他是按照《人类理解论》的英文第四版翻译的，译本的第一版 *Essai philosophique concernant l'entendement humain* 是 Henri Schelte 于 1700 年在阿姆斯特丹出版的），科斯特说，在洛克去世很久以后，他曾与牛顿就书中一段特别模糊的话进行过一次交谈，在这段话中（Book IV, ch. X, par. 18；参见 A. C. Fraser's critical edition of the *Essay*[Oxford: Clarendon Press, 1894], II, 321），洛克说如果我们努力，就能设想上帝对物质的创造，尽管这种设想还不尽完美。但由于洛克没有就创造方式发表任何看法，所以科斯特对这段话一点也不理解，直到牛顿使他明白过来为止；参见上面提到的 1735 年在阿姆斯特丹出版的第三版的第 521 页，它部分被 Hélène Metzger, *Attraction universelle et religion naturelle*(Paris: Hermann, 1938), p. 32 所引用，部分被弗雷泽在前引《人类理解论》版本第 321 页的注释 2 中翻译成："Enfin, longtemps après sa mort, M. le Chevalier Newton, à qui je parlais, par hazard, de cet endroit du Livre de M. Locke me découvrit tout le mystère. Souriant il me dit d'abord que c'était lui même qui avait imaginé cette manière d'expliquer la création de la matière, que la pensée lui en étoit venue dans l'esprit un jour qu'il vint à tomber sur cette question avec M. Locke et un Seigneur Anglois(le feu comte de Pembroke, mort au mois de Fevrier de la présente année 1733). Et voici comment il expliqua sa pensée: *On pourrait, dit-il, se former en quelque manière une idée de la création de la matière en supposant que Dieu eùt empêché par sa puissance que rien ne pût entrer dans une certaine portion de l'-espace pur, qui de sa nature est pénétrable, éternel, nécessaire, infini, car dès la cette portion d'espace aurait l'impénétrabilité, l'une des qualities essentielles à la matière; et comme l'espace pur est absolument uniforme, on n'a qu'à supposer que Dieu aurait communiqué cette espèce d'impénétrabilité à autre pareille portion de l'espace, et cela nous donnerait en quelque sorte une idée de la mobilité de la matière, autre qualité qui lui est aussi très essentielle.*"【终于，在他（洛克）去世后很久，牛顿爵士——我与他碰巧谈到洛克先生的著作[人类理解论]的这个地方——使我明白了了全部奥秘。他微笑着对我说，他本人曾设想过以这种方式解释物质的创生，这个想法是有一天他与洛克先生和另一位英国绅士（刚在今年 1733 年 2 月去世的彭布罗克（Pembroke）伯爵）谈过这个问题后就来到他的头脑中的。他是这样解释他的想法的：我们能以某种方式形成一个关于物质创生的观念，如果我们假定上帝以他的能力阻止任何东西进入纯粹空间的

于广延,上帝必须通过行使一种特殊的意志,才能赋予某些广延部
分以不可入性。当然,由于上帝在所有的广延或空间之中都在场,
所以他实现起来应该很容易。

牛顿坚持认为上帝在世界中"在场",而且上帝对世界施加作
用的方式与我们移动自己身体的方式很类似,这相当令人吃惊。
这使他得出了一些断言,我们是不能指望从他的著作中找到这些
断言的。他说,如果我们能够知道自己是怎样移动四肢的,我们就
能理解上帝是怎样使一处空间变得无法穿透,并使之具有物体的
形式的。"事实很清楚,上帝凭借其意志创造了这个世界,创造的
方式就像我们仅凭意志活动来移动身体一样。"由此可见,"我们的
能力与神的能力之间的相似之处要大于哲学家们所设想的程度:
《圣经》上说,我们都是按照神的形象造的"。① 因此,即使是上帝的
创造能力,也已经在某种意义上为我们所拥有。

这种从纯空间中创造出物质,难免使我们想起《蒂迈欧篇》
(*Timaeus*)中物体被从混沌中创造出来。顺便提及,笛卡儿的广
延只不过是柏拉图的混沌的一种现代翻版;然而牛顿在谈到其构
想时所提到的不是柏拉图,而是亚里士多德。他告诉我们:"他们

(接上页)某一部分,而空间就其本性而言是可入、永恒、必然并且无限的,但现在空间
的这一部分却具有了不可入性,物质的本质性质之一;既然纯粹空间是绝对均匀的,我
们就只能假定上帝也会把这种不可入性传递给空间的其他相同的部分,这就以某种方
式给了我们关于物质的可运动性的观念,而可运动性是物质的另一个非常本质的性
质。]很难理解为什么牛顿要对科斯特说,这种看法是他在一次与洛克和彭布罗克的谈
话中得到的,而没有说他年轻时就已经把它提出来了——但我们不能怀疑科斯特报道
的真实性。】

① *Unpublished Scientific Papers*,pp. 107—108.

说物质能够具有一切形式,就此而言,广延与印在其上的形式之间的关系,与亚里士多德主义者所假定的原初质料与实体形式之间的关系近乎相同。"①这一说法相当奇特,它表明牛顿对哲学史的了解与笛卡儿一样糟糕。不过我们还是回到牛顿对笛卡儿的评论。在牛顿看来,他对上帝与空间、心灵与物质之间关系的看法要远远胜过笛卡儿,因为它清楚地包含了形而上学中最重要的真理,并且最出色地证实和解释了它们。的确,

> 如果我们不假定上帝存在,并且在一无所有的空间中创造了物体,我们就不能设定物体……但如果按照笛卡儿的说法,广延就是物体,那我们不是给无神论打开了方便之门吗? ……广延并不是被创造出来的,而是来自于永恒。由于我们不必把它与上帝联系起来就已经对它有了一个绝对的观念,因此我们能在想象上帝不在的同时设想其存在。94 [特别是因为]如果对广延实体与思维实体的划分是合法的和完善的,那么上帝就不会以一种显著的方式把广延包含于自身,因此也就不会把它创造出来;上帝和广延将是完全的绝对事物,"实体"一词将可以在同样意义上(*univoce*)用于二者之中的任何一个。②

说一种哲学给无神论打开了方便之门,只因为它不承认上

---

① *Unpublished Scientific Papers*, p. 103.
② *Unpublished Scientific Papers*, p. 109.

帝的存在是自明的(*per se*),不承认这一点是任何其他事物得以确立的首要的和最为确定的真理,这样的指控似乎相当不公正;这种看法否定了世界的自治性和自主性,否认世界能够凭借自己的力量存在和维持下去——即使有上帝的"惯常"协同作用(habitual concourse)也是如此——而是需要一种连续的创造;反过来,它增强了上帝的创造能力,不仅使世界的存在,而且使数学的"永恒真理"都要依赖于上帝的意志。① 正如我们所知道的,这样一种指控是摩尔做出来的,②后来又被牛顿和科茨所重申,③他们认为笛卡儿的世界过于完整和自足,以致不再需要甚或不再承认上帝的任何干预。根据牛顿的说法,笛卡儿是把受造物和"永恒的、无限的、非创造的"广延——即虚空——搞混了,这种混淆既导致了物理学的谬误,又导致了形而上学的谬误,致使行星甚或抛射体的运动成为不可能。"因为一种物质流体不可能不阻碍抛射体的运动","由于以太是一种无孔隙的物质流体,所以无论它怎样被分隔物所稀释,其密度仍将与任何其他此类流体一样,对抛射体的运动所产生的阻力将不会减少"。④

---

① 在笛卡儿看来,甚至连数学的"永恒观念和真理"都是上帝创造的,因为他也本可以令 2 乘 2 等于 5 等等,但实际并没有这样做;因为如果 2 乘 2 真的等于 5 而不是 4,那么上帝就是在欺骗我们,但他是不可能这样做的。

② *Unpublished Scientific Papers*, p. 89.

③ 虽然主要是为了反对莱布尼茨的"超世界的心智"(*intelligentia supra mundane*)的上帝观念,但"总释"坚持认为上帝是主(*Dominus*)而非最完美的存在物(*Ens perfectissimum*),肯定也是反对笛卡儿的。

④ *Unpublished Scientific Papers*, p. 113.

牛顿后来把这个论点用于《原理》和《光学》中。[①] 我已经说过，在我看来，《原理》从根本上说是反笛卡儿的，其目标在于用整体的演绎推理来建立一种相当不同的"哲学"，从而与笛卡儿的哲学相抗衡。与笛卡儿的哲学相比，这种哲学更加注重经验，也更加数学，用佩兰(Jean Perrin)的说法，是把自己严格限定于认识"事物的表面"(la surface des choses)；它旨在研究自然的数学框架和在自然中起作用的力的数学定律，或者用牛顿本人的话说，是"从运动现象出发来研究自然的力，再由这些力去证明其他的现象"。

　　然而，尽管极为相反，在《原理》中却找不到一处对笛卡儿哲学的公开批判；我们所能找到的仅仅是对他的纯科学理论或科学假说的一种详细而明确的批判。当然，这样做是很有理由的，最好的理由莫过于《原理》的结构本身了：它实际上是一本给物理学和天文学提供原理的理性力学著作，在这样一本书中，可以有地方探讨笛卡儿的光学或者涡旋，却没有地方探讨其心物关系概念和其他学说。对它们的批判不是没有，只是隐而不彰罢了，这体现在牛顿对自己物理学或世界的基本概念——空间、时间、运动和物质——进行定义时的字斟句酌上。这种批判在 1706 年的拉丁文版《光学》以及《原理》第二版中变得更加明朗，甚至还鲜明地出现在科茨的"序言"中。

---

　　① 参见 *Philosophiae naturalis principia mathematica*(1687)，Book Ⅲ，Prop. Ⅵ，Th. Ⅵ，Cor. 3，p. 411；Motte-Cajori，p. 414；*Optice*(London，1706)，Qu. 20，pp. 310 sq.；*Opticks*(Second English edition of 1717 and later editions)，Qu. 28。《光学》的英文第一版问世于 1704 年，拉丁文第一版问世于 1706 年；英文第二版出现于 1717 年，第三版是 1721 年，第四版是 1730 年，再版于 1952 年(New York，Dover)。

　　我们还会回到这场对笛卡儿的哲学批判或对抗中来，现在让我们把注意力转到牛顿对一些更具体的科学假说的处理上。

　　事实上，我们可以把关于物体在阻滞介质（*resisting media*）中运动的整个《原理》第二编，看成是对笛卡儿观念的一次正面批判，也是年轻的牛顿对自己纲领的具体实施。事实上，笛卡儿否认真空存在；在他看来，所有空间——用牛顿的话来说——都充满着物质，甚或——用他自己的话来说——与物质等同，因此，在这种空间-物质中运动的物体必定要碰到阻力。但这种阻力到底是什么呢？笛卡儿没有提这个问题，而在牛顿最初尝试批判笛卡儿时所提出的正是这个问题，这正是其典型的思维方式，不过他并没有就这个问题给出任何详细回答。然而在《原理》中，他却对这个问题做了全面的分析，这也是牛顿的典型做法：不把自己束缚在个别问题上，而是从更一般的角度来处理它们。于是，牛顿先是分析了所有可能或不可能的运动实例，以及各种运动的传播情况，比如在弹性和非弹性的介质中，在阻力与速度或速度的平方成正比的介质中，在像空气一样振动或像水一样波动的介质中的运动，分析完所有这些之后，牛顿才开始讨论光学和宇宙学中的特定问题。即便如此，牛顿也是把它们当作"实例"和问题来看的；他重新改造了它们，然后给出自己的解答，其间不仅不提笛卡儿的名字，甚至在对笛卡儿光学的批判中，也没有说他所讨论的是笛卡儿关于光的本性和结构的假说。

　　当然，他是正确的。笛卡儿关于由坚硬的球状微粒密堆而构成发光元素（第二元素）的概念，以及关于光是经由这种介质传播的压力的概念，所有这些都只不过是一个更一般的问题，即压力或运动经由流体传播的问题（第二编第八部分）的实例。所以得出的结论也是很一般的，即压力不能沿直线传播，不仅如此，它还将"绕过角落"。或者用牛顿本人的话说：

只有在流体微粒沿直线排列的地方，压力才会在流体中直线传播。

如果微粒 a,b,c,d,e 沿一条直线排列，压力的确可以由 a 沿直线传播到 e；但此后微粒 e 将斜推沿斜向排列的微粒 f 和 g，而微粒 f 和 g 除非得到位于其后的微粒 h 和 k 的支撑，否则将无法承受这一传播过来的压力；但这些支撑着它们的微粒又受到它们的压力；这些微粒如果得不到位于更远的微粒 l 和 m 的支撑并且对之传递压力，也将不能承受这种压力，依此类推以至于无穷。因此，一旦压力传播到不沿直线排列的微粒，它就将向两侧偏移，并斜向传播到无限；压力开始斜向传播后，当它到达更远的不沿直线排列的微粒时，会再次向两侧偏移直线方向；每当压力传播到不是精确沿直线排列的微粒时，都会发生这种情形。证讫。推论：如果压力的任何部分在流体中从一给定点传播开去时遇到任意障碍物，则其余未受阻碍的部分将绕过该障碍物而进入其后的空间。[①]

97

然而这些结论不仅适用于压力，而且适用于所有类型的运动：

---

① *Principia*(1687)，Book I，Prop. XLI，Th. XXXI，p. 354；(1713)，Book II，Prop. XLI，Th. XXXII，p. 329；Motte-Cajori，p. 367. 也可参见 *Optice*(1706)，Qu. 20，pp. 310 sq. ；*Opticks*，Qu. 28，p. 362。

在流体中传播的运动由直线路径扩散而进入静止不动的空间。[①]

这个没有被牛顿指明,而被留给读者的结论是很清楚的:即笛卡儿、惠更斯和胡克的假说[②]都是错误的;它们都是业已讨论的一般过程的实例而已,因此无法与光线的直进性相容。但我想强调,这一否定性结论不是直接得来的,而只是肯定性结论的一个对应或副产品(sous-produit)。

牛顿几乎是以同样的方式来处理笛卡儿的涡旋的,也就是把问题扩大化、一般化,先研究其不同实例,再计算这些例子的结果。不过在这里,他虽然仍旧没有指名道姓,但告诉了我们其目的所在。不过,就像光学中的例子一样,这里对涡旋的拒斥是由一项肯定性研究所导出的结论,即它的结果不能与业已严格确立的——天文学——数据相容。于是涡旋问题就成了"流体的圆周运动"的一般问题(第二编,第九章),可以认为圆周运动或者出现于无限的流体之中,或者出现于密闭容器里的流体之中;或者产生于一处,或者同时在不同位置产生等。每一个实例都旨在从数学和数值上确定相应的运动结构。

于是我们得知:

---

① *Principia*(1687),Book II,Prop. XLII,Th. XXXII,p. 356;Book II,Prop. XLII,Th. XXXIII,p. 331;Motte-Cajori,p. 369.

② 牛顿当然是错的;如果波的尺度与所要经过的孔比起来足够小的话,它将不会"绕行"。不过我们不应责备牛顿没有预见到光的波动理论的发展,甚或是没有赞赏惠更斯对这一事实的解释的合理价值。

　　如果一根无限长的实心圆柱在均匀而无限的流体中,沿
一位置给定的轴均匀转动,且流体只有受到该柱体的冲击才
会转动,流体各部分在运动中保持均匀,则流体各部分的周期
正比于它们到柱体的轴的距离。[1]

另一方面:

　　如果在均匀的无限流体中,一个实心球绕着某一给定方 98
向的轴匀速转动,且流体只有受到该球体的冲击才会转动;流
体各部分在运动中保持均匀;则流体各部分的周期正比于它
到球心距离的平方……[因为球体的转动]会传递给流体一种
转动运动,它类似于涡旋的运动,该运动将向无限逐渐传播;
并且,该运动将在流体各部分中逐渐增加,直到各部分的周期
正比于它到球心距离的平方为止。[2]

我们很快就会认识到,这是一个非常重要的结论。

　　既然如此,那么如果这个旋转球体或者说中心物体(太阳或地
球)影响了另一个球体,即行星或卫星,那么将会有什么情况发生
呢? 一个推论解答了我们的疑惑:

---

　　[1]　*Principia*(1687),Book II,Prop. LI,Th. XXXVIII,p. 373;(1713),Book II,
Prop. LI,Th. XXXIX,p. 345;Motte-Cajori,p. 385.

　　[2]　*Principia*(1687),Book II,Prop. LII,Th. XXXIX,p. 375,Cor. 2,p. 378;
(1713),Book II,Prop. LII,Th. XL,p. 347,Cor. 2,p. 349;Motte-Cajori,pp. 387,389—
390.

如果另有一个球也在同一涡旋的中心外某处漂浮,并且同时由于某力的作用而绕一给定方向的轴均匀转动,则该球的运动将驱使流体像涡旋一样转动;起初这个新的小涡旋将与此转动球一起围绕另一中心转动;同时它的运动传播得越来越远,逐渐向无限延伸,方式也与第一个涡旋相同。出于同样的原因,新涡旋的球体又被卷入另一个涡旋的运动,而这另一个涡旋的球又被卷入此新涡旋的运动,所以这使得两个球都绕着某个中间点转动,并且由于这种圆周运动而相互远离,除非有某种力维系着它们。[1]

然而在太阳系中却不止一个,而是有若干个"球"在太阳的涡旋中漂浮,并且绕着它们各自的轴旋转。在这样一个实例中:

如果处于已知位置的几个球以既定速度围绕既定的轴匀速转动,则它们将激起同样多的涡旋并伸展至无限。因为根据任意一个球把其运动传向无限远处的道理,每个分离的球都将把其运动向无限远处传播;这使得无限流体的每一部分都会受到所有球的作用而运动。所以各涡旋之间没有明确的分界,而是逐渐相互介入;由于涡旋的相互作用,球将逐渐离开其原先位置……但如果去掉维系球体运动的力,则涡旋物质将逐渐停止下来,不再做涡旋运动。[2]

99

---

[1]　*Principia*(1687),Cor. 5,pp. 378—379;(1713),p. 350;Motte-Cajori,p. 390.

[2]　*Principia*(1687),Cor. 6,p. 379;(1713),p. 350;Motte-Cajori,p. 391.

通过涡旋假说在宇宙或天文学中的实际运用,这个结论意味着,在涡旋假说的前提下,一个像太阳系这样的体系将会由于丧失稳定性而难以维持下去。如果没有某种力——一种并非通过涡旋机制来解释的力——来维系的话,它最终将分崩离析,甚至连只有一颗行星或卫星的小体系也在劫难逃。不仅如此,由于运动被持续不断地从旋转球体传递到它们周围的流体物质当中,而且传递多少运动,就要同时损失多少运动,所以这种被传递的运动(1)将被"耗尽,最终消散于无尽的"空间当中;(2)如果这些球体不是从某种"主动本原"那里不断得到新的运动,则它们的运动将"逐渐变得乏力",和涡旋一样"终将静止下来"。还有一个非常重要的结论是,它表明涡旋概念无法与运动守恒原理相容,笛卡儿相信运动守恒原理,牛顿则不相信。而且,牛顿的结果还表明,涡旋理论隐含了一个通过某种"主动本原"持续补偿"损失"的过程,也就是说,它隐含了牛顿接受但笛卡儿主义者不接受的某种东西。

直到现在,牛顿只是研究了无限空间中单个涡旋的情况,但在笛卡儿的世界中,不是一个,而是无限——或无定限——多这样的体系(每颗星体都是一个)在彼此围绕和阻止对方的扩张。这本身(*in se*)就是一种错误的构造:涡旋体系的边界不会保持稳定,它们不可能一直处于分离状态,而是会相互渗透。但尽管如此,一个有限的涡旋,亦即在有限的封闭空间中"旋转运动"的情况,却仍然与能够无限自由扩张的涡旋大不相同。牛顿遂着手研究它;但他并没有像我这样去引证笛卡儿那种不可能的构想,即那些彼此"限制"着的涡旋;恰恰相反,牛顿把它们替换成了很可能发生的,甚至在经验中就可以实现的圆形容器中流体的运动。结果相当令人吃惊:"包围"并没有改变流体的行为,而且"流体各部分的周期将与

100 它到涡旋中心距离的平方成正比。只有这样的涡旋才能持久"。①

然而,

> 如果容器不是球形[事实上,笛卡儿的涡旋的形状也不
> 是球形的],则微粒将不会沿着圆周,而会沿着对应于容器
> 外形的曲线运动;其周期将近似地正比于到中心的平均距
> 离的平方。[并且]在中心与边缘之间,空间较宽处运动较
> 慢,较窄处则较快。②

这是就涡旋运动本身而言的。对于那些漂浮于其中或被其带
动的物体的运动,我们则必须区分两种情况:一种是物体具有与
"旋转流体"相同的密度,另一种是物体的密度不同于——不管是
大于还是小于——"旋转流体"的密度。事实上,只有在前一情况
下(密度相同),物体才可能沿着不变的轨道运动:"为涡旋所带动
的物体,若其密度与涡旋相同,则将在周围的物质中保持相对静
止,其运动遵从与涡旋各部分相同的规律。"③

反之,如果一个"被涡旋带动的物体"沿着同一轨道返回,则其
密度一定与涡旋相同。在这种情况下,"它的运行规律将与到涡旋
中心距离相同或相等的那部分流体相同"。因此,它将与携带它运
动的流体保持相对静止。"如果涡旋的密度是均匀的,则同一个物

---

① *Principia*(1687),Cor. 7,p. 379;(1713),p. 351;Motte-Cajori,p. 391.
② *Principia*(1687),*Scholium*,p. 381;(1713),p. 352;Motte-Cajori,p. 393.
③ *Principia*(1687),Book II,Prop. LIII,Th. XL,p. 383;(1713),Book II,Prop.
LIII,Th. XLI,p. 354;Motte-Cajori,pp. 394—395.

体可以在距离涡旋中心任意远处转动。"然而，

> 如果它［所考察的物体］的密度较大，则它将比原先更加倾
> 向于离开中心，并将克服把它维系在其轨道上并保持平衡的涡
> 旋力而离开中心，沿着螺旋线运行，不再回到原有的轨道。由
> 于同样的理由，如果它密度较小，则将趋于中心。所以，如果它
> 与流体的密度不同，就绝不可能继续沿着同一轨道运行。①

也就是说，如果我们把这些结论用宇宙学的术语表述出来，那就是
只有当地球和行星的密度与星际物质的密度相同时，它们才可能
被涡旋带动而围绕太阳旋转。

101

这似乎是对涡旋假说的一个很强的否证，但牛顿并没有使用
它，这可能是因为（正如他所解释的和后来在《原理》第三编中所详
细阐述的那样，他也在 CUL 4003 中指出了这一点）在笛卡儿的世
界中，密度的差异是不可能的；事实上，正是这种不可能性，成了他
批判笛卡儿把广延与物质等同起来的基础。然而，不管怎么说，牛顿
还是提出了一个纯天文学的论证作为拒斥涡旋假说的理由，即
它与开普勒定律不相容。牛顿是这样说的：

> 我之所以……努力去研究涡旋的特性，目的在于了解天体
> 现象是否可以通过它们做出解释；这些现象是这样的，卫星绕
> 木星运行的周期正比于它们到木星中心距离的 3/2 次幂；行星

---

① *Principia*(1687),Book II,Prop. LIII,Th. XL,p. 383；(1713),Book II,Prop.
LIII,Th. XLI,p. 354；Motte-Cajori,pp. 394—395.

绕太阳运行也遵从相同的规律……所以如果卫星和行星是由涡旋携带而绕木星和太阳运转的,则涡旋必定也遵从这一规律。但在这里我们发现,涡旋各部分的周期正比于它到运动中心距离的平方;且该比值无法减小并化简为 3/2 次幂……如果像某些人所设想的那样,涡旋在中心附近运动得较快,在某一界限处较慢,而在边缘附近又较快,则这样不仅得不到3/2 次幂关系,也得不到其他任何确定的比值关系。[①]

在如此抨击了笛卡儿之后——"某些人"的理论,实际上就是指笛卡儿的——牛顿总结说:"还是让哲学家们[笛卡儿主义者]去考虑怎样用涡旋来解释 3/2 次幂的现象吧。"

事实上,在涡旋假说的前提下,不仅是行星的运行周期,就连它们的轨道运行速度也与开普勒定律所要求的不同:

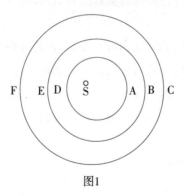

图1

---

① *Principia*(1687),Book Ⅱ,Prop. LⅡ,Th. XXXIX,*Scholium*,pp. 381—382;(1713),Book Ⅱ,Prop. LⅡ,Th. XL,*Scholium*,pp. 352—353;Motte-Cajori,p. 393. 关于牛顿对涡旋假说的批评,科茨在给《原理》第二版(1713)所作的"序言"中有一个出色的简要介绍。

附释：由此看来很清楚，行星的运动并非由物质涡旋所携带；因为根据哥白尼的假说，行星沿着椭圆围绕太阳运行，太阳在其公共焦点上；由行星指向太阳的半径所掠过的面积与时间成正比。① 但涡旋的各部分绝不可能做这样的运动。因为，令 AD,BE,CF[图 1]表示三条围绕太阳 S 的轨道，最外面的圆 CF 与太阳同心，A 和 B 是里面两个椭圆的远日点，D 和E 是其近日点，则沿着 CF 轨道运动的物体将做匀速运动，其

102

---

① 牛顿当然很清楚哥白尼从未说过这样的观点，他所引述的两条行星运动定律不是哥白尼，而是开普勒提出来的（开普勒第一和第二定律）。那他为什么还要说"哥白尼的假说"，而不说它们的真正提出者呢？难道是因为——就像对伽利略一样——他厌恶开普勒总是把"形而上学假说"与"自然哲学"混在一起吗？这或许是事实，而且可以解释为什么牛顿在谈论先贤时没有提到开普勒，因为牛顿从他那里借用了惯性这个术语和概念，只是对其内容有所改动而已；还有为什么没有提及，按照《原理》第一编的说法，周期的 3/2 的比例关系实际上已经蕴含了引力的平方反比律（"如果周期与半径的 3/2 次幂成正比，或者等价地说，速度与半径的平方根成反比，则向心力将与半径的平方成反比"），这其实就是开普勒第三定律。从这条定律出发，不仅雷恩爵士、胡克博士和哈雷博士都导出了引力的定律，而且他本人也推导出来了。*Principia*（1687），Book Ⅰ，Prop. Ⅳ，Th. Ⅳ，Cor. 6, and *Scholium*，p. 42；（1713），Book Ⅰ，Prop. Ⅳ，Cor. 6, and *Scholium*，p. 39；Motte-Cajori，p. 46. 同样，在第三编中他仍旧没有提到开普勒，不论是有关他的第二定律的内容（"行星指向太阳的半径所掠过的面积正比于运行时间"；*Principia*[1687]，Book Ⅲ，Hypothesis Ⅷ，p. 404；[1713]，Book Ⅲ，Phaenomenon V，p. 361；Motte-Cajori，p. 405），还是有关第一定律的内容（"行星沿着椭圆轨道运动，太阳位于其公共焦点上"；*Principia*[1687]，Book Ⅲ，Prop. ⅩⅢ，Th. ⅩⅢ，p. 419；[1713]，Book Ⅲ，Prop. ⅩⅢ，Th. ⅩⅢ，p. 375；Motte-Cajori，p. 420）。而另一方面，他又确实提到，开普勒是第三定律的发现者（*Principia*[1687]，Book Ⅲ，Hypothesis Ⅶ，p. 403；[1713]，Book Ⅲ，Phaenomenon Ⅳ，p. 360；Motte-Cajori，p. 404）。然而我们必须考虑到，在整个 17 世纪，以太阳为中心的天文学统统被称为"哥白尼的"，正如开普勒要把他那本除了日心说，什么都不属于哥白尼的著作叫作《哥白尼天文学概论》（*Epitome astronomiae Copernicanae*）；至于"假说"这个术语，则也是一个普遍的标准表达。的确，牛顿的《原理》在皇家学会被宣布为一部旨在证明"哥白尼假说"的著作。

103　　指向太阳的半径所掠过的面积正比于时间。根据天文学定
　　　　律,沿着 BE 轨道运行的物体,将在远日点 B 处较慢,在近日
　　　　点 E 处较快;而根据力学定律,涡旋物质在 A 和 C 之间较窄空
　　　　间中的运动,应该快于在 D 和 F 之间较宽空间;也就是说,在远
　　　　日点较快而在近日点较慢。这两个结论是相互矛盾的……这
　　　　使得涡旋假说与天文现象严重对立,它非但无助于解释天体
　　　　运动,反而把事情弄糟。至于这些运动究竟是怎样在没有涡
　　　　旋的空的空间中进行的,可以在第一编中找到解答;我将在下
　　　　一编中对此做进一步论述。[①]

　　　没有涡旋存在……在空的空间中……的确,无论是描述"宇宙
体系"的第三编,还是提出了理性力学基本理论的第一编,都假定
了空的空间或者虚空的存在。第三编对此讲得较为明确,而第一
编则较为含蓄,不过它们采用的方式都是去研究物体的运动而不
考虑它们处于其中的介质。其实,在定义绝对时间、绝对空间和绝
对运动时,这不仅断言了它们的实在性,从而与相对时间、相对空
间和相对运动区别开来,而且同时也暗含了对涡旋的拒斥。当然,
牛顿的同时代人对这些暗含的内容都非常清楚,我想从我所引用
的原文也能清楚地看出这一点。虽然每个人都知道这些著名的定
义,但我仍想在这里重复一下:

---

　　　① *Principia* (1687), Book Ⅱ, Prop. LIII, Th. XL, *Scholium*, pp. 383—384;
(1713), Book II, Prop. LIII, Th. XLI, *Scholium*, pp. 354—355; Motte-Cajori, pp. 395—
396.

　　绝对的、真实的和数学的时间自身，依其本性而均匀地流逝，与一切外在事物无关，它又可被称作延续；相对的、表观的和普通的时间是某种可感知的和外在的（无论是精确的或是不均匀的）对运动之延续的量度，它常被用以代替真实的时间。①

　　也就是说，时间并非像经院传统所定义的那样是运动的量度（数），也不像笛卡儿所定义的那样是事物的延续，即它们持续存在的量。时间有其自身的本性，不依赖于任何"外在的"东西，也就是说，它与世界的存在与否没有关系。② 即使没有世界，也仍然会有时间和延续。③ 是什么在延续呢？牛顿没有告诉我们，但我们知

104

---

　　① *Principia*(1687)，*Scholium to Definitiones*，p. 5；(1713)，*Scholium to Definitiones*，p. 5；Motte-Cajori，p. 6.

　　② 参见 *The Geometric Lectures of Isaac Barrow*，ed. J. M. Child(Chicago：Open Court，1916)，Lecture I，pp. 35 sq. 。

　　③ 对笛卡儿而言——也对亚里士多德而言——如果没有世界，就不会有时间。摩尔则遵循新柏拉图主义传统，反驳说时间与世界没有任何关系（参见 1649 年 3 月 5 日"致笛卡儿的第二封信"，Descartes，*Oeuvres*，ed. C. Adam and P. Tannery，V，302）："因为，如果上帝毁灭了这个宇宙，然后过了一段时间，又从虚无中创造出另一个宇宙，那么这个世界的间断(*intermundium*)或世界的缺失将可以用一定的天数、年数或世纪数测量出来。于是有一段时间什么都不存在，这段时间是某种广延。因此，无或者虚无的广度可以用厄尔[英国旧时的量布单位，等于 45 英寸]或者里格[旧时长度单位，约为 5 公里]测量出来，就像那段什么都不存在的延续时间可以用天数、年数或世纪数测量出来一样。"然而，笛卡儿仍然坚持自己的立场（参见 1649 年 4 月 15 日"致亨利·摩尔的第二封信"，*Oeuvres*，V，343）："我认为，去设想一段处在第一个世界的毁灭与第二个世界的创生之间的时间蕴含着一个矛盾；因为如果我们把这段延续时间或者类似的东西归之于上帝观念的连续，那么这将是我们理智上的一个错误，而不是对某种东西的真正领悟。"

道答案:它是上帝的延续。然而这种时间、这种延续——牛顿对此失去了年轻时的某些热情和信心——并不是我们的延续或者我们的时间。我们的时间和我们的延续,仅仅是对均匀流逝着的"绝对的、真实的、数学的时间"的一种可感知的、相对的和不完美的量度,甚至连我们借以校正通常的时间量度的天文学时间,也只不过是一种近似而已。但是,

> 能用以精确测定时间的等速运动可能是不存在的。所有运动都可能加速或者减速,但绝对时间的流逝不会发生任何变化。无论运动得快慢抑或是停止,事物的延续或者对其原有状态的固守都始终如一;因此,这种[绝对]延续应当同只能凭借感官来度量的时间区别开来。①

空间就像时间,它并不直接地,或者在本质上与世界或物质相联系。世界当然不仅在时间之中,而且也在空间之中;但即使没有世界,也仍然会有空间。在我方才引用的原文中,牛顿直截了当地说出了它到底是什么:它是上帝的空间。他虽然这样想,却没有这样说,而是把它称为绝对空间。绝对空间的确不是直接提供给我们的;我们凭借感官只能知觉到物体,正是藉着与可运动物体的关系,我们才能确定我们的空间。如果没有认识到我们的这个相对的、可移动的空间只有在一个静止不动的空间中才有可能,那将是

---

① *Principia*(1687),*Scholium to Definitiones*,p. 7;(1713),*Scholium to Definitiones*,p. 7;Motte-Cajori,p. 8. 牛顿说,我们是从现象出发,通过天文学方程来确定或者试图确定绝对时间的。唉,可惜我们无法对空间做到这一点。

错误的。因此牛顿写道：

> 绝对空间,其自身特性与一切外在事物无关,处处均匀,
> 永不移动。相对空间是某种可以在绝对空间中运动的尺寸,
> 或者是对绝对空间的量度;我们通过它与物体的相对位置而
> 感知它。①

进一步说:物体在空间之中,也就是说,它们有着各自占据或
填充的位置,或者说就在这个位置当中。然而,

> 位置是为物体所占据的那部分空间,它可以是绝对的或
> 相对的,依空间的性质而定。我这里所说的是空间的一部分,
> 而不是物体在空间中的位置,也不是物体的外表面,②

就像笛卡儿或经院哲学家所定义的那样。物体在位置之中,但并
不留在那里;它们要运动,也就是说,要改变自己的位置——所改
变的是位置,而不是像笛卡儿所说的,是它们在其他物体中间或相
对于其他物体的位置。于是,由于位置有两种类型,所以运动也有
两种类型:

---

① *Principia*(1687),*Scholium to Definitiones*,p. 5;(1713),*Scholium to Definitiones*,p. 6;Motte-Cajori,p. 6.

② *Principia*(1687),*Scholium to Definitiones*,p. 5;(1713),*Scholium to Definitiones*,p. 6;Motte-Cajori,p. 6. 参见 Rohault,*Physica*,pars I,cap. X,note 1,p. 36;*System*,I,39 sq. ;也可参见后面的附录 M。

　　绝对运动是物体由一个绝对位置迁移到另一个绝对位置；相对运动是由一个相对位置迁移到另一个相对位置。在一艘航行的船中，物体的相对位置是它所占据的船的那一部分，或者说是物体在船舱中填充的那一部分，因此它与船共同运动；所谓相对静止，就是物体滞留在船或船舱的同一部分处。但实际上，绝对静止应是物体滞留在不动空间的同一部分处，船、船舱以及它所携带的物品都已相对于它做了运动……

　　与时间间隔的顺序不可互易一样，空间部分的顺序也不可互易。设想空间的一些部分被移出其位置，则它们将被（如果允许这样表述的话）移出其自身。因为时间和空间是，而且一直是它们自己以及一切其他事物的位置。所有事物都依照相继秩序排列在时间中；依照位置秩序排列在空间中……[①]说事物的基本位置可以移动，这种说法是荒谬的。所以，这些是绝对位置，而从这些位置中迁移出去，才是唯一的绝对运动。[②]

　　我们还记得牛顿当初是怎样强烈地谴责笛卡儿，说他使所有运动都成了相对的，从而使确定天体的真正位置和真正运动成为不可能；不过从那时起，牛顿认识到自己是过于苛刻了；因为这样一种确定近乎不可能——至少对我们而言是如此：我们不能直接参照绝对空间来谈论运动。

---

①　在莱布尼茨看来，正是这些秩序构成了时间和空间。

②　*Principia*(1687)，*Scholium to Definitiones*，p. 6；(1713)，*Scholium to Definitiones*，p. 6；Motte-Cajori，pp. 7—8。也可参见 Clarke's comments in Rohault's *Physica*，pars I，cap. X，note 1，p. 36；*System*，I，39 sq.；以及后面的附录 M。

但由于空间的各个部分无法看见,我们也不能通过感官把它们一一区别开来,因此,我们用可感知的度量来代替它们。由事物相对于我们视为不动的物体的方位及距离,我们可以定出所有的位置;再根据物体由某些位置移向另一些位置,我们可以定出所有的运动……这样,我们就以相对位置和运动代替了绝对位置和运动。①

通常情况下,这不会造成什么麻烦。"然而"——牛顿仍未放弃旧有的理想——"在哲学研究中,我们应当从感觉中进行抽象,并对抽象出的事物进行思考,从而把它们与那些仅仅是感觉度量的东西区分开来"。但我们无法把所有的运动都参照于一个绝对静止的物体而达此目的,"因为借以标志其他物体的位置与运动的绝对静止的物体可能并不存在"。因此,即便"在恒星区域甚或是更为遥远的地方也许有这样一种物体存在着",②单凭我们这里的物体的位置也不能知道它。

于是,我们不可能参照一个绝对静止的物体来确定绝对运动,但这并不意味着我们要像笛卡儿那样把绝对运动的观念抛弃。我们不得不坚持认为,

　　整体的和绝对的运动,只能由不动的位置加以确定;正因如此,我才在前文中把绝对运动与不动位置相联系,而把相对

---

① *Principia*(1687),p. 7;(1713),p. 7;Motte-Cajori,p. 8"Considered immovable…".

② The body α of C. Neumann.

运动与相对位置相联系。所以,不存在不变的位置,只有那些
由无限达于无限的事物除外,它们全都保持着相互间既定的
位置关系,所以必定永远不动,从而构成不动空间。①

　　由无限达于无限……牛顿显然并非指空间的无限,而是指时间
的无限。由无限达于无限的意思是,伴随着绝对时间永不止息的流
逝,一切都从永恒而来,又向永恒而去,从无限的过去而来,又向无
限的未来而去。这又一次使我们想起了文中描述的空间的本性。
　　那么,我们应该怎样来确定相对于不动位置的运动呢? 事实
上,我们已经知道答案了,即通过它的结果或者原因:"真正的运动
与相对的运动之所以不同,原因就在于加在物体上使之产生运动
107 的力。"为了产生或者改变一个物体的绝对运动,我们必须把力作
用于它;而产生相对运动则无须如此,我们也可以把力作用于其他
物体而达此目的。反之,绝对运动可以产生出相对运动无法产生
的一些效应,至少在旋转运动的情形中是如此。

　　　　把绝对运动与相对运动区别开来的效应是从旋转轴退后
　　的力。因为在纯粹相对的转动中不存在这种力,而在真正的
　　绝对的转动中,该力的大小取决于运动的量。②

　　于是在牛顿那个著名的旋转容器实验中,"用一根长绳悬挂起

---

① 　*Principia*(1687),pp. 8—9;(1713),p. 8;Motte-Cajori,p. 9.
② 　*Principia*(1687),p. 9;(1713),p. 8;Motte-Cajori,p. 10.

来的容器中的水形成了一个凹面"。正是水的绝对运动,而不是相对于器壁或者周围物体的相对运动(笛卡儿对真正的或"哲学的"运动所下的定义)造成了这个结果。我们甚至可以通过测量这些力的大小来确定旋转运动的方向和绝对速度,这是因为,

> 任何一个旋转的物体只存在一种真实的旋转运动,它只对应于一种企图从旋转轴退后的力,这才是其独特而能够胜任的后果;但由于同一物体所做的相对运动是根据它与外界物体的各种关系决定的,所以就多得不可胜数,而且它与其他关系一样,都缺乏真实的效果……因此按照这种见解,宇宙体系是这样的,即天空在恒星天球下面旋转,并且带着行星一同运转;天空的若干部分以及诸行星,相对于它们的天空而言可能的确是静止的,但其实却是在运动着。因为它们彼此之间变换着方位……而且作为旋转整体的一部分,它们企图从运动轴后退。①

于是通过这场争论,绝对运动变得愈发明朗起来。与之相伴随的结论,是绝对空间可以不受任何限制,就其本身而言,它与它所包含的东西没有任何本质联系。然而真的是这样吗?《原理》的第三编给出了答案。

在这一编中,牛顿描述了"宇宙体系",也就是使引力作用得以"证明",而同时又可以被引力解释的行星运动体系。在这里,牛顿

---

① *Principia*(1687),p. 10;(1713),p. 9;Motte-Cajori,p. 11;见后面关于惠更斯实验的内容。惠更斯用一块玻璃板密闭了他的容器,但没有发现牛顿所观察到的现象。

108　强化了他以前的论证,他告诉我们,如果按照笛卡儿的说法,所有空
间都是同样充实的,那么所有物体就将是同样密度的,但这是荒谬
的。① 显然,一定空间中物质的量必定可以变得更加稀少,甚至是
变到极少;否则,行星的运动就会遇到强大的阻力。而实际上,行
星的运动几乎没有碰到任何阻力,彗星则更是一点都没有。"如果
物质的量都可以因稀释而减少,那么是什么原因阻止其无限减少
下去的呢?"因此必然会有真空(*Itaque vacuum necessario datur*)。

　　十年后,牛顿在拉丁文版《光学》所补充的一个疑问中,对此说
得更加明确:

　　　　对于天空为流体介质(除非它们非常稀薄)所充满的那种
　　主张,一个重要的反对理由在于,行星和彗星在天空中各种轨
　　道上的运动是那样地规则和持久。因此很明显,天空中没有一
　　切可觉察到的阻力,所以也就没有一切可觉察到的物质……
　　　　[的确,]如果天空像水一样致密,则它的阻力不会小于水
　　很多;如果像水银一样致密,则它的阻力不会小于水银很多;
　　如果是绝对地致密,或者为物质所充满而没有一点真空,那么
　　只要这种物质不是那样精细和容易流动,它就将有比水银更
　　大的阻力。②

　　所以天空中不可能存在任何连续物质;也许会有一些非常稀

_____

① 　*Principia*(1687),Book Ⅱ,Prop. Ⅵ,Th. Ⅵ,Cor. 3,p. 411;(1713),Book Ⅲ,
Prop. Ⅵ,Th. Ⅵ,Cor. 3,p. 368;Motte-Cajori,p. 414.

② 　*Optice*(1706),Qu. 20,pp. 310,313;*Opticks*(1952),Qu. 28,pp. 364—365,368.

薄的"蒸汽"或者以太介质存在,但绝不会存在致密的笛卡儿流体。这种流体

> 对于解释自然界中的现象是没有什么用处的;不要它,行星和彗星的运动反倒更容易解释。它只能起到干扰和阻碍这些巨大天体的运动的作用,并使自然界的结构衰退……既然它毫无用处……所以它的存在是得不到证明的,因而应当将它抛弃。

然而这还不是全部原因所在,抛弃这种介质还有更深层的哲学上的理由。因为这样做,

> 我们能从古希腊和腓尼基的一些最古老、最著名的哲学家那里得到根据。他们把真空、原子和原子的重力作为他们哲学的基本原则;暗中把重力看作是由其他原因而不是由致密物质所引起的。后来的哲学家们都把对这样一种原因的考虑排斥于自然哲学之外,为了机械地解释一切事物,他们就虚构了一些假说,而将其他一些原因交给形而上学去解释。[①]

109

于是我们发现,牛顿反对笛卡儿的学说并不纯粹是科学上的,而且还是宗教上的;笛卡儿的学说是一种抛弃了自然哲学中所有目的论问题的唯物论,将一切事物归于盲目的必然性,[②]而这种必然性显然无法说明宇宙的多样性和目的性的构造,"自然哲学的主要

[①]　*Optice*(1706),Qu. 20,p. 314;pp. 368—369.

[②]　正如我们看到的,科茨在谴责笛卡儿和莱布尼茨的学说时,忠实地表达了牛顿本人的观点。

任务是不用杜撰出来的假说而从现象来讨论问题,并从结果中
导出原因,直到我们找到那个非机械的第一因为止"。因此,"如
果认为世界只是依照自然定律而从混沌中产生出来的,那就不
合乎哲学了"。

笛卡儿主义者把自然界中所有的非物质力都丢弃了,而实际
上,有一些正在起作用的"主动本原",它们是不能完全被归于物质
力的;[①]其中最主要的就是重力,正如古迦勒底和古希腊的哲学家
们已经认识到的那样。这些主动本原只能出自于

> 一个永恒存在的全能的神明之手,他是无所不在的,并且能用
> 他的意志在其无边无际的统一的感觉中枢(Sensorium)里[即在
> 绝对空间里]使各种物体运动,从而形成并改造宇宙的各个部
> 分,远比我们用意志来移动自己身体的各个部分容易得多。[②]

110

---

① *Optice*(1706), Qu. 23, pp. 322, 341, 343—346; *Opticks*(1952), Qu. 31, pp.
375—376, 397, 399, 401, 403.

② *Optice*(1706), Qu. 23 and 20, pp. 346 and 315; *Opticks*(1952), Qu. 31 and Qu.
28, pp. 403 and 370. 把感觉中枢(*sensorium*)归于上帝,以及把空间同这种感觉中枢等
同起来,这是莱布尼茨反对牛顿及其哲学的主要原因之一("Letter to the Abbé Conti";
"Letter to the Princess of Wales,"载于 *The Leibniz-Clarke Correspondence*, ed. H. G.
Alexander[Manchester, England: Manchester University Press, 1956], p. 11)。在给莱
布尼茨的回信中,克拉克反驳说:"艾萨克爵士从未说过空间就是神的感觉中枢(*senso-
rium Dei*);他只是把它与生物的感觉中枢相对照,并称上帝是在就像其感觉中枢的
(*tanquam in sensorio suo*)空间中觉察事物的。"为了证明自己的说法,克拉克引述了《光
学》中的一段话(*Optice*[1706], Qu. 20, p. 315; *Opticks*[1952], Qu. 28, p. 370),其中确
实这样说道:"所以从现象上看,好像有一位没有形体的、活的、最高智慧的、无所不在
的上帝,他在无限空间中,就像在他的感觉中一样,仿佛亲切地看到形形色色的事物本
身。"(*annon ex phaenomenis constat, esse Entem incorporeum, viventem, intelligentem,
omnipraesentem qui in spatio infinito tanquam Sensorio suo res ipsas intime cernat peni-*

过了些年,牛顿表达得愈发明确了,这无疑是由于笛卡儿主义者的持续反抗使他气恼,而且他的老对手莱布尼茨,现在也暂时忘掉了对笛卡儿的敌意,转而加入了他们同仇敌忾的斗争。所以,在第三条"哲学思考的规则"中——在《原理》的第二版中,他把这条规则和第一版中的两个"假说"合称为三条"规则"(第一版中的另一个"假说"现在被称为"现象")——他坚持自然哲学"实验的"、经验的特征,并且在"总释"中宣布了他那条著名的对假说的谴责——"我不杜撰假说",① 说它们在实验哲学中毫无位置:"我们

(接上页)*tusque perspiciat.*)事实上,牛顿在同一页用了"感觉中枢"(*sensorium*)一词(*Optice*[1706],Qu. 20,p. 315;*Opticks*[1952],Qu. 28,p. 370;另见 *Optice*[1706],Qu. 23,p. 346;*Opticks*[1952],Qu. 31,p. 403);至于被克拉克引用的一段话,牛顿最初写的是,"一位把空间作为感觉中枢的、没有形体的、活的、最高智慧的、无所不在的上帝……"(*Annon Spatium Universum Sensorium est Entis Incorporei*,*Viventis et Intelligentis*…)。后来牛顿在出版以后又打算修改它,他在其中加入了保全面子的"就像"(*tanquam*)一词,这可能是因为切恩博士(牛顿不愿与之合作)在他的 *Philosophical Principles of Natural Religion*[自然宗教的哲学原理](London,1705),P. II,Def. IV,p. 4 中表达了同样的观点,即圣灵是一种有广延的、可以穿透的、不可分割的智慧实体;Cor. IV,p. 53,"宇宙空间是神的无限在自然界中的形象和表现";Cor. V,p. 53,"因此,宇宙空间可以被非常恰当地称为'神的感觉中枢'(*Sensorium Divinitatis*),因为它是自然事物或整个物质体系呈现给神的全知(*Divine Omniscience*)的地方"。有趣的是,十年以后阿迪松(Addison)称赞这个观念是"思考无限空间的最尊贵、最高雅的方式";参见 *Spectator*[观察者],No. 565(July 1714),quoted by H. G. Alexander,*Correspondence...*,p. xvi。关于对牛顿的"神的感觉中枢"观点的进一步探讨,参见 E. A. Burtt,*The Metaphysical Foundations of Modern Physical Science*(2nd ed. ;London:Kegan Paul,1932),pp. 128,233,258 sq. ;(Garden City,New York:Doubleday Anchor Books,1954),pp. 135,236 sq. ,259 sq. ;也可参见 A. Koyré and I. B. Cohen,"Newton and the Leibniz-Clarke Correspondence,"[牛顿与莱布尼茨-克拉克的通信]*Archives Internationales d'Histoire des Sciences* 15(1962),63—126。

①　关于"假说",参见 I. B. Cohen,*Franklin and Newton*:*An Inquiry into Speculative Newtonian Experimental Science and Franklin's Work in Electricity as an Example Thereof*(Philadelphia:American Philosophical Society,1956),Appendix One,pp. 575—589;以及 A. Koyré,"Concept and Experience in Newton's Scientific Thought,"见前,第二篇。

当然不会因为臆想和虚构而抛弃实验证据",①他还把"硬度、不可
入性、可运动性、惯性"和广延列为物质的本质属性,而且构成这些
物质的最小微粒也具有这些属性。他虽然否认重力对物质来说是
本质的,但却宣称它们相互间的万有引力甚至比广延更加可靠,因
为引力是从现象中归纳出来的,而归纳论证(*argumentum induc-
tionis*)绝不能用假说来回避。谁的假说? 当然是笛卡儿主义者
的,他们所坚持的是清晰分明的天赋观念。的确,在未发表的第五
条"规则"中,他明确指出:

> 任何说法,只要它不是从事物自身通过外在的感觉或沉
> 思的省察而导出的,就都应被当作假说。因此我以为,如果
> "我在"不是已经同时被我感觉到了的话,那么"我思"也就不
> 可能。不过我并不认为有什么观念会是天赋的。②

　　在我们今天看来,著名的"总释"不啻为一篇纯科学与纯形而
111 上学想法的杂拌,毕竟,牛顿的科学仍然是自然哲学。在这篇文章
中,他以攻击涡旋假说开篇,说它"面临许多困难",③其中最主要
的就是,涡旋假说无法解释行星的运动周期为什么会遵从开普勒
定律,卫星的运动也是如此。而彗星的运动"极为规则","它们所
遵从的定律与行星相同",涡旋假说对此全无招架之力,"因为彗星
能沿着偏心率很大的轨道走遍天空的所有部分,这种自由程度是

---

①　*Principia*(1713),Book Ⅲ,Regula Ⅲ,p. 357;Motte-Cajori,p. 398.

②　参见 A. Koyré,"Newton's Regulae Philosophandi,"见后,第六篇。

③　*Principia*(1713),Book Ⅲ,*Scholium Generale*,p. 481;Motte-Cajori,p. 543.

无法用涡旋运动来说明的"。

关于涡旋就说这么多。至于把广延与物质等同起来，以及否认真空的存在，牛顿是这样说的：

> 被抛到空中去的物体，除受到空气阻力以外，不受其他阻力的作用。如果把空气抽掉，如同在波义耳先生的真空中，那么阻力也就消失；因为在这样的虚空中，一粒粉末与一块黄金将以同样的速度掉落下来。同样的论证必定也适用于地球大气以上的天空。①

这些空间并不阻碍行星的运动，因此必定是虚空。再有，笛卡儿认为世界这个和谐有序的体系可以仅仅通过机械原因而产生，这种观念是荒谬的。

> 这个由太阳、行星和彗星构成的最完美的体系，只能来自于一个全知全能的存在者的设计和统治。

不仅是这个体系，而且在整个无限宇宙之中，

> 为了防止诸恒星系会由于它们的重力而彼此相撞，他就把这些星系分置在相距遥远的地方上。

---

① *Principia*(1713)，Book Ⅲ，*Scholium Generale*，p. 481；Motte-Cajori，p. 543.

这个存在者不是以世界的灵魂,而是以万物的主宰者的面目出现来统治一切的;因为他有统治权,因而人们惯常称之为"我主上帝"($\pi\alpha\gamma\tau o\kappa\rho\acute{\alpha}\tau\omega\rho$)或"普天之君"(*Universal Ruler*)……至高无上的上帝是一个永恒、无限、绝对完满的主宰者。

但还不只如此,上帝并不就是一种无限的、完满的存在(*ens infinitum et perfectissimum*)。牛顿写道:"他[真正的上帝]是一个活着的、智慧的、强大的作用者……他是永恒而无限的,无所不能和无所不知的。"

这当然还只是纯粹传统的看法,但牛顿又说:"他的延续由永恒达于永恒;他的在场由无限达于无限。"至少在我看来,这处增补不会与牛顿早期的看法无关,也不能不包含对笛卡儿上帝的拒斥。①

112

---

① 在"总释"的草稿中(参见 Hall and Hall,*Unpublished Scientific Papers*,p. 357),牛顿写道:"Aeternus est & Infinitus,seu durat in aeternum & adest ab infinito in infinitum. Duratio ejus non est nunc stans sine duratione neque praesentia ejus est nusquam";以及(p. 359):"Qui Ens perfectum dari demonstraverit,& Dominum seu $\pi\alpha\nu\tau o\kappa\rho\acute{\alpha}\tau o\rho\alpha$ universorum dari nondum demonstraverit,Deum dari nondum demonstraverit. Ens aeternum,infinitum,sapientissimum,summe perfectum sine dominio non est Deus sed natura solum. Haec nonnullis aeterna,infinita,sapientissima,et potentissima est,& rerum omnium author necessario existens. Dei autem dominium seu Deitas non ex ideis abstractis sed ex phaenomenis et eorum causis finalibus optime demonstratur." ["他是永恒的和无限的,或者说是在永恒中持存并且来自无限走向无限。没有持存,他就既不在现在,也不在任何地方。""谁证明了完满存在物的存在却没有证明宇宙的主宰或 $\pi\alpha\nu\tau o\kappa\rho\acute{\alpha}\tau o\rho\alpha$(一切的主宰)的存在,就没有证明上帝的存在。永恒、无限、至智、至全而不主宰的存在物不是上帝而只是自然。有些永恒、无限、至智、至能的东西存在,造物主也必然存在。作为主宰的上帝或神不是从抽象观念出发,而是从现象以及现象的目的因出发才得到最好的证明。"]似乎在牛顿和帕斯卡看来,"哲学家的上帝"并非信仰中的上帝。

在牛顿看来,笛卡儿的上帝和现在莱布尼茨的上帝①一样,都是不在场的,特别是当我们读到上帝"不是永恒和无限,而是永恒的和无限的"时,就更能感觉到这一点。事实上,对牛顿而言,上帝并非在这个词的传统意义上是"永恒的",而是"持恒的"(*sempiternal*),②也就是说,他不是超越于时间之上,而是在时空之中"延伸"。

> 他不是时间或空间本身,但他是持续的并且总是在空间中在场。他永远存在,而且无所不在[*semper et ubique*];而且正因为如此,他就构成了时间和空间。既然空间的每一部分总是长存(*always*)的,时间的每一不能分割的瞬间总是遍在(*everywhere*)的,所以万物的缔造者和君主肯定是无时不有,无处不在[*nullibi*]。

我们还记得,牛顿早期曾坚持认为上帝在世界之中在场;似乎从那以后他就再没有改变过这一看法。他对我们说,

> 无论就实效而言[笛卡儿的看法],还是就本质而言,上帝都是

---

① 莱布尼茨的作为一个在世界之上的心智(*Intelligentia supramundana*)的上帝,是一个"逍遥神"(Dieu fainéant)。参见克拉克在与莱布尼茨的《通信集》中对此所做的批评,还可参见我的《从封闭世界到无限宇宙》。

② 波埃修曾被柏拉图时间理念所启发,这种看法认为,时间是不动永恒的一种运动影像,按照他的经典定义,"永恒是无数生命的完全和完满的占有"(aeternitas est innumerabilis vitae simul tota et perfecta possessio),即一个永远持续的现在,没有过去也没有将来,也不是任何种类的相继;它是一种 *nunc*[现在]。然而牛顿在前面所提到的他的草稿中明确否认了这种观念。

无所不在的,因为实效不能离开本质而存在。^①一切事物都包含在上帝之中并在其中运动;但并不彼此发生干扰:物体的运动完全无损于上帝;上帝的无处不在也不阻碍物体的运动。

113　　这是一个相当奇特的说法,因为牛顿肯定与我们同样清楚,没有人会认为上帝的无所不在会对物体的运动形成阻碍,但他的确是这样说的。也许在令人费解的背后,它显示了牛顿对上帝在世界中实体在场的思考方式。

　　　　所有人都承认至高无上的上帝是必然存在的;出于这种必要性,他必定时时、处处存在。

　　时时、处处——亦即在无限的时间与空间中。因此,时间、空间的存在是与上帝同样必然的;不仅如此,如果不是永远存在(*semper*)和处处存在(*unbique*),那么他就不是上帝了;正是在这种绝对空间中,上帝——这不同于"盲目的"形而上学的必然性,因为虽然形而上学也说永远存在和处处存在,但却不能产生出"多种多样的事物"——创造了一个由坚硬的、不可入的、被动的惰性微粒组成的世界,再通过一种"电的和弹性的精气"^②以及重力作用

----

① 传统上认为,在笛卡儿看来也是如此,上帝是通过其力量而在世界中在场的。

② 《原理》的拉丁文版并未提到这种精气的弹性和电的本性;它只是说"最精细的精气"(*spiritus subtilissimus*)。然而莫特却在其译本中写下了"电的和弹性的",牛顿本人是在他自己的《原理》本子上加的这两个术语;参见 A. R. Hall and M. Boas Hall, "Newton's Electric Spirit:Four Oddities,"*Isis 50*(1959),473—476;I. B. Cohen and A. Koyré,"Newton's Electric and Elastic Spirit,"*Isis 51*(1960),337;以及 Henry Guerlac,

于这些微粒。这种"电的和弹性的精气"似乎被拿来解释所有短程现象,比如微粒的吸引排斥、光的反射折射等等;① 而重力则可以把它的效力传播到无限远的地方。②

牛顿告诉我们,"形而上学假说在实验哲学中绝没有位置",然而很清楚,形而上学信念在艾萨克·牛顿爵士的哲学中似乎是一个重要组成部分。正是对两种绝对事物——空间与时间——的接受,才使他建立起三条基本运动定律;也正是由于坚信一个无所不在、无所不能的上帝的存在,才使他可以同时超越波义耳和胡克肤浅的经验论以及笛卡儿狭窄的唯理论,从而放弃机械论解释;而且,尽管他反对任何超距作用,但他还是把他的世界建立在了力的相互作用的基础之上,这些力所遵从的数学定律必须由自然哲学来确立。但确立的方法是归纳,而不是纯粹的臆想,这是因为我们这个世界是上帝凭借其纯粹意志创造出来的;因此我们不能去规定他的行为,而只能去发现他是怎样来实现这一切的。

114

（接上页）"Francis Hauksbee:exprimentateur au profit de Newton,"［豪克斯比:一个从牛顿那里获益的实验者］*Archives Internationales d'Histoire des Sciences 16*（1963）,113—128。

① 关于牛顿对分子内外短程引力的概念,以及把它们还原为电力的观点,参见 Hall and Hall,*Unpublished Scientific Papers*,pp. 349—355。按照 H. Guerlac 教授的说法,牛顿曾经受到豪克斯比的实验的影响。

② 注意到下面一点是有趣的,牛顿并没有把重力的产生归因于"电的和弹性的"精气的作用,而是保留了引力与电力的区别。用今天的话来说,他是保留了引力场与电磁场的区别。所以,即使他在《光学》的疑问中提出了一种用以太压力来说明重力的方案（*Opticks*［1952］,Qu. 21,22,pp. 350—353）,却也多次重申"大自然本身是一致而简单的,所有那些天体的伟大运动都是通过物体之间的重力吸引来实现的,并且这些物体微粒的几乎所有小的运动,都是由作用于这些微粒之间的某些别的引力和斥力完成的"（*Optice*［1706］,Qu. 23,p. 340—341;*Opticks*［1952］,Qu. 31,p. 397）。

经验-数学（empiricomathematical）科学的背景是对创世的信仰，这似乎是奇特的，然而，人类在探索真理过程中的思维方式的确非常奇特。心灵达到真理的旅程（*Itinerarium mentis in veritatem*）并不是一条直线。这也就是这段探索的历史为什么会如此妙趣横生和激情四射的原因；或者引述尝过此中滋味的开普勒的话来说："人类认识天上事物的过程的可赞叹之处丝毫不逊于天上事物本身。"（*Non minus admirandae videntur occasiones quibus homines in cognitionem rerum coelestium deveniunt, quam ipsa natura rerum coelestium.*）

附录 A　惠更斯和莱布尼茨论万有引力　　115

牛顿的万有引力概念——这是他最伟大的胜利——时常被理解或误解为一种超距作用,正是这一点,才成了接受牛顿学说的最大障碍。于是,第一篇在法国面世的关于《原理》的评论①把该书作为"力学"的价值夸赞到无以复加,然而又十分严厉地谴责它的"物理学":

> 牛顿先生的著作是一部力学著作,其完美程度达到了我们可以想象的极限,因为前两编中关于光亮度、弹性、流体阻力以及作为物理学主要基础的吸引力和排斥力的证明之精确或者确切,是不可能被超越的。但我们不得不承认,这些证明只应被当作是力学的;的确,在第四页末和第五页开头,作者自己也承认,他不是作为一个物理学家而仅仅是作为一个几何学家来看待这些原理的。

> 尽管第三编的目的是试图解释宇宙体系,但他在开头也说了同样的话。而且他所采用的方法是通过各种各样的假说,其中大部分是随意假定的,这样做的后果是,它们仅能作为纯力学论述的基础。他把对潮汐不均等性的解释基于这样一个原理之上,即所有行星都相互吸引……但这个假定是任意的,因为它还未被证明,所以一切基于它的证明都只能算作力学。

---

① *Journal des Sçavans*(2 August 1688),pp. 153 sq.,quoted in part by P. Mouy, *Le Développement de la physique cartésienne*(Paris,1934),p. 256.

为了使一部作品尽可能地完美,牛顿先生必须拿出一部像他的力学那样精确的物理学,而这只有在他用真实的运动取代那些假设的运动时才能做到。

这篇评论的作者——莫于(Mouy)认为可能是雷吉斯(Régis)——是一位严格的笛卡儿主义者;他很可能没有公正评价牛顿在《原理》中所取得的巨大的数学进展。从这些观点看,更有意思的是惠更斯和莱布尼茨的反应。惠更斯在大约 20 年前就设计并且(1669 年)向皇家科学院提交了一种关于地球重力的非常精致的理论,在这个理论中,他用小微粒围绕地球表面沿着各个方向旋转的一组圆周运动来取代笛卡儿的涡旋,并且表达了他的疑虑。1687 年 7 月 11 日,惠更斯致信迪利耶(Fatio de Dullier):"如果他没有提出像引力那样的假定,我不会反对他不是一个笛卡儿主义者。"[①]

然而在仔细阅读了《原理》之后,惠更斯似乎被其说服,于是在 1688 年 12 月 14 日,他作了一段笔记:

著名的牛顿先生已经扫除了[关于开普勒定律的]所有困难以及笛卡儿的涡旋;他已经表明,行星是被朝向太阳的引力而被维持在轨道上的。偏心圆必定会成为椭圆。[②]

这意味着牛顿已经做到了惠更斯在发现离心力定律以后本可以做却没有做的事情:(1)牛顿从万有引力的平方反比律出发,证

---

①　*Oeuvres complètes*(The Hague:Martinus Nijhoff,1888—1950),IX,190.

②　*Oeuvres complètes*(The Hague:Martinus Nijhoff,1888—1950),XXI,143.

明行星轨道是椭圆，而惠更斯对此心存疑虑，他未能用纯机械手段（即通过圆周运动）来重建它们；(2)牛顿将地月之间的开普勒吸引力推广到整个太阳系而得到了万有引力定律（这是惠更斯没有做到也不可能做到的，他不承认这种"吸引"的存在），还用离心力定理确定了把行星维持在轨道上的向心力的大小（惠更斯先于牛顿确立了离心力定理，却未能将其运用于天体的运动）。惠更斯因为过分地(*à outrance*)忠实于笛卡儿的理性主义而付出了惨重的代价。

要想让惠更斯认识到和承认自己错过了这项重大的发现，这一定很困难，但他最后竟然欣然接受了这个事实，这一点我们马上就会看到。① 但他并没有转而信奉牛顿的学说，也没有放弃机械地解释重力以及无法摆脱某种涡旋的坚定立场，因为如果没有它们，行星就无法维持在轨道上，而会逃离太阳。于是，他在《私想集》117（*Pensées privées*，1686）中写道："行星在物质中漂流，因为若非如此，是什么东西阻止了行星逃离，又是什么东西在使它们运动？开普勒认为是太阳，但他是错误的。"②1688 年惠更斯仍然写道：

　　　涡旋被牛顿摧毁了。我是说在各自的位置上做球形运动的涡旋。

　　　要修正涡旋观念。

---

　　① 他是在 1690 年作为 *Traité de la lumiere*［光论］（Leiden，1690）附录出版的 *Discours de la cause de la pesanteur*［论重力的成因］的"附录"中这样做的，*Oeuvres complètes*，XXI，443 sq.。

　　② *Oeuvres complètes*，XXI，366.

涡旋是必需的,[如果没有它们]地球将会逃离太阳;但涡旋彼此相距甚远,而不是像笛卡儿的涡旋那样彼此挨着。①

　　惠更斯试图用一套较小的涡旋来代替被牛顿摧毁并清除出天空的巨大的笛卡儿涡旋,这似乎非常奇怪。但他还能怎么做?他既不承认牛顿的引力,又不承认开普勒的引力;于是为了阻止行星逃离太阳,他不得不将涡旋保留下来。至于重力,他觉得自己的理论仍然站得住脚,特别是因为当他把产生重量的微粒的球形运动推广到月球时,就可以证明重力。他甚至觉得自己的理论能够而且应该能够与牛顿的理论相抗衡。于是,他在 1689 年访问伦敦期间拜会了牛顿,并且被皇家学会接纳,还作了一场关于重力成因的演讲。② 我们无法确知这次演讲的内容,但与他 1690 年写的《论重力的成因》(*Discourse on the Cause of Gravity*)的内容无疑没有多大差异,这篇文章包括他 1669 年此文的修改稿,以及一篇他说是后来才写的关于地球形状的讨论,还有一篇"附录"。在"附录"中,他说自己"已经拜读了牛顿先生博大精深的著作",然后讨论了牛顿的一些观念,其中万有重力或万有引力被当作一个物体对另一个物体的一种直接的或至少是非机械的作用。关于这一点,他在 1690 年 11 月 18 日致莱布尼茨的信中说:

　　　　关于牛顿先生给出的流动的原因,我[对它]一点也不

---

① 　*Varia astronomica*[天文学杂论],*Oeuvres complètes*,XXI,437—439.
② 　*Oeuvres complètes*,IX,333,n.1;XXI,435,n.31,443,n.34,466.

满意,我也不满意他基于引力定律而建立起来的所有其他
理论,在我看来,它们是荒谬的,这一点我已在《论重力的成
因》的附录中说到了。我常常感到奇怪,仅仅基于那一条定　118
律,牛顿是如何煞费苦心地搞出这么一大套研究和繁难的
计算的呢?①

事实上,作为一个懂礼节、有教养的绅士,惠更斯在《论重力的
成因》中并没有说牛顿的引力是一种"谬论"。他只是说(a)之所以
不接受它,是因为这样一种引力无法机械地解释;(b)在他看来,
对重力的解释是多余的;(c)只要能将其解释过去,他并不反对牛
顿的向心力(*vis centripeta*),而且用不着把重力当成物体的一种
固有属性,惠更斯又补充说,牛顿本人必定不承认重力是物体的一
种固有属性。他这样写道:

> 我不同意这样一种定律,此定律说,我们所能想象的两个
> 或几个不同物体的所有小部分,能够相互吸引或者相互趋近。
> 这是一种我所不能接受的东西,因为我清楚地知道,这种
> 引力的原因不能为任何力学原理或运动定律所解释。我亦不
> 相信所有物体都必然相互吸引,因为我已经说明,即使没有地
> 球,物体也会在所谓重力的作用下趋于一个中心。②

---

① *Oeuvres complètes*, XXI, 538; C. J. Gerhardt, ed., *Leibnizens philosophische Schriften*[莱布尼茨的哲学著作](Berlin, 1882), Abt. I, Bd. II, p. 57.

② Huygens, *Discours sur le cause de la pesanteur*, p. 159; *Oeuvres complètes*, XXI, 471.

但是,被我们称为重力的是什么呢？或者说,重力是什么？

对惠更斯而言——在这方面他是一个忠实的笛卡儿主义者——重力当然不像亚里士多德所认为的那样,是某些物体(重的物体)的一种基本特性,正如轻力(levity)是另一些物体(轻的物体)的特性一样；重力也不像阿基米德及其16、17世纪的追随者们所认为的那样,是所有物体的一种本质属性；也不像哥白尼甚或伽利略所认为的那样,是对物体的同质部分合为一个整体的内在倾向的表达；重力也不像开普勒或罗贝瓦尔所认为的那样,是部分与整体相互吸引的效应。相反,在惠更斯和笛卡儿看来,重力是一种外在的作用：物体之所以有重量,是因为它们被其他一些物体——更确切地说是被一种以极大速度围绕地球转动的精细物质或流体物质涡流压迫而被推向地球。因此,

119　　　　如果我们简单地看待物体,不[考虑]所谓重力这一性质,则其运动天然就是直线的或圆周的；前者适用于运动没有阻力的时候,后者适用于当它们被维持着或者自己围绕某个中心运转的时候。我们已经充分地了解直线运动的本性,以及当物体相撞时其运动的传递所遵从的定律。但是,如果仅仅考虑这种类型的运动,以及由这种运动在部分物质中所产生的反射,那么就不可能找出是什么原因使它们趋于一个中心。因此,我们有必要转向圆周运动的特性,去看看是否有一些于我们有益的东西。

我知道,笛卡儿先生在其《物理学》中也力图用某种围绕地球运动的物质去解释重力；他能第一次提出这样的思

想,这确是他的伟大功绩。但从我将为这篇《论重力的成因》的续篇所写的评论中可以看出,笛卡儿的方法和我所要提出的方法有所不同,同时我们也将看到在哪些方面我认为他是错误的。①

在提请读者注意离心力的特性之后,惠更斯接着说:

> 因此,远离中心的作用力是圆周运动的一项恒常的效应。尽管这种效应似乎是与重力直接相抵触的,尽管它与哥白尼的学说相违背:因为根据离心作用,地球每 24 小时一周的旋转将使房子和人都被抛到空中,然而我将阐明,这种使旋转物体远离中心的作用力,正是使其他物体都趋于同一中心的原因。②

为了说明或者更好地显示这种相当悖谬的效应,惠更斯提请我们注意一个他曾经做过的实验,"该实验专为此目的而做,它之所以值得注意,是因为它使重力的效应能被直接观察到"。这个后来变得非常著名的实验是惠更斯 1668 年做的,罗奥在其《自然哲学体系》(*System of Natural Philosophy*)中对此有所描述。③ 在

---

① *Discours*(Leiden,1690),p. 135;*Oeuvres complètes*,XXI,455;参见 *Discours* of 1669,*Oeuvres complètes*,XIX,634。

② *Discours*,p. 131;*Oeuvres complètes*,XXI,452.

③ *Physica*,pars II,cap. XXVIII,sec. 8,p. 326;*Rohault's System of Natural Philosophy*,trans. John Clarke(London,1723),II,94.

这个实验中,惠更斯把一个直径 8 或 10 英寸的圆柱形容器放在一个可绕之旋转的轴上,让容器盛满水,水中放入几块西班牙石蜡,容器顶部用玻璃板封住。当他开始旋转容器时,他注意到石蜡——一种比水重的物质——比水更迅速、更容易获得圆周运动,并会朝着容器边缘运动。然而如果容器旋转的时间足够长,以至于容器中的水全都参与了容器的圆周(旋转)运动,那么如果此时将它突然停住,则我们将观察到,

　　所有的西班牙石蜡顿时朝着中心聚拢起来,在我看来,这便表现出一种重力的效果。其原因在于,尽管容器是静止不动的,从而西班牙石蜡由于与容器底部接触而失去或几乎失去旋转运动,但水却继续保持旋转。我还注意到,这种粉末是沿着螺旋形的路径趋于中心的,这是水拖动它们的结果。
　　然而[这一阶段的实验罗奥没有描述],如果我们在这个容器中这样放入一个物体,使它不与水一起进行[圆周]运动,而仅仅是朝着中心运动,那么它将被直接推到那里。因此,假设 L 是一个小球,它能在线段 AA、BB 以及另一条高一些的水平穿过容器中部的线段 KK 之间的底部自由滚动,我们将会看到,当容器停止转动时,该小球将立刻朝着中心 D 运动。①

在给出离心力产生向心运动的实例之后——这实际上是笛卡儿涡旋的一个极好模型——惠更斯试图用同样的动力机制来解释

---

① 　　*Discours*, p. 133; *Oeuvres complètes*, XXI, 453.

重力,然而为了避免笛卡儿概念所隐含的困难,还必须对它有所改进。事实上,笛卡儿的涡旋(a)和惠更斯的容器中的水一样是绕轴旋转的,因此它的旋转所导致的向心运动也是指向轴的,而不是像重力那样指向一个中心;(b)由于构成涡旋的所有物质均沿一个方向运动,就像容器中的水那样,所以它们带着浸没于其中的物体沿着螺旋线而非直线运动。

因此,惠更斯假定"涡旋"微粒不是在平行的平面中沿着同一方向旋转,而是在所有通过地心的平面上沿所有方向旋转。

> 我将假定,在把地球及其周围很大范围内的物质包括在内的球形空间里,存在着一种由非常小的微粒所组成的流体物质,它沿着各个方向以巨大的速度飞舞。我认为,由于这种物质为其他物体所环绕,它不可能逃出这个空间,因此这种物质必定部分地围绕中心做圆周运动;但并非所有微粒均以同一方式旋转,而应是大多数运动在围绕这个空间的中心即地心的球面上进行。[①]

肯定了这一点之后,惠更斯又说:

> 用这种运动不难解释重力是如何产生的。因为,如果在我们所假定的在太空中旋转的流体物质之中,存在着比组成流体物质的物质大得多的东西,或者存在着由一束束连在一

121

---

① _Discours_, p.135; _Oeuvres complètes_, XXI, 455.

起的小微粒所组成的物体,并且[如果]这些物体不随流体物质快速运动,那么它们必将被推向运动的中心,并在那里形成地球,如果我们假设地球尚不[存在]的话。其中的原因和前面实验中所提到的使西班牙石蜡在容器中聚集的原因是一样的。因此,物体的重力可能就在于这种[效应],并且我们可以说,它[即重力]是流体物质远离中心,并把不随之运动的物体推向这个中心所做的努力。现在,我们看到的在空气中下落的重物不跟从流体物质做球状运动的原因就很清楚了;这是因为沿各个方向的运动都有,物体从它们那里得到的推动太快,以至于在这样短的时间内,物体无法获得一个明显的运动。①

在这样称心地解决了重力问题之后,惠更斯接着要解决流体物质围绕地球旋转的速度问题,地球以这种速度去克服旋转所产生的离心力,并使下落物体得到它实际具有的加速度。这些计算的结果是相当惊人的:流体物质的运动必须比赤道上的点快 17 倍才行。"我知道,"惠更斯承认,

这个速度会使那些想要将它和我们日常所见的运动相比较的人感到奇怪,但这不应该成为困难;即使是相对于地球或地球的大小而言,这个速度也不算太大。因为,比如我们从外部看地球,可以想象这个球上的一个点仅以 14 秒或 14 个脉

---

① *Discours*, p. 137; *Oeuvres complètes*, XXI, 456.

动的时间前进一度的速度运行,我们将会发现这个速度是适中的,甚至还会觉得缓慢。①

在如此这般地发现了重力的成因(*causa gravitates*)是运动,而不是那种无法做机械解释的引力之后,惠更斯下结论说:

> 因此,我并不反对牛顿先生用所谓的向心力来解释行星被太阳吸引,以及月球被地球吸引。恰恰相反,我非常同意[他的看法],而没[觉得]有什么困难:这不仅是因为,从经验中我们已经知道自然之中存在着这样一种吸引或推动的方式,而且还因为,它可以用运动定律加以解释,这可以从我前面关于重力的论述中看出来。确实,没有什么能够禁止这种朝向太阳的向心力与重物落向地球的原因相类似。据我所知,很久以前就曾有人猜想,使太阳和使地球成为球形的[原因]是相同的;但我没有将重力的作用推广到太阳与行星之间或者月球与地球之间这样大的尺度;这是因为笛卡儿先生的涡旋与之不符,虽然我以前觉得它很合理,而且现在也这么认为。我也没有考虑重力的这种规律性减小,即与到中心距离的平方成反比:这是重力的一种新的、显著的性质,确实值得好好研究。但我现在看到,牛顿先生假定有这样一种朝向太阳的重力,并且按照以上所说的比例减小,那么就可以证明,它恰好能够平衡行星的离心力,并且能够精确地产生开普勒曾经猜想并

122

---

① 　*Discours*, p. 143; *Oeuvres complètes*, XXI, 460.

通过观测来证明的椭圆运动,于是我既不能怀疑这些关于重力的假说,也不能怀疑基于此假说的牛顿先生的体系……

当然,如果认为重力是有形物体的固有性质,那么情况就不同了。但我不相信牛顿先生会承认这种说法,因为这样一种假说将使我们远离数学的或机械的原理。①

不仅如此,牛顿的世界中还有惠更斯所不能接受的另外一些东西,那就是天空完全或接近于完全空虚。并非惠更斯希望它是充实的:我们知道,他不接受笛卡儿把广延等同于物质的说法,他对虚空并没有(形而上学的)反对意见;不仅如此,作为一个原子论者,他必须要假定虚空的存在。但是,用传统术语来说,他只接受"居间的真空"(*vacuum interspersum*)或"弥散的真空"(*disseminatum*),而不是"分立的真空"(*vacuum separatum*)。他这样做很有理由:他认为——这与牛顿相反——光不是由微粒,而是由波或者微粒脉冲所组成,而且他不相信——这也与牛顿相反——有一种异于物质的发光以太的存在,因此他不得不下结论说,绝对的真空,或者一种像牛顿的真空那样近乎绝对的真空是无法传递光的。并且,这样一种稀薄的介质当然不能为"引力作用"提供一个机械论基础。因此,他将自己对于牛顿的批评总结如下:

　　　　牛顿先生反对笛卡儿的涡旋,想让天空中除了一种非常

①　*Discours*, pp. 160, 162; *Oeuvres complètes*, pp. 472, 474.

稀薄的物质之外[什么也没有]，以使行星和彗星在运动中受到的阻力最小，但这里唯一的困难就在于此。因为如果天空中的物质是如此稀薄，那么至少用我的方法是无法解释重力或者光的作用的。为了考察这一点，我认为，这种以太物质可以有两种稀薄的形式，要么其微粒彼此相距很远，其间留出很大的虚空；要么它们彼此接触，但其组织结构稀疏，有大量小虚空散布其中。关于虚空，我可以毫无困难地接受这个概念，我甚至相信它对于微粒的运动是必不可少的，因为我并不赞成笛卡儿的观点，他认为物质的本质仅仅是广延；但除此[广延]之外，我还要加入绝对的硬度，以使物体不被穿透、碎裂或出现凹陷。然而，如果考虑的是第一种稀薄的形式，则我不知道该怎样去解释重力；而且，这样的虚空也完全无法解释光所具有的极大速度，据罗默（Roemer）先生证实，光速要比声速快 600000 倍，我已在《光论》（*Traité de lumière*）中对此做了介绍。这就是为什么我认为这样一种稀薄不适合天空的原因。①

这就是惠更斯的看法。他从未改变自己的想法而接受牛顿的引力，也——明智地——从未试图用一系列分离的行星涡旋来取代笛卡儿巨大的太阳涡旋，从而复活中世纪的天球概念：他 1698年的《宇宙观察者》（*Cosmotheoros*）对此的论述同他 1688 年的笔记一样含混不清：

---

① 　*Discours*，p. 161；*Oeuvres complètes*，p. 473.

我认为每一个太阳(即每一颗恒星)都被某种快速运动的
涡旋物质所包围,但这种涡旋无论就其占据的空间而言,还是
就其中物质的运动方式而言,都与笛卡儿的涡旋有很大不同。①

接着就像博雷利(Alphonse Borelli)特别是牛顿所表明的那
样,惠更斯提醒我们,正是重力把行星维持在各自的轨道上,惠更
斯继续说道:

行星由于自身的重量而趋向于太阳,现在根据我们关于
重力本性的观点,有必要认为绕着太阳运动的天空中的物质
涡旋不仅沿着一个方向运转,而且沿着所有可能的方向做着
快速的、不同的运动……在《论重力的成因》中,我们正是用这
种涡旋去力图说明物体朝向地球的重力及其一切效应。因为
在我看来,行星朝向太阳的重力的本性是同样的。

惠更斯和笛卡儿的理论的另一区别在于涡旋的大小不同:"正
如我已经说过的,在我的理论中,占据空间的涡旋尺寸要比他的小
很多,而且它们彼此之间相距甚远,因此不会互相妨碍。"

非常奇怪,正是莱布尼茨在其《论天体运动的原因》②(*Tenta-
men de motuum coelestium causis*)中做到了惠更斯未能做到的事
情,而且很重要的是,惠更斯并不赞成这样做。《论天体运动的原

124

---

① Huygens,*Cosmotheoros*(The Hague,1698);*Oeuvres complètes*, XXI,819—821.

② *Acta eruditorum*(1689);参见 C. J. Gerhardt, ed., *Leibnizens Mathematische
Schriften*(Halle,1860), VI,144 sq.,161 sq.。

因》并没有讨论牛顿的概念。不仅如此，莱布尼茨告诉我们，他在撰写《论天体运动的原因》时正在罗马，那时还未曾读过——或未曾见过——牛顿的《原理》，他只是在 1688 年发表在《学人辑刊》(*Acta eruditorum*)上的一篇评论中得知了此书。在《试论天体运动的原因》[①](*Illustratio tentaminis de motuum coelestium causis*)一文中——莱布尼茨用这篇文章来驳斥大卫·格雷戈里(D. Gregory)，[②]因为格雷戈里对《论天体运动的原因》晚于《原理》两年出版表示惊讶——莱布尼茨重申(引述《论天体运动的原因》第 20 节的话)他未曾读过《原理》，只是看过《学人辑刊》对它的报道："但这篇报道促使我把自己的想法公布出来，在此之前，这些未发表的想法从未被外人看到或者听到。"莱布尼茨还说，他得出平方反比律的方法和来源都与牛顿不同，而且《论天体运动的原因》中的命题是一环扣一环的，这些都充分证明他在读《学人辑刊》的报道之前就已经有了这些想法。

　　我们没有理由怀疑莱布尼茨的说法，因为如果他研究过《原理》，他就不会在其论文中犯那些关于天体运动及其原因的明显错误。而且莱布尼茨写《论天体运动的原因》肯定是为了——这无疑是被前面提到的那篇评论所激励——用自己的理论去反对牛顿的天体力学，试图顶着牛顿的攻击来"拯救"充实(*plenum*)。

　　《论天体运动的原因》现存两个版本：一个是《学人辑刊》所刊 125
载的，另一个是在莱布尼茨的论文中发现的(由格哈特[Gerhardt]

---

①　*Mathematische Schriften*, Ⅵ, 255.

②　*Astronomiae physicae et geometricae elementa*[物理天文学和几何天文学纲要](London, 1702), lib. Ⅰ, prop. LXXVII, p. 99.

作为"第二个版本"发表)。① 第二个版本和发表的第一个版本非
常类似,但它还包括一篇讨论重力的本性与结构的相当重要的附
录。由于这篇附录显然是莱布尼茨在《学人辑刊》发表第一个版本
之后写的,所以我也以该顺序去讨论这两个版本,即先谈发表了的
第一个版本,再谈附录。还有一点必须提到,莱布尼茨本打算写,
甚至已经为这篇文章写了一篇介绍性的序言,他想告诉教会当局,
如果他们按照理应地那样承认运动是一个相对概念,那么他们也
就必须承认哥白尼、第谷和托勒密的体系是等价的,因此对哥白尼
的谴责是毫无意义的,应当收回谴责。不过他并没有将其出版:他
从他的天主教朋友那里获悉,最好还是对此保持缄默。

　　《论天体运动的原因》是以开普勒的天文学为基础的,莱布尼
茨认为它的每一条关于天体运动的描述性定律都是正确的;可以
把它当成对这些定律在一个充满物质的世界中是否有效的一项研
究。在这个世界中,运动总是受到阻力,因此,行星也将遇到阻力
(开普勒从未考虑过这种可能性),除非——这是莱布尼茨的解决
办法——这种物质本身随行星运动,或者行星与包围它的物质一
起运动。换句话说,《论天体运动的原因》是这样一项对行星运动
的研究,流质的球体运送行星跨越天空,而行星静止于这些球体的
中心,球体和行星的运动遵从基本的——开普勒的——定律,莱布
尼茨称之为"和谐的"运动。因此,莱布尼茨一开始就盛赞开普勒,
并且为了贬低笛卡儿和否认自己曾经受惠于笛卡儿,甚至把一些
不是开普勒所做的贡献都归之于开普勒(例如,行星的运动产生离

---

① *Mathematische Schriften*,Ⅵ,161 sq..

心力），并且视开普勒为涡旋概念的真正发明者，说笛卡儿只是从开普勒那里剽窃了这一概念。①

莱布尼茨写道：

开普勒已经发现，每一颗主行星都会划出一个椭圆轨道，太阳位于其中一个焦点上，其运动［遵从］这样的定律，即行星指向太阳的半径扫过的面积与时间成正比。他还发现，同一体系中几个行星运行周期的平方与到太阳平均距离的三次方成正比；事实上，如果他知道（正如著名的卡西尼已经指出的）木星和土星的卫星相对于它们各自的主行星所遵从的定律，与主行星相对于太阳所遵从的规律相同，那么他将大功告成。但他无力给如此众多的恒常真理提供理由，这或者是因为他的思想受到了对灵智（intelligences）和同感辐射（sympathetic radiations）［信念］的阻碍，或者是因为在他那个时代，几何学和运动科学逊于现在。

然而，我们仍然要把以下成就归功于他，他首次揭示了重力的真正成因以及重力所遵循的自然定律，即［围绕一个中心］旋转的物体有沿切向远离中心的趋势；因此，如果一根树枝或稻草在水中漂流，旋转容器［使水］做涡旋运动，那么由于水的密度比树枝更大，所以水会更强烈地从中心甩出，于是树枝将被推向中心，正如他在《天文学概要》（*Epitome of the*

126

① 　L. Prenant,"Sur les références de Leibniz contre Descartes,"*Archives Internationales d'Histoire des Sciences 13*(1960),95.

Astronomy）中多处阐明的那样。①

事实上，正如我在前面所说的，开普勒从不认为行星有沿着圆形轨道的切向远离中心的趋势；而且如果说在《新天文学》②（*Astronomia nova*）中他确实给出了一个涡旋的例子，那么他的目的并不是用这个涡旋产生的向心力去平衡离心力，而是为了说明（就像一艘在河上摆来摆去的渡船）行星到太阳距离的周期性变化（接近和后退）。不仅如此，在《哥白尼天文学概要》③（*Epitome astronomiae Copernicanae*）中，他不再坚持涡旋说，而是拒斥它，并且代之以行星在太阳的磁作用下被吸引和推斥的理论。④ 很难说莱布尼茨到底是否清楚这些，但不管怎样，他继续说，开普勒

> 对［他的涡旋概念］略有疑虑，而不知道自己的理论具有多么宝贵的价值［莱布尼茨把开普勒评价哥白尼的话用于开普勒本人］，并且也不很清楚在物理学特别是天文学中，有多少东西是从他那里继承下来的。但它们后来被笛卡儿大肆利用，尽管笛卡儿根据自己的习惯，隐藏了其真正作者的名字。我时常感到奇怪，就我们所知，笛卡儿从未试图提出开普勒发现的天体定律背后的原因，这可能是因为他未能将它们与他自

127

---

① *Mathematische Schriften*，Ⅵ，148 sq.，162 sq.．

② Cap. ⅩⅩⅩⅧ；参见 Kepler，*Opera omnia*，ed. Frisch（Frankfurt，1858—1891），Ⅲ，313 sq.；*Gesammelte Werke*，ed. M. Caspar（Munich，1938—1959），Ⅲ，254 sq.。

③ *Opera omnia*，Ⅵ，345 sq.；*Gesammelte Werke*，Ⅶ，300 sq.．

④ 参见 A. Koyré，*La Révolution astronomique*（Paris：Hermann，1961），part Ⅲ，"Kepler et l'astronomie nouvelle，"［开普勒与新天文学］chap. 1。

己的定律充分地调和起来,或者是他小看了这些发现的成就,不相信自然会如此忠实地听命于它。

现在,由于再想给恒星指派特殊的灵智似乎很难满足物理学的要求,甚至也有违上帝高超的技艺,就好像上帝没有能力通过物质定律来得到同样的[结果]似的;而且由于坚实的球体已被打碎[莱布尼茨再次利用了开普勒的表述],同感和磁力以及其他同类的深奥性质要么无法理解,要么即使可以理解,也被视作物质所产生的一种效应;因此我认为,除非承认天体的运动是由以太的运动所引起的,或者从天文学上说,是被[流质的而非坚实的]不同球体[的运动]带动的,否则别无他途。

这种观点古已有之,尽管它被忽视了:留基伯在伊壁鸠鲁以前就曾对此有过表述,他把形成[世界]体系的东西称为δινη(涡旋),并且我们已经看到,开普勒以水在涡旋中的运动含糊地勾画出[adumbravit]重力概念。蒙科内在旅行日志中①说,他在第 20 次"游览"意大利时拜访了托里拆利(1646年 11 月,pp. 130 sq.),他是这样说的:

"Le dit Torricelle m'expliqua aussi,comme les corps se tournent sur leur center,come le ✳(soleil)la terre et Jup.

---

① *Journal des voyages de Monsieur de Monconys,conseiller du roy en ses conseils d'estat et privé,et lieutenant criminel au siège présidial de Lyon*[蒙科内先生游记],publié par le Sieur de Liergves son Fils(Lyon:Chez Horace Boissat et George Remeurs,1665),Première Partie,"Voyage de Portugal,Provence,Holiè,Égypte,Syrie,Constantinople et Natolie."[在葡萄牙、普罗旺斯、霍里奇、埃及、叙利亚、君士坦丁堡、那托里的旅行]

Font tourner tout l'Eter, qui les environne, mais plus viste les parties prochaines que les éloignées, aussi que l'expérience le montre à une eau où l'on tourne un baton dans le center, et le mesme en arrive aux planettes, au respect du ✳ (soleil), et à la ☽ (lune), au respect de la terre; aux Médicées au respect de Jup. Et me dit aussi que Calilei a observe que la tache de la Lune qu'on nomme Mare Caspium est par fois plus proche de la circonférence, et quelquefois plus éloignée, qui fait reconnoistre quelque petit mouvement de trepidation en son corps. "

[那个托里拆利还向我解释物体是如何围绕其中心旋转的,如同地球和木星围绕太阳,(并)使整个环绕它们的以太旋转,但靠近的部分比远离的部分转得更快,就像我们用一根棍子在水的中心搅动的经验表明的那样,同样的情况也发生在行星相对于太阳,月球相对于地球,木卫相对于木星这些情形。他还对我说,伽利略观察到月球上所谓的里海的斑点有时较靠近边缘,有时却离边缘较远,这使人察觉到月球球体的小颤动。]

我们得知托里拆利也相信此说(我甚至猜测,托里拆利的老师伽利略也持此观点),即以太连同行星一起围绕太阳旋转,它们被太阳绕其中心的旋转带动,就像容器中的水被一根在容器中央绕轴旋转的棒[所带动]一样;一如稻草或树枝在水中的漂流,越靠近中心的恒星[行星],旋转得也越快。但是,这种更一般的[考虑]来得太容易,而我们想要做的是更清楚地阐明自然定律……由于我们在这方面已经有了一些进展,我们的研究似乎也进行得顺利、自然,并且取得了成功,因此我确实希望我们距离[了解]天体运动的真正原因已经更近。

莱布尼茨又说：

　　首先，根据自然定律可以证明，所有在流体中沿着曲线运动的物体都是被流体的运动带动的。因为实际上所有沿曲线运动的[物体]都倾向于沿着切线方向远离它（运动的本性使然）；因此，必定有某种东西迫使[它不这样做]。但除流体以外，没有其他东西与之相接触（假设如此），而且除非受到与之相接触并且运动着的（某种东西）的作用，没有哪种天然倾向还能维持下去（因为物体的本性）；因此，流体本身必定是运动的……

　　由此可见，行星是被它们的以太推动的，也就是说，它们具有传输的或推动的流质球体。由于大家对它们沿曲线运动这一点已经没有什么异议，因此，仅仅假定直线运动是不可能解释此现象的。所以（由上所述），它们是被周围的流体推动的。这也可以由以下事实得到证明，即行星的运动并不均匀，或者说行星并不是在相等的时间内走过相等的空间，因此它们必定是被周围物体的运动推动的。[①]

至此，我们所说的还纯粹是笛卡儿或惠更斯的立场，即行星在一个以太涡旋或以太球体中漂流，并且为它所带动。然而，这种运动与笛卡儿和惠更斯的涡旋的运动不尽相同：它是一种"和谐的"运动。

---

　　①　*Mathematische Schriften*，Ⅵ，149，166.

　　但什么是一种"和谐的"运动或者"循环"(circulation)呢？事实上，它是这样一种运动，根据开普勒的说法(顺便说一句，他并没有称它为"和谐的")，行星实际上在绕太阳旋转；也就是正如开普勒从行星运动的面积定律中错误推导出来的，行星的运动速度总是与它们到太阳的距离成反比。[①] 然而莱布尼茨并没有认识到开普勒所犯的错误，他没有告诉我们其概念的天文学起源(开普勒也没有)；恰恰相反，他给出了一个"和谐循环"的抽象定义，并由此成功地(但也是错误地)导出了开普勒第二定律(从历史上讲，应是第一定律)即面积定律。他这样写道：

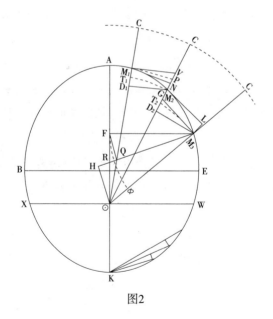

图2

　　①　Koyré, *La Révolution astronomique*.

　　我称一个循环为和谐的，如果某个物体的循环速度与
转动半径或者到循环中心的距离成反比；或者（这也是一样
的）围绕中心循环的速度的减小与到中心距离的增加成比
例，或者简而言之，如果循环的速度随着物体接近于［中心］
而成比例地增加，这样，如果半径或者距离均匀地增加，或
者以算术比例增加，那么速度将以调和级数减小。这样一
来，和谐循环不仅可以在圆弧上发生，而且可以在［物体］划
出的各种曲线上发生。让我们假设运动［物体］M 沿着某一
曲线 $M_3 M_2 M_1$（或者 $M_1 M_2 M_3$）运动，并且在相等时间单元
里划出了曲线元 $M_3 M_2$ 和 $M_2 M_1$（如图 2 所示）；可以认为
［这种运动］是由围绕某个中心，如 ⊙［太阳］的圆周运动（如
$M_3 T_2, M_2 T_1$）和一个直线［运动］，如 $T_2 M_2, T_1 M_1$（假设 ⊙T_2
等于 ⊙M_3，⊙T_1 等于 ⊙M_2）所构成；这种运动还可以由如下
假定来理解，即一把刻度尺或一条绝对刚性的直［线］⊙C（穿
过行星）围绕中心 ⊙ 旋转，同时又有一运动物体沿着直［线］
⊙C［向着 ⊙］运动。[①]

　　根据莱布尼茨的说法，沿着曲线"循环"的"和谐"特征不会被
以下事实所影响：

　　只要运动物体 M 的循环比如 $M_3 T_2$，和它的其他循环比如 $M_2 T_1$

　　①　*Mathematische Schriften*，Ⅵ，150 sq.，167 sq.. 此图源自 E. J. Aiton，*Annals of Science 16*（1960），69。

之比，与⊙M₁和⊙M₂之比［相等］，也就是说，只要在同一时间单元里所进行的循环次数反比于半径，那么［运动物体］趋近或远离中心的运动就是直线的（我称之为侧心［*paracentric*］运动）。由于基本循环的这些弧段与时间和速度成复合比，而且时间单元被假设为相等的，所以循环将正比于速度，于是速度将反比于半径；因此循环将是和谐的……

　　如果运动物体和谐地循环（无论是什么样的侧心运动），那么从循环中心到运动物体的半径扫过的面积将与已知时间成正比，反之亦然。

　　唉，可惜事实并非如此。回溯一下开普勒对行星运动的分析——莱布尼茨的陈述中唯一的新东西是"和谐的"和"侧心"这两个术语，他把这些术语用在了开普勒所谓的"向日"（*solipetes*）（牛顿称之为"向心"［*centripetes*］）运动上——我们就会发现，莱布尼茨犯了和开普勒同样的错误：事实上，"和谐的"循环、椭圆轨道以及面积定律是互不相容的，且行星的轨道运行速度并不反比于它们到太阳的距离。不知是幸运还是不幸，莱布尼茨没有注意到这一点（然而牛顿注意到了；胡克没有，雷恩和哈雷也没有）；他这样总结道：

　　　　由此可见，行星应以和谐循环的方式运行，主行星以太阳为中心旋转，卫星以主行星为中心旋转。从循环中心引出的半径扫过的面积正比于时间（由观测可得）。①

---

① *Mathematische Schriften*，Ⅵ，151，168。

事实既已陈述完毕，我们还必须去解释它。为什么行星会以这种方式运行？按照莱布尼茨的看法，它们之所以如此，是因为它们被一种和谐循环的以太所带动：

> 因此，每个行星的以太或流质球必定都以和谐循环的方式运行；因为如前所述，没有什么物体[能够]凭借自身在流体中做曲线运动；因此必定有一种以太中的循环，它与行星的循环一致，并且每个行星的以太循环都是和谐的，因为只有这样才能与理性相符；因此，如果行星的流质球体在想象中被分割成无数个极薄的同心球体，那么其循环速度将随着它与太阳距离的越来越小而成比例地加快。①

莱布尼茨当然是正确的：如果我们假设行星在以太中运动，且它们的运动不会被这种以太阻碍，那么我们就不得不假设，这种以太的运动方式和行星是一样的。但是为什么以太会以这种特殊的方式运行呢？莱布尼茨没有提出这个相当自然的问题。不仅如此，这种用以形成行星流质球体的以太不仅伴随着行星的运动，而且还决定着行星的运动：

> 于是我们假定，行星的运动是传输的流质球体的和谐循环运动和侧心运动这两种运动的复合，就好像是由某种重力或引力，亦即朝向太阳或者主行星的冲力[所产生]的一样。

131

----

① *Mathematische Schriften*，Ⅵ，151，168.

的确,是以太的循环,而不是以太自身的运动使得行星和谐地循环,后者仅仅使行星在传输流质中近似(*quasi*)平稳地跟着流质运动;因此,当行星被带到一个更外层的[球体](它不允许速度大过它本身)时,它不会保持它在内层或[距太阳]近一些的球体那里所具有的较快的循环冲力,而是会极为缓慢地使自己与这个球层相容,不断释放较快的冲力而得到较弱的冲力。反之亦然,当它[行星]从一个外层球体趋于一个内层球体时,它便会获得冲力。

初看起来,"侧心"运动似乎并无必要:难道行星不是在把它们带入和谐运动的流质球体中平稳地漂流吗? 其实不然:它们只不过是近似(*quasi*)如此,如果没有这种侧心的准引力或准重力运动,它们就将沿切向逃逸;因此,莱布尼茨又说:

　　和谐循环既已得到解释,我们现在必须考虑行星的侧心运动,这种运动源于循环运动的挤出[*excussorius*]力量[离心力]和太阳引力的共同作用。我们可以称之为引力,尽管它实际上应被称作推动力;事实上,有理由认为太阳是一个磁体;然而,其磁力无疑来自于流体的推动力。因此,既然行星被当作一个趋向于太阳这个中心的重物,那么我们也应称这种磁力为"重力的诱导"(Solicitation of Gravity)。但球的形状依赖于引力的一种特殊定律。那么,让我们看看是哪种引力定律导致了椭圆路径?①

---

① *Mathematische Schriften*,Ⅵ,152,169。

莱布尼茨又说对了:不同的引力定律决定着不同的轨道。然而我们惊异地发现,他使用了那些我们本以为他会避开甚至反对的概念。而且我们还会有些迷惑:事实上,引力定律到底能否决定流质球体的形状从而决定行星的轨道,或者相反地,它能否决定流质球体必须与之相适应的行星轨道,这一点并不十分清楚。或者,难道这种"引力定律"仅仅表达了流质球体的特殊结构吗? 不过不管怎样,莱布尼茨——毕竟,牛顿也是这样做的——显然不想在一种真实的物理力的意义上去使用引力这个概念,因此:

> 由于每个运动物体都倾向于(conatur)沿着运动轨迹的切向逃逸,因此我们可以把这种自然倾向称为"挤出力"(excussorius),这就像在投掷运动中需要一个相等的力迫使运动物体不会跑开一样。我们可以用曲线上过后一点的切线的垂线来表示这种倾向,后一点与前一点相距甚微。并且,由于这条线是圆形的,所以第一个用几何学来探讨它的著名的惠更斯把它称为离心[力]。①

的确,从切线上一点到"后一点"的无限小的曲线段可以被视作圆弧,因此,可以用惠更斯的离心力定律来确定这里所说的倾向(conatus)。莱布尼茨由此推论说:"循环的离心的或挤出的自然倾向可以用循环角,即从中心到运动物体所引半径所成角的反正

---

① *Mathematische Schriften*, Ⅵ, 152, 169.

弦(*sinus versus*)来表示。[①]"

于是,在运用了无穷小演算并犯了几个相当严重的错误——比如"一个和谐循环的物体的离心倾向与半径的立方成反比"——之后,莱布尼茨终于可以断言:

> 如果一个具有重力,或者像行星之于太阳那样被拖向某个中心的运动物体,沿着一个椭圆(或其他圆锥曲线)轨道和谐循环,而且如果椭圆焦点既是循环又是引力的中心,则引力或重力的诱导将与循环的平方或半径的平方,即与中心距离的平方成反比。[②]

换句话说:

> 同一行星受到太阳的吸引不同,它与到太阳距离的平方成反比。因此,如果[与太阳的]距离近两倍,则它将永远为一种新的四倍强的压力所驱使而落向太阳,如果近三倍,则将以九倍的压力降落。这是显然的,因为如前所述,行星已被设想为沿着椭圆和谐地循环,并且被不断推向太阳。[③]

正如我们所看到的,引力的平方反比律(虽然我们对它的产生方式[*modus producendei*]一无所知)被莱布尼茨从开普勒第一定

133

[①]　*Mathematische Schriften*,Ⅵ,153,170.

[②]　*Mathematische Schriften*,Ⅵ,156,176.

[③]　*Mathematische Schriften*,Ⅵ,157,181.

律推出,而不是像牛顿(或胡克、雷恩和哈雷)那样从第三定律推出。而且,这种推导是在行星做"和谐"运动——一个真正杰出的成就——的错误假定下做出的,只有开普勒自己的错误才能与之相比:两个错误相互抵消了。

因此,莱布尼茨的原创性是毋庸置疑的,尽管我们也必须承认——正如他自己所做的——他知道平方反比[①]已为著名的艾萨克·牛顿所知晓,因为《学人辑刊》的评论中提到了这一点;并且我们必须认为,尽管"[他]由此无法得知他[牛顿]是如何得到这个结论的",但正是这篇评论,不仅促使他写了《论天体运动的原因》,而且还促使他从牛顿那里借来了"引力"这样一个牛顿本人运用得如此成功的概念。只可惜,正如我们所见,他在这样做的时候犯了若干严重错误。不过,由于它们只能用莱布尼茨写作《论天体运动的原因》时的仓促来解释,所以我对此将不做讨论,特别是因为其中一些错误已经在1706 年被他纠正了,而且所有这些错误都被牛顿在1712 年前后写的对莱布尼茨《论天体运动的原因》的评论[②](未发表)中列举出来了。

现在,让我们把注意力转到《论天体运动的原因》的"第二个"版本。正如我已提到的,它的文字其实与第一个版本相同;不过含有一个关于重力和引力概念的重要附录,莱布尼茨将它插入以下两段话之间,一段是表达他希望自己已经朝着正确地解释天体运动迈出了一步,另一段则是他对自己理论的评注。[③]

134

---

①　*Mathematische Schriften*，Ⅵ，157，181；1690 年 10 月 13 日致惠更斯的信，*Mathematische Schriften*，Ⅵ，189；Huygens，*Oeuvres complètes*，Ⅸ，522 sq. 。

②　参见 J. Edleston，*Correspondence of Sir Isaac Newton and Professor Cotes* (London，1850)，App. ⅩⅩⅫ，pp. 308 sq. 。

③　*Mathematische Schriften*，Ⅵ，163—166.

　　根据著名的吉尔伯特的想法,很显然,目前已为我们所知的每个较大物体都有磁性,并且,除了这种[使]物体趋于某些极点的导向力(vis directiva)之外,还有另外一种力存在,它表现为吸引那些[位于]其[力的]作用范围之内的类似物体。就作用于地球上的物体而言,我们把这种力称为重力,通过某种类比,我们也可以把它赋予恒星。然而到底什么才是这种非常明显的现象的真正原因,这种原因是否与磁力相同,这些还不十分清楚。

莱布尼茨承认这个问题还未能得到令人信服的解答,但他认为他或许可以提出一个解决方案。

　　无论如何可以断言,引力是由某种物质辐射所产生的;事实上,非物质的[原因]绝不能用来解释物质现象。而且,认为在球体中存在一种自然倾向,即从自身之中排开那些不适合的或扰动的物质,或者那些不大适合[在球体内层]自由运动的[物质],这是合乎理性的;由此[它导致]其他[物质],即那些和吸引物体内部的运动相一致的物质,或者那些扰动较少的物质为周边的推力所吸引。燃烧即为一例,就我们感知到的情况来看,它似乎一方面在排开一种东西,同时又在吸引另一种东西。

然而我们还可以进一步研究这个"例子",设想一个流质球体像油滴在水中游动那样在以太中漂流(这个例子相当有趣:莱布尼茨在哪里看到一滴油在水中游动?),现在流体出于本性而具有不同的内部运动,只要这些运动在某处被周围的[介质]约束,以至于物质无法漂来漂去,那么它们就会转变为圆周运动,并且尽量划出大圆,因为只有这种方式才能使它们保持最大的逃逸倾向。通过这种[趋势],那些含有这种流质较少,或者逃逸倾向较小的物体就被向下推去。

至此,莱布尼茨对重力的解释与笛卡儿的涡旋概念一脉相承。在笛卡儿那里,向心力是从离心力导出来的,即被排开的物质"向外的"压力把其他物质推回到它自己的位置,从而驱使那些物质向着"吸引"物体或它的中心运动。但莱布尼茨改进了这个解释,他所采用的方法实际上和惠更斯相同,即用许多围绕球心的运动取代围绕轴的圆周运动:

> 但是,如果用开普勒的理论来解释离心力[一个明显的错误:应该是向心力],则它是不可能由以太沿着赤道和纬线的运动中推论出来的,因为这会把[物体]推向地轴。然而,我记得很久以前曾经指出,从以太沿着与球体同心的大圆[的运动],类似于在磁体作用下的运动……以这种方式,不同的原因……彼此同时发生……在我们[对于重力]的解释中,球形辐射、磁体吸引、扰动[物质]的逃逸、流体的内部运动、大气的循环,[所有这些]共同[产生了]离心[向心]力。然而无论重力的原因是什么,只要我们[承认],吸引球发出类似于光线的物质射线,或者发出沿各个方向远离中心的冲力线就已经足够了;然而,[在以这种方式作用的时候,]地球的各个部分不

135

必与重物直接接触,因为冲力(*impetus*)可以通过物质推物质而被传播出去,一如光、声音以及运动的流体。

这些"冲力线"源于在"吸引物体"内外,围绕其中心高速旋转的无数以太涡旋所产生的离心力,这种力会对周围的介质产生压力。然而莱布尼茨警告说,这种压力或冲力是逐渐传播的,而不是像有些人(笛卡儿)误以为的那样是瞬间传播的:因为没有什么可感效应能够瞬间传播出去——无论如何,它在莱布尼茨的世界里不会发生,因为他否认有绝对坚硬的物体的存在,而且他也知道,光的传播不是瞬间完成的。

不过我们还是回到产生引力的磁力线上来。这些力线存在于某种感觉不到的流质的退行倾向中,流质的各个部分被十分紧密地压在了一起,尽管其本身可以以一种非常精细的方式分割开;如果是多孔的物体,比如地球上的物体,那么它所包含的具有远离中心倾向的物质将会少于同体积的微小流质,因此所具有的轻量较少,当这些物体被置于大量流质中时,就必然会出现发射出的流质占优势、地球[物体]被推向中心的情况。

非常有趣,莱布尼茨把重物定义为"轻量较少"的物体,这与通常把轻的物体看作是重量较少的观点正好相反,但他是完全正确的:正是离心运动和离心压力,即"向上的"运动和压力才被认为是首要因素;而"向下的"或"朝向中心的"运动,只不过是"向上的"运动和压力的次要结果。

136

于是,重力的成因似乎已经可以完全确定了(尽管事实上还很不清楚),但莱布尼茨并不满足。为了说明地球物体的不同比重,他认为有必要去假设另一种更为精细的流质,这种流质可以穿过那些小到不能容纳重力流质微粒的固体的孔隙。但他并不坚持这一点,他继续说道:

> 但另一方面(*caeteris paribus*),如果比重相同,那么根据[该物体所接受的]辐射量的不同(它可以像光的辐射那样加以估计),诱导它趋向中心的程度将会有大有小。的确,正如前些时候被一些有学识的人[事实上是开普勒]所证明的,就像物体被照亮的程度与它到光源距离的平方成反比一样,被吸引物体的引力也应随着到吸引物体中心距离的增加而成平方比例地减小。这两者的原因是相同的和显然的。[两者都在空间中均匀地传播,因此]光照和重力的诱导都与到辐射中心或吸引中心距离的平方成反比。①

至此,我们是在先验地推断,并且通过纯粹推理而得到了引力的平方反比律。但这还不够,莱布尼茨宣称,他要后验地确立同一定律,也就是说,"由行星的共同现象(即从它们的椭圆轨道)出发,通过分析的微积分方法导出"这一定律,从而使"理性与观察奇迹般地一致,并且非凡地确证真理"。这一点毋庸置疑! 然而——这

---

①　*Mathematische Schriften*, Ⅵ, 165.

一点尤为惊人,并且完全出乎人的意料——莱布尼茨在《论天体运动的原因》(第二个版本的)序言中以一个极为实证主义的宣言作为总结,从而远远超越了牛顿的说法:

> 以下文章[即《论天体运动的原因》]并非基于假说,而是从现象中通过运动定律推导出来的;无论太阳是否具有对行星的引力,只要我们能够通过所规定的定律来确定[它们的]靠近和远离,亦即[与太阳]距离的增加和减小,那便已经足够。至于它们是否真的围绕太阳旋转,我们只要知道,它们相对于太阳不断改变着位置,就好像在做和谐循环运动就已经足够;由此我们便获得了"理解力原则"(Principles of Understanding),它惊人地简单和有效,我不知道昔人是否敢于如此期望过。

> 但由此我们应对运动的真正原因下一个什么样的结论呢?我把这个问题留给每一个人去思考;事实上,很可能事情已被解决得如此之好,以至于再没有一个有理解力的诗人敢妄称天文学家们是在枉费心机。①

我已经说过,惠更斯并不喜欢莱布尼茨的涡旋球体……这是很自然的:他觉得自己的理论已经足够,莱布尼茨其实是受了它们的启发。于是,惠更斯使自己成为"魔鬼的辩护人"(*advocatus diaboli*),并且故意曲解莱布尼茨,说他全盘接受了牛顿的引力,而

137

---

① *Mathematische Schriften*, Ⅵ, 166.

不顾莱布尼茨关于引力可以机械地解释的观点——事实上，惠更斯可能认为同自己相比，莱布尼茨甚至根本就没有想过要给出一种机械的解释（但牛顿本人不也说引力可能是一种压力或推力吗？）——他告诉莱布尼茨，他企图用引力与和谐循环去调和牛顿与笛卡儿是完全不必要的，和谐循环是完全多余的：

> 我知道您［与牛顿先生］已经在行星的椭圆轨道的自然原因问题上取得了一致；然而由于在处理这个问题的时候，您仅仅看过他的著作摘要而没有读过原书，所以我将非常乐于知道，您在读过这个摘要之后，是否仍未改变您的想法，因为您引入了笛卡儿先生的涡旋。［不客气地说，］在我看来，如果承认牛顿先生的体系，那么这样做便是多余的，因为在牛顿的体系中，行星的运动是用朝向太阳的重力和与之相平衡的离心力来解释的。①

　　惠更斯的反驳（他将在另一封 1693 年 8 月 11 日致莱布尼茨的信中重申这一点）②似乎是非常贴切的（《惠更斯全集》［Oeuvres complètes］的编者甚至相信它说服了莱布尼茨，或者至少对莱布尼茨本人产生了影响）。③

　　事实上，无论是对莱布尼茨还是对惠更斯来说，这个反驳并不

---

① 参见 1690 年 2 月 8 日惠更斯致莱布尼茨的信，*Mathematische Schriften*，Ⅱ，41；Huygens，*Oeuvres complètes*，Ⅸ，367 sq. 。

② *Mathematische Schriften*，Ⅱ，187；Huygens，*Oeuvres complètes*，Ⅹ，267 sq. 。

③ *Oeuvres complètes*，Ⅸ，368，n. 10。

像初看起来那样使人印象深刻,因为它意味着同时接受牛顿的引力和真空,而这两者并未被他们接受。实际上,只有物体在空荡荡的太空中不受任何阻碍地运动时,服从牛顿定律的行星才会沿着椭圆轨道运行;而在充满物质的空间(莱布尼茨的)甚或在仅仅半充满的空间中(惠更斯的),它们甚至连圆周运动也做不成,而都将被拖入太阳。惠更斯忽视了这个问题,而莱布尼茨却充分注意到了这一点。所以在力图拯救充实的过程中,他试图消除周围介质的阻力。现在,唯一可行的办法就是把所考察物体的运动赋予介质。在这种情况下,正如笛卡儿已经解释的,物体将在运动的介质中保持静止,它将被介质"带动"或者在其中"自由游动"。因此,莱布尼茨坚持认为他的"和谐循环"不仅不多余,而且绝对必要,这样说完全正确,[①]因为他相信(可惜错了!),一个以这种方式运动的物体"就像是在虚空中凭借其单纯的惯性[惯性运动]并且加上重力[的作用]而运动一样。同一物体也在以太中运动,就好像它不存在自己的冲力,而只是平静地漂浮一样……它只是绝对地跟从周围的以太运动"。至于"侧心"运动,亦即朝向太阳的运动,事实上莱布尼茨并未解释;惠更斯则仅就地球的重力给出了一个解释,而没有把它推广到宇宙引力或宇宙重力。

　　莱布尼茨的努力目标是调和涡旋与引力,即调和笛卡儿与牛顿;要让笛卡儿的涡旋以"和谐循环"的方式运动,这当然不可能成功,正如惠更斯正确指出的,在这种情况下,行星将不再遵从开普

---

　　① 　1690 年 10 月 13 日致莱布尼茨的信,*Mathematische Schriften*,Ⅵ,189；Huygens,*Oeuvres complètes*,Ⅸ,525。

勒第三定律。至于莱布尼茨为了挽救这种形势，而假设另一种——一如重力的情形——精细物质的做法，则是一种对"假说"的放纵，惠更斯甚至不屑去讨论。然而，我们不应责备莱布尼茨没有成功地做成原本就不可能的事情。而且无论如何，能够责备莱布尼茨的不应是惠更斯。①

①　关于惠更斯和莱布尼茨之间的讨论，参见 F. Rosenberger, *Isasc Newton und seine physikalischen Principien*（Leipzig, 1895）, pp. 235 sq. ；以及 R. Dugas, *Histoire de la mécanique au XVIIe siècle*（Paris：Dunod, 1954），特别是 pp. 491 sq. 。

139

附录 B　引力是一种隐秘性质吗？

　　事实上，尽管——或由于——莱布尼茨在 1689 年出版的《论天体运动的原因》①（*Tentamen de motuum coelestium causis*）中使用——或玩弄——了引力概念，但正是他强调了牛顿的引力与隐秘性质之间的类似，并通过宣称引力是一个奇迹而强化了这种关系。不过，他到很晚的时候才这样做。起初，他在 1690 年②仅仅表达了自己的惊讶，即牛顿似乎把重力当成了某种非物质的、无法解释的效应，而不相信可以对它做出机械解释——难道惠更斯不是已经做得很好了吗？但是在 1690 年，莱布尼茨还没有谈及隐秘性质或奇迹。事实上，他指责正是惠更斯把奇迹引入了自然哲学：惠更斯所相信的原子的不可分性不正是一个永恒的奇迹吗？直到 1703 年，莱布尼茨才在《人类理智新论》（*Nouvezux essais*）（由于洛克的去世，他没有将其出版，因为他不想攻击一个已故的对手）中谈到了"隐秘性质"与"奇迹"。在谈及洛克致斯蒂林弗利特（Stillingfleet）的信③时，莱布尼茨说道：

　　　　他引用了物质吸引的例子［第 99 页，尤其是第 408 页］，

---

　　①　C. J. Gerhardt, ed. *Leibnizens Mathematische Schriften*（Halle, 1860）Ⅵ, 144 sq. , 161 sq. .

　　②　1690 年 10 月致惠更斯的信，载于 Huygens, *Oeuvres complètes*（The Hague: M. Nijhoff, 1901）Ⅸ, 521。

　　③　参见 *Mr. Locke's Reply to the Right Reverend Lord Bishop of Worcester*, *Answer to his Second Letter* …（London, 1699）。

其中谈到了被归功于牛顿先生的物质对物质的引力……承认我们绝不能设想它是"如何可能"的。这其实是回到了隐秘的,甚至是无法解释的性质上去了。①

莱布尼茨先是说,上帝不会把那些与其本质不相容的属性赋予事物,而只会把天然的、可以理解的属性赋予它们(除非是奇迹),然后他又说:

于是我们可以断言,物质是不会天然具有上述那种吸引 140 [能力]的,也不会仅凭自身就在一条曲线上运动,因为我们不能设想它如何能这样,也就是说,我们不能机械地解释这种运动;反之,凡是自然的东西都应该能被清楚地设想……把自然的东西与不可解释的、奇迹的东西区别开,就解决了一切困难。若非如此,就会是维护比那种隐秘性质更坏的东西,并因此而抛弃了哲学和理性,以一种僵死的体系为懒惰与无知开辟了庇护所。这种体系不仅承认有我们所不了解的性质——这种性质只能说太多了——而且还承认有这样一些[性质],连最伟大的心灵,即使上帝给他打开了尽可能广阔的道路也不可能了解它,换句话说,这种性质或者出于奇迹,或者是荒谬无稽的;而说上帝平常也老是施行奇迹,这本身就是荒谬的;所以,这种怠惰的假说既摧毁了我们追寻理由的哲学,也

---

① Erdmann, ed., *Nouveaux essais sur l'intendement humain*, Avant propos(Berlin,1840),202 sq.. 还可参见 C. J. Gerhardt ed., *Die philosophischen Schriften von G. W. Leibniz*(Berlin,1875—1890), V,58 sq.。

摧毁了那种提供理由的神的智慧。①

　　直到 1711 年，他才在一封致哈尔措克（N. Hartsoeker）的信②
中这样做。事实上，发表于《特里弗纪事》（*Mémoires de Trévoux*）
和《文学纪事》（*Memoirs of Literature*）的三封信仅仅是莱布尼茨
与哈尔措克通信的一部分。他们的通信始于 1706 年，并于 1710
年在哈尔措克出版了《对诸物理猜想的澄清》（*Éclaircissements
sur les conjectures physiques*）（阿姆斯特丹，1710 年）之后变得频
繁起来。在一封比发表的信（1711 年的那封）还要早的信中，莱布
尼茨对哈尔措克说，他不承认其所断言的原子的存在；③哈尔措
克④则在回信中不怀好意地把莱布尼茨的"协同运动"（conspiring
motion）与"尊敬的马勒伯朗士神父的小涡旋"联系了起来；莱布
尼茨于是指出，⑤假设原子，即物质原初的不可分部分的存在，是求
助于奇迹或者一种隐秘性质；哈尔措克⑥则回复说，莱布尼茨的
"协同运动"是一种更大的甚至是永恒的奇迹，而且没有理由认为
上帝不能创造原子。莱布尼茨⑦再次解释说，"上帝不会创造天然
的原子或不可分的物体"，因为那将是荒谬的。"原子是我们缺乏

---

　　①　*Nouveaux essays*, p. 203.

　　②　1711 年 2 月 6 日首次发表于 *Mémoires de Trévoux*（1711），然后英译发表于
1712 年的 *Memoirs of Literature*；参见 *Die philosophischen Schriften*，Ⅲ，516 sq.，let-
ter Ⅺ.

　　③　*Die philosophischen Schriften*，Ⅲ，p. 497，letter Ⅴ.

　　④　*Die philosophischen Schriften*，Ⅲ，p. 498，letter Ⅵ，1710 年 7 月 8 日.

　　⑤　*Die philosophischen Schriften*，Ⅲ，p. 306，letter Ⅶ.

　　⑥　*Die philosophischen Schriften*，Ⅲ，pp. 501 sq.，letter Ⅷ.

　　⑦　*Die philosophischen Schriften*，Ⅲ，pp. 506 sq.，letter Ⅸ，1710 年 10 月 30 日.

想象力的结果","虚构是容易的,但使之合理却很困难";然而,哈 141
尔措克①并不认为原子不合理,他说,如果它们可以被称为奇迹,
那么每样东西就都有理由被称为永恒的奇迹了。

在回复这封信时,②莱布尼茨再次表达了他对哈尔措克不能
理解其"协同运动"观念的惊讶。他更新了对原子论的抨击,重申
原子存在是不合理的,它需要一个解释。然后他又说:

> 如果你只是凭借上帝的意志来支持它,那么你已经是在
> 求助于一个奇迹甚至是永恒的奇迹了。因为无论什么时候,
> 只要我们无法用物体的本性来说明上帝的意志及其效应,这
> 种意志就会通过奇迹来起作用。举例说来,如果有谁认为,行
> 星不凭借其他运动的原因而沿着它的轨道运转是上帝的意志
> 使然,那么我就会说,这将是一个永恒的奇迹:因为根据物体
> 的本性,如果不受其他东西的阻碍,那么正在运转的行星将倾
> 向于沿着轨道的切线方向运动;所以如果没有什么自然原因
> 作用的话,上帝就必须接连不断地进行阻止……
>
> 可以非常恰当地说,每样东西都是一种值得赞美的连续的
> 奇迹。但在我看来,行星无需其他,只靠上帝的帮助就能沿着
> 轨道运转并保持其运动,这与行星被物质不断地拉向太阳而维
> 持在轨道上相比,清楚地显示了自然的、理性的奇迹与那些被
> 恰当地称为超自然的奇迹之间的差别;抑或是合理解释与为支

---

① *Die philosophischen Schriften*,Ⅲ,p.514,letter Ⅹ,1710 年 12 月 10 日。

② *Die philosophischen Schriften*,Ⅲ,pp.516 sq.,letter Ⅺ,1711 年 2 月 6 日。
这些信中的第一封发表于 *Mémoires de Trévoux*。

持一种失当的观点而杜撰出来的假说之间的区别。这就是那样一些人所使用的伎俩，根据罗贝瓦尔先生的《阿里斯塔克的宇宙体系》(Aristarchus)，他们宣称，万物的相互吸引是通过上帝最初制定的一条自然律而起作用的。为了不用提出其他原因就能得到此结果，为了无须承认上帝借以实现目的的手段，他们就乞援于奇迹，亦即一种超自然的东西，每当要找寻一种自然原因时，这种事物就开始起作用，直到永远……

因此，对于认为重力是一种隐秘性质的古人和今人来讲，如果他们的意思是，万物之所以趋向地心是由于一种未知的机制在起作用，那么他们就是正确的；而如果他们是说，这背后并没有什么机制，它不是通过一种原始的性质或者上帝的法则来实现的，上帝产生这个结果必须使用某种智慧的方法，那它就是一种不合理的隐秘性质。它之所以非常隐秘，是因为它永远也不可能被搞清楚，尽管天使或上帝自己可以解释它。①

我曾经说过，正是科茨提请牛顿注意这封信，才促使牛顿指示科茨在《原理》第二版的"总释"中加入一个声明（参见附录 C）。科茨当然言听计从，但他同时又在前言中对笛卡儿和莱布尼茨进行了猛烈抨击，以此作为对他们的回应：

> 我知道有些人……喋喋不休地说什么隐秘性质，他们连续不断地指摘我们，说重力也是一种隐秘性质，而凡是隐秘性

---

① *Die philosophischen Schriften*，Ⅲ，pp. 517 sq.．

质都必须从哲学中完全排除出去。然而对这种论调的回答很
容易：凡是确乎隐秘的原因，其存在也将是隐秘的、幻想的、未
经证实的，而那些已为观察清楚证明了的原因，就不会是隐秘
性质。所以重力根本不能称为天体运动的隐秘原因，因为天
体现象清楚地证明，这种力量确实存在着。倒正是这样一些
人，他们才是真正在求助于隐秘原因，因为他们捏造了一种虚
构的、不能为我们的感官所感知的、幻想的物质涡旋，并想用
它们来指导天体的运动。……有些人说重力是超自然的，所
以称之为一种永恒的奇迹。由于超自然的原因在物理学中是
没有位置的，所以他们认为应当将其抛弃。对于这种败坏哲
学的可笑的奇谈怪论不值得浪费时间去回答。因为他们或是
想否认重力存在于物体之内，但这是不可能的，所以只好说它
是超自然的，因为它不能用物体的其他性质，因而也不能用机
械原因来产生。但是物体当然有它们的基本属性；而基本属
性是不依赖于其他性质的。所以就让他们去把所有这些基本
属性都一样看成是超自然而一概加以摈弃吧。但这样一来，
我们所希望的哲学又该是一种什么样的东西呢？[①]

不仅如此，科茨先是在 1712/13 年 3 月 10 日致本特利的信
中，攻击了莱布尼茨在其《论天体运动的原因》中表现出来的"对公
正的渴求"，然后，他又加上了一段对莱布尼茨"和谐循环"的嘲弄，
当然，他没有指名道姓：

---

① *Principia*, Motte-Cajori, p. xxvi.

伽利略曾经指出,石块被抛出时将沿着抛物线运动,它之所以会从直线路径偏转到这条曲线上来,是因为石块被重力吸向地球,也就是说,是由于一种隐秘性质的作用。可是现在却有某个比伽利略还要能干的人出来,想用这种方式来说明这个原因。他假定有某种精细的物质,它既不能为我们的目光所看见,也不能为我们的触觉所发现,也不能为我们的其他感官所感知。这种物质充满着与地面相连的及其临近的空间,并以不同方向沿着各种不同的甚至是彼此相反的轨道做抛物线运动。现在让我们来看看他是如何轻而易举地解释前面所说的石块的偏移运动吧。他说,石块漂浮在这种精细物质当中,所以石块只能按照流体的轨道运动而不能选择其他曲线。然而流体是沿着抛物线运动的,所以石块当然也必须沿着抛物线运动。这位哲学家竟能从机械原因、物质和运动中如此清楚地导出自然界的各种现象,以至于最无知的人也能懂得这种道理,这样,我们岂不是可以说他是一位聪明绝顶的人物吗?但当我们看到这样一位新的伽利略不厌其烦地用了这么多的数学,把已经庆幸从哲学中排除掉的那些隐秘性质又搬了回来,我们难道不应该对此付之一笑吗?但我还是不再讲下去为好,因为花了这么多时间来谈这种微不足道的东西,我真是感到羞耻万分。①

虽然在方式上不同于莱布尼茨,但由于哈尔措克也拒斥虚空与引力——他让一种非物质的、有生命的甚至是智能的流体充满

---

① J. Edleston, *Correspondence of Sir Isaac Newton and Professor Cotes* (London, 1850), p. 149.

了空间——并且在其《对诸物理猜想的澄清》(阿姆斯特丹,1710年)批评了牛顿,于是科茨就写了一段关于哈尔措克的话:

> 譬如,某人凭借幻想偏要断言,行星和彗星像我们的地球一样为大气所包围,这样的假说似乎也比涡旋更加合理;他再想象这些大气依其本性而以圆锥曲线环绕太阳运动,这样的运动也比那些相互穿透的涡旋的运动更易被人接受;最后,行星和彗星被它们的大气裹携着围绕太阳运动,于是,他就为自己发现了天体运动的原因而欢呼雀跃。然而,他要是抛弃大气假说和涡旋说中的任何一个,就必须也抛弃另一个;因为纵是两滴水珠也不比这两种虚幻的假说更为相像。[1]

比较一下科茨愤怒的抨击与牛顿在"总释"中心平气和的回复是很有趣的。然而事实上,面对着莱布尼茨的攻击,牛顿的第一反应既不温和也不平静。他被深深地激怒了,尤其是当他得知,莱布尼茨把他的引力与罗贝瓦尔联系起来时就更是火冒三丈。"这简直是无稽之谈",他开始起草一篇即将登在《文学纪事》上的回应文章,不过又一转念,并没有将它寄出去。他还写了一篇针对莱布尼茨的《论天体运动的原因》以及其他一些物理方面的著作的激烈的批评文章,但后来没有发表。[2]

144

---

[1]　*Principia*,Motte-Cajori,p. xix.

[2]　参见 I. B. Cohen and A. Koyré,"Newton and the Leibniz-Clarke Correspondence,"*Archives Internationales d'Histoire des Sciences 15*(1962),63—126;关于对《论天体运动的原因》的批评,参见 Edleston,*Correspondence*,pp. 308 sq. 。

　　在 1715 年(11 月或 12 月)的一封致孔蒂(Conti)的信中,莱布尼茨更新了他的攻击:

　　　　在我看来,他的哲学显然太离奇了,我不相信它能被证明是合理的。如果每个物体都是重的,则(不管其拥护者怎么说,也不管他们如何强烈地否认这一点)重力将成为一种经院式的隐秘性质或者一种奇迹的效应……说上帝创造了这样一条自然定律,因此这件事就是自然的,这样说是不够的,因为这条定律必须能被各种造物的本性实现。举例来说,如果上帝要把绕一定点旋转的定律赋予某个自由物体,他或者把其他物体的作用与之相连,靠它们的推动力而使之一直保持在圆周轨道上,或者让一天使尾随其后,否则他将只好破例亲自作用于它的运动,因为在自然状态下这个物体将会沿着切线方向飞出……我强烈地赞成实验哲学,但当牛顿先生声称所有的物体都是重的(或物体的每一部分都相互吸引)时,他已经违背这条原则太多了,因为这无疑是无法通过实验来证实的……而且由于我们还不清楚重力、弹性力或者磁力产生的详细情况,我们并没有权利把它们归于经院的隐秘性质或者奇迹,但我们更没有权利对上帝的智慧或力量加以限制。①

─────────────

　　① Raphson, *Historia fluxionum*[流数的历史](London,1715[实际是 1717]);以及 Des Maiseaux, *Recueil de diverses pièces sur la philosophie, la religion naturelle, l'histoire, les mathématiques, etc., par Mss Leibniz, Clarke, Newton et autres auteurs célèbres*[莱布尼茨、克拉克、牛顿以及其他人关于哲学、自然宗教、历史、数学等的文集](Amsterdam,1720), vol. Ⅱ。

当孔蒂把这封信转达给牛顿之后，牛顿答复道：

> 至于哲学，他在语词的含义上大做文章，把那些不会产生意外结果的东西称作奇迹，而把那些起因神秘，而本身又十分清楚的性质称作隐秘性质。①

几乎就在同一时间，关于引力的问题，即它到底是一种隐秘性质和奇迹，抑或是一种正当的力和自然定律，成了莱布尼茨与克拉克之间著名争论的主要话题之一。② 这些话题还包括虚空的实在性或不可能性，绝对运动，以及其他一些形而上学和自然哲学问题。③

莱布尼茨的去世（1716 年 11 月 14 日）并没有了结这场争论，牛顿事实上把它继续了下去。在《光学》的英文第二版中，牛顿在疑问 23（后来变成了疑问 31，我曾经引用过）中的"靠静止，也就是

145

---

① 　1716 年 2 月 26 日；参见 Des Maiseaux，*Recueil*，Ⅱ，22。

② 　*A collection of Papers which passed between the late learned M. Leibniz and Dr. Clarke in the years 1715 and 1716 relating to the Principles of Natural Philosophy and Religion*［莱布尼茨与克拉克 1715—1716 年间关于自然哲学原理与宗教的交流论文集］(London，1717)，1720 年作为 Des Maiseaux，*Recueil* 的第一卷重新出版；现在英文本可参见出色的 H. G. Alexander，*The Liebniz-Clarke Correspondence*（Manchester：Manchester University Press，1956)，原文可参见校勘的 A. Robinet，*Correspondance Leibniz-Clarke*，présentée d'après les MS originaux des bibliothèques de Hannovre et de Londres(Paris：Presses Universitaires de France，1957)。

③ 　关于这次通信，参见 A. Koyré，*From the Closed World to the Infinite Universe*（Baltimore：Johns Hopkins Press，1957)，以及 A. Koyré and I. B. Cohen，"The Case of the Missing *Tanquam*，" *Isis* 52 (1961)，555—556。

说,……,靠虚无"①后面补充了如下的词:"……还有一些人说,它们之所以粘在一起,是由于它们的运动一致,即由于它们之间的相对静止";他又在说明自然的主动本原并非隐秘性质,而是一般的自然律的语句后面,②补充了如下的说明:

因为这些现象才是明显的性质,而它们的原因只是隐蔽着的。亚里士多德主义者不是用"隐秘性质"这一名称来称呼明显的性质,而只是以这个名称来称呼那些他们认为隐藏在事物背后而成为明显效果的未知原因的性质,如重力、电磁吸引和发酵等等的原因,如果我们把这些力或作用设想为来自我们所不知道的、不能发现的和使之变得明显的那些性质的话。这些隐秘性质将使自然哲学停滞不前,没有进步,因此近年来被抛弃了。③

最后,在牛顿匿名发表于《哲学会报》的对《书信集》(*Commercium epistolicum*)的评论中(这篇被译成拉丁文的评论——修订[*recensio*]——于1722年被当作《书信集》第二版的序言发表),牛顿为他受到的莱布尼茨的伤害复了仇:

牛顿先生在其《原理》和《光学》中追随的哲学是实验哲

---

① 它的全文是:"另一些人告诉我们说,静止使物体粘在一起,也就是说靠一种神秘的特性,或者不如说靠虚无使物体粘在一起。"这里是指笛卡儿主义者。——译者注

② *Optice*,p. 335;*Opticks*(1952),p. 364.

③ *Optice*,p. 344;*Opticks*(1952),p. 401.

学,而实验哲学只能依照实验可以证实的程度来教给我们事物的原因,而不能越此一步,我们绝不能拿那些无法被现象证明的观点来充斥此哲学。在这种哲学中,假说是无立足之地的,除非它们是那些被提出来供实验检验的猜想或者问题。为此,牛顿先生在其《光学》中,把那些可以被实验搞清楚的东西与那些仍然不清楚的东西区分开来,对于后者,他在《光学》结尾以疑问的形式把它们提了出来。因此,在《原理》的序言中,在谈论了行星、彗星、月球与潮汐的运动等等这些现象已在书中用重力推演出来以后,他又说:"我希望能用同样的推理方法导出自然界的其他许多现象;因为有诸多理由使我猜测,这些现象可能都与某些力有关,由于这些力的作用,物体的各个微粒通过某种迄今未知的原因,或者相互接近而以有规则的形状彼此附着在一起,或者相互排斥而彼此远离。正因为我们还不知道这些力是什么,所以直到现在,哲学家对自然界的探讨都以失败而告终。"(*Utinam caetera Naturae Phaenomena ex Principiis Mechanicis eodem argumentandi genere derivare liceret. Nam multa me movent ut nonnihil suspicer ea omnia ex viribus quibusdam pendere posse,quibus corporum particulae per causas nondum cognitas vel in se mutuo impelluntur et secundum regulares figures cohaerent,vel ab invicem fugatur et recedunt:quibus viribus ignotis Philosophi hactenus Naturam frustra tentarunt.*)在这本书第二版的结尾,他说由于缺乏足够数量的实验,他迫使自己不去描述这种使引力发生作用的精神或作用者的作用定律。

146

也出于同样的理由，他对重力的成因保持缄默，因为还没有实验或者现象能够使他说明其中的缘由。这些他都已经在《原理》的开头用下面的话讲得很清楚了："关于力的物理原因或地位，在此我不做探讨。"(*Virium causas et sedes Physicas iam non expendo*)稍后一些："我把力称为吸引的和推斥的，像在同样意义上称之为加速的和运动的一样；我随便而无区别地替换使用了'吸引'、'推斥'，或任何一种趋向中心的'倾向'这些字眼；因为我不是从物理上而是从数学上来考虑这些力的。因此读者不要以为我使用这些字眼，是想为任何一种种类或形式的作用及其原因或物理根源下什么定义；或者每当我偶尔谈到吸引中心或者赋有吸引能力的中心时，以为我是想把真正的、具有物理意义的力归诸（只是些数学点的）某些中心。"(*Voces Attractionis, Impulsus, vel Propensionis cuiuscunque in centrum indifferenter et pro se mutuo promiscue usurpo, has Vires non Physice sed Mathematice tantum considerndo. Unde caveat Lector ne per huiusmodi voces cogitet me speciem vel modum actionis, causamve aut rationem physicam alicubi definire, vel Centris*［*quae sunt puncta Mathematica*］*vires vere et physice tribuere, si forte aut Centra trahere aut vires Centrorum esse dixero.*)在《光学》的结尾，他说："至于这些吸引是如何实现的，我不想在这里讨论。我所说的'吸引'，可以通过冲击或其他我所不知道的方式来实现。我这里用这个字眼不过是想一般地用它来表示任何一种能使物体彼此趋近的力，而不管其原因何在。因为我们在追究使这种吸引得以实现的原因之前,必须先通过自然现象弄清楚哪种物体能够彼此吸引,而这种吸引作用的定律和性质又是些什么。"(*Qua causa efficiente hae attractions*〔sc. *Gravitas*,*visque magnetica* & *electrica*〕*peragantur*,*hic non inquiro. Quam ego Attractionem appello. Hanc vocem Attractionis ita hic accipi velim ut in universum solummodo vim aliquam significare intelligatur qua corpora ad se mutuo tendant*,*cuicunque demum causae attribuenda sit illa vis. Nam ex Phaenomenis Naturae illud nos prius edoctos esse oportet quaenam corpora se invicem attrahant*,*et quaenam sint leges et proprietates istius attractionis*,*quam in id inquirere par sit quanam efficiente causa peragatur attractio.*)稍后,他提到了同一种引力,并把它与被想象成从事物的具体形式中流出的隐秘性质区分开来。从这些力的现象上看,好像自然界中存在着某个作用者,虽然这些力的起因还不为人所知晓。在《原理》末尾的"总释"中,他在谈论了重力的属性之后,又接着说道:"直到现在,我还未能从现象中发现重力所以有这些属性的原因,我也不杜撰任何假说;因为,凡不是从现象中推导出来的任何说法都应称之为假说;而这种假说无论是形而上学的或是物理学的,无论是关于隐秘性质的或是关于机械性质的,在实验哲学中都没有它们的位置——对我们来说,能知道重力确实存在,并且按照我们业已说明的那些规律起着作用,还可以广泛地用它来解释天体和海洋的一切运动,就已经足够了。"(*Rationem vero harum Gravitatis proprietatum ex*

Phaenomenis nondum potui deducere, et Hypotheses non fingo. Quicquid enim ex Phaenomenis non deducitur Hypothesis vocanda est; et Hypotheses seu Metaphysicae seu Physicae, seu Qualitatum occultarum, seu Mechanicae, in Philosophia experimentali locum non habent.——Satis est quod Gravitas revera existet et agat secundum leges à nobis expositas, et ad Corporum coelestium et Maris nostri motus omnes sufficiat.）在看过所有这些之后，大家也许会料定，牛顿先生应该不会被认为是一个用假说来解释重力和其他引力的成因的人；仿佛这是一个罪恶，只满足于确定的东西，而忽略那些不确定的东西。然而《学人辑刊》①的编辑们却（a）告诉世人，牛顿先生否认重力的起因是机械的。如果那种使电的引力得以起作用的精神或作用者不是笛卡儿所说的以太或者精细物质，则它还不如一个假说有价值，他也许会成为亨利·摩尔博士的原质（Hylarchic）原理：莱布尼茨先生（b）指责他把重力当成了物体的一种自然属性或者本质属性，一种隐秘性质或者奇迹。他们正在用这种冷嘲热讽力图使德国人确信，牛顿先生想要做出判断，却发明不出无穷小方法来。

　　必须承认，这两位先生在哲学上的确是大相径庭，一位根据由实验和现象得来的证据推进自己的工作，当此类证据缺乏时则止步不前；另一位则对假说深感兴趣，他把它们提出来以供讨论，却不用实验去检验，而是不尊重事实地盲信。一位

① 1714 年 3 月，pp. 141—142。

由于缺乏判定问题的实验而不去断言重力的起因到底是机械的还是非机械的；另一位则宣称如果它不是机械的，那就是一个永恒的奇迹。一位是（通过疑问的方式）把物质最小微粒的坚硬归于造物主的伟力；而另一位则把物质的坚硬归于运动的一致，而且如果坚硬的起因不是机械的，则就称它为一个永恒的奇迹。一位不去断言人的身体运动纯粹是机械的，而另一位则教导我们它是纯机械的，灵魂或者心灵（根据"前定和谐"[*Harmonia Praestabilita*]假说）从不作用于身体而改变或影响其运动。一位说，上帝（指我们生活、运动于其中，并使我们得以存在的上帝）是无所不在的，但却不是作为世界的灵魂而存在；而另一位则宣称，它不是世界的灵魂，却是超世界的心智（INTELLIGENTIA SUPRAMUNDANA），一个超越世界所有界限的心智。于是似乎就有以下结论，即如若不借助不可思议的奇迹，他就不可能在世界中做成任何事情。一位教导我们，哲学家应当先从同问题的原因相关的现象和实验进行论证，进而转到那些原因的起因，如此类推下去，直至我们找到第一因；另一位则教导我们，凡第一因的作用都是奇迹，通过上帝的意志而加在自然之上的定律都是永恒的奇迹和隐秘性质，因此哲学上应不予考虑。然而难道自然的恒常普遍的定律，只要是从上帝的力量或是从一种迄今不为我们所知的原因的作用导出的，就必须被称为奇迹或者隐秘性质这种奇谈怪论吗？难道所有源于自然现象的对上帝的论述都必须要由一些新的大字眼（*new hard Names*）来加以驳斥吗？由于实验哲学只认可那些被实验所证明的现象，而且我们还不能用实验来证明自然界的一切现象都可以纯粹通过机械原因来解释,难道就一定要把这种实验哲学斥为不可思议和谬论吗? 显然,这些事情值得再好好考虑一下。①

我们可能以为,有了这篇冗长的讨论之后,莱布尼茨那些狡猾的恶语中伤将会烟消云散,它会使每个人信服,牛顿的引力是完完全全(toto coelo)不同于经院的"隐秘"性质的。然而在这次论争过去十年之后,丰特奈勒仍未被说服。在《牛顿颂词》中,他这样说道:

> 他非常坦率地宣称,自己仅仅是把这种引力当成一种原因尚不清楚的东西,而只是关心、比较和计算它所引出的结果;而且为了避免重新激起经院哲学家们对"隐秘性质"的指责,他说他只提出那些非常清晰的性质,这些性质通过现象就可以一目了然。不过这些性质的起因的确是神秘的,他将把这些问题留给其他那些为之奋斗的人们去研究。但既然其结果如此明显,难道它们不正是被哲学家们称为"隐秘性质"的起因吗? 再说,艾萨克爵士会认为别人能找出连他自己都发现不了的"隐秘起因"吗? 对于其他人来说,胜算能有几成呢?②

148

---

① 　Pp. 55 sq. ; *Opera omnia* , ed. Horsley, Ⅳ , 492 sq. .

② 　*The Elogium of Sir Isaac Newton* (London, 1728), p. 21; reprinted in *Isaac Newton's Papers and Letters on Natural Philosophy* , ed. I. Bernard Cohen(Cambridge, Massachusetts: Harvard University Press, 1958), p. 463.

附录 C　重力是物质的一种本质属性吗？ 149

众所周知，牛顿并不认为重力是"物质所具有的一种天然的、本质的、固有的属性"；的确，在 1675 年的"解释光属性的假说"（Hypothesis Explaining the Properties of Light）[①]和 1679 年致波义耳的信（1678/79 年 2 月 28 日）中，[②]他都试图机械地——亦即通过精细物质的运动或者一种以太介质——解释重力，但至少在某些时候，他并没有对这些希望渺茫的尝试过于执着。在 1692 年的一封致本特利的信[③]中，他说不要把那种伊壁鸠鲁主义观点加之于他；他告诉本特利，[④]那种认为引力是一种不借助中介就能经由真空进行的超距作用的观点，是一种无人会相信的谬论。他还明确指出，这种中介必须通过某种非物质的东西即上帝来起作用。

然而，这些《致本特利的信》（Letters to Bentley）是在《原理》出版五年之后写的，它们直到 1756 年才发表；因此，它们无法帮助《原理》的读者，特别是第一版（伦敦，1687 年）的读者摆脱已有的成见，

---

① Thomas Birch, *The History of the Royal Society of London*（London, 1757）, III, 250 sq. ; I. B. Cohen ed. , *Isaac Newton's Papers and Letters on Natural Philosophy*（Cambridge, Massachusetts: Harvard University Press, 1958）, pp. 180 sq. .

② Thomas Birch, *The Works of the Honourable Robert Boyle*［波义耳著作集］（London, 1744）, I , 70 sq. ; *Cohen, Newton's Papers and Letters*, pp. 250 sq. ; Newton, *Correspondence*, II , 288.

③ *Four Letters from Sir Isaac Newton to Doctor Bentley*（London, 1756）, p. 20; *Cohen, Newton's Papers and Letters*, p. 298.

④ *Four Letters from Sir Isaac Newton to Doctor Bentley*（London, 1756）, p. 25; *Cohen, Newton's Papers and Letters*, p. 302.

他们很难不误解牛顿的立场,把他在信中如此强烈拒斥的那些观点归之于他。之所以如此,也是因为本特利不顾牛顿的告诫,在其"对无神论的驳斥"(*Confutation of Atheism*)一文中宣称"万物之主把一种恒定的能量注入了物质",还说"重力对物质而言可能是必不可少的"。[①] 至于牛顿本人,则并没有在《原理》中表达对于引力"本性"的看法,也没有告诉读者,无需介质的超距作用是不可能发生的,物体绝不可能这样相互吸引。但他又极力想说明,自然哲学中所谈论的物体借以相互接近或相互远离的引力与斥力,不应被当作这些运动现象的"原因",而应当作起因尚不清楚的"数学的力"。

于是在"致读者序"(*Praefatio ad lectorem*)中,在说明了普通力学起源于实践技艺以后,他又说:

> 但我考虑的是哲学而非技艺……所考虑的主要是那些与重力、浮力、弹性力、流体的阻力,以及其他无论是与引力还是斥力有关的问题;因此,我把这部著作叫作哲学的数学原理,因为哲学的全部困难似乎就在于由运动现象来研究自然之力,然后用这些力去证明其他现象……有诸多理由使我猜测,这些现象可能都与某些力有关,由于这些力的作用,物体的各个微粒通过某种迄今未知的原因,要么相互接近而以有规则的形状彼此附着在一起,要么相互排斥而彼此远离。正因为我们还不知道这些力是什么,所以直到现在,哲学家对自然的

---

① Richard Bentley, *A Confutation of Atheism from the Origin and Frame of the World*[用世界的起源与构造来驳斥无神论](London, 1693), part Ⅲ, p. 11; *Cohen, Newton's Papers and Letters*, p. 363.

探讨都以失败而告终；但我希望本书所确立的原理能对这种或某种更正确的哲学方法提供一些线索。

后来他又解释说，所有那些被用来意指向心力或者物体借以相互趋近的力的字句都不具有物理含义，而只应被理解为可以相互替代的数学术语：

> 对于"吸引"、"推动"，或者任何一种趋于中心的"倾向"这些字眼，我在使用时不做区别；因为我不是从物理上而是从数学上来考虑这些力的；因此读者不要望文生义，以为我使用这些字眼，是想为任何一种作用的种类或者形式及其原因或物理根源下什么定义；或者当我偶尔谈到吸引中心或者具有吸引能力的中心时，以为我是想把真正的、具有物理意义的力归于（只是些数学的点的）某些中心。①

第一编的第 11 章所讨论的是，球体由于向心力的作用而相互趋近，从而围绕它们的公共重心运动的情况。在这一章的引言中，牛顿说他把"把向心力当作就像是引力（*tanquam attractiones*）一样，虽然用物理学的语言来说（*physice loquendo*），也许更准确地应当称之为推力（*verius dicantur impulsus*）"。② 他之所以会这样说，是因为他所处理的是数学问题，因此不得不采用一种更易为数

----

① 　*Principia*(1687)，Definitio Ⅷ，pp. 3—4；Motte-Cajori，pp. 5—6.

② 　*De motu corporum sphericorum viribus centripetis se mutuo petentium*［论在向心力作用下球体的运动］，p. 162，164.

学读者所理解的方式。

"更准确地应称之为推力",这相当有趣和奇特。说它奇特是因为,正如惠更斯与丰特奈勒没有忘记指出的,引力和推力事实上并不等价,至少并不完全等价。牛顿本人也在《原理》第二版补充的"总释"中暗示了这一点,他说引力或重力具有一些不为机械力所具有的属性;因此很奇怪他为什么仍然说它们等价。说它有趣是因为,这说明在牛顿看来——他的机械论论敌们也这样看——推力是唯一可以接受的物理力的作用方式,而且他本人也很明白使用"引力"这一术语所蕴含的危险。然而如果按照"推力"一词的字面意思去理解,危险也小不到哪儿去,因为它表明了一种真实的、物理的机制;这太屈服于笛卡儿主义者了。因此牛顿解释说,就像"引力"一样,我们也不应认为"推力"蕴含了某种明确的物理含义:两个术语都应以一种纯数学的方式来理解,也就是说,它们不涉及任何关于如何产生效果的方式(*modus producendi*),并且对任何这种方式保持中立。

于是,在总结这一章的附释中,牛顿解释说:

　　我在此使用引力一词是广义的,泛指物体相互趋近的一切天然倾向[*conatu*],无论这种倾向是来自于物体本身的作用,由于发射精气而相互趋近[*petentium*]或者推移;还是来自于以太,或空气,或任何介质的相互作用,不论此介质是物质的还是非物质的,以及是以什么方式促使处于其中的物体相互靠拢的。我使用推力一词同样是广义的,在本书中我并不想定义这些力的类别或者物理属性,而只想研究它们的量与数学关系，一如我们以前在定义中所声明[explicui]的那样。①

牛顿的立场似乎是相当清楚的：他所讨论的那些力是"数学的"力，或者他正在讨论，而且只准备讨论它们的那些可用数学处理的方面。我们并不关心，或者至少不会去追问它们本身到底是什么，我们的目标不是去思索它们的真实本性（或者产生它们的原因），而是去研究它们的作用方式是什么。或者用稍嫌时髦的话来说，是去寻找"如何"（how）而非"为何"（why），是去建立"定律"（law）而非寻找"原因"（why）。

有一点似乎很奇怪，尽管有牛顿这些非常明确的说法，而且它们与光学著作的观点无甚差别，《原理》——一本论述理性力学与数学天文学的书——的内容似乎也完全证实了这些话，但他的学说仍然可能，而且的确已被解释成假定了物体内部的吸引力所产生的超距作用。特别是在对解释性假说持一种不加分别的实证主义态度，对同一现象所做的多种可能解释愿意表示怀疑地接受再也不是一种闻所未闻的稀罕态度时，这种想法就更加难免了；恰恰相反，它广为流传，以致像波义耳和胡克这样的名人所持的都是这种观点。

至于重力，早在 1636 年，伽利略就宣称我们不知道它是什么——我们只知道它的名字——哲学家所做的解释只是些语词罢了。探究重力的本性是不会有多大收获的：能知道它是按照精确的数学定律起作用就已经足够了。② 1669 年，沃利斯（John Wal-

---

①　*Principia*(1687)，p. 191；Motte-Cajori，p. 192.

②　Galileo，"Dialogo Ⅱ，"in *Opere*，Edizione nazionale，ed. A. Favaro（Florence，1897），Ⅶ，260.

lis)在其《力学》(*Mechanics*)中宣称,他将不去探求重力的原因,而只把它当成物体借以下落的力(不管它是什么):

　　重力是朝下或朝向地心的推动力。不管它是什么,我们在此不对重力原理做物理的考察。也不管是否合适,说它是性质,或物体的效应,或者用什么别的名字称呼它。它或是来自于重物自身的内在性质,或是由于周围环境所导致的趋于中心的倾向;或者是来自于地球的电或磁的能力,而把重物拉向自身。(关于这些我们姑且不论:)这样说就足够了,我们所谓的重力就是我们能够察觉到的那个使重物向下运动的力,而重物对此没有任何抵抗力。

Gravitas est vis motrix, deorsum, sive ad Centrum Terrae. Quodnam sit, in consideratione Physica Gravitatis Principium, non hic inquirimus. Neque etiam, an qualitas dici debeat, aut Corporis Affectio, aut quo alio nominee censeri par sit. Sive enim ab innata qualitate in ipso gravi corpore; sive a communi circumstantium vergentia ad centrum; sive ab electrica vel magnetica Terrae facultate quae gravia ad se alliciat (de quo non est ut hic moveamus litem;) sufficit ut Gravitatis nominee eam intelligamus, quam sensu deprehendimus, Vim deorsum movendi tam ipsum corpus grave, tam quae obstant minus efficatia impedimenta. ①

　　然而,牛顿同时使用"引力"和"推力",甚至更倾向于使用"引 　153
力",这只能使这一术语——及此观念——得以复兴,而在此之前
它早已被笛卡儿主义者坚决地抛弃了;而且由于牛顿一贯把引力
与推力平行地看待(在我曾经引用过的,以及许多还未引用的段落
中,比如第一编中关于光学的一章[XIV]),这只能给人造成一种
印象,即他在这两种情形中所讨论的都是类似的物理的力,即使他
会漠视或把它们的物理实在抽象化,而只考虑其数学方面。

　　再者,牛顿的把"数学的"力和"物理的"力加以区别的例子绝
不能使人信服。我们当然不能把力赋予数学点,吸引球外物体的
并不是球体的中心点,围绕公共重心划出相似轨迹的两个物体,也
不是被这一公共重心所吸引——虽然它们好像被同一点所吸引,
好像每个球体的质量都集中于各自的中心。② 然而如果物体确是
这样表现的,那么事实难道不是很清楚,它们之所以如此,是因为
作用于它们的那些力——我们很可以称其为"数学的"——源于一
些绝非"数学的"力,我们把这些力归于中心球体或转动物体本身
的无数微粒的作用?

　　最后,正如惠更斯注意到的,"推力"或者"压力"并不能与"引
力"互换:前者并不"朝向"一个物体,它可以指向甚至更容易指向

---

　　① J. Wallis, *Mechanica sive de motu tractatus geometricus*[力学,或论运动的几何学]
(London,1669),Def. XII,p. 3;*Opera mathematica*(Oxford,1695),I,p. 576.

　　② *Principia*(1687)Book I, Sec. XII, pp. 192 sq. and 200 sq. ; Motte-Cajori, pp.
193 sq. and 200 sq..

虚空,而且即使它指向某一物体,也不会产生相互的作用力——正如牛顿本人将要认识到的——其大小也不依赖于该物体的质量。而且,牛顿为自己使用"引力"一词所做的辩护很容易产生误解;事实上,它不是一个数学概念,对"数学的"读者而言,"向心力"(*vis centripeta*)(仿照惠更斯的"离心力"[*vis centrifuga*],也是对他表示敬意)也同样可行,甚至还会更胜一筹。的确,在第一编的前十章中,牛顿讨论了划出各种曲线特别是圆锥曲线的物体的运动,其中他自始至终使用的都是"向心力"一词。[①] 不仅如此,为了指定这些使物体相互趋近(*petunt*)的向心力,牛顿往往并不单独使用"吸引"(*attractio*)一词,而是与更具体的开普勒术语"牵引"(*tractio*)连用,同时赋予"牵引"(*tractio*)一种主动的含义,赋予"吸引"(*attractio*)一种被动的含义;于是物体彼此牵引(*trahunt*)并且被相互吸引(*attracta*)(英文中用"attraction"[引力]同时指代这两个词,尽管这得到了牛顿本人的首肯,[②]但却掩盖了这种极为重要的细微差别)。

因此,当数学的读者得知,引力……作用于物体(*attractiones… fieri solent ad corpora*)(不是作用于数学的点[*ad puncta mathematica*]),而且正比于它们的质量;物体的牵引和吸引作用总是相互的和相等的[③](*corporum trahentium & attractorum actions semper*

---

① 比如 *Principia*(1687),Sec. Ⅲ,Prop. Ⅺ,Prob. Ⅵ,p. 50,and Prop. Ⅻ,Prob. Ⅶ,p. 51,他确定了沿椭圆或抛物线运动的物体指向焦点的向心力所遵从的定律;或者 Sec Ⅷ,p. 8,它讨论的是被任何向心力作用的物体的轨道问题。

② 参见他 1713 年 3 月 28 日致科茨的信,载于 J. Edleston,*Correspondence of Sir Isaac Newton and Professor Cotes*(London,1850),p. 154。

③ *Principia*(1687),p. 162;Motte-Cajori,p. 164.

mutuae sunt & aequales）；两个相互牵引的物体……描绘相似的图形①（*corpora duo se invicem trahentia describunt ··· figures similes*）；物体相互牵引的力（*vires quibus corpora se mutuo trahunt*）随着距离的增大而减小；特别是，"如果由 A、B、C、D 等物体所组成的系统中的每一物体都独自牵引（*trahunt*）所有其他的物体，使物体加速的力的大小或者反比于到牵引物体（*a trahente*）的距离，或者与此距离的任意次幂成比例……[那么]显然，这些物体的绝对的力就如同这些物体本身一样"，因为"就像磁体中的力，指向物体的力可以被恰当地认为依赖于它们的本性和量"②等；知道了这些之后，数学的读者们无疑会这样来理解（或误解），即牛顿断言物体中存在着力，物体通过这些力而相互作用（相互牵引，*trahunt*），尽管它们之间还隔着一段距离。而且，由于从来也没有见过一句话是谈论传递这种作用的介质的，所以读者们将会像惠更斯、莱布尼茨和科茨那样下结论说，牛顿假设了超距作用却又不承认这一点，正如 1672 年他曾在其"关于光和颜色的新理论"中断言了光的微粒结构，同时又矢口否认这样做了。

　　至于那些非数学的读者，则把这种无法理解的引力当成了上帝作用于这个世界的一种方式。的确，上帝无须让这种作用符合我们的理解。于是，洛克说：

　　如果上帝不能给予物质的任何部分以任何力量，那么人

------

① *Principia*(1687)，p. 162；Motte-Cajori，p. 164.

② *Principia*(1687)，Prop. LXIX，Th. XXIX，and *scholium*，pp. 190 sq. ；Motte-Cajori，pp. 191 sq. .

能够从一般物质的本质出发来提供说明：如果所有这些性质和属性必须要摧毁物质的本质或者改变其本质属性，而依据我们的观念，这些性质是在本质之上的，而且我们也无法设想它们就是那个本质的自然结果；显然，在我们这个体系的绝大多数可以感知的部分中，物质的本质已经被摧毁了，其本质属性也已被改变了：因为可以显见，所有行星都绕着某些遥远的中心运转，我们无法想象一个人可以不借助于某种附加于本质之上的东西，而仅凭本质或者依赖于物质一般本质的自然之力，就能解释这一现象或使之能被我们理解；因为无论是物质沿着一条曲线的运动，还是物质对物质的吸引，都可以说是这类现象；它们都不能仅从一般的物质或物体的本质中推论出来，这超出了我们的能力范围；尽管在这种情况下，二者中必有一个被算作一般的物质本质之一。全能的造物主在创世之时并未与我们商讨，他所采用的方式绝对是最出色的，因为它们超出了我们的发现能力。①

洛克认识到，牛顿已经使自己改变了想法：

我承认我曾说过（《人类理解论》[*Essay on Human Understanding*]，第二卷，第 8 章，第 11 节），物体只能依靠推动，而不能以其他方式发生作用。这正是我当时的观点，而且

---

① 参见 *Mr. Locke's Reply to the Right Reverend Lord Bishop of Worcester, Answer to his Second Letter*…(London,1699),pp. 398 sq. 。

直到现在我都不能想象还有别种作用方式。然而从那时起，是牛顿先生那本无与伦比的颇有见地的著作使我认识到，由于观念的局限，我们已经无形中假设了太多对上帝能力的约束。物体之间以一种我们无法想象的方式发生引力作用，这不仅是对上帝能力的证明，即他可以在认为适当的时候赋予物体力量和作用方式，这些都超出了我们对物体的理解程度和认识水平；而且这也是对他已经这样做了这个事实的无可辩驳的例证。因此，我将在这本书的新版中认真地修改这段话。①

顺便说一句，他确实这样做了。确如弗雷泽（A. C. Fraser）在编订《人类理解论》时所注意到的：

　　在前三版中，这一节是这样说的："接下来所要考虑的，是一个物体怎样作用于另一个物体；显然，它只能通过推动这一种方式来完成；不可设想，物体可以作用于不为它所接触的东西（这就如同设想它可以作用于不存在的东西一样），或者即使接触另一物体，却不通过运动的方式，而以其他方式作用于它。"在以后的版本中，洛克删掉了这段话，取而代之的是："接下来所要考虑的，是物体怎样在我们心中产生观念；显然，这只能通过推动的方式来完成，这是我们所能设想的物体作用

---

① *Mr. Locke's Reply to the Right Reverend Lord Bishop of Worcester*, *Answer to his Second Letter*…(London, 1699), p. 408.

于心灵的唯一方式。"①

《光学》的问世(伦敦,1704年)并没有改善这种局面,而是恰恰相反。的确,尽管牛顿为了解释易反射"猝发"和易折射"猝发",甚至是一般情况下的反射、折射而求助于一种振动介质(它最终在英文第二版中成为一种发光的弹性以太)的"假说",但他同时又在疑问1(和疑问4)中"追问",物体对光是否有超距作用。而且,切恩博士(他被认为是牛顿的一个追随者,他关于上帝、空间和世界的关系的看法,与牛顿本人坚持却又不想表露的那些观点很类似)曾经肯定地说,尽管就重力或引力最完整的含义而言,它们并非物质的本质属性,但它们仍然是一种基本性质。他是这样说的:

> 引力对物质来说不是本质的,它更像是一种原初的推力,这种力凭借神的无所不在的活动性而在物质中维持。它是神在只适用于粗大造物的低层次的一种摹本或影像,所以直到现在,它仍是物质的基本性质之一,没有它,物质就不可能是它现在所构成的样子。②

① J. Locke,*Essay Concerning Human Understanding*, ed. A. C. Fraser(Oxford,1894),I,171,note 1.

② G. Cheyne,*Philosophical Principles of Natural Religion*[自然宗教的哲学原理](London,1705;2nd ed. ,1715),p. 41. 关于切恩,参见 Mme. Hélène Metzger,*Attraction universelle et religion naturelle chez quelques commentateurs anglais de Newton*(Paris:Hermann,1937)。

切恩还说，①引力无法被机械地解释。

面对着这种对自己学说的明目张胆的"歪曲"，牛顿做出了回应。然而他并没有直截了当地说，重力绝非物体的一种"属性"，而是由一种非物质的原因产生出来的——就像克拉克同时所说的那样；②牛顿宁愿说，他的意思并非表面所说的那样。于是在《光学》的拉丁文版（伦敦，1706 年）中——这次再版时，疑问 1 仍然断言物质对光的超距作用；在疑问 22 中，他说光微粒与粗大物体的之间引力强度是粗大物体之间引力的 1'000'000'000'000'000 倍——他又发表了一个疑问（疑问 23，英文第二版中的疑问 31），在这个疑问中，他先是讨论了物体借以发生超距作用的各种力——吸引的、化学的、电的——并说自然界中也许还存在着其他类型的引力，然后他又说（1706 年拉丁文版的第 322 页，1717 年英文第二版的第 351 页；它们的文字不尽相同，我把两者都摘录下来）：

至于这些引力是如何实现的，我不想在此讨论。我所说的"引力"，可以通过推动或其他我所不知道的方式来实现。我在这里用这个字眼不过是想一般地用它来表示任何一种能使物体彼此趋近的力，而不管其原因何在。因为我们在追究这种吸引依靠什么而得以实现之前，必须先通过自然现象搞清楚哪种物体能够彼此吸引，而这种吸引作用

---

①　G. Cheyne, *Philosophical Principles of Natural Religion*［自然宗教的哲学原理］(London, 1705; 2nd ed., 1715), p. 42.

②　Rohault's *Physica*, pars Ⅰ, cap. Ⅺ, par. 15 的一个注释。

的规律和性质又是些什么？重力、磁和电的吸引可以达到相当可观的距离，所以用肉眼就能观察到。但可能还存在着某些其他的引力，它只能达到相当小的距离，以致迄今为止，还没有被我们观察到；或许电的吸引在它还没有被摩擦所激起时，就只能达到这样小的距离。[着重号是在英文第三版中添加的。]

Qua causa efficiente hae Attractiones peragantur, in id vero hic non inquiro. Quam ego Attractionem appello, fieri sane potest ut ea efficiatur *Impulsu* vel alio aliquo modo nobis ignoto. Hanc vocem Attractionis ita hic accipi velim ut in universum solummodo vim aliquam significare intelligatur qua Corpora ad se mutuo tendant cuicunque demum causae attribuenda sit illa vis. Nam ex phaenomenis Naturae illud nos prius edocts oportet quaenam corpora se invicem Attrahant et quaenam sint Leges et Proprietates istius Attractionis quam in id inquirere par sit, quanam efficiente causa peragatur Attractio. Attractiones gravitates, virtutisque magneticae et electricae, ad satis magna se extendunt illae quidem intervalla; adeoque etiam sub vulgi sensum notitiamque ceciderunt. At vero fieri potest ut sint praeterae aliae quoque aliquae quae tam augustis finibus contineantur, ut usque adhuc omnem observationem fugerint.

牛顿在《原理》第二版的第三条"哲学思考的规则"中①讨论了物体的本质属性,亦即那些"无法增强和减弱"的属性(*intendi et remitti nequeunt*)(非常奇怪,牛顿竟然使用了牛津和巴黎经院哲学家的中世纪术语)。其中他把广延性(*extensio*)、延续性(*durities*)、不可入性(*impenetrabilitas*)、可运动性(*mobilitas*)和惯性力(*vis inertiae*)等等列为此类——但没有重力,尽管他同时说重力是一种为物质普遍具有的力。的确,他说所有物体本身都相互吸引(*corpora omnia in se mutuo gravitant*),这与它们具有广延一样确定,其确定性甚至比它们有广延还要高。

在第二版增补的"总释"中,②他说尽管自己已经用重力(*per Vim gravitatis*)解释了天体及海洋的种种现象,但并没有把这种力量归于什么原因,因为他不能从现象中推论出重力所具有的特殊属性,而且也不准备为此去杜撰假说。的确,

158

> 可以肯定,这种力量只能来自于这样一个原因,它能穿过太阳和行星的中心,而不因此受到丝毫的减弱;它不是(像机械原因所惯常的那样)按照它所作用的微粒表面的大小,而是按照这些表面所含坚实物质的量而发生作用的,并且在所有方向上它总是把它们的作用按照与距离的平方成反比的规律传播到遥远的地方……但迄今为止,我还未能从现象中发现重力所以有这些属性的原因,我也不杜撰任何假说。

---

① *Principia*(1713),pp. 357 sq. ;Motte-Cajori,pp. 398 sq. .
② *Principia*(1713),p. 483,p. 546.

在这一重要声明之后，他又补充了如下说法（这是采纳了科茨的建议，也是为了抵御莱布尼茨的攻击，因为莱布尼茨曾在一封致哈尔措克的信中，指责他不仅把隐秘性质，而且把永恒的奇迹重新引入了自然哲学）：

> 因为，凡不是从现象中推导出来的任何说法都应称之为假说；而这种假说无论是形而上学的或是物理学的，无论是关于隐秘性质的或是关于机械性质的，在实验哲学中都没有它们的位置。在这种哲学中，特殊的命题总是从现象中推论出来，然后用归纳方法加以概括而使之带有普遍性的。物体的不可入性、可运动性和冲力，以及运动定律和重力定律，都是这样发现出来的。但对我们来说，能知道重力确实存在，并且按照我们业已说明的那些规律起着作用，还可以广泛地用它来解释天体和海洋的一切运动，就已经足够了。①

　　一方面，这份著名的声明似乎比以前更加强调第一版和第三条"哲学思考的规则"所表现出的纯粹经验论立场，这种立场似乎抛弃了现象的所有因果解释，并以一种实证主义-不可知论的态度，把重力——或引力——仅仅作为一个事实而接受下来；另一方面，这一声明又把重力与不可入性、可运动性、惯性等等这些物体的真正本质的属性联系起来，同时断言它不可能被"机械地"解释，

---

① *Principia*(1713)，p. 484，p. 547. 参见 J. Edleston，*Correspondence of Sir Isaac Newton and Professor Cotes*，pp. 153,155。

这当然没有,也不可能达到牛顿所预期的比拉丁文版《光学》的暗示更好的效果。他的读者们仍然相信,重力或者万有引力不仅是宇宙中的一种真实的力(按照牛顿的说法,它以前就是这样),而且也是一种物理的力(按照牛顿的说法,它以前不是这样),甚至是物质的一种真实属性,虽然也许还算不上"本质"。科茨(他顺带表达了对牛顿所断言的物体相互吸引的怀疑,他反驳说,这暗示牛顿"心照不宣地假定了中心物体含有引力"①)在给《原理》第二版所作的著名序言中——我们有充分的理由认为,这篇序言即使不是在牛顿的指导下完成的,也至少是得到了他的首肯,因此是牛顿观点的一个权威表述——似乎更加坚定了自己的想法。他当然没有宣称重力是物体的一种本质属性——他被告知不许这样做——然而就像切恩一样,他把它称为一种基本属性,他说,

> 在一切物体的基本性质中,要么重力应该占有一席之地,要么广延性、可运动性和不可入性都不具有什么位置。如果事物的性质不能用物体的重力来正确予以解释,那么要用它们的广延性、可运动性和不可入性来做出正确的解释也是不可能的了。②

事实上,科茨最初使用的字眼是"本质"——顺便说一句,这说明要误解牛顿是多么容易,即便是对他的一个严谨的、见识广博的学生来说也是如此——只是在克拉克对这篇序言的草稿提出质疑

159

---

① 参见 J. Edleston, *Correspondence of Sir Isaac Newton and Professor Cotes*, p. 153,以及后面第七篇,"引力、牛顿与科茨"。

② *Principia*, Motte-Cajori, p. xxvi.

之后，他才意识到自己的错误，并把它改正了过来。与此同时，在一
封致克拉克的信中，他表达了一种影响广泛的反笛卡儿和前笛卡儿
的怀疑论，这种怀疑论在洛克的影响下而在 17 世纪传播开来，它涉
及我们对物质与属性之间关系的认识或理解。事实上，牛顿本人也
持这个看法。的确，牛顿在给《原理》第二版补充的"总释"中说：

> 我们对各种事物的真正本质一无所知。对于任何物体我们只
> 能看到其形状和颜色，听到其声音，摸到其外表，嗅到其气味，
> 尝到其味道；但我们却无法通过感觉或心灵的反射作用来获
> 知它们的内在实质。[①]

在这段话未发表的草稿中，他愈发表达了对"现代"观点的拒斥，愈
发回到了传统的经院的亚里士多德主义观点：

> 我们不认识事物的实体，也不具有关于这些实体的观念，
> 从现象出发我们只能获取关于它们的性质，然后从性质中推
> 断何为实体。仅从现象我们推断物体都是彼此不可入的：从
> 现象中至少还可以表明，不同种类的实体也是彼此不可入的。
> 从现象中我们能推断的东西，我们也不该不敢断定。
> 　　基于现象，我们认识事物的性质，然后从这些性质我们推
> 断事物本身，并且把这些东西称作实体，尽管我们关于这些实

160

---

① *Principia*(1713)，p. 483；Motte-Cajori，p. 546.

体的观念并不比关于颜色的那些含混的观念更多一些……

　　我们具有关于属性的观念，但是关于实体到底是什么，我们却知道得很少。①

　　Substantias rerum non cognoscimus. Nullas habemus earum ideas. Ex phaenomenis colligimus earum proprietates solas & ex proprietatibus quod sint substantiae. Corpora se mutuo non penetrare colligimus ex solis phaenomenis；substantias diversi generis se mutuo non penetrare ex phaenomenis minime constat. Et quod ex phaenomenis minime colligitur temere affirmare non debet.

　　Ex phaenomenis cognoscimus proprietates rerum & ex proprietatibus colligimus res ipsas extare easque vocamus substantias sed ideas substantiarum non magis habemus quam caecus ideas colorum…

　　Ideas habemus attributorum ejus sed quid sit rei alicujus substantia minime cognoscimus.

　　至于科茨，则致信自己的审稿人克拉克：

———————

① 　参见 A. R. Hall and M. B. Hall, *A Selection from the Unpublished Scientific Papers of Sir Isaac Newton in the Portsmouth Collection*, *Cambridge University Library*（Cambridge，England：Cambridge University Press，1962），pp. 356 sq. 。

　　先生:我对您纠正那篇序言深表谢意,特别感谢您对其中
的一个不当之处所提的建议,在那里我称重力对物体来说是本
质的。我完全同意您的看法,即这将为无端指摘提供方便,因
此我一从坎农(Cannon)博士那里听说您的反对意见,就立即把
这段话删掉了,所以它从未被刊出……我说那段话的意思并不
是要说重力对物质是本质的,而是想说,我们对物质的本质属
性是一无所知的。其实就我们的认识而言,重力是可以与我所
提到的其他性质同样享有这一称誉的。因为我把本质属性理
解为这样一些属性,没有它们,同一实体的其他属性就将不复
存在:我不能证明,如果没有了像广延这样的属性,物体的任
何其他属性就不可能存在。(剑桥,1713 年 6 月 25 日)[①]

　　正如我们所看到的,科茨把"本质"换成了"基本"。严格说来,
"基本"和"本质"并不是一回事。本质属性是指这样一种性质,如
果事物失去了它,就既不能存在,也不能被想象;比如广延就属于
这种类型。但重力不是,因为我们无法想象一个没有广延的物体,
却能够想象一个没有重力的物体。然而实际上(*in praxi*),情况
并没有变得更好;特别是因为科茨就像切恩博士所做的那样,把
"本质"这个字眼一笔勾销,转而不仅对重力,而且对广延性、可运
动性和不可入性都冠以"基本"之名,这样就把所有这些"性质"都
放到了同一层次之上,从而使"重力"成为物体的一种性质。于是,
他很自然地会被认为或误认为把重力当成了物质的一种本质属

---

　　①　参见 Edleston,*Correspondence*,pp. 151 sq.。

性,并把引力赋予了物质。

牛顿再次,或者第三次表示抗议。于是在英文第二版《光学》(1717 年)所补充的疑问中,他复活了自己在 1675 年提出的假说中所使用的以太概念;的确,他通过以太的压力来解释反射、折射等现象抬高了以太的地位,而在此之前(特别是《原理》第一编的第 14 章),这些现象都是用引力和斥力的超距作用来解释的;他还在这一版的序言中提出——当然是作为假说——要用以太的压力来解释重力:"为了说明我并没有把重力当成物体的一种本质属性,我补充了一个有关它的成因的疑问(疑问 21),我之所以选择用疑问的形式将它提出,是因为要想对它感到满意还需要更多实验的支持。"不仅如此,为了使他关于以太的新理论更容易被接受,也是为了减小它与那些假设超距作用的疑问所做的断言之间的明显矛盾,牛顿删去了拉丁文版《光学》的疑问 22(英文版的疑问 30)的部分内容,[①]他本来在这个疑问中是断言光微粒与粗大物质之间的相互吸引要比地球的重力强 10^{15} 倍,然后又在疑问 29 的结尾补充说:"我在这个疑问中所说的真空以及光线朝向玻璃或晶体的吸引,可以被理解为"以太和以太的作用。[②]　在《原理》的第三版(1727 年)中,他在第三条"哲学思考的规则"中补充了如下说明:"我不是要断言重力对物体来说是本质的东西;所谓物体的固有之力(*vis insita*),我的意思只是指它们的惯性。惯性是不变的,而物体的重力则随着物体与地球距离的增加而减小。"(Attamen Grav-

①　*Optice*,p. 320.

②　参见我的"Études newtoniennes II:Les Quéries de L'Optique,"[牛顿研究 II:《光学》中的疑问集]*Archives Internationales d'Histoire des Sciences 13*(1960),15—29。

itatem corporibus essentialem esse minime affirmo. Per vim insi-
tam intelligo solam vim inertiae. Haec immutabilis est. Gravitas
recedendo a Terra diminuitur.）

　　然而这来得太晚了。似乎没有人曾对《光学》中的"假说"予以
太多关注。一方面,这些假说解释引力的方法是通过假设一种有
着非常不可思议的结构的以太介质,这种介质

　　　在太阳、恒星、行星和彗星这些致密物体的内部,要远比在它
　　们之间空虚的宇宙空间中稀薄得多,并且从这些天体一直到
　　距离很远的地方,这种介质会变得越来越稠密……由此引起
　　这些巨大物体相互吸引,并使物体的各部分吸向各自。

另一方面,疑问 22 中的假说(一个比疑问 21 中的更不可思议的假
说)认为,这种介质的弹性应比空气大 700000 倍,稀薄程度比空气
162 大 700000 倍以上,这样才不会干扰行星的运动,这样小的阻力"在
一万年里都不大会对行星运动产生任何可以觉察到的变化"。的
确,它是解释了引力的超距作用,或是把它给解释过去了,然而这
只是代之以斥力,因而未见得就能好得多;况且,牛顿的假说(这与
50 年前曾被胡克考查过又被抛弃的假说,甚至是,说起来可怕
[horribile dictu],与罗贝瓦尔在《阿里斯塔克的宇宙体系》中提出
的假说并无多大差异)显然无法解释物体的相互吸引。至于《原
理》第三版中的说明,则显然离题太远:它考虑的不是作为重量
（pondus）的重力（gravitas）,而是作为一种吸引力的重力（gravi-
tas）,其重量（pondus）仅仅是一种效应。因而不论重量如何变化,

它仍然可以——牛顿认为的确——保持恒定。

不仅如此——在我看来，这是更为重要的——牛顿所坚持的"物理的"与"非物理的"（超自然的）力，以及"本质的"与"非本质的"物质属性之间的微妙差别，在 18 世纪的读者那里消失了；他们当然还把广延、硬度等等这些物体的基本属性或者"原初"属性，与"形状、颜色、气味等这些更为特殊的属性"区分开来，但他们的感觉却如莫泊丢在其《论星体的不同形状》（*Discours sur la différente figure des astres*）中非常恰当地表达的那样：

在我们看来，诸属性存在于某一主体之中的方式往往是不可思议的。当人们看到一个运动物体把运动传递给其他物体时并不感到惊讶；他们这种看待现象的习惯使之无法发现个中奥妙［莫泊丢是在暗指马勒伯朗士，他认为这种传递是不可能的：马勒伯朗士确实否认能够传给物体，或者广而言之，传给造物任何因果关系或作用，他把这一切都诉诸上帝］，然而哲学家却不会错误地认为推力要比引力更加可信。［的确，］上帝要创造出相隔一定距离，并且趋向或相向运动的物体，不是要比移动它们必须等待两个物体相碰［按照马勒伯朗士的看法，他不得不如此］更加困难吗？如果我们具备对物体的完整看法，如果我们很清楚它们本身是什么以及属性是什么，这些属性又是以何种方式和数量存在于其中的，则我们就不会在决定引力是否是物质的一种属性时感到为难了。然而我们离具备这些看法还很远：因为我们只是通过感官来获知物体的，我们并不具有任何关于诸属性是如何被统一于主体的知识……

163

如果除了那些经验告诉我们的属性之外,还想赋予物体其他属性,那将是荒唐可笑的;然而如果毫无根据地断言所有其他属性都应被排除出去,那就更是荒谬的:这就好比说我们知道物体的能力有多大,尽管我们认识的只是它们的少数几种属性。[因此,]可以说,引力仅仅是一个事实问题:为了搞清楚它到底是否是一条定律,从而在自然界中实际占有一席之地,为了解释现象它在多大程度上是需要[承认其存在]的,或者说到底,它是否是为了解释事实而被故意引入的,而没有它也照样可以说明这些现象,其实我们需要考察的是宇宙这个体系。[①]

正如我们所看到的,在莫泊丢看来——对伏尔泰来说也是如此——重力或引力已经成为一个纯事实问题,它再也不是牛顿本人所理解的问题了。

除了极个别的例外,18 世纪的思想到头来都是不了了之。[②]正如马赫所说:"把超距作用力作为解释的一个既定出发点已经习以为常,而追本溯源的动力则几乎丧失殆尽。"[③]后来,这个问题被非常成功地隐藏在"场"的概念之下。[④]

---

① Maupertuis, *Discours sur la différente figure des asters* (Paris, 1732); *Oeuvres* (Lyons, 1756), I, 98, 94, 96, 103.

② 见 C. Isenkrahe, *Das Rätsel von Schwerkraft* [重力之谜] (Brunswick: Vieweg, 1879)。

③ Ernst Mach, *Die Mechanik in ihrer Entwicklung* (9th ed. ; Leipzig: Brockhaus, 1933), p. 185.

④ 参见 M. A. Tonnelat, "De l'idée de milieu à la notion de champ," [从环境的观念到场的概念] *Archives Internationales d'Histoire des Sciences 12* (1959), 337—356。

附录 D　虚空与广延

笛卡儿对于抛弃虚空概念的态度是和亚里士多德同样坚决的，甚至有过之而无不及。在亚里士多德看来，虚空仅仅就其本性而言（*rerum natura*）是不存在的，或者顶多也就是在现实中不可能；而对前者而言却远远不止于此：它是一种语词本身的矛盾（*contradictio in adjecto*）。的确，在规定了"物体的本性不在于重量、硬度、颜色等，而仅在于广延"①之后，笛卡儿理所当然地把广延（空间）与物质等同起来，并且断言，

> 空间或者内在位置与其中所包含的有形实体并没有真正的区别，唯一的区别仅在于我们惯常思考它们的那种方式上。因为实际上，构成空间的长、宽、高三度的广延恰恰就是构成物体的。②

由此立刻可以得出，"把一无所有硬说成存在着真空［或一个位置］，这是显然矛盾的"，

> 既然一个空间或内在位置的广延无异于一个物体的广

---

① Descartes, *Principia philosophiae*, pars Ⅱ, art. 4, in *Oeuvres*, ed. C. Adam and P. Tannery (Paris, 1897—1913), Ⅷ, 42; French translation, *Principes de philosophie*, *ibid*., Ⅸ 65; and already in *Le Monde*, *ibid*., Ⅺ, 35 sq., and *Discours de la méthode*, *ibid*., Ⅵ, 42 sq..

② *Principia philosophiae*, pars Ⅱ, art. 10, *ibid*., Ⅷ, 45; Ⅸ, 68.

延,那么就很明显不可能有一种"虚空",即其中没有任何实体
的哲学意义上的"虚空"。因为一个物体具有长、宽、高三度的
广延,本身就保证我们得出结论说它就是一个实体,因为说一
个特殊的广延不属于任何东西,这是完全矛盾的;而且,由空
间被设想成虚空也必定可以得出同样的结论,这就是:既然其
中有广延,那么就必然有实体。①

　　绝对虚空的概念起因于对这个词的误用和接受所做的错误推
广。事实上,它"并非指一无所有的空间,而是指我们找不到本以
为会在那里的东西的空间。正如尽管瓶子充满了空气,我们却称
它是'空的',或者尽管没有鱼的鱼塘里盛满了水,我们却说这个鱼
塘里什么也没有"②等等。在习惯了这种思考(或不思的)方式之
后,我们继而以为一个容器可以被空着制造出来,以至于其中真的
可以空无一切。这是完全荒谬的:

　　　　实际上,我们无法想象一个空无一切的容器,一如无法
　　想象一座没有谷的山:这将意味着无需广延就能设想容器
　　内部,或者无需实体就能设想广延。确实,没有什么东西能
　　够不具有广延……
　　　　因此,如果有人问:假如上帝要把一个容器所盛的每一个
　　物体都挪开,又不许任何别的[物体]占据被挪开物体的位置,

---

① *Principia philosophiae*, pars Ⅱ, art. 16, Ⅷ, 49; Ⅸ, 71.
② *Principia philosophiae*, pars Ⅱ, art. 17, Ⅷ, 49; Ⅸ, 72.

那将会有什么样的事情发生？答复必定是这样：在这种情况下，容器的各个面显然(ep ipso)将贴到一起。因为当两个物体之间没有什么东西时，它们必然是挨在一起的；说它们彼此分离，或者它们之间有一个距离，当所说的距离是虚无时，这话就是明显矛盾的；因为每个距离都是一种样式的广延，因此如果没有一个广延的实体它就不能存在。①

的确，当罗奥在其《自然哲学体系》的第七章假设了笛卡儿所断定的物质本质——广延与物体同一——之后，他只能断言虚空不存在，比如他说，"从这些关于物质本性的设定可以推断，哲学家所谓的虚空是不可能存在的"②(Ex his, quae de Natura materiae posuimus, colligere licet…inane, quod vocant Philosophi nullum esse posse)，还有"虚空不具有任何性质"③(Nihilum sive inane nullas habet proprietates)，甚至不具有存在性。对此，克拉克回答说："对于那些认为物质的本质就是广延的人，可以这样对他们说：根据重力的真实本性……虚空是无处不在的，而且大部分存在于事物之中。"④(Consentaneum hoc quidem ei dicere qui essentiam materiae extensionem dicit. Verum ex gravitates natura…con-

---

①　*Principia philosophiae*, pars Ⅱ, art. 18, Ⅷ, 50; Ⅸ, 73.

②　Rohault, *Physica*, pars I, cap. 8, p. 26; *Rohault's System of Natural Philosophy*, trans. John Clarke(London, 1723), Book I, cap. Ⅷ, p. 27.

③　*Rohault's System of Natural Philosophy*, trans. John Clarke(London, 1723), Book I, cap. Ⅻ, par. 26, p. 64.

④　*Rohault's System of Natural Philosophy*, trans. John Clarke(London, 1723), Book I, cap. Ⅷ, p. 27.

stat jam omnino aliquod inane et multo id quidem maxime in re-
bus esse.）而且，按照克拉克的说法，笛卡儿主义者——罗奥——
犯了一个逻辑上的错误，即把真空与虚无等同了起来：没有物质的
空间无疑是一无所有的空间，但却并不因此把它自己也消除了；不
仅如此，把广延与物质等同起来还会导致非常棘手的甚至是荒谬
的结果，即空间的必然性与永恒性；确实，无限蕴含着必然性（非常
有趣，克拉克就像牛顿曾经做过的，把这条笛卡儿公理作为推理的
一个前提而接受下来，这一前提是如此明确和显然，以致他们甚至
觉得没有必要把它表述出来，当然，也没有必要说它源自笛卡儿）。
因此，

> 如果广延是物质的本质，那么物质就等同于空间本身；由
> 此可以推出，物质必然是无处不在的、无限的和永恒的，并且
> 它们既不能被创造，也不能回归虚无，这是荒谬的。

> Si Extensio esset materiae Essentia, ideoque Materia
> idem quod Spatium ipsum; sequeretur ubique et infinitam es-
> se materiam et necessario aeternam, quae neque creari poter-
> it, nec posit in Nihilum redigi, quod est absurdum. [①]

于是很清楚，空间不同于物质，应被当作物质本质的不是广延，而
是坚实的广延（*extensio, sed extensio solida*）。而且，天空中行星

---

① *Rohault's System*, note to cap. Ⅶ, par. 8, p. 24.

和彗星毫无阻碍的运动显然表明这些空间是空荡荡的。

又过了些年，虚空问题成了克拉克与莱布尼茨争论的话题之一。[①] 克拉克坚持对空间与物质进行区分，并且认为真空是存在的；莱布尼茨接受前者但反对后者。克拉克争辩说，由于物质有限而空间无限，因此必定有虚空存在，而且从空间的无限性也能推出它是存在的；而这又转而暗示一种与上帝的直接而瞬时的关系。因此克拉克断定，空间是上帝的一个特征、性质或属性。又过了些时候，在德梅佐（Des Maiseaux）所编的《通信集》[②]（*Correspondence*）的序言（其实这是牛顿本人所写）中，他把自己的口气缓和了一些（可能是因为那些话的斯宾诺莎气息太浓），解释说不应按照字面去理解它们，空间与延续不是性质或者属性，而是那种实际上必然存在、本质上无所不在、永存不朽的实体的存在样式。根据他的说法——也是根据摩尔的说法，因为克拉克的空间概念就是从他那里来的——这并不蕴含上帝实体的可分性，因为空间本身就是不可分或者"不能肢解"（indiscerptible）的。[③]

莱布尼茨则否认空间与时间的形而上学实在性，为使空间能够共存，时间能够相续，他把它们还原为一套关系——他把自 167

---

①　*A Collection of Papers which passed between the late learned M. Leibniz and Dr. Clarke in the Years 1715 and 1716 relating to the Principles of Natural Philosophy and Religion*（London，1717）.

②　*Recueil de diverses pièces sur la philosophie，la religion naturelle，l'histoire，les mathématiques，etc.，par Mss Leibniz，Clarke，Newton et autres auteurs célèbres*（Amsterdam，1720），vol. I.

③　关于牛顿、克拉克和摩尔，参见 A. Koyré，*From the Closed World to the Infinite Universe*（Baltimore：Johns Hopkins Press，1957）。

己的推理基于拉夫乔伊教授所谓的"丰饶原则"，并且强调说，真空的存在与上帝的无限完满相抵触，而且还限制了他的创造能力。的确，充实显然比真空具有更多的实在性。因此，如果上帝不是随处创造物质，也就是说只要可能，就在那里创造物质，而是尽管有创造一个更完美世界的能力，却创造了一个更加拙劣、更不完美的世界，那也与他太不相称了。而且，根据莱布尼茨的说法，一个仅有几块物质零星分布于其中的空虚空间与那条充足理由律相违背：的确，空间如此均匀同质，为什么上帝要在此处而非彼处创造物质呢？

不用说，莱布尼茨的论证无法使牛顿主义者信服。他们并不认为自己的想法就使世界枯竭，或是给上帝的创造力施加了限制。他们反而由于发现这个世界中的虚空远远多于物质而欢欣鼓舞：这在他们看来，是把物质的重要性降到了零或者近乎零，它不啻为对唯物论的一记响亮耳光。本特利已经在《对无神论的反驳》中热情地宣布，"我们的太阳系区域中的空虚空间……要比其中所有的有形实体大 857.5 亿亿倍"，"天下所有空虚空间的总和要比所有物质的总和大 6860 亿亿倍"。① 伏尔泰显然也极为满意地对我们说，"整个宇宙中还不一定有一立方英寸的坚实物质呢"。② 不仅

① Richard Bentley, *A Confutation of Atheism from the Origin and Frame of the World* (London, 1693), part II, pp. 14 sq. ; *Cohen, Newton's Papers and Letters on Natural Philosophy* (Cambridge, Massachusetts: Harvard University Press, 1958), pp. 326 sq. .

② *Lettres philosophiques*, édition critique par Gustave Lanson (Paris: Edouard Cornély, 1909, and later editions), letter 16, vol. II, p. 20.

如此，牛顿主义者们认为，上帝不应该也不可能被丰饶原则和充足理由律所限，莱布尼茨把它们加诸上帝，是限制甚或损害了他的自由，是将其陷于不得已。或者换句话说，虽然每样东西都必然有一个原因，但克拉克坚持认为，上帝的意志超越了充足理由律。①

　　关于克拉克就说到这里。至于伏尔泰，他自然是为虚空辩护的。他的态度兼有实证主义和不可知论两个方面，这显然是受了莫泊丢的影响，而他所持的空间理论则是从克拉克那里学来的。在《牛顿哲学概要》(*Eléments de la philosophie de Newton*)中，他这样写道：

　　　　那些不能想象虚空的人反驳说这种虚空将是一无所有，而一无所有不可能具有属性，因此，没有东西能在虚空中发生。

　　　　我们的回答是，说虚空就是一无所有是不正确的；它是物体的位置，它是空间，具有属性，有长度、宽度和深度，可入、不可分等。②

伏尔泰承认，我们确实无法形成一幅虚空的图像；"但我也无法形成一幅我本人作为一个思维的存在的图像，而这并不能使我怀疑我在思考"。的确，"我们只能对有形的东西形成图像；空间不是有形的"。然而，"我可以很好地想象空间"。伏尔泰接着说，"对此，我们只能说物质是无限的，除此之外没有其他答

---

① *Rohault's System of Natural Philosophy*，I，20 sq.，克拉克的第二次回复。

② Voltaire，*Éléments de la philosophie de Newton，mis à la portée de tout le monde par Mr. de Voltaire*(Amsterdam，1783)，ch. XVII，p. 210.

案;这是几位哲学家断言过的事实,也是笛卡儿随后所做的事情"。① 然而这种物质的无限化仅仅在物质与广延等同这一假设之上才是有效的,它不过证明了把推理依赖于某些假设是何等的危险。的确,

> 说物质与广延是一回事,这是错误的:所有物质都是有广延的,但并非所有广延都是物质⋯⋯我们对物质是什么一无所知;我们只知道它的某些属性,而且没有人能够否认,可能存在着数以百万计的不同于被我们称作物质的其他具有广延的实体。②

在把广延与物质等同起来时,笛卡儿不仅犯了一个错误,而且还自相矛盾,"因为他承认有一个上帝;但上帝在哪儿? 他不在一个数学点里,他是无限的;但如果没有无尽的空间,他的无限是什么?"的确,"说存在着一种无限的物质本身就是矛盾的",然而,无限的空间却并非如此:

> 空间必定存在,因为上帝必定存在;它是极其广大的,作为持续的方式,它是一种必然的无限存在所具有的一种无限属性。物质则不是这样:它并不必然存在;而且如果这种实体是无限的,那么它将是上帝或者上帝本身的一种本质属性:但

---

① Voltaire,*Éléments de la philosophie de Newton*, *mis à la portée de tout le monde par Mr. de Voltaire*(Amsterdam,1783),ch. XVII,p. 211.

② Voltaire,*Éléments de la philosophie de Newton*, *mis à la portée de tout le monde par Mr. de Voltaire*(Amsterdam,1783),ch. XVII,pp. 212 sq..

这两种说法都不对；因此，它不是，也不可能是无限的。^①　　

非常有趣，正如我们所看到的，在《概要》的第一版和第二版中，伏尔泰完全赞同牛顿与克拉克的观点，并把它们作为自己的看法提了出来；而在第三版（1748年）中，他做了修改，并且新加了一编（第一编），用于讨论"牛顿的形而上学"，并把它们当作牛顿的和克拉克的观点提了出来，并说克拉克是"一个与牛顿同样伟大甚至更加伟大的哲学家"。^②

---

① 　Voltaire, *Éléments de la philosophie de Newton, mis à la portée de tout le monde par Mr. de Voltaire* (Amsterdam, 1783), ch. XVII, pp. 212 sq..

② 　Voltaire, *Éléments de la philosophie de Newton, mis à la portée de tout le monde par Mr. de Voltaire* (Amsterdam, 1783), ch. XVII, pp. 212 sq..

附录 E　罗奥和克拉克论吸引

　　同其他类似的概念一样,笛卡儿主义者也拒绝接受吸引,无论它是磁的还是引力的,原因就在于它们所固有的模糊性:它们不是"清晰分明的"。按照笛卡儿的说法,所有概念都应当满足这一要求,因此它们在哲学中没有位置。于是罗奥先是说,在这个没有虚空存在、处处充满着物质的世界中,物体所有的运动都蕴含着周围部分物质的一种圆周运动——它把原先此处的物质推到一旁,而此处又被它后面的物质占据——这种观点导致了非常重要的结果,即可以对一系列不同现象做出机械的解释。然后他又接着说:

　　14. 这种圆周运动是造成许多令人惊奇的运动的原因:

　　　　尽管这一事实早已为人所知,然而由于缺乏对它适当的关注,以及对它可能产生结果的很好的思考和掂量,哲学家们以往认为,要想说明我们在自然中所看到的运动,仅用推力一者是不可能的,尽管推力是我们唯一可能想得清楚的方式,一个物体正是通过推动另一个物体才使之运动的;而且它也是自然而然地从物质的不可入性得来的,这一点无人会有异议。这也就是为什么他们要在自己的哲学中引入诸如吸引、同感(sympathy)、反感(Antipathy)、惧怕真空等等这些非常似是而非说法的原因。而它们本质上只不过是些荒诞不经的妄想罢了,之所以把它们发明出来,是想给他们丝毫也不理解的东西找个理由,因此这些东西不应被用于更完善的自然哲学。

15."吸引"、"同感"和"反感"这几个词的含混性:

由于"吸引"、"同感"和"反感"这几个词的含混性,它们不应再被使用,其模糊不清是显然的;以磁石为例,谁都清楚,说它对铁片有一种"吸引力"或"同感",并不能解释其本性或属性。至于"惧怕真空",我将把它留到下一章去讨论,在那里我们将把古人和今人的推理过程做一番比较。①

对于罗奥的这个说法,克拉克回答说:

注释 1:吸引:既然没有东西可以超距地进行作用,也就是说,没有东西可以在它不存在的地方以施加力的方式进行作用;那么显然,物体(如果说得确切一些)除非通过接触与推动,就无法使对方运动。因此,以前曾被认为是起因于事物具体形式的"吸引"、"同感"以及所有那些"隐秘性质",都理应被抛弃。然而由于除了无数其他自然现象以外,物质的万有引力——以后我们会更多地讨论——绝不可能起因于物体间的相互推动(这是因为所有推力都必定与表面积成正比,而重力却总是正比于固体物质的量,因此它必然应归因于某种能够穿透固体物质这个实体的原因),因此,所有这种类型的引力都应该被接受,因为它们不是物质的超

---

① *Physica*,pars Ⅰ,cap. ⅩⅠ,§ 14,p. 49;*System*,Ⅰ,54.

距作用,而是永远通过某些定律移动和支配物质的某种非物质原因的作用。①

至于重力本身,罗奥解释说,②那是由物质的圆周(涡旋)运动引起的,物质从中心退去,同时把那些运动更为迟缓的物质推回,这一点笛卡儿曾经解释过,惠更斯也曾在其著名实验中出色地证明过。然后他讲述了那个实验,并且总结说:"物质将从中心退去,并且迫使物体趋于中心,正如断言所有物体都是重的的那些人所说,是水把软木塞升了起来。"③

克拉克再次回答道:

(1)迫使物体趋于中心等等。这是一种非常天才的假说,而且只要世界被认为是充实的,它就非常可能是正确的。然而当今的哲学家业已通过大量精确观察表明,世界并不是充实的;而且重力是物质最古老、最普遍的属性,特别是要把整个宇宙维持在一起;我们必须致力于另一种方法,以找出一种新的重力理论。简而言之,闻名遐迩的艾萨克·牛顿爵士已经考察了这一难题,并且取得了成功。他通过假设重力最简单的本性,无可指摘地建立了正确的宇宙体系,最清楚不过地说明了自然中绝大多数的现象。他关于重力的本性和属性的观点是这样的。

---

① *Physica*,pars Ⅰ,cap. Ⅺ,§ 14,p. 49;*System*,Ⅰ,54.
② *Physica*,pars Ⅱ,cap. ⅩⅩⅧ,§ 13,pp. 328 sq. ;*System*,Ⅱ,96.
③ *Physica*,pars Ⅱ,cap. ⅩⅩⅧ,§ 13,pp. 328 sq. ;*System*,Ⅱ,96.

　　每一个物体的单个微粒都吸引另一个物体的单个微粒；也就是说，它们彼此之间通过引力相互推动。参见第一部分，第2章，第15条的注释。

　　就作用的广度而言，引力是无所不在的；也就是说就我们所知，所有物体，无论它被放置在地上还是天上，月球还是行星，太阳还是其他什么位置，都具有这种力量。

　　就适用的物体种类而言，引力也是普遍的；也就是说所有物体，无论它是什么形状、形式或质地，单一还是复合，液体还是固体，也不管它是大是小，是运动还是静止，都具有这种力量。

　　就时间而言，这种力也是始终如一的；也就是说，在其他条件保持不变的情况下，它从来也不会有所增减。

　　这种重力的大小在等距离处总是与吸引物体的质量精确成正比。例如，如果一立方英尺的黄金在地球表面有一千磅重，则两立方英尺的黄金在同一位置将有两千磅重；如果地球所含的物质的量比现在减少一半，则现在在地球表面是一千磅重的同体积的黄金，将变成只有五百磅重。

　　给定物体中的重力大小依赖于物体之间距离的远近；例如，地球表面附近的一块石头很重，但如果把它带到月球这么高的地方，它就会变得非常之轻。

　　最后，当物体彼此趋近或者远离时，物体中的这种重力随之增减的比例是这样的，即力的大小与它们之间的距离成平方反比。比如说，距地球十个地球直径那么远的一个物体重量是一百磅，如果把距离减少一半，则重量将会是原先的四

倍;如果把距离减为三分之一,则重量就会是原先的九倍。类
似地,这个力在地面可以支撑住一百磅的重量;如果是在距地
心两倍远处,则可支撑住四倍于此的重量,如果是三倍远处,
则可支撑住九倍于此的重量。①

---

①   *Physica*,pars Ⅱ,cap. ⅩⅩⅧ,§ 13,pp. 328 sq. ;*System*,Ⅱ,96.

附录 F　哥白尼和开普勒论重力

对于哥白尼与开普勒之前的物理学和宇宙论而言,重力是重物朝宇宙中心移动的一种天然倾向,这个中心就是地心。在把地球从中心移开之后,哥白尼就必须相应地修正已有的重力理论。他的做法是用若干种行星的重力来代替独一的宇宙重力。他是这样说的:

> 我个人相信,重力或者重性不是别的,而正是神圣的造物主在物体的各个部分注入的一种天然倾向,要使它们结合成为统一的球体。我们可以假定,太阳、月亮和其他明亮的行星都具有这种效力,它们在其作用下都保持为可见的球形,尽管它们是以各种不同的方式做圆周运动的。[①]

我们在吉尔伯特那里也能碰到一种非常类似的概念:他并没有用磁的吸引来解释重力(地球的磁性解释的是它的旋转),而是用每个宇宙球体如地球、月球、太阳以及诸行星所呈现的特殊固有“形式”来说明的,这些“形式”使得球体的各个部分聚集和结合起来(*coacervatio* and *coitio*),使与整体分离的部分趋向于整体,地球的趋于地球,月球的趋于月球,太阳的趋于太阳。[②]

---

① *De revolutionibus orbium coelestium*(Thorn,1873),lib. I,cap. 9,p. 24.

② W. Gilbert,*De magnete*,*magneticisque corporibus et de magno magnete tellure physiologia nova*(London,1600),pp. 65,225,227;*De mundo nostro sublunari philosophia nova*［关于月下世界的新哲学］(Amsterdam,1651),pp. 115 sq. .

　　至于开普勒，他同意哥白尼和吉尔伯特的看法，即严格意义上的引力只是对每一个天体而言的；诸行星并不相互吸引，在这个意义上，太阳也不吸引它们；万有引力并不存在。另一方面，（a）他强调了这种引力的主动特征，他曾说，这种力类似于磁力（他有时称之为"磁的"）；（b）他宣称这种相互的引力吸引之所以能在地月之间发生，是因为它们根本的相似性，所以月球的吸引力能够传到地球这么远的地方（于是造成了潮汐），而地球的吸引力甚至能传得比月球还要远。他这样写道：

　　　　一个数学点，不管它是不是世界的中心，都不能移动重物，使它们实际地或者客观地趋近于它……使物体移动的［自然］形式是不可能追寻一个数学点或者世界中心的……因此，通常的重力理论似乎是错的……至于正确的重力理论，它基于以下这些公理：如果处于同源物体（cognate bodies）的效力之外，则所有的有形实体都有在其放置之处保持静止的倾向……重力是同源物体所具有的一种相互的物质之爱（corporeal affection），这种爱试图使它们重新联合或结合在一起（磁力也与此类似），于是地球拖动［trahat］石块更甚于石块趋向于地球。

　　　　重物（即使我们把地球置于世界的中心）并不朝世界的中心运动，也不会移到世界的中心，而会朝着一个圆形的同源物体的中心即地心运动。因此，无论地球被置于何处，或者被它本身的灵魂力［生命力］带到何处，重物都不会从其他地方朝着地球的中心点运动，而会沿各种方向朝着不同的点运动。

如果两个石块被置于世界的某个地方,它们彼此邻近,并且位于第三个同源物体的效力范围之外,那么这两个石块将以一种类似于磁体的方式,一方靠近另一方的距离正比于对方的容积[moles]。

如果月球和地球没有被一种其本身的活力,或者其他什么相当的力量维持在各自的路径上,那么地球将向月球上升,走过[它们之间]距离的 1/54,月球也将向地球下落,走过间距的大约 53/54;只要它们的物质密度相同,它们就将在那里相遇。①

事实上,在这种情况下,地球的质量(moles)将是月球的 53 倍,它吸引月球的力量将是月球吸引它的 53 倍。这是因为,正如开普勒对他的朋友法布里修斯(Fabricius)所说,"重力是一种把相似[物体]重新结合起来的磁力,它对大小物体都一样,依据物体的质量(moles)而分配,并且如此获得相应的大小"。②

175

这种"引力"是怎样起作用的呢? 开普勒当然不知道;然而就在已经引用过的致法布里修斯的信中,他在探讨第谷所恢复的反对地动的传统论证(即一个向上抛出的物体将不会落于原处等)时,提出了一幅图像,③其实这并不单单是一幅图像,因为他已经

① *Astronomia nova*, Introductio, *Opera omnia*, ed. Frisch, Ⅲ, 151; *Gesammelte Schriften*, ed. M. Caspar, Ⅲ, 24 sq. .

② 1608 年 11 月 10 日的信,*Opera omnia*, Ⅲ, 459; *Gesammelte Schriften*, ⅩⅥ, 193 sq. 。

③ *Opera omnia*, Ⅲ, 458; *Gesammelte Schriften*, ⅩⅥ, 196.

在《哥白尼天文学概要》中使用了它：物体之所以没有"滞后"于旋转的地球，是因为它们被地球的重力拖曳着，就好像被无数链条或肌腱缚于地球上。的确，"如果没有这些链条或肌腱的束缚，石块将仍然保持其原有位置，而不会随地球运动"。① 然而它们确实存在；至少重力的作用使得它们似乎存在。于是他在《哥白尼天文学概要》中告诉我们：

　　　　重物以这种方式追寻地球，它们也同样地被地球所追寻；因此，与距离自己较远的那些地球部分相比，它们将更强烈地朝着那些较近的部分运动……就好像同时被非常垂直的和无限倾斜的绳索或者肌腱缚于那些部分（倾斜的不如［垂直的］力量大）一样，这些绳索或肌腱都是向着自身收缩的。②

---

① *Opera omnia*，Ⅲ，461；*Gesammelte Schriften*，ⅩⅥ，197.
② *Epitome astronomiae Copernicanae*，lib. I，pars V；*Opera omnia*，Ⅶ，181；*Gesammelte Schriften*，Ⅶ，96.

附录 G　伽桑狄论引力和重力

176

　　伽桑狄是一个还算过得去的物理学家、糟糕的数学家——他弄不懂伽利略对落体定律的推导，并想通过一种空气压力来补充重力的作用——和相当二流的哲学家。然而在他那个时代，甚至是在整个 17 世纪，他都声名显赫并且极有影响力：甚至连牛顿谈到他时都带着赞许的口吻，并且有可能受过他的影响。不仅如此，从科学史的角度讲，他还有如下功绩：他曾在马赛港的一个美术馆（这是这个省的总督达莱［d'Allais］拨给他用的）做了一系列实验（1641 年），在这些实验中，他以一种令人难忘的特殊方式证明了伽利略（和布鲁诺）曾经断言过的事实，即如果让石头或弹丸从一艘正在运动的船的桅杆处落下，那么它将会落在桅杆的底部而不会滞后。他并非历史上第一个做这个实验的人；[1]然而他却是第一个将它公之于众，并且在其《论被运动者推动的平移运动》（*De motu impresso a motore translato*）（巴黎，1641 年）中把它描述出来的人；他还打破了伽利略对圆周运动的迷信，在这本书中正确地表述了惯性原理，这是他的又一功绩。我曾在其他地方说，[2]而且我们也将会发觉，[3]他之所以能够做到这一点，是因为他将重力视为吸引的一个效应。至于他的重力概念，则显然是在哥白尼与开

----

　　① 　A. Koyré, "Gassendi savant," ［学者伽桑狄］*Actes du Congrès du Tricentenaire de Gassendi*（Paris, 1957）.

　　② 　*Études galiéennes*（Paris: Hermann, 1939）, par Ⅲ.

　　③ 　见后，附录Ⅰ。

普勒的共同影响下形成的,尽管他又加入了流溢(*effluvia*)这一观念从而修正了他们二人的说法。

　　他先是解释说,引力与推力(*impulsus*)并无多少不同,因为"引力只不过是用一种弯曲的工具把某物推(*impellere*)向自身罢了",①虽然这个推动暗含了对那种工具本身的牵引。然后他告诉我们,他认为

　　　　存在于地球某些特定部分以及地球物体之中的重力,与其说是一种固有之力(*vis insita*),倒不如说是地球的吸引所施加的力;事实上,我们可以用与此类似的磁铁的例子来帮助我们理解:让我们拿一块一定重量的小铁片放在手上;如果此时将一块非常强力的磁铁放在手的下方,则我们会感到铁片的重量大了许多。由于被放置在手下的磁铁吸引,我们将不得不承认,这个重量对于铁片来说并不是固有的[*insitum*];那么同样地,当我们讨论石块或者地球上其他物体的重量或重力时,我们就能懂得,物体中的这种重力并非来自于它本身[其本性],而是来自于它下方地球的吸引。②

　　那么,这种"吸引"是如何起作用的呢? 伽桑狄认为开普勒的链条、绳索或肌腱的图像如实地表达了事情的真实情况。他假设重物的每一个微粒都通过若干细绳而与地球相连。顺便提及,这

　　①　*De motu*,ep. I,cap. XVII,p. 68.
　　②　*De motu*,ep. II,cap. VIII,p. 116.

种说法不仅明确了大小物体重量相异的起因——更多的微粒、更多的绳索——而且也解释了为什么大小物体会同时落地：重的物体被正比于其容积(*moles*)即微粒数目的力拉着，它也会以同样的比例反抗这种拉力：

> 如果有两个石块，或两个同种材料比如铅制的球体，其大小相差悬殊。现在让它们同时从地球的同一纬度落下，则它们将同时碰到地面——较小者的速度并不更低，尽管它的重量还不到一盎司；较大者的速度也不更高，尽管它的[重量]可能超过了一百磅；显然，较大者为更多的细绳所吸引，也有更多的微粒吸引它；所以由此产生了一种力与质量(*moles*)之间的比例关系，而由这两者[力与质量]又产生了一种使得两个物体能够同时落地的[力]。最令人惊讶的是：即使这两个球的材料不同，比如说一个是铅制的，一个是木制的，它们也将几乎同时落地；这是因为只要同样数目的微粒上缚有同样数目的绳索，则那种比例关系就会以同一方式运作。①

这种吸引力能传到多远的地方去呢？回答是非常遥远，有可能会传到行星；②然而如果假设这种吸引是由地球发出的磁射线产生的，则行星区域的物体受到的拉力将会远小于目前，因为在这些区域中，磁射线的密度和数量将随着距离的增大而减小。出于

178

---

① *De motu*，ep. Ⅰ，cap. ⅩⅤ，p. 61.

② *Syntagma philosophicum physicae*，sec. Ⅰ，lib. Ⅴ，cap. Ⅲ，p. 352；*Opera omnia*(Lyons，1657)，vol. Ⅰ.

同样的原因,它将无法延及恒星,因为没有或者几乎没有哪种射线能够抵达这么遥远的地方:"如果[下落的]原因是磁射线所产生的吸引,那么既然这些射线是如此之稀疏,并且随着与地球距离的增大而变得愈发稀少,所以它们可能是从行星区域拉动物体的,但不会如此之强;但不是从恒星区域。"[①]

非常奇怪,也许这是伽桑狄特有的做法,他并没有从这些说法得出结论说,至少在开始时,物体从行星区域向地球的下落会远远慢于在地球上的下落,而从恒星区域则根本不会下落。恰恰相反,他接下来所讨论的是,如果假定它们会从某个地方落到地球上,那么我们将如何确定物体所具有的难以置信的速度。他说在这种情况下,它们以此时所具有的速度出发,并且逐渐提高速度,那么从月球落到地球将花 2.5 小时,从太阳出发将不超过 11.25 个小时,从恒星出发要花 35.25 个小时。

伽桑狄的这种绳索把物体拉向地球的重力概念——一个相当幼稚的想法,但毕竟要比法拉第的力线好些——导致了一种相当有趣而又出人意料的结果:和笛卡儿一样,他也不认为存在着一种穿过虚空的作用。为使一个物体能被另一个物体吸引或者趋向于它——比方说,一个重物为地球所吸引——就必须有吸引者所发出的某种流溢(*effluvium*)到达被吸引者。的确,让我们

> 设想有一块石头存在于那些我们这个世界之外的想象空间中,上帝可以在其中创造其他世界;你认为在它[石块]成形的

---

① 　 *Syntagma*,sec. Ⅰ,lib. Ⅴ,cap. Ⅲ,p. 352.

一瞬间，它会飞向地球而不会待在原处不动吗？这样说吧，就好像它没有上、下这些方向，以使之能够趋向或者远离？

　　然而，如果你认为它会来到这里，那么就请你想象不仅地球，而且整个世界都烟消云散了，这些空间就像上帝创世以前那样是完全空虚的；那么由于不存在中心，所有这些空间都将是类似的；显然这块石头将不会来到这里，而是待在原处不动。现在把世界以及其中的地球重新放回：石块会立即被拉到这里吗？如果你说会，那么就必须[承认]地球会被石块感觉到，因此地球必须向它传递某种力，并且释放出一些微粒，通过它们传给石块一种自己的压力，为的是告诉它自己[地球]已在原有位置上被复原了，否则，你怎么知道石块会趋向于地球呢？[①]

很难说这些到达物体的"微粒"是"激发"了它，从而使之"趋向"或者"驶向"地球，还是形成了"绳索"来拉动它。也许两者都有。不是吗？毕竟，甚至连开普勒都说物体"追寻"地球；难道那些把小物体拉向自身的磁体不也朝着大物体运动吗？无论如何，

如果上帝把地球周围大气中的某些空间创造成绝对的虚空，以至于任何东西，无论是从地球来的还是从其他地方来的，都不能穿过它：那么被置于那里的石块会朝着地球或地心运动吗？情况一定是与被置于超空间[的那块石头]一样；因为对

─────────────

①　*De motu*, ep. I, cap. XV, p. 59.

这块石头而言,它无论是与地球还是与世界中的其他东西都没有联系,即使世界、地球或地心都没有了,什么东西都不存在了,它仍将是原来的那个样子。①

---

① *De motu*,ep. Ⅰ,cap. ⅩⅤ,p. 60. 关于伽桑狄,参见 B. Rochot, *Les Travaux de Gassendi sur Épicure et l'atomisme*[伽桑狄关于伊壁鸠鲁和原子论的工作](Paris: Vrin,1944);关于 K. Lasswitz,参见 *Geschichte der Atomistik*(Hamburg and Leipzig, 1890),vol. Ⅱ。

附录 H　胡克论引力吸引

180

1666 年 5 月,胡克交给皇家学会"一篇关于直线运动通过一种相伴随的吸引定律变到曲线运动的论文"。非常奇怪,他在文中设计并拒斥了一种通过以太压来解释引力的可能方案,它很像牛顿 50 年后在 1717 年英文版《光学》的疑问 21 中的表述:

　　我经常感到好奇,为什么行星要按照哥白尼的假定绕着太阳运动,它们又没有被包含在任何坚实的轨道中(古人们可能会因为这个原因而接受它),其中心也没有被任何可见的绳索缚住;它们从不偏离轨道多少,也不像每个仅仅受到一次推动的物体那样沿一条直线运动:因为一个在流体中朝着任何位置运动的固体(只要它不是被什么附近的推力弄偏,或是在运动中被某个物体阻碍;或是这种运动于其中的介质不是各向同性的)必定保持在一条直线上运动,而不会有所偏离。然而所有天体虽然都是在流体中运动的规则的固体,却沿着圆形或者椭圆轨道运动。它们之所以没有沿着直线运动,除了起初对其施加的推动力之外必定还有某种原因,使得它们的运动偏向那条曲线。要实现这种过程,我只能想到以下两种可能的原因:第一种可能来自于介质密度的不均衡,行星正是在这种介质中穿行的;也就是说,如果我们假定,距离中心或者太阳较远的那部分介质的密度要比较近的介质大,则直线运动将总是由于内部介质的柔顺和外部介质的更大阻力而向内偏斜。这会伴随几种可能结果;如果以太具有某些空气的性质,则很自然地,靠近太阳这一热源的那部分以太将会极为稀薄,而远离太阳的以太将会较为稠密:这个假定还会有另外一些可能结果,然而它们与现在的目的无关,这里我就略而不谈了。

能使直线运动变为曲线运动的第二个原因可能来自于中心物体的一种吸引属性,通过这种性质,中心物体一直竭力要把它引向或拉向自身。如果假定了这样一种定律,那么行星的所有现象似乎都可以通过这种机械运动的一般定律来说明了;也许进行这种猜测,会给我们提供一个关于它们运动的正确假说。仅从几个观测出发,就能使它们的运动确定下来,我们也许可以想计算得多精确就能计算得多精确。①

胡克力图用圆锥摆的例子来"阐明"路径的这种偏折。不过他说在这种情况下,"返回中心的倾向(conatus)……随着到中心的距离越来越远也变得越来越大,而太阳的吸引却似乎恰好相反"。尽管在万有引力定律和圆锥摆定律之间存在着这个重要区别,但后者仍然提供了一个极好的行星运动的类比:随着受到的冲力(impetus)不同,摆锤会相应地划出圆周或者不同指向的椭圆:

1666 年 5 月 23 日。又有一篇胡克先生的论文被宣读

---

① 参见 Richard Waller,"The life of Dr. Robert Hooke,"[胡克的生平]*The Posthumous Works of Robert Hooke*(London,1705), p. xii;Thomas Birch,*The History of the Royal Society of London*(London,1757), Ⅰ,90 sq. ;E. Gunther,*Early Science in Oxford*(Oxford,1930),Ⅵ,265 sq. 。

了,它说明一个直线运动是如何通过一种相伴随的引力定律作用而变到曲线运动的,而这一引力定律还有待发现。其中所包含的论述是对一个实验所做的介绍,用以显示圆周运动是由一种沿着切向做直线运动的努力与一种趋向中心的努力复合而成的:为此,在房间的天花板上悬挂一个摆,摆的末端系着一个巨大的愈疮木的(*Lignum Vitae*)木球;结果发现,如果开始时沿着切向的努力的冲力强于趋向中心的努力,那么就会产生这样一个椭圆运动,它最长的直径平行于物体在第一击瞬间所具有的趋向;而如果这个冲力弱于趋向中心的努力,那么此时将产生这样一种椭圆运动,它最短的直径平行于物体在第一击瞬间所具有的趋向;如果这两者相等,那么就会产生一个精确的圆周运动。此外还做了一个实验,用一根短绳把另一个摆球系在这根金属线的较低处,于是就悬挂起了更大的重量。这个装置可以使较小的球围绕较大的球自由地做圆周或椭圆运动,而较大的球则绕着第一个中心做圆周或椭圆运动。它的目的是想说明月球围绕地球运动的方式。结果很清楚,无论是代表地球的大球,还是代表月球的小球,都没有沿着绝对的正圆或者椭圆运动,而如果把这两个球中任意一个单独悬挂起来的话,它是本应做这种运动的:不过两球的重心(把它们假设成或者当成一个整体)似乎是沿着正圆或椭圆规则运动的,而两个球则绕着这一点沿小椭圆做着特殊的运动。①

182

---

① 　Thomas Birch, *The History of the Royal Society of London*, I, 90 sq. .

胡克由此恰当地得出结论说，

有了这个假说，彗星和行星的现象就可以解释了，卫星的
运动问题也可以解决，还有拱点的进动也将变得非常清楚。但
是像天平动或者黄纬这些不能用这种摆的方式很好地描述出
来的运动，使用轮子围绕一点所做的运动来模拟是最简单的。①

过了些时候，到了 1670 年，胡克在格雷欣学院（Gresham
House）给皇家学会做了一场讲演，其中这样说道：

今后我将致力于解释一种宇宙体系，与业已提出的机械
运动的一般规则相比，这个体系在许多方面都有所不同。它
基于三条假设：第一条是，无论什么天体，都具有一种朝向其
中心的引力。通过这种力量，它们不仅吸引住自身的多个部
分，从而就像我们看到的地球一样，使其不至于分崩离析，而
且也吸引所有那些位于其作用范围以内的其他天体。结果
是，不仅太阳和月球影响地球及其运动，同时地球也影响它
们，而且水星、金星、火星、木星和土星也通过各自的这种吸引
能力而对地球产生巨大影响，同时地球的吸引能力也相应地
以同一方式对它们中的每一个施以巨大影响。第二条假设
是，无论什么物体，只要进入一种径直而单纯的运动状态，就
将继续沿此直线前行，直至被其他某些外来的力量所改变，从

---

① Thomas Birch, *The History of the Royal Society of London*，Ⅰ,90 sq..

而被迫进入一种划出正圆、椭圆或者其他更加复杂的曲线的
运动中。第三条假设是,这种引力作用有多强,取决于被作用
的物体距离其中心有多近。至于它们之间的关联程度是多
少,我现在还没有用实验去验证,但如果这个想法果真能够付
诸实施,它必将极大地帮助天文学家把所有天体运动归结为
一条特别的定律,我怀疑若非如此还能有什么途径。只要一
个人理解了圆锥摆以及圆周运动的性质,他就能轻易地弄懂
整个原理,并会知道应到自然中的何处去觅得此中真意。目
前我只提醒这样一些人去做,他必须有能力和机会从事这项
探索,也不乏勤于观测和计算的素质,并且满腔热忱地期待着
终将被发现。由于我现在手头上还有其他许多必须首先完成
的事情,因此我就不能亲自参与这项工作了。但我敢保证,从 183
事这项研究的人将发现世界中的所有运动都是受这个原理支
配的,对它的真正理解将成为天文学的至高成就。[1]

胡克说对万有引力定律的"真正理解"将成为"天文学的至高
成就",这当然是对的,牛顿在其《原理》中所做的正是这样的工作。
然而在说到为什么他本人不"着手"这项研究,从而取得"自创世以
来最伟大的发现"[2]时,他的解释却实在难以令人信服:事实上,胡

---

[1]　*An Attempt to prove the motion of the Earth by Observation*(London,1674),
pp. 27 sq.,republished in *Lectiones Cutlerianae*(London,1679),and in Gunther,*Early
Science in Oxford*,vol. Ⅷ.

[2]　T. Aubrey1689 年 9 月 15 日致 Antony Wood 的信;参见 Hooke's *Diary* in
Gunther,*Early Science in Oxford*,Ⅷ,714。

克并不"理解圆锥摆和圆周运动的性质"（我们也不能因此而责备
他：在那个时候——1670 年——只有惠更斯和牛顿能够做到这一
点），并且在用实验来验证引力定律的尝试中一败涂地。可奇怪的
是，他不仅把 1670 年的讲演在 1674 年发表（亦即惠更斯于 1673
年出版其《摆钟论》[*Horologium oscillatonium*]之后，在这本书
中，圆锥摆和圆周运动的性质首次得到论述），甚至还把它们原封
不动地收入 1679 年出版的《卡特勒讲演集》(*Lectiones Cutleria-
nae*)中。更有甚者，胡克——还有哈雷和雷恩——发现了万有引
力的平方反比律，这一点在 70 年代末已经广为人知（这当然是在
对惠更斯 1673 年出版的《摆钟论》进行研读之后很久，这本书包含
了对他自己无法推得的离心力定律的表述），他甚至还在一封
1680 年 1 月 6 日致牛顿的信中提到了它，但他却无法从中推出行
星的椭圆轨道，因为(a)他缺乏足够的数学功底；(b)他把开普勒那
条错误的假设，即行星在轨道上每一点的速度都与它到太阳的距
离成反比误以为真。在我看来，正是这后一点原因使他无法与牛
顿争夺发现万有引力定律的优先权。[①] 但奇怪的是，最近的一些

184　　为胡克的优先权辩护的人却没有注意到它。[②] 不过有趣的是，胡
克曾于 1680 年设计了一种极为天才的关于引力的机械理论，它是
用快速振动的以太作用于其中的物体来解释的。

---

　　① A. Koyré，"An Unpublished Letter of Robert Hooke to Isaac Newton"，见后，
第五篇。

　　② Miss D. Patterson，"Hooke's Gravitation Theory,"[胡克的引力理论]*Isis 40*
(1949)，327—341；*41*(1950)，32—45；Johs Lohne，"Hooke versus Newton,"[胡克对牛
顿]*Centaurus 7*(1960)，6—52.

假定在地球这个球体中有这样一种运动,为了区别起见,我把它称为"球状运动"(*Globular Motion*),凭借着它,所有部分都有一种朝向地心和远离地心的来回振动,或者说膨胀与收缩;而且这种振动非常短促,因为它们全都存在于非常坚硬致密的物体中:这种振动确实能够传递给或者引起一部分以太振动,这些以太散布于这些固体的振动部分之间;这种被传递的运动却能使这些散布于各处的流体以球形(*Orbem*)沿着从地心伸出的各条线来回振动。由于这种极富流动性且又极为致密的物质的辐射状振动,不仅地球中的所有部分都会朝着地心靠拢或者被迫趋向于它,而且对那些散布于空气和他种流体之间的以太来说,存在于其中的运动也使那些物质产生了一种朝向地心的趋势;更多的那些处于大气中某一位置或者在它之上的任何可感物体尽管非常遥远,也都会获得这一趋势;这一距离我将在以后确定,我还要说明它是以多大的力量作用于地球内外所有距离的物体的:因为正如我所要显示的,这种传播的力量是随着传播球面的增大而不断减小的,就像光与声的介质传播以及水面上的振动传播那样。由此,我猜想这种力量总是与传播球面的面积或表面成反比,即与距离的平方成反比;这一点可以由球面波的性质自然地得出,也将在日后通过在不同距离处所产生的效应更简单地加以说明。①

---

① "Of Comets and Gravity,"[关于彗星与重力]*Posthumous Works*[遗著],pp. 184 sq..

　　尽管现在对胡克在科学史上的地位的了解已经超过了 18、19
世纪的水平,[1]他的著作和日记也已经被出版或者再版,[2]但他仍
未获得一部研究专著的礼遇,而对此,他是当之无愧的。[3]

---

　　① E. N. da C. Andrade,"Robert Hooke,"*Proceedings of the Royal Society*(Lon-
don[A]*201*(1950),439—473).

　　② Gunther,*Early Science in Oxford*,vols Ⅴ—Ⅷ,Ⅹ,ⅩⅢ;以及 *The Diary of
Robert Hooke*[胡克的日记],*1672—1680*,ed. H. Robinson and W. Adams(London:
Taylor and Francis,1935).

　　③ 关于论胡克的著作,参见 Johs Lohne,"Hooke versus Newton,"*Centaurus 7*
(1960),6—52;关于他的引力的"振动"理论,参见 J. Zennek,"Gravitation"[引力],
Encyclopädie der mathematischen Wissenschaften[数学科学百科全书](Leipzig,
1903—1921),Bd. Ⅴ,*Physik*。

附录 I　伽桑狄和水平运动

正如我已经说过的,正是由于相信可以通过吸引来解释重力,才使伽桑狄超越了伽利略。这不仅体现在他摆脱了对圆周的迷信,还体现在他拒绝承认"水平"与"竖直"("上与下")这两个方向的特权,而宣称所有这些方向都是等价的。

伽桑狄首先指出,虽然没有什么受迫的东西可以是永恒的,但这句著名格言对水平运动却不适用;[①]恰恰相反,水平运动能够而且应当被看作一种自然运动。这不仅体现在地球绕着它的轴旋转,石块以及地球上的其他物体都参与这种运动,而且还体现在地球即使静止,情况也将如此。事实上,水平运动是一种圆周运动,一种沿着地球表面、不改变到地心距离的运动:它既不"向上"也不"向下"运动。伽桑狄接着说,让我们想象一个完美的球体被置于一个完全光洁的水平面——即地球表面——上(库萨的尼古拉和伽利略已经使用过的一个例子);[②]由于我们假定路上的所有外在障碍物都已被拿掉,而且在任一时刻它相对于所接触的表面和旋转中心都处在同一位置,难道事实不是很清楚,它将永远运动下去,而且不会放慢或者加快速度吗?

当然,一个在空气中水平抛出的物体不会如此,这是因为除水平运动以外,它还要参与一种竖直运动;换句话说,由于重力的作

---

① *De motu impresso a motore translato*,cap. 10,pp. 38 sq. .

② Koyré,*Études galiéennes*(Paris:Hermann,1939),part III ,pp. 148,149.

用,它将沿一条曲线下落。

由于伽利略仍然认为重力属于物体本身,所以他只能到此为止:他不会从中做出抽象;因此,他需要一个表面——或如《关于两大世界体系的对话》中的球面,或如《关于两门新科学的谈话》中的水平面——来支撑物体,以免它们"下"落。

然而在伽桑狄看来,重力仅仅是"吸引"的一种效应,即一种外力的结果,所以他可以很好地从中做出抽象:要想消除物体的重力,只需隐去(在思维中或想象中)所有其他能够作用于该物体的物体,将其置于虚空中即可,比如置于世界之外趋向无限(*ad infinitum*)的假想空间之中。反之亦然,要想说明重物不会沿一条水平线持续运动下去这一实际行为,或者换句话说,要想解释使之偏向地球的竖直运动,"除去推动的原因以外,还需要借助于一种吸引的原因,才能实现这个过程。的确,除了那种被称为磁力的属于整个地球的力以外,它还能是什么呢?"① 然而在想象的空间中,物体将不会受到这种吸引的作用;而且,那里也不会有物体能够绕之旋转的中心;因此,这种"水平"运动将变为直线的。物体一旦运动起来,就将以同样的速度沿着同一方向永远运动下去。

> 你问我,对于我假设能在这些虚空中[存在]的那个物体而言,如果通过施加一定的力使它不再静止,那它又将如何呢?我的回答是,它可能会始终如一地永远运动下去;运动快慢取决于施加在它身上的力的大小。至于论据,我是从已经说明过

---

① *De motu*, ep. Ⅰ, cap. ⅩⅢ, p. 46.

的水平运动的均匀性中得出来的,如果没有竖直运动加进来,它的运动似乎就的确不会停止;所以,既然在虚空中没有竖直运动的加入,那么无论物体的运动始于何方,它都将类似于水平运动,既不会加快,也不会减慢,因此,它将永不停息。①

因此,在想象的虚空中的运动是守恒的。但运动不仅仅在那里才守恒:事实上,即便是在这个地球上,运动也是守恒的。为了证明这一点,伽桑狄仔细描述和分析了摆的运动。他先是仿照伽利略断言了摆的绝对等时性,然后下结论说:

> 所有这些都是为了让我们懂得,穿过虚空而传递[给物体]的运动将是均匀而永恒的;由此我们下结论说,所有传递给物体的运动都是如此;所以无论你朝任何方向抛掷一块石头,如果想象就在石块出手的一瞬间,除石块以外的所有东西都由于神力而消失,那么结果将是石块继续沿着同一方向永远运动下去。若非如此[实际的情况],看来原因就是地球的吸引所引起的竖直运动的介入。它使石块偏离其路径(直到到达地面才停止),就像在磁铁附近洒落的铁屑不沿直线运动,反而偏向于磁铁一样。②

187

---

① *De motu*,ep. I,cap. XVI,pp. 62 sq..
② *De motu*,ep. I,cap. XVI,pp. 69 sq..

188

附录J　运动状态与静止状态

　　我想指出,无论是惠更斯、沃利斯还是胡克,都没有使用过"运动状态"和"静止状态"这两种说法。惠更斯在其《论碰撞引起的物体运动》①(*De motu corporum ex percussione*)(在他去世后的1703年出版,但完成于1656年)中是这样表述假说I的:"当运动物体没有遇到任何阻碍时,它倾向于沿一条直线以同一速度永远运动下去";而在1673年的《摆钟论》(*Horologium oscillatonium*)中,假说I是这样表述的:"如果没有重力,而且空气完全不阻碍物体的运动,那么任何物体一旦开始运动,就将继续沿一条直线匀速运动下去。"②

　　事实上,沃利斯甚至没有具体地表述惯性原理。他在《论运动》(*De motu*)的开头说道,

　　　　我们所说的运动是指位置运动(local motion);尽管逻辑学家讨论了几种类型的运动,诸如产生、增大、性质变化等等(我不想在这里讨论,是否所有这些运动都能被归结为位置运动);但在这里,我们将把运动(*Motus*)理解为它一般被接受的含义即位置运动,它通常也被称为 φορά 或者 *latio*。③

　　沃利斯解释说,他将把产生运动的东西叫作动量(*momen-*

---

①　Huygens,*Oeuvres complètes*, ⅩⅥ,30.

②　第二部分,*De descensu gravium et motu eorum in cycloide*[论重物的下落及其在最速降线上的运动],Huygens,*Oeuvres complètes*, ⅩⅦ,125。

③　*Mechanica,sive tractatus de motu geometricus*(London,1670),pars Ⅰ,cap. Ⅰ,def.Ⅱ,p.2.

tum），而把阻碍运动的东西叫作阻量（*impedimentum*）。如果动量强于阻量，则运动就会产生或者加快；反之，如果阻量强于动量，则运动就会减慢或被阻止；如果两者的强度相等（*si aequipollent*），则运动就既不会产生也不会被阻止，而总是保持原先的样子，无论是运动还是静止。① 他在一条附释中说：

> 这个命题的最后一部分是，运动一经开始（只要没有障碍物存在），就将凭借自身的力量（自发地）将其保持下去，无需推动者相伴随，已经存在的静止也是如此（如果没有推动者相连的话）。这个说法似乎曾被伽利略、笛卡儿、伽桑狄以及其他人假设过；并且由此得出了非常重要的结论。但我不记得曾经有人见到过它被证实。②

189

然而，他后来又说，"只要没有阻量，那么即使没有与之相连的动因，运动也将保持同样的速度"。③ 胡克只是"假定"，"所有做单纯的直线运动的物体将继续沿一条直线前进"等等。④

牛顿则在 1664 年的《杂录》（*Waste Book*）中写道："公理二，除非有外因使其偏离，一个量将总是沿着同一条直线运动（且不改变其运动快慢）。"然而，他又仿效笛卡儿说："除非为某种外因所干

---

① *Mechanica，sive tractatus de motu geometricus*（London，1670），pars Ⅰ，cap. Ⅱ，prop. Ⅺ，p. 18.

② *Mechanica，sive tractatus de motu geometricus*（London，1670），pars Ⅰ，prop. Ⅺ，*scholium*，p. 19.

③ *Mechanica，sive tractatus de motu geometricus*（London，1670），pars Ⅲ，cap. Ⅹ，p. 645，在那里他参考了 pars Ⅰ，cap. Ⅰ，prop. Ⅺ。

④ *Mechanica*，pars Ⅲ，cap. Ⅹ，p. 645.

扰,所有事物都将保持其实际状态。"①

在《论流体的重力与平衡》(*De gravitate et aequipondio fluidorum*)中,牛顿在对力(*vis*)和惯性的定义中使用了笛卡儿的说法:

> 定义五:力是运动与静止的因果本原。它或者是一种外在本原,用以产生、消灭或者以某种方式改变传递给物体的运动;或者是一种内在本原,以使业已存在的运动或静止能够在物体中维持下去,也使任何物体都能努力保持住自己的状态和反抗阻力⋯⋯
>
> 定义八:惯性是一个物体内在的力,以使其状态不会为外力所轻易改变。②

在 1684 年提交给皇家学会的《运动命题》(*Propositiones de motu*)中,他说他将把那种致使物体倾向于保持直线运动的力称为固有之力或内在之力(*vim corporis, seu corpori insitam, qua id conatur perseverare in motu suo secundum lineam rectam*)。③ 只

190

---

① 剑桥大学图书馆 MS. Add. 4004。参见 J. W. Herivel,"Sur les premières recherches de Newton en dynamique,"*Revue d'Histoire des Sciences 15*(1962),110。

② A. R. Hall and M. B. Hall, editors, *A Selection from the Unpublished Scientific Papers of Sir Isaac Newton in the Portsmouth Collection*, *Cambridge University Library*(Cambridge, England: Cambridge University Press, 1962), p. 114: "Def 5. Vis est motus et quietis causale principium. Estque vel externum quod in aliquod corpus impressum motum ejus vel generat vel destruit, vel aliquo saltem modo mutat, vel est internum principium quo motus vel quies corpori indita conservatur, et quodlibet ens in suo statu perseverare conatur & impeditum reluctatur... Def 8. Inertia est vis interna corporis ne status ejus externa vi illata facile mutetur."

③ 定义 II,参见 W. W. Rouse Ball, *An Essay on Newton's Principia*(Cambridge, 1892), pp. 35 sq. 。

要没有外来物体的阻碍,任何仅受固有之力作用的物体都将沿一条直线无限地(*in infinitum*)运动下去(*corpus omne sola vi insita uniformiter secundum lineam rectam in infinitum progredi, nisi aliquid extrinsecus impediat*)。①

在写作时间必定晚于《运动命题》的《论流体中球状物体的运动》②(*De motu sphaericorum corporum in fluidis*)中(它的开头——那些定义——与《运动命题》相同),手稿 B 和手稿 C 中的假说 I 是这样说的:如果没有东西阻碍,那么仅受固有之力作用的物体将永远沿一条直线均匀运动下去(*sola vi insita corpus uniformiter in linea recta semper pergere si nil impediat*)。而假说 II 则引入了"运动或静止状态"这一说法:运动或静止状态的改变与所施加的力成比例,方向则沿着[这个]力所在的直线。手稿 D 的行文与 B、C 相同,不过它把假说改成了定律:

定律一:如果没有什么东西阻碍,那么仅受固有之力作用的物体将永远沿着一条直线均匀运动下去。

定律二:运动或静止状态的改变与所施加的力成比例,方向则沿着力所在的直线。③

---

①　假说 II,参见 W. W. Rouse Ball, *An Essay on Newton's Principia* (Cambridge, 1892), p. 36。

②　*Unpublished Scientific Papers*, pp. 243 sq. 。

③　*Unpublished Scientific Papers*, p. 243:"*Lex I: Sola vi insita corpus uniformiter in linea recta semper pergere si nil impediat... Lex II: Mutationem status movendi vel quiescendi proportionalem esse vi impressae et fieri secundum lineam rectam qua vis illa imprimitur.*"

最后,在我认为写作时间更晚的《论物体的运动》(*De motu corporum*)中,则已经具备了《原理》中的完整表述:

定义三:物质的固有之力是一种反抗的能力,物体通过它尽可能地保持住自己原有的静止状态或者匀速直线运动状态。它与物体成正比,并且除了我们构想方式的不同以外,它与物体的惯性别无二致。物体只是在有外力作用于其上从而发生状态变化时才会用到这种力。反抗力与冲力(*Impetus*)也只是在它发生作用时才彼此变得明晰起来:反抗力是在物体抵抗被施加的力时起作用,而冲力则在物体竭力去改变其他物体的状态时起作用。而且,普通人常把反抗力归于静止[物体],而把冲力归于运动[物体];他们还通常以为,运动与静止只有相互对照才能分别搞清楚;那些真正静止的物体通常并不被当作静止。①

191

---

① MS*A*,"De motu corporum,"*Unpublished Scientific Papers*,pp. 239 sq. :"3. *Materiae vis insita* est potentia resistendi qua corpus unumquodque quantum in se est perseverat in statu suo vel quiescendi vel movendi uniformiter in directum. Estque corpori suo proportionalis,neque differt quicquam ab *inertia* massae nis in modo conceptus nostri. Exercet vero corpus hanc vim solummodo in mutatione status sui facta per vim aliam in se impressam estque Exercitium ejus *Resistentia* et *Impetus* respectu solo ab invicem distincti;Resistentia quatenus corpus reluctatur vi impressae, *Impetus* quatenus corpus difficulter cedendo conatur mutare statum corporis alterius. Vulgus insuper resistentiam quiescentibus & impetum moventibus tribuit;sed motus et quies ut vulgo concipiuntur respectu solo distinguuntur ab invicem;neque vere quiescent quae vulgo tanquam quiescentia spectantur. "

附录K　笛卡儿论无限与无定限

虽然布鲁诺[1]已经申明,实无限的概念完全可以为人的理智(而不是人的感觉或想象)所把握,但笛卡儿又进一步宣称,不仅无限的概念是肯定的,有限的概念是否定的(反之则并非如此),而且无限的概念不仅可以把握,它还是人类被赋予的第一样东西,而有限则要通过对无限的否定来设想。于是,笛卡儿一反把上帝的观念置于超出人类理智所及范围的传统学说(它来自于圣托马斯·阿奎那与托马斯主义经院哲学家对圣安瑟尔谟[Anselm]的论证的拒斥),宣称上帝是无限的和无限完满的存在(*ens infinitum et infinite perfectum*)这一观念,是人的心灵中第一个天赋观念,甚至要先于"自我"这一观念。事实上,如果不是与无限思想的观念即上帝的观念相对照,我甚至连我自己(一个有限的思想)都无法想象!

　　我不应该想象我不是通过一个真正的观念,而仅仅是通过有限的东西的否定来领会无限的,就像我通过运动和光明的否定来理解静止和黑暗那样;因为相反,我明显地看到在无限的实体里边比在一个有限的实体里边具有更多的实在性,

---

　　[1]　*De l'infinito universo et mondi*(Venice[actually London],1584);参见 Mrs. D. W. Singer 的英译本,*On the Infinite Universe and the Worlds*,及其 *Giordano Bruno, His Life and Thought*[布鲁诺,他的生平与思想](New York:Abelard-Schuman,1950),First Dialogue[对话一],pp. 250 sq. 。

因此我以某种方式在我心里首先有的是无限的观念而不是有限[的概念]，也就是说，首先有的是上帝的观念而不是我自己的观念。因为，假如在我心里不是有一个比我的存在体更为完满的存在体的观念，不是由于同那个存在体做了比较我才会看出我的本性的缺陷的话，我怎么可能认识到我怀疑和我希望，也就是说我还缺少某些东西，我不是完美无缺的呢？①

在一封 1649 年 4 月 23 日致克勒瑟利耶（Clerselier）的信中，笛卡儿说：

> 我从未用"无限"[*infini*]这个字眼来仅仅表示"没有尽头"，而是表示一种比所有有尽头之物都要大得多的真实事物。而"没有尽头"是否定意义上的，我将使用"无定限"（indefinite）这个词来表示这种含义。我心中所具有的关于无限的观念要先于关于有限的观念，因为只有从这个观念出发，当我设想存在或者存在的东西，而不考虑它是有限或无限的时候，我所设想的是无限的存在。但是为了能够设想一个有限的事物，我必须把某种东西从这个一般的存在观念中移出，而这种东西一定是在先的。②

笛卡儿关于无限的立场经常被历史学家们误解为前后不一

193

---

① 参见 *Meditationes*[第一哲学沉思集]，Ⅲ，in *Oeuvres*，Ⅶ，45。
② *Oeuvres*，Ⅴ，p. 356.

致。笛卡儿一方面坚称无限概念的优先性及其绝对有效性,声称一个无限大的数的观念与如下观念是不相冲突的,即物质不仅无限可分(这暗含了原子的不可能),而且实际上被分成了无限多的部分;而另一方面,他也同样坚决地拒绝探讨有关连续体的构成问题,或者回答诸如无限大的数是奇数还是偶数,无限之间有没有大小之分等一些问题。① 这是因为,虽然无限是一个清晰的(*clear*)因而是真实的(*true*)观念,但它并不是一个分明的(*distinct*)观念,对我们这样有限的心灵来说甚至不可能是分明的。这是因为:

> 我们必须注意两件事情:第一就是,我们应当永远记住,上帝的能力和善都是无限的,这使我们能够明白,我们绝不要害怕自己由于想象上帝的作品太伟大、太美丽、太完满,就会陷于错误。恰恰相反,我们应当小心从事,免得对自己所不确知的作品假设一些限制,因而对上帝的权利不能表示应有的赞扬……我们应该留心不要太自以为是,既然我们不曾根据自然的理性或者神的启示而确信世界有界限存在,那么如果我们以为自己的思想可以超出上帝实际所造事物之外而给世界立一些界限,那就未免太过自负了。②

当然,笛卡儿之所以没有把"无限"用于世界,除了体系的原因以外,可能还有"策略上的"考虑。沙尼(Chanut)曾经致信笛卡儿

---

① *Principia philosophiae*,pars Ⅰ,Sec. 26,in *Oeuvres*,Ⅸ,36.

② *Principia philosophiae*,pars Ⅲ,Secs. 1 and 2;pp. 80 sq. and 103 sq..

说，瑞典的克里斯蒂娜女王有一个"疑惑"，即这个无限世界的"假说"是否与基督教信仰相一致，笛卡儿在回信（1647 年 5 月 11 日）中写道：

> 我记得库萨的红衣主教以及另外几位博士都曾猜测世界是无限的，这一说法没有受到教会的谴责；恰恰相反，使上帝的作品显得伟大被认为是在荣耀上帝。比起他们来，我的观点并非更难以接受。因为我说世界不是无限的，而是无定限的，两者之间有一个相当重要的区别。[要想]说一个事物是无限的，就必须有某种理由使我们能够知道它确是如此，这就是只考虑上帝本身时的情况；而说一个事物是无定限时，它本身就说明没有理由能被拿来证明它有界限。在我看来，我们无法证明，甚至无法设想组成世界的物质会有什么界限。由于没有任何理由能够证明，甚至也无法设想世界有界限，所以我把它称为无定限。但我不能否认，……尽管不能被我理解，但也许它会有某些只有上帝才能知晓的界限，这也就是我为什么不把它绝对地说成是无限的原因。①

---

① *Oeuvres*，Ⅴ，19 sq.．

附录 L　上帝与无限

众所周知,与古希腊的哲学传统相反,在基督教哲学中——至少在通常情况下——无限(ἀπείρων)这个概念不再意味着不完满、不确定和形式的缺乏(缺失),而是获得了一种正面的含义,用来表示在本质和存在上超越了一切局限性和有限性的上帝所具有的尽善尽美。或如圣托马斯所解释的,这个概念应被理解为否定的与非缺乏的(*negative et non privative*)。因此,传统上把存在物分成(*divisio entis*)"必然物"(*necessarium*)与"偶然物"(*contingens*),"创造者"(*creans*)与"受造物"(*creatum*),这非常类似于把"存在物"(*ens*)分成"有限的"(*finitum*)与"无限的"(*infinitum*),无限是上帝完满性的特权,而有限则是必定不完满的受造物的缺陷(*defectum*)。因此,一个无限造物的观念被认为是一种语词上的矛盾,而对那个"上帝能否创造出一个无限的造物"的问题通常会给予一个否定的答复,但这并不意味着给上帝的(无限的)创造能力施加了限制:不可能并不就是局限性。换句话说,并不是上帝不能造出一个无限的造物,而是受造物(*ens creatum*)自身不能承受这种无限化。有些人,比如圣托马斯,承认可能实际存在着无限多个(有限的)事物,也认为受造物(*ens creatum*)的本体论结构与某种相继的无限并非不相容——因此,这个世界一旦被创造出来,就可以被看作能够永恒地(*in aeternum*)存在,甚至从来就存在,因为时间中的创造是不可能被证明的[①]——可是连这样的人并没有断言受造物实际的

[①]　Thomas Aquinas,*Summa theologiae*[神学大全],pars Ⅰ,qu. Ⅹ,art. 5,*ad* 4.

无限性,①而认为它实际上是有限的。然而我们不得不提到,伴随着由 14 世纪的哲学家和逻辑学家所展开的关于无限概念的旷日持久的、热烈的、非常有趣的讨论,有不少人超越了圣托马斯甚至是邓斯·司各脱(Duns Scotus),他们完全抛弃了亚里士多德对无限的谴责,不仅毫无保留地接受了潜无限(infinite *in potentia*)概念(在对这个概念进行了一番更为严格的逻辑分析之后,他们称它为"虚词"[syncategorematic]),而且还接受了实无限(infinite *in actu*)的概念(他们称它为"实词"[categorematic])。例如,梅洛纳(Meyronne)、巴索尔斯(Jean de Bassols)、霍尔科特(Robert Holkot),特别是博内(Nicolas Bonnet)和里米尼的格列高利(Gregorius of Rimini),其中最后一位是当时最伟大的逻辑学家之一,他们都断言连续可以被实际分成无限多个部分,不仅如此,尽管与亚里士多德的观点相左,他们仍然认为这无限多个部分可以在任何有限的运动中走完;他们还断言可能画出——对上帝而言——一条无限长的线等。因此,他们认为上帝有可能实际创造出无限多的东西比如无限多块石头,甚至还可能把它们重新结合为一个无限大的整体。里米尼的格列高利最出色地表述了对这种"无限"所持的立场,他在讨论一个问题——"上帝能否凭借其无限的能力产生无限的效果"(*Utrum Deus per infinitam suam potentiam posset producere effectum aliquem infinitum*)——时断定,上帝不仅可以让无限多个东西同时存在(实无限),而且还可以创造出一个无限大的东西,比如说一个无限的物体(*corpus infinitum*)(一种圣托马斯曾经否认和开普勒即将否认的东西),甚至可以把某种形式或性质,比如热或者爱等等提升

---

①　Thomas Aquinas,*Summa theologiae*,pars Ⅰ,qu. Ⅶ,art. 3.

至无限,也就是无限提高它的强度,只要它有所意谓就可以。①

很显然,与那些关于连续体组成和世界永恒性的讨论相反,在这些关于上帝能否创造一块无限大的石头或者无限的爱的讨论中,有很大一部分内容都是逻辑-形而上学的训练,它们所讨论的是纯粹逻辑-形而上学的可能性问题。的确,甚至是里米尼的格列高利都没有宣称,上帝已经实际上做完了所有他能够做的事情;他只是说,上帝本可以这样做,但还没有做。

直到库萨的尼古拉,我们才碰到这个观点,即上帝已经把一切能做的事情都做了,从而在世界中"展开"其"折卷起来的无限"(*infinitas complicata*)。然而,尽管"创造"的观念在他那里可以被认为是大为削弱了,但他却从未断言过受造物的无限性(没有像这样确定的东西还能是无限的):一条无限的线不是线,而是无限;一个无限的量不是量,而是无限等等;②而且他也从未断言过世界的无限性(笛卡儿错以为他断言过),而总是称之为"无终止的"(interminate),用它的无界限来对比上帝正面的无限。如果说布鲁诺这样做了,那么尽管这会把上帝绝对单纯的"无形无限"与宇宙的有形无限区分开来,从而前者可以变得明确起来,但后者作为万物本原的"无限无边的图像"③就会变成必不

197

---

①　关于这些中世纪的讨论,参见里米尼的格列高利的后来的追随者 Jean Mair(Johannes Majoris)写的 *Le Traité de l'infini*[论无限],nouvelle édition,avec traduction et notes par Hubert Elie(Paris,1938);以及 Pierre Duhem,*Le Système du monde*(Paris,1956),vol. VII;关于无限的观念史,参见 Jonas Cohn,*Geschichte des Unendlichkeitsproblems im abendländischen Denken*[西方思想中无限问题的历史](Leipzig,1896;Hildesheim,1960)以及 Louis Couturat,*De l'infini mathématique*[论数学的无限](Pairs,1896)。

②　*De visione Dei*[论神视],cap. XIII;关于库萨的尼古拉,参见 M. de Gandillac,*La Philosophie de Nicolas de Cues*[库萨的尼古拉的哲学](Paris:Montaigne,1942)。

③　*De infinito universo e mond*(Venice[actually London],1584);参见 Mrs. D. W. Singer 的英译本 *On the Infinite Universe and the Worlds*,还有她的 *Giordano Bruno,His Life and Thought*(New York:Abelard-Schuman,1950),First Dialogue,p. 257。

可少的附属物,而难以被称作受造物(*creatum*)。①

至于笛卡儿,他从上帝的观念出发所做的对上帝存在性的基本论证——一个已为邓斯·司各脱所预示的圣安瑟尔谟论证的修改版本——明显是基于无限性与存在性必然相连这一想法:上帝存在着,并且因其无限性即无限完满性而作为自因(*causi sui*)存在。② 但由于笛卡儿也同时强烈地坚持说,这个完全偶然的世界在其存在和结构上完全依赖于上帝的创造意志,所以他不得不像他实际所做的那样,把上帝肯定的、绝对的无限性与世界的无界性(无定限)区分开来,前者暗示着统一性、单纯性和不可分性,而后者则暗示着多样性、可分性和变化。比如,他这样说道:

> 当我说到一个无限实体的时候,我指的是这样一种实体,它实际上具有真正的完满性,并且这种完满性是无限的和极其广大的。它[无限性]不是外加于实体概念之上的一种偶性,而正是实体所绝对具有的本质,而且它不会被任何缺陷所局限(终止);这些缺陷相对于实体而言仅仅是偶性,而无限或无限性则不然。③

---

① A. O. Lovejoy, *The Great Chain of Being*[伟大的存在之链](Cambridge, Massachusetts:Harvard University Press,1936;New York,1960),以及 A. Koyré, *From the Closed World to the Infinite Universe*(Baltimore:Johns Hopkins Press,1957)。

② A. Koyré, *Essai sur l'idée de Dieu et les preuves de son existence chez Descartes*[论笛卡儿关于上帝的观念及其存在的证明](Paris:Leroux,1922).

③ *Meditationes*,Ⅲ,in *Oeuvres*,Ⅶ,40.

附录 M　运动、空间和位置

牛顿的朋友塞缪尔·克拉克在给《罗奥的自然哲学体系》一书所作的注释中，讨论了运动、空间和位置：

在哲学作家中，关于运动的本性和定义的争论向来令人困惑。我以为，这可能是因为他们没有充分注意到这一模糊语词的不同含义，而企图用一个定义来理解这个本应被精确地区分成它的不同部分的词。广义上的运动（或者毋宁说是运动的效应）是物体从一个位置移到另一个位置，这一点他们基本上都同意，但是哲学家们的分歧和争论焦点集中在"从一个位置移到另一个位置"的意思。有些人只是把运动物体同不动的、无限的空间进行比较，而不是同包围着它的那些物体进行比较。以此来定义运动的人，永远都不会知道物体是否真是静止的，或者那些物体到底运动有多快；另外，由于整个地球都在围绕太阳旋转，我们永远都不可能知道这个包含着所有与我们相关的物体的整个体系的中心是静止的，还是沿一条直线匀速地运动。其次，有些人通过把运动的东西同其他物体以及非常遥远的物体进行比较，而不是同无限空间相比较来定义"运动"，这样就必然使某个物体成为测量所有运动的标志，对于这个物体本身到底是静止的，还是相对于更遥远的物体而运动，我们同样也是无法知晓的。最后，有些人只是把他们认为是运动的物体同它紧密接触的表面进行比较，而不是同遥远的物体进行比较,以此来定义"运动",他们无法说明那些物体为什么真是静止的,因为它们与其他物体的微粒相连,正在很快地移动;正如整个地球都被大气包围着,却又在绕着太阳旋转。相反,它们只能说是被移动了,用最大的力以及它们所能产生的阻力,仅能阻碍它们和其他物体一起被带走,一如逆水而行的鱼。

但是,如果我们能正确地区分这个模糊词语的不同含义,整团迷雾就能立即烟消云散。对于一个运动中的物体而言,它可以从三个方面来考虑,即分别拿它同无限而不动的空间的一部分相比较,或者同在远处围绕它的物体相比较,或者同它紧密接触的表面相比较。如果能够精确地把这三方面的考虑各从其类,则今后关于运动的所有争论都将变得明朗起来。首先,一个运动中的物体可以同空间的一部分相比较:由于空间的一部分是无限的和不动的,而且不会像物质那样变化,所以如果不考虑包围它的物体,那么相对于部分空间所产生的这种状态变化就可以被恰当地称为绝对而真正固有的运动(absolutely and truly proper Motion)。其次,一个运动中的物体可以同远处的物体进行比较,而且由于一个物体可以连同紧紧围绕它的物体以这种方式被移动;因而那些相对于遥远物体而非近处物体所产生的状态变化就可以被恰当地称为相对普通的运动(relatively common Motion)。最后,一个运动中的物体可以同那些与之紧密接触的物体的表面进行比较:因为所有被这样移动的物体,可能都没有绝对的或普通的运动(好比一支向西射出的箭,也会具有地球向东转动的同样

199

速度）；与此相反，那些在这种意义下静止的物体，可能实际上
会同时被赋予绝对的和普通的运动（比如地壳下面的物体），
因此，相对于那些紧密接触运动物体的表面而产生的状态变
化，可以被恰当地称为相对固有的运动（Motion relatively
proper）。

　　首先，绝对而真正固有的运动，是一个物体在无限的、不
动的空间的不同部分中的运动。这的确是绝对的固有运动，
它总是被施加在运动物体上的那些力所产生和改变，而且只
能是以这种方式；所有物体通过冲击来移动其他物体所依靠
的真实的力，也都是凭借着这种运动，并且正比于这种运动
（参见牛顿《原理》第一编，定义2至定义8）。但是当两个物
体相碰时，这种唯一真实的运动却无法被我们发现或者确定，
我们也无法弄清楚撞击之处所产生的真正的运动和真正的力
来自何方；我们也不知道这种运动相对于我们来说是否运动
得最快、最慢或者静止；这是因为我们无法证明前面所说的重
力中心，或整个体系的中心（我们可以足够恰当地把它定义为
无限空间中的一点）是否是静止的。

　　其次，相对普通的运动是这样一种状态变化，它不是相对
于最近的那些物体，而是相对于遥远物体而产生的。当我们
说人、树木和整个地球绕着太阳旋转时，我们指的就是这种运
动；当我们考虑运动的量，或者一个运动的物体撞击他物的力
的时候也是这个意思。比如，当一个球心为铅的木球从我们
手中抛出时，我们通常用球的快慢程度和包括铅在内的质量，
来计算球运动的量或者球冲出的力。我是说我们通常这么考

虑，而且相对于力本身和它的任何可以感觉到的效应来说确是如此。但正如前文所说，我们不能明确地判断，力或者真正的运动实际上是在那个球里，还是位于似乎被冲击的地球里。

最后，相对固有的运动，是一个物体相对于那些与之紧密接触的物体的不同部分而做的连续的运动。这就是我们一般在哲学争论中所指的运动，当我们说热、声音或流动时，我们是在探究个别事物的本性。然而特别应当注意的是，一个物体连续的运动应该这样来理解，即它应该是连同其整个表面一起（*par tout ce qu'il a d'extérieur*，就像法国人所说的那样），相对于紧密接触它的物体的不同部分而连续地运动；正如一个球被抛出之后，它的整个表面都在逆着空气的不同部分滑行；当我们的手上下移动时，它的整个表面都连续地运动起来，一方是相对于空气的不同部分，另一方是相对于把手固定于躯体的关节。因此，克拉克先生想找到这种定义的错误是不可能的，他在其《物理学》的第5册第5章中说，这将导致河岸和河道与河水做相同的运动，因为它们远离流过的河水的程度，与河水远离河岸和河道的其他部分的程度相同。但河水与河岸的情况非常不同。河水的整个表面都在相对于包围着它且直接与之接触的物体的不同部分连续地运动，因此河水被从周围的某些物体转移到了其他物体；而河岸却部分固定于地球上，因而没有被直接与之接触的那些物体移走。因为当我们说一个物体被转移时，我们是说它的全部都被转移了。于是一个固定于河中央的岛屿是不会被旁边流过的河水移动的，因为它被牢牢地固定于地球之上，不会被直接与之相接触的东西移走(更别说是以这种相对的运动)。因此,一个很好地平衡于液体中的物体是不会被移动的,因为液体的各部分对它施加了相等的力;这是因为尽管它的表面的每一特定部分在任一时刻,都在相对于包围它的液体的不同部分运动,但它的整个表面却没有同时从包围它的部分的凹面移走,它仍被认为是一个整个的表面。

再有,根据这些对运动的不同定义,我们可以以几种不同的含义来领会位置这个词。当我们说真实而绝对固有的运动(或静止)时,位置这个词是指物体所占据的那部分无限的、不动的空间;当我们说相对普通的运动时,位置是指某一特定空间或可运动范围的一部分,而且位置本身也连同处于其中的物体真实地转移了;当我们说相对固有的运动时(这其实是非常不恰当的),位置是指紧紧包围被移动物体的那部分表面(或可以感知的空间)。①

---

①　Rohault, *Physica*, pars Ⅰ, cap. Ⅹ, sec. 2, p. 36; *Rohault's System of Natural Philosophy*, trans. John Clarke(London, 1723), Ⅰ, 39, n. 1.

第四篇　牛顿、伽利略和柏拉图

1692 年仿佛蒙天恩眷顾，在牛顿学说的历史上意义非凡。正是在这一年，沃切斯特（Worcester）的主教助理本特利（Richard Bentley）①神父大人致信著名的《自然哲学的数学原理》的作者，向他提出了几个在其著作中被忽视——或回避——的问题，它们都涉及自然哲学中那些最深刻的疑难。本特利此举的理由的确是严肃的，尤其是在波义耳讲座的第一届主讲人这一光荣重任降临到他身上之后就更是如此。这一讲座是基于伟大而虔诚的"基督教哲学家"波义耳（Robert Boyle）的一笔遗赠而设立的，②它其实是

---

① 确切地说，由于直到 1696 年才成为神学博士（Doctor Divinitatis），理查德·本特利（1662—1742）硕士，那个时代最优秀的古典学者之一，1700 年成为剑桥大学三一学院（牛顿所在的学院）的院长。正是本特利，先是依靠自己，后又作为倡导者（指导科茨）承担了《原理》第二版的出版工作。关于他的标准传记是 James Henry Monk, *The Life of Richard Bentley*, D. D.［本特利的生平］(London, 1830)。有关本特利的最新研究为 G. P. Goold, "Richard Bentley: A Tercentenary Commemoration," *Harvard Studies in Classical Philology*, No. 67(1963), pp. 285—302。

② 波义耳于 1691 年 12 月 30 日去世，他留下了一份遗嘱，其中规定每年提供 50 金镑，用以资助一系列讲座或布道的作者，这些讲座将致力于证明基督教的真理性。本特利的讲座, *Eight Sermons Preached at the Honourable Robert Boyle Lecture in the First Year MDCXCII*［波义耳讲座上的八篇布道］(London, 1693)，对 18 世纪的基督教护教学产生了巨大的影响。第一个讲座是要证明"无神论与自然神论关于目前生活的说法之愚蠢"，第二个是要证明"物质与运动不能思想"，第三个到第五个是"用人体结构

一系列讲座布道,每年讲八次,分别在伦敦的不同教堂中举行。根据创立者本人的遗愿,这个讲座必须致力于维护基督教信仰和驳斥无神论。无神论的肆虐,特别是霍布斯(Thomas Hobbes)的恶劣影响,已经使真正的信仰岌岌可危。因此他们不得不去论证,在众多事物中因牛顿的工作而被证明完全胜过古代观点的新科学——波义耳所坚决拥护的"机械论哲学",以及日心说的天文学——非但不可能导致唯物论,反而会为拒斥和反驳它提供一个坚实的基础。

多么荣耀的重任!可又是多么艰难!对本特利而言就更是如此,因为他是一位优秀的神学家与可敬的古典学者,却并不擅长解决科学问题。因此,在熟悉了其中的困难并尝试着努力去克服之后,他决定求助于大师本人,向其询问数学哲学特别是牛顿的宇宙学,能否无需造物主的干预就能自圆其说,抑或是相反地隐含了这种介入。

事实表明,这一步是非常得体的,因为牛顿欣然接受了这位年轻神学家的请求。牛顿针对提问给本特利写了四封回信,他在信中向本特利解释了怎样才算是正确地把新科学的原理当作自然神

202

(接上页)来驳斥无神论",而第六个到第八个是"用世界的起源与构造来驳斥无神论"。这些布道重印于 Alexander Dyce, ed., *The Works of Richard Bentley*, D. D. [本特利的著作](London, 1836—1838), vol. III。这个选集至少有过九个英文版和一个拉丁文版(Berlin, 1696)。布道七和布道八(1692 年 11 月 7 日和 12 月 5 日于 St. Mary-le-Bow)是关于宇宙论的,重印于 Cohen, *Newton's Papers and Letters*(Cambridge, Mass.; Harvard University Press, 1958), pp. 313—394, 它们前面有一篇非常有趣的文章,即 Perry Miller 写的"Bentley and Newton"[本特利与牛顿](pp. 271—278);它在第 23 页对刊印本特利的布道有一个注解。

学的基础。这些信件成了研究和阐释牛顿思想最为珍贵和重要的
文献之一。① 无论从哪个方面来讲,这些信件都值得且需要做一
个详尽的评述,不过我就不在这里讨论了。② 我将仅限于研究这
次通信的一个令人好奇的问题——尽管这个问题本身无关紧
203　要——即牛顿提到了"柏拉图的"宇宙论。

　　唯一让本特利放心不下的问题似乎是,如果物质最初是被均
匀散布在空间中的,③那么这个宇宙体系能否纯粹由于自然原因
的作用而产生,以及行星一旦被上帝创造,是否单凭万有引力的作
用就可以产生目前的运动。牛顿这样答复道:

　　　　我的回答是,行星现有的运动不能单单出于某个自然原

---

　　① 这些信件被本特利小心翼翼地保存着,后来被他的遗嘱执行人在文稿中发现,
并以 *Four Letters from Sir Isaac Newton to Dr. Bentley*［牛顿致本特利的四封信］
(London,1756)为标题出版。后来霍斯利把它们重印于他所编的 *Opera omnia* of New-
ton［牛顿《全集》］(London,1782),vol. Ⅳ,它们还被再版于(以影印本的形式,从第一次
印刷开始)Cohen, *Newton's Papers and Letters*,并附有 Perry Miller 所作的一篇出色
的导言。正是在这些信中,牛顿告诫本特利不要把重力是物质的本质属性这一说法归
之于他(Letter Ⅱ, Horsley, *Opera omnia*, Ⅳ,437;Cohen, *Newton's Papers and Letters*,
298),并且告诉他,一个物体对另一个物体"不通过某种非物质的中介"就能进行超距
作用,这就如同"重力对物质来说是固有的、内在的与本质的"一样,是一种谬论(Letter
Ⅲ, Horsley, *Opera omnia*, Ⅳ, p. 438;Cohen, *Newton's Papers and Letters*, p. 302)。
　　我们注意到,在最初的刊登和霍斯利对它们的编订中,第三封信和第四封信被互
换了位置。它们在 *Bentley's Correspondence*［本特利通信集］(London,1892)中是以正
确的顺序出版的。
　　② 我已经在我的 *From the Closed World to the Infinite Universe*(Baltimore:
Johns Hopkins Press,1957)中部分地做了。
　　③ 本特利所攻击的目标表面上是卢克莱修的唯物论,而实际上却是霍布斯和笛
卡儿。

因，而是由于一个全智的作用者的推动。因为既然彗星落入我们的行星区域，而且在这里以各种方式运动，运动的方向有时和行星相同，有时则相反，有时相交叉，运动的平面与黄道面相倾斜，其间又有各种不同的交角；那么非常明显，没有一种自然原因能使所有的行星和卫星都朝着同一个方向和在同一个平面内运动，而不发生任何显著的变化，这就必然是神的智慧所产生的结果。也没有任何自然原因能够赋予行星或卫星这样合适的速度，其大小与它们到太阳或其他中心体的距离相适应，而且也是使它们能在这种同心轨道上绕着这些物体运动所必需的。[①]

我们一定已经注意到了一个奇特的事实，即与之前的理论相比，牛顿的宇宙论代表着一种统一，并且使支配宇宙的定律得到了惊人的简化，但这非但没有减少行星体系的偶然性和非理性特征，反而还增加了这些内容，至少表面上是如此。实际上，比如对开普勒而言，构成太阳系的诸天体的大小和相对距离是由结构性的"原型"定律所规定的，它们的运动，即轨道形状和运转速度，都纯粹是由这种自然定律决定的，而这在牛顿身上却没有任何表现。毫无疑问，行星的距离、速度以及轨道形状在牛顿那里要比在开普勒那里联系得更加紧密，开普勒的三条定律被牛顿归结为一条引力定律，前者可以从后者中推论出来。另一方面，宇宙体系中诸

---

① Horsley，*Opera omnia*，Ⅳ，431；Cohen，*Newton's Papers and Letters*，p. 284.

天体的大小和相对距离是任意给定的,行星本可以更大或更小,
距离太阳更远或更近,运动也可以更快或更慢。若果真如此,那
么它们的运行轨道就会迥异于现在的样子,而可能是圆或者非
常偏心的椭圆;它们甚至可能不遵守同样的定律。正如牛顿向
本特利解释的,

　　　　假如以它们和太阳之间的距离为比较,行星运动得和彗
星一样快(正像如果它们的运动由它们的重力所产生,因而在
行星最初形成时,物质可能从最远的地方落向太阳的情况下,
它们就会如此这样),那么它们就不会在同心轨道上运行,而
会像彗星一样在偏心的轨道上运动。①

　　由此看来,行星目前的分布与速度并非是由纯粹自然的原因,
比如重力的作用所引起,

　　　　因此,要造就这个宇宙体系及其全部运动就得有这样一个原
因,它了解并且比较过太阳、行星和卫星等天体所含物质的量
以及由此所产生的重力;也了解和比较过各个行星与太阳的
距离,各个卫星与土星、木星和地球的距离,以及这些行星和
卫星围绕这些中心体所含的物质量运转的速度。可见,要在
差别如此巨大的各天体之间比较和协调所有这一切,那个原

---

　　① 　Letter I, Horsley, *Opera omnia*, Ⅳ, 431; Cohen, *Newton's Papers and Letters*,
p. 285.

因绝不是盲目的和偶然的,而是非常精通力学和几何学的。[1]

　　牛顿的回复似乎并未使本特利感到满意,[2]这可能是因为他没有完全领会牛顿这番推理的意义,即仅受重力支配的物质不可能产生行星体系。也许本特利认为牛顿的推理还没有强到足以驳倒笛卡儿的学说,笛卡儿认为物质的随机运动可以自发地转变成有序的涡旋运动,并且最终形成行星体系和彗星。也可能因为在本特利看来,牛顿所说的"非常精通力学和几何学的"的"原因"概念有点太拟人化了,它陷于复杂的计算之中,以确定产生这个世界所应赋予太阳和行星的质量、距离和速度。但不管怎样,可能带着其他问题,他再一次向牛顿请教,问他上帝是否可能把地球等行星在太阳附近这样创造出来,让它们通过纯

　　[1]　Horsley,*Opera omnia*,Ⅳ,pp. 431—432;Cohen,*Newton's Papers and Letters*,pp. 286—287. 牛顿还向本特利解释说,如果物质最初被均匀散布于整个天空,那么就无法设想它们会"把自己分成两类,适宜于形成发光体的那部分聚到一起形成一颗恒星,而其余适宜于形成不透明体的那部分,则不像发光物质那样结合成一个巨大的物体,而是结合成许多个小的物体;或者也可以这样说,假如恒星最初也像行星一样是不透明的,或者行星都像恒星那样是一些发光体,那么,为什么只有恒星变成一个发光体而所有行星仍然是不透明的,或者为什么所有行星都变成不透明体而唯独恒星保持不变?"牛顿说,"我认为这不是单凭纯粹的自然原因就能够解释的,我不得不把它归于一个有自由意志的作用者的意图和设计"(p. 430;p. 282)。承认那样的说法,就是陷入了笛卡儿的假说,它"显然是错误的"。

　　另一方面,牛顿并不赞成本特利试图通过地轴的倾斜来说明创造的目的,他看不出其中有什么特别的东西可以证明一个上帝存在,"除非你一定要把它看成一种设计,使地球有冬夏之分"(p. 433;p. 289)。对于一个"与其说发生于偶然,不如说是选择的结果"的系统中的和谐而言,这只是一个次要特征。

　　[2]　在第一封信中,他明确问牛顿,行星能否为太阳的光线所带动——这是博雷利的假说,本特利可能对此有些了解——它被牛顿断然否定。

粹自然的方式,即同时赋予它们"指向太阳的引力和一个大小适当的横向推动"来获得运动。^①牛顿答复说,这个说法毫无价值:

> 至于你来信的最后一个部分,我的回答是,第一,如果把地球(不带月球)的中心置于其大轨道(*Orbis Magnus*)的任何一点上,并且先让它停留在那里不受任何重力或推力的作用,然后立即施以一个指向太阳的引力,以及一个大小适当并使之沿着轨道的切向运动的横向推力;那么依我之见,这个引力和推力的共同作用将使地球围绕太阳做圆周运动。但是那个横向推动必须大小适当,因为如果过大或过小,就会使地球沿着别的路线运动。第二,如果没有神力的帮助,我不知道自然界中还有什么力量竟能产生这种横向运动。^②

牛顿当然是正确的,没有什么自然界的力量能在瞬间把某一切向速度传给地球(或其他行星)。原因是单纯而一般的,即没有什么自然界的力量能在瞬间把某一速度传给某个物体。既然这是一种在自然界中不可能发生的事情,因此只有某种超自然的力量才能胜任。但是否有可能是各自重量的作用,使得被考察的物体——诸行星——逐渐而非瞬间地获得它们的速度,从而不必求助于神的作用呢? 关于这一点,牛顿回答说:

---

① 这肯定是已经丢失的他的第二封信中的内容。

② Letter Ⅱ, Horsley, *Opera omnia*, Ⅳ, 436 sq. ; Cohen, *Newton's Papers and Letters*, pp. 296 sq. .

　　布隆代尔(Blondel)在他那本关于炮弹的书中告诉我们，柏拉图曾经说过，行星的运动由此而来：好像所有行星都是在离我们很远的地方由上帝创造出来，并让它们从那里落向太阳，而一旦它们到达各自的轨道，它们的下降运动就变成了横向运动。①

　　牛顿对布隆代尔的引证是确切的——也很奇特。在布隆代尔的著作《炮弹发射术》(*L'Art de jette les bombes*)中，他先是说根据伽利略的看法，运动(或速度)只能逐渐地获得，然后告诉我们：

　　至于其他，很难设想一个运动物体可以在瞬间获得一定的速度，而不在此之前超过所有那些更低的速度；由此我们可以判断，是何种原因使古人相信柏拉图的感受带有某种神性。这位哲学家关于这个问题是这样说的：神可能先在同一处创造了静止的天体，然后让它们沿直线向一定点运动(这与重物向地心运动的方式相同)，如果它们在下落过程中超越了所有等级的速度，就将在这一点获得指定状态所具有的速度；然后神又将这种直线的加速运动变成匀速圆周运动，以使这些物体能够将它永远维持下去。

　　这种思想中最值得称道的，就是所有天体之间距离的比例以及运动速度之间的差异都符合这种推理的结果；而且由此

---

　　① Letter Ⅱ, Horsley, *Opera omnia*, Ⅳ, 436; Cohen, *Newton's Papers and Letters*, p. 297.

去确定它们最初开始运动时的静止位置并不是绝无可能的。①

　　布隆代尔所引述的"柏拉图的"机械论,与牛顿在给本特利的第一封信中所谈论和拒斥的思想并不完全相同。在牛顿看来,行星仅受重力的作用,而根据布隆代尔的说法,它们的下降运动在获得太阳的引力所能产生的最大速度之前就被中断而偏离轨道了。于是可以设想,在这种偏离发生——或产生——时,也就是说,在它们朝向太阳下落的过程中抵达其轨道的时候,它们已经精确具备了在同心轨道上围绕太阳运转的"合适的"速度。这就是布隆代尔所断言的结论,牛顿对此评论如下:

　　　　如果太阳的引力在它们到达各自轨道时增加了一倍,那么这是正确的。但这就需要在两个方面依靠神的力量,即一方面把下落中的行星的下降运动变成横向运动,同时又把太阳的引力增加一倍。所以重力可以使行星运动,但若没有神的力量,就绝不能使它们做现在这样的围绕太阳旋转的圆周运动。因此,由于这个以及其他一些原因,我不得不把这一体系的构造归于一位全智的作用者。②

---

　　① *L'Art de jetter les bombes*, par Monsieur Blondel, Maréchal de Camp aux Armées du Roy(Amsterdam,1683), troisième partie, livre premier, *Doctrine de Galilée sur le mouvement*[伽利略关于运动的学说], chap. VIII, p. 166:"运动性质的令人赞叹的后果。"(Suites admirables des propriétés du mouvement.)

　　② Letter II, Horsley, *Opera omnia*, IV, 436 sq.; Cohen, *Newton's Papers and Letters*, pp. 297 sq..

　　于是这种"柏拉图的"机械论并不可行，布隆代尔的断言是错误的。牛顿通过一番斯文的考究，论证了布隆代尔的断言是错误的，然而他却宣称它是正确的，这一点是多么有趣啊！实际情况是，在整个下落过程中，太阳的引力使行星获得了一个过高的速度，以致它们不能以这个速度在圆周轨道上运动。为了平衡绕日运转所产生的离心力，以免它们沿切向飞离轨道，一定存在着一个两倍的引力。现在看起来，这也是很奇特的。

　　同样奇特的是——确切地说，是从一个完全不同的观点来看——牛顿竟然把自己关于"柏拉图"理论的知识仅仅归功于布隆代尔。这使我们猜测，他忽视了布隆代尔本人的材料来源——伽利略。或者说，由于伽利略在其《关于两大世界体系的对话》和《关于两门新科学的谈话》中都详细阐释了这种"柏拉图的"观念，所以我们不禁要说，牛顿可能从未研究过这两部著作中的任何一部，这还可以说明为什么牛顿会诚心诚意地把惯性定律的发现归功于那个伟大的佛罗伦萨人——实际上伽利略并没有做出这项发现——而对这条定律的实际创立者笛卡儿完全避而不谈。或许是因为——这种事情曾经发生过——牛顿年轻时读过伽利略的著作，但后来完全忘记了他所介绍的"柏拉图的"观念，于是就没有想起布隆代尔的材料来源。究竟应当接受这两种可能性中的哪一种呢？至少在目前，我们还必须对自己的判断有所保留。毕竟，伽利略的名字的确曾在牛顿致本特利的第四封信，也就是最后一封信上出现过。

　　本特利致牛顿的信件——除了第三封信以外，它被保存在了牛顿的书信集中——还未发表就全都遗失了，这真是莫大的憾事！

我们只能尝试着从牛顿的回信来再现其内容了。在本特利收到牛顿的信①一个月之后(1692/93 年 2 月 18 日),他寄给牛顿一份他草拟的第七次讲座概要,其中包括"用世界的起源与构造来驳斥无神论"(*Confutation of Atheism from the Origin and Frame of the World*)。在这份现存于三一学院图书馆的第三封信中,本特利向牛顿保证,他不会把重力当作物质的一种"固有"属性,也不会把这种学说归于牛顿,如果他以前这样说过,那纯粹是为了简洁的缘故。②

---

① 牛顿提到布隆代尔的第二封信的所属日期是 1692/93 年 1 月 17 日,三一学院。牛顿接着又给本特利写了一封短信,所署日期是 1693 年 2 月 11 日,但并没有在其中讨论布隆代尔和柏拉图的问题。于是在 1692/93 年 2 月 18 日,本特利又写信给牛顿,说他想不到牛顿竟然愿意回信来帮助他,这使他深受鼓舞。牛顿于 1692/93 年 2 月 25 日做出回复。

② 这封信作为附录 X 的一部分,载于 Sir David Brewster, *Memoirs of the Life, Writings, and Discoveries of Sir Isaac Newton*(Edinburgh,1855),II,463—470。本特利请牛顿去审阅"我尚未发表的第一次布道的摘要和思路;并告知其中不符合真理和您的假说的地方。如果您对它感到满意,那么我就能在这篇文章付印之前轻松许多"。在摘要后面,本特利提出了一个关于行星怎样获得绕日的"横向运动"的问题:"假定行星在高一些的区域形成,然后首先落向太阳,并且以这种方式获得它们的速度;然而如果没有一种神力给它们一个横向的运动,以顶住这样大的物体下落时所必然伴随的强大的冲力,则它们就将继续向太阳下落;所以无论如何,必须要引入一个上帝。"然后本特利转到了牛顿提出的布隆代尔的论证,说他曾经在法布里的《物理天文学》以及伽利略的著作中见到过它:"至于您从布隆代尔那里所引用的话,我已经在法布里的《物理天文学》和伽利略的《关于两大世界体系的对话》,第 10 页和第 17 页中读到过了。他说我们可以根据他所发现的加速度导致奇数列变化的规律,通过土星的速度计算出它形成于距离太阳多远的地方(但是由于不知道您所做的工作,他认为物体的下落速度与重量随着距离平方的增加而减小,这一点必定错了),而且所有行星的速度与距离都有一个近似的(*quam proxime*)比例,就好像它们都是从同一高度落下的一样(但您似乎反对这一点,您说太阳的引力必须在它们到达轨道之时增加一倍)。我承认伽利略和法布里的话对我起不了什么作用,因为我不会计算,所以我只是如前面那样大致说了一下。不过我知道一定有某个确定的高度,每一个从那里下落的行星都可以获得目前的速度。如果我所理解的是对的话,那么我认为它将不仅仅对论文有所润色,而且更是

的确,他认为"重力既不是与物质共存的一种本质属性,也从未被
物质以任何自然的方式获得过","如果引力是真正的吸引,那么这
将是自明的"。不仅如此,本特利还跟着牛顿认为万有引力不能被
机械地解释。

　　在同一封信中,本特利还告诉牛顿,"关于你从布隆代尔那里
所引述的内容,我曾经在法布里(Fabris)阁下的《物理天文学》
(*Astronomia Physica*)和伽利略的《关于两大世界体系的对话》中
读到过同样的话",但却无法利用它,这是因为(a)伽利略显然犯了
一个错误,他没有发现重力和落体加速度并不恒定,而是随着距离
而改变;(b)他自己(本特利)没有能力做出必要的计算。但本特
利意识到,这将是一种对神力存在的出色论证,因为要使诸行星
同时在不同距离处"自然地形成"是"更加不可能的",如果它们可

<hr>

(接上页)对论证神力之存在大有裨益;因为我认为,它们更不可能是同一时间在不同
距离处自然形成的;如果我对您所说的太阳的引力加倍理解正确的话,那么它们就必
定会在同一时刻抵达各自的轨道,如果它们可以在这段时间内自然地形成,那就将是
谜中之谜;因为如果水星先降落,当它到达其轨道时,太阳的引力加倍。当它继续加倍
时,后续行星的降落也将成比例地得到加速,这将打破水星的速度与它们的速度之间
既定的比例。"(这封信重印于 H. Turnbull and J. F. Scott 编的 *The Correspondence of
Isaac Newton*,Cambridge,England:Cambridge University Press,1959,III,251 sq.)当
本特利引用伽利略的《关于两大世界体系的对话》第 10 页与第 17 页的内容时,这似乎
说明他使用的是拉丁文版 *Dialogo Systema cosmicum* 的第二版,由 Johanne Antonius
Huguetan 于 1641 年在莱顿出版。至于法布里的《物理天文学》,我不知道指的是他的
什么著作,因为他的著作中没有叫这个名字。法布里的确在其 *Physica*,*id est scien-
tia rerum corporearum*[物理学,有形物体的科学](Leiden,1669—1671)的第四卷中讨
论了天文学,但是其相关章节 *tractatus*[论述](*tractatus* III)却被称为 *De corpore coe-
lesti*[论天体]。而且在这篇 *tractatus* 中,法布里并没有讨论"柏拉图的"理论。

以用不同的时间间隔在此距离处自然地形成,并且可以同时到达目前的位置,那将更是一个"奇迹的奇迹"。

牛顿收到了寄来的概要,并且被提醒,那段"柏拉图的段落"可以在伽利略那里找到,然后,牛顿在回信中又针对这段话做出了严肃的批评:

关于柏拉图的那段话,并不存在共同的位置可以让所有行星从那里一齐掉落,且在均等的重力作用下(一如伽利略所假设的那样)落到各自的轨道上时,会获得它们目前在这些轨道上运行的那种速度。如果我们假定所有行星朝向太阳的重力都具有它所实际具有的数值,并且行星的运动转而朝上,则每颗行星都将升至两倍于它与太阳的距离处。土星将升至它现在与太阳距离的两倍处而停止上升;木星将再上升目前这么高的距离,即略高于土星的轨道;水星也将比现在的高度升高两倍,也就是说到达金星的轨道,其余依此类推。然后当它们从上升到的高度重新降落时,它们又将以最初所具有的,也就是以它们目前所具有的旋转速度到达各自的轨道。

但是,如果在它们的旋转运动转向上的同时,对它们的上升一直有所阻碍的太阳引力减少了一半,那么此时它们就将不断上升,而且在与太阳距离相等的地方,它们的快慢都将相同。当水星运行到金星轨道时,它将与金星运动得一样快;而当水星与金星运行到地球轨道时,则又将与地球运动得一样快,如此等等。如果它们立即又沿着同一路线同时开始上升,那么它们将在上升的过程中靠得越来越近,各自的运动也将逐渐趋于相等,最终变得比任何可以赋予它们的运动都慢。因此,假定它们已经上升到了几乎相接触的程度,而且其运动也已经微不足道,若此时突然把它们的运动方向反转过来,或者换种说法,除去它们的运动,让它们掉落下来,则它们将同时到达各自的轨道,并且每一个都将获得与最初一样的速度;而如果此时它们的运动被转向旁边,同时太阳的引力增加一倍,那么就有足够的力量把它们维持在各自的轨道上,它们会像上升以前那样沿着这些轨道运行。然而如果太阳的引力没有加倍,则它们就将离开自己的轨道而沿抛物线进入更高的天空中去。这些都是从我的《数学原理》第一编的第33、34、36、37等命题得到的结果。[①]

我不知道对本特利来说,牛顿的这番重新论述是否要比第一次更加清楚,也不知道他是否花了精力去研究《原理》的命题33、34、36和37以理解牛顿推理的来龙去脉。就个人而言,我非常怀疑这一点。事实上,本特利"对无神论的驳斥"的第七次布道或讲座,主要是通过太阳系结构的证据来论证上帝存在的。在这次讲座中,本特利只是大体上断言了行星向太阳的降落不可能获得实际上绕太阳

211

---

① Letter Ⅲ, Horsley, *Opera omnia*, Ⅳ, 440 sq.; Cohen, *Newton's Papers and Letters*, pp. 306 sq.(在第一版以及霍斯利的版本中,它是作为第三封信出版的,而按照日期,它应该是第四封信。)牛顿把事情简化了一些。事实上,正如牛顿本人所说的,行星的上升运动永远也不会停止,它们不会到达共同的上升极限。反之亦然,离开了这个共同极限,它们将无法在有限的时间里下降到其目前运动的轨道上。但由于一般说来,诸行星不大可能被创造于同一处,因此,它可能只是一个彼此相距非常近的位置的问题,牛顿认为他可以用一个近似的位置来代替相同的位置,并且在行星到达极限"之前"就阻止这种上升运动,其余不变。

运动所需要的速度,而并没有去详细讨论,也没有提到"柏拉图那段话"。[①] 不用说,他认为深入任何如此困难的推理都是毫无用处的;或许本特利虽然是一个糟糕的数学家,却是一位优秀的古典学者,他知道由于布隆代尔的话而被牛顿认作是柏拉图所提出的理论,不可能在其著作中找到(至少就这些内容而言),而另一方面,他又确实知道它可以在伽利略的著作中找到,于是就把它告诉了牛顿。

　　[①]　在第七次布道中,本特利讨论了行星可能是在哪里形成的问题。本特利原先赞同一个想法,即"混沌物质永远也不可能形成像目前的星体和行星这样分散而不同的物质"。后来他改变了看法:"但相反的意见可能也是成立的,即行星是形成的,但它们是无法获得这种沿着圆轨道或(这与我们目前的目标一致)稍微有些偏心的椭圆轨道所做的旋转运动的。因为无论给行星指定什么样的形成位置,它能使行星比目前更接近太阳吗? 但这是绝对荒谬的:因为若是如此,它们必定已经逆着相互吸引的本质属性从其形成之处上升了。或者每个行星都是在它目前所运动的轨道上形成的吗? 但这样一来,它们必定已经沿着水平方向,而不带有下降或任何其他倾向地从静止之处运动了。现在既没有固有的重力,也没有外界物质的推力能够作为自然的原因产生这种运动,单凭重力就一定已经把它们带到太阳附近了。而包围它们的以太是如此之空虚和具有流动性,以至于无法把它们水平地推到如此惊人的速度,这一点我们已经在前面充分地论证了。那么它们是在天上高一些的区域形成的吗? 它们在自己固有的重力的作用下从那里降落,最后全都到达各自的轨道,每一个都通过降落而获得了目前的速度。但为什么它们没有继续降落到接近太阳呢? 在那里,相互的引力和冲力可以带着它们运动。是什么自然原因可以使其转向旁边,可以在整个世界都在降落的时候,逆着巨大的重量和速度而给它们一个如此强烈的横向侧击呢? 然而尽管我们可以猜测,它们或许是通过某种横向的引力或其他什么原因而偏离降落运动的,从而避开了太阳而转向它的某一方:那么其下落的力量就的确可以把它们带到距离太阳很远的地方,所以它们可以绕着太阳做迂回运动,然后转以先前下落的运动程序和速度大小上升。它们或许可以在很大程度上按照彗星围绕太阳运转的方式,通过其固有的重力定律来获得这样一种偏心运动;但如果不借助神的一臂之力,那么围绕太阳或其他中心物体所做的同心轨道的圆周运动就无法获得。"(Cohen, *Newton's Papers and Letters*, pp. 345—347)值得注意的是,本特利在这段话中使用了"固有的重力"这个说法,并且在其第八次布道里(p. 363)把"朝向太阳的引力"定义为"一种被造物主注入物质的恒定能量"。

　　牛顿告诉我们，如果让所有的行星"掉落"下来，并且"在均等的重力作用下（就像伽利略所假设的那样）"降落，那么它们就不可能全都始于同一位置。这是正确的，然而我们必须弄清"在均等的重力作用下降落"的确切含义是什么。事实上，牛顿的表述可以用来说明两种非常不同的事情。第一，根据伽利略的观点，重力的作用是处处均匀而且恒定的，结果是物体——所有的物体，无论其大小轻重——处处都以同样的加速度下落，无论它被置于何处，距地球（或有些情况下距太阳）有多远。换句话说，由重力产生的自由落体加速度是一个普适常量，它在太阳系任何一点所具有的值都相等。第二，根据伽利略的观点，包括诸行星在内的所有物体都以同样的加速度"下落"——无论它的值是否恒定——因此，如果它们从同一位置出发，在同一区域内共同下落，那么它们将在距离太阳同一"高度"的地方获得相同的速度；这一断言不必预设加速度的任何不变性，而是允许它可以像引力那样随距离而改变，甚至允许变化情况与距离相同。

　　我们应当怎样来解释牛顿的这个说法呢？也就是说，这些词在牛顿的信中是什么意思呢？这并不是一个不相干的问题。事实上，第一种解释代表着历史上真实的伽利略落体理论，而第二种则相反，它是后人的改写和一种误解。所以第一种说法暗示了对伽利略的工作有清楚的了解，而第二种则不然。现在看起来就很清楚了，尽管本特利对此有非常深刻的评论，但是为牛顿所采纳的仍然是第二种说法，这是因为他用这种说法推出了它的结果——比如说，如果行星的轨道运动被转而"向上"，那么它们将升至两倍于其实际"高度"的"高度"——而这些结论用真正的伽利略的概念是无法得到的。于是，这似乎证实了我在本文前面所提出的猜测，即牛顿从未研究过伽利略。即使他在年轻时曾读过伽利略的著作，他也忘记了其中的相关内容。①

　　现在让我们转到伽利略。

213　　首次提到行星"下落"的"柏拉图的"理论,或者更确切地说,先于圆周运动的直线运动,是在《关于两大世界体系的对话》中,这本书于 1632 年在佛罗伦萨首版。在第一"天"的对话中,萨尔维阿蒂(Salviati)在解释了圆周运动与直线运动的结构和各自角色之后,开始讨论如下的话题:

> 所以我们可以说,直线运动是在建筑工事中用来搬运材料的;但是这项工事一经完成,就将停止不动——或者如果要动的话,也只能沿着圆周运动。除非我们愿意依照柏拉图的说法,称这些天体在它们最初被创造出来时和整个宇宙体系

---

　　① 事实表明,正是最后一个"假说"才是正确的。的确,我们在 *The Correspondence of Isaac Newton* 的第三卷中,发现了一份牛顿于 1665 年或 1666 年所写的手稿(pp. 46 sq.),它确定无疑地证明了牛顿曾经读到过《关于两大世界体系的对话》;在这篇手稿中,牛顿讨论了——虽然没有指名道姓——伽利略的断言,即一个落体将在 5 秒钟内下落 100 腕尺[一种古代长度单位,自肘至中指端,长约等于 18 至 22 英寸](初版的 p. 219;Salusbury 译本的 p. 219;参见 *Correspondence*,Ⅲ,52,n. 2)。在同一个注释中,*Correspondence* 的编者说,Herivel 博士"已经指出",牛顿本人曾在一本早年的笔记(1661—1665)中说:"按照伽利略的说法,一个 100 磅重的铁球将在 5 秒之内下落 100 腕尺。"

　　《关于两大世界体系的对话》被 Thomas Salusbury 译成了英文,标题是 *Mathematical Collections and Translations*[数学文集与译文](London:William Leybourn 印制,1661)。第一部分包括:《伽利略的世界体系》(*The System of the World by Galileus Galileus Linceus*)。几乎所有副本都在伦敦的一场大火中烧毁了;不过,一个副本被三一学院图书馆保存了下来。不仅如此,牛顿可能还读过拉丁文版,因为一个拉丁文版《关于两大世界体系的对话》,*Dialogo Systema cosmicum* 曾于 1663 年(由 Thomas Dicas)在伦敦出版。

建立以后,有一个时期是由造物主使它们走直线的。稍后,在它们到达一定位置之后,就使它们一个个变成环形,由直线运动转为圆周运动,并且从此就保持着这个状态。这是一个崇高的见解,的确配得上柏拉图,我记得自己曾听到我们那位猞猁学院院士朋友①讨论过这个见解。②

"院士"的讨论——我们已经看到布隆代尔忠实地描述了它——是关于一个静止的物体不经过中间所有层次的速度,就无法获得最终的运动。因此,为了赋予一个静止物体以一定的速度,大自然就让它在一段时间里沿着直线做加速运动:

> 这样假定之后,让我们设想上帝当初创造行星,比如说木星吧,就决定使它具有怎样的速度,而且从此以后一直保持着这个匀速。我们可以依照柏拉图的说法,上帝开头使木星走的是一条直线的和加速的运动;后来在木星达到这种速度以后,上帝就把直线运动改为圆周运动,这样改变以后,它的速度当然就均匀了。③

然而沙格列陀(Sagredo)反驳道,由于快慢的等级是无穷的,

---

①　指伽利略本人。这个学院是 1603 年在罗马成立的,直译应为猞猁(又名林狸)眼或山猫眼学院(Accademia dei Lincei)。据说猞猁以及山猫的眼睛都很敏锐,故用来比喻科学家的敏锐。伽利略于 1611 年当选为该院院士。——译者注

②　Galileo Galilei, *Dialogo sopra i due massimi sistemi del mondo* (edizione nazionale), vol. VII, Giornata prima, p. 44;英译本,Giorgio de Santillana 编的 *Dialogue on the Great World Systems* (Chicago: University of Chicago Press, 1953), pp. 24—25,或者 Stillman Drake 译的 *Dialogue Concerning the Two Chief World Systems—Ptolemaic and Copernican* (Berkeley and Los Angeles: University of California Press, 1953), p. 20。

③　*Dialogo*, p. 45; Santillana, pp. 25—26; Drake, p. 21.

大自然不可能把所有这些等级都赋予木星,因而更有可能的情况是,它的圆周运动一被创造出来就已经具有了确定的速度。关于这一点,萨尔维阿蒂谨慎地回答说:

> 我没有说,而且也不敢说,大自然或者上帝不能一下子就赋予木星你所说的速度。我实际所说的是,事实上(de fac-to)大自然并不这样做——这是一种越出自然常规的做法,所以人们称这种情况为奇迹。①

在后面几页中,萨尔维阿蒂解释了向下的运动——无论是自由落体运动还是沿斜面的运动——是被产生出来的运动,它天然就是加速的,因此必定总是先于圆周运动,因为速度一经达到,圆周运动就会以此速度永远持续下去。② 用伽利略的话来说:"圆周运动必须有直线运动在先,否则绝不会自然而然地产生出来;可是一旦产生出来,它就会以均匀的速度永远持续下去。"接着萨尔维阿蒂转到了柏拉图的概念,说为了给叙述增色,他将在解释"柏拉

---

①　*Dialogo*,p. 45;Santillana,p. 26;Drake,p. 21.

②　*Dialogo*,p. 53;Santillana,p. 34;Drake,p. 28. 一个边注说:"圆周运动不会天然产生,在此之前必须先有直线运动。"这里我们饶有兴味地发现,对伽利略来说,圆周运动的外部连续性并不是问题,至少当它是一个天体现象的问题时是如此。直线运动本质上是一种速度可变——加速或减速——的运动,而圆周运动则相反地具有惯性运动的一切特别之处,它"永远是均匀的"。而且,一旦行星通过并且在这种"降落"的运动中获得了上帝已经指定的速度,并且它们的直线运动为圆周运动所取代,那么它们就可以自发地永远沿着其圆周路径运动——这与牛顿的构想相反——而用不着任何种类的引力把它们维持在太阳附近,这是因为它们的运动不会产生任何离心力。参见我的 *Études galiéennes*(Paris:Hermann,1939),pp. 236 sq. 。

图的"概念时补充一个"我们的院士朋友非常著名的特殊发现"。

　　让我们设想,在神圣的造物主的天意中就有关于在宇宙中创造许多天体的意向,这些天体我们看到是不断运转的,而太阳则处于诸天体运转的中心不动。其次,让我们设想上述天体全都是在一个地方创造出来的,而且全都被赋予向中心降落的运动倾向,直到它们达到神意原来认为适合的那些速度为止。最后我们还可以设想,在天体获得了各自的速度以后,神就使它们运转起来,每一个在自己的轨道上都维持着原定的速度。现在的问题是,上述这些天体在最初被创造出来的时候,它们离太阳的高度和距离是多少,而且会不会是全都在同一个地方创造的呢?

　　要考察这个问题,我们必须从最熟练的天文学家那里弄清楚诸行星运转的规定大小,以及它们运转的时间。从这些资料,我们就推理出例如木星比土星快多少;在发现木星的确运转得较快(事实上正是如此)时,那么木星从同一高度落下时,必然比土星降落得更多些——这和我们所知道的实际情形一样,因为与土星的轨道比起来,木星的轨道要小一些。再进一步,我们还可以根据木星和土星的速度比例以及它们之间的距离,并且根据天然运动加速的天然比例,来确定它们原来该是处在什么位置,离它们现在运转的中心多高多远。这个位置一经确定和为大家同意后,我们就可以问,火星从这个位置降落到它的轨道上,轨道的大小和运动的速度是不是和计算出来的相吻合;对于地球、金星和水星,我们同样也可以这样做，而它们的轨道与运动速度，与计算出来的结果非常接近，这件事简直可以说是神奇。①

沙格列陀并没有不赞同，他说："这种说法我过去也听到过，而且感到万分的高兴；我相信这些计算要做得准确，需要不少的时间和精力，对我说来可能很难理解，所以我没有要求看这些计算。"伽利略（萨尔维阿蒂）回答说"计算程序的确很长而且很艰巨"。他又说，"我也没有把握能否当场就把它重述出来，所以还是留待改日再谈吧"——唉，可惜这一刻永远也不会来临了。不仅如此，我们难道不应该不喊"可惜"，而说"幸而"吗？因为如果这些计算真被做了出来，那会让伽利略大失所望。

通过比较——首先是欣赏——伽利略和牛顿关于"柏拉图的"宇宙论的各自描述，我们可以发现这两个人之间的一些非常重要而又奇特的差别。对牛顿而言，接受这种"柏拉图的"宇宙论不会带来任何益处，也就是说，它非但不能使上帝的超自然作用得到丝毫节约，而且还正相反。事实上，瞬间给予物体一个确定的速度是与瞬间改变物体的运动方向同样困难的。这两种操作无论哪一种都不可能在自然情况下实现，除非我们假设有奇迹的存在。不仅如此，除了前面讲过的奇迹以外，"柏拉图的"宇宙论还暗含了它本身所具有的另一个奇迹，也就是说，为了使行星能够保持自己的轨道，甚至最初就能够划出这些轨道，太阳的引力需要在"向下"运动被"侧向"运动所取代的同时增强一倍。

---

① *Dialogo*, pp. 53 sq. ; Santillana, pp. 35—36; Drake, p. 29.

这些考虑似乎对伽利略并不合适。根据他的看法，这两种操作的层次并不相同：要赋予一个静止物体以运动是一回事，而要改变一个已经处于运动状态的物体的运动方向——同时保持其速度大小不变——则是另一回事。[1] 连续性定律只能适用于其中之一。一个是有新东西产生的问题，而另一个则仅仅是在运动的偶然的、表面的特性上有所改变，而并没有触及其深刻的实在，没有产生出某种全新的东西。而且，他认为"柏拉图的"宇宙论并不需要除创世以外的任何奇迹。至于引力的加倍，伽利略也丝毫不需要，因为首先在他看来，太阳并不吸引行星，而是行星趋向于太阳，而这种趋向是星体所特有的，是根源于这些星体之中的；[2] 其次——说成首先也不为过——它们围绕太阳的圆周运动并不产生离心力，所以并不需要太阳的引力来把自己维持在轨道上或是划出那些轨道。之所以如此，是因为对伽利略而言，行星的那种和中心保持固定距离的圆周运动实则起源于惯性力的作用。

217

伽利略似乎赋予了"柏拉图"宇宙论的复兴以某种重要性甚至是必然性。事实上，他并没有把自己局限于《关于两大世界体系的对话》中萨尔维阿蒂的表述，《关于两门新科学的谈话》（1638 年）

---

① 伽利略可能反对过一种看法，这种看法说他认为重力是一种"趋向"或者"倾向"，他可能还收回了那段著名的话，说"重力"只是一个语词，没有人知道——甚至也不需知道——它到底是什么。能知道它是如何起作用的，也就是说物体是如何下落的就足够了。正是由于拒绝去解释重力，甚或是构造一个理论，而把它作为一个简单事实接受下来，伽利略——以及伽利略的支持者——才把它设想为某种属于物体本身的东西，并且赋予了它一个恒定的大小（因而赋予了物体一个恒定的加速度），甚至是继续使用——就像伽利略在我引用的那段话中所做的那样——诸如"倾向"或者"渴望"那样的表述。

② 如同行星的情形，方向的改变是瞬时完成的，不需要任何力量的介入。

又回到了这个话题。这次是让沙格列陀使读者回想起在"院士"与柏拉图的观念中业已取得的惊人一致,它的契机是一次对抛射体——沿抛物线——运动的讨论。伽利略解释说,如果一个从高处——他称之为高度(sublimity)——下落物体的加速运动由竖直方向转到与之垂直的水平方向,那么结果将是一条抛物线。这引发了沙格列陀的如下讨论:

> 沙格列陀:请允许我打断一下,以使我可以指出作者的这个想法,与柏拉图关于天体运转所具有的不同均匀速度的起源的看法非常一致。柏拉图偶然想到,一个物体除非跃过静止与指定速度之间的所有速度,就不能从静止变为具有一定的速度,并把它均匀地保持下去。柏拉图设想,神在创造了天体之后,就给它们指定了合适的、均匀的速度,以使其可以永远以之运动下去;他让它们从静止出发,以一种类似于地球上的物体所具有的天然的、直线的加速度通过一段确定的距离。他又说,一旦这些物体获得了合适的永恒速度,它们的直线运动就被变成一种圆周运动,这是唯一可以使均匀性得到保持的运动,在这一运动中,物体既不远离也不趋近于所要到达的目标。这个观念真是配得上柏拉图;而更加值得称赞的是,那些潜藏于其中的定律直到被我们的作者发现,并以正确的历史视角提出来才得以显现,他把覆盖着它的面纱和诗意的装饰拿掉,使之露出了真容。考虑到天文科学已经给我们提供了如此完整的信息,比如关于行星轨道的大小、它们与运转中心的距离以及它们的

速度等,我不禁要想,我们的作者(他已经对柏拉图的想法有所了解)或许有某种好奇心,想去发现每个行星是否都被给予了一个确定的"高度",从而如果它们在这一高度从静止出发,沿着一条直线天然地加速降落,并且后来把获得的速度变成了匀速运动,那么其轨道的大小以及运转的周期就将如实际所观察到的那样。

萨尔维阿蒂:我想,我记得他告诉过我,他以前曾经做过计算,发现它与观察符合得相当好。但他并不想去谈它,以免火上浇油,因为他的许多新发现都招致了公愤。然而如果有人想知道这方面的信息,他可以为他本人从目前所提出的理论中将它推论出来。① 218

由伽利略复活或者说重新发现的这种柏拉图的高度观念,激起了学术界的强烈兴趣。它也引起了一些怀疑,因为没有人曾在柏拉图的著作中找到过伽利略归之于他的这些宇宙论观念。②

---

① Galileo Galilei, *Discorsi e dimostrazioni mathematiche intorno due nuove scienze* (edizione nazionale), vol. Ⅷ, Giornata Quarta, pp. 283 sq.; 英译本, Henry Crew 与 Alfonso de Salvio 译的 *Dialogues Concerning Two New Sciences* (New York: Macmillan, 1914; Dover, n. d.), pp. 261—262。

② 1644 年 12 月 4 日, 同样没能找到它的梅森致信佩雷斯克, 让他询问伽桑狄或其他人"柏拉图是否说了伽利略在其《关于两大世界体系的对话》中所引述的话"(si Platon dit ce que Galilée lui fait dire dans ses *Dialogues du mouvement de la Terre*); *Correspondance du P. Marin Mersenne*, ed. Cornelius de Waard (Paris: Presses Universitaires de France, 1955), IV, 403。伽桑狄回复说(p. 415)"他不记得曾在柏拉图的文本中读到过这些东西"(il n'a pas de souvenance d'en avoir rien leu dans le text même de Platon), 还说"肯定是出现在某些古代的作者那里, 而那些作者曾经读过柏拉图的另外

　　甚至现代学者在这方面的工作也没有取得什么进展,他们在柏拉图或者其后继者的著作中都没有发现这种宇宙论学说。①《蒂迈欧篇》中有一段话②——这是唯一一段能被援引的话——只是谈论了巨匠造物主(demiurge)将混沌转变为宇宙,它既没有讨论行星的自然加速运动,也没有讨论行星朝太阳的"下落"和围绕太阳的圆周运动。那么是到了该让证据说话的时候了:无论有多了不起,我们所说的这个理论并不是源自柏拉图。

　　此外,仔细考察后就会发现,伽利略本人似乎并未断言他发现了柏拉图的宇宙论。《关于两大世界体系的对话》中的萨尔维阿蒂特别指出,他希望"润饰"柏拉图的一个概念(per adornare un concetto platonico),在《关于两门新科学的谈话》中,沙格列

219 陀说:

(接上页)一些现在已经找不到的著作"(faut que ce soit dans quelque autre autheur ancien qui l'aye veu en d'autres oeuvres de Platon de celles qui ne se trouvent plus)。而且,不管是否是柏拉图的话,伽利略所阐述的概念都是不可能的(正如弗雷尼科与梅森很快表明的那样,他们做了无疑被伽利略疏漏的计算);参见 *Harmonicarum libri*[论音乐学](Paris,1636),tome I,"Praefatio,"prop. 2。行星不会都始于一位置。伽利略的断言是错误的这一点,直到 250 年后才被 M. P. Mansion 所证实:"伽利略有关行星的共同起源的观点"(Sur une opinion de Galilée relative à l'origine commune des planètes),*Annales de la Société Scientifique de Bruxelles 18*(1894),46,90;也可参见 de Waard,*Correspondance de Mersenne*[梅森通信集],IV,409 的注释。

　　① 泰勒相信他已经在 Eusebius, *Praeparatio evangelica*[福音的准备],XV 找到了它的来源,但他是错误的。参见 Stephen Hobhouse,"Isaac Newton and Jocob Boehme,"[牛顿与波墨]*Philosophia 2*(1937),36:"泰勒教授写信告诉我说,这可能是一个被阿提库斯[Atticus]归于柏拉图,又为布隆代尔所发展,并被保存在 Eusebius, *Praeparatio evangelica*,XV 中的理论。"

　　② *Timaeus* 30A.

请不要说下去了，因为在我看来，这与柏拉图关于确定天体运转所具有的不同均匀速度的设想一致，似乎我们的作者用这一点来润饰这种想法是合适的……[Fermate, in grazia, perchè qui mi par che convenga adornar questo pensiero dell' Autore...]

在这两本著作中，我们被特别告知，"院士"已经"润饰"了柏拉图的高度观念，也就是说对其进行了润色、发展，并从它跃升到自己的观念。如果沙格列陀在把这一学说的某些特征归于柏拉图时显得那样确信无疑，他难道不是也说过，柏拉图只是隐而不彰地用诗意的隐喻提出它的吗？院士在揭示柏拉图对之"保持沉默"或者是无知的［那个隐喻的］基础的过程中，把它转变成了一个科学理论。于是，伽利略两次借助其代言人（porte-parole）之口，实际上是告诉我们："虽然我把这种学说归于柏拉图，但实际上却是我发明了它。"那他为什么要把它说成是柏拉图的呢？难道仅仅是为了在《关于两大世界体系的对话》的一开篇就声明，在亚里士多德和他的老师之间发生的那场伟大争论中，伽利略是支持柏拉图一方的吗？难道他真的认为他在柏拉图那里找到了自己提出的体系的萌芽了吗？抑或是，他仅仅是为了引起注意，才用一个显赫的名字把别出心裁的想法包藏起来，就好像它是出自于一个伟大的哲学家之口？——他显然认为这是一个别出心裁的想法，但它未免有些太放肆、太冒险了吧。

这些问题并不容易回答，更困难的是弄明白这个概念在伽利略那里到底意味着什么。对他而言，这是否就如同在旋转的地球上重物下落的"圆周"理论,是一种"玩笑"、一种诙谐①呢？抑或恰恰相反,是为了解释行星体系的结构而进行的一种严肃的沉思(这也类似于圆周理论的提出②)？——这种理论并不宣称要描述事物实际发生的情况,也不描述它们本可能发生的方式。我承认我倾向于后一种解释,否则怎么解释伽利略提出它时为什么会那样坚决,还有他为什么要借沙格列陀之口说出"真实的历史"(Verace istoria)这一不同寻常的说法呢？

可能会有反对意见说,我们无法理解伽利略怎么会把一个如此虚幻不实的设想当成是他本人所发明的,而且他竟然还会对其信以为真。当然,这看起来似乎不可思议,但我们不要忘了,对 17 世纪的人而言,可信与不可信之间的界限并不同于现在。难道大多数人不是相信,在这个被天穹裹挟着的有限世界之外是绝对的空无所有吗？难道他们不是认为,世界是在不久前的某一时刻被创造出来的吗？牛顿本人不也相信,上帝曾把诸天体置于距离太

---

① 这是 Emil Strauss 在其《关于两大世界体系的对话》译本中的观点：*Dialog über die beiden hauptsächlichsten Weltsystem, das ptolemäische und das kopernikanische*(Leipzig, 1891), p. 499, n. 23；参见伽利略 1637 年 6 月 5 日致卡尔卡维(Pietro Carvavy)的信, ed. naz. Ⅶ, 89,其中伽利略把其圆周理论称为"奇谈怪论,与其说是大胆还不如说是可笑"(un capriccio et una bizzaria, cioe *ioularis quaedam audacia*)；也可参见 de Waard, *Correspondance de Mersenne*, Ⅲ, 572.

② 关于这个理论,参见 de Waard, *Correspondance de Mersenne*, Ⅳ, 438 sq., App. Ⅱ, "La Spirale de Galilée"[伽利略的螺旋]；以及我的"De mutu gravium naturaliter cadentium,"[论自然落体运动]*Transactions of the American Philosophical Society* 45(1956), 333 sq.；Santillana(181—182, n. 57)和 Drake(pp. 476—477)都简要谈论了伽利略关于物体在旋转的地球上自由下落的圆周理论。在最近的一篇文章"Galileo's Attempt at a Cosmogony,"*Isis* 53(1962), 460—464 中,桑博尔斯基(S. Sambursky)论证说,伽利略可能本来是想暗示,他已经"给柏拉图的某个段落做了自由解释"。

阳"合适的"地方，并且同时或者后来把旋转所必需的"合适"速度赋予它们吗？为什么伽利略就不能相信上帝曾经——或至少是本可以——采用了落体机制？这难道不是一种使物体获得一定速度的非常优雅和唯一自然的方式吗？正如我们所看到的，伽利略本人不也把它运用到自己的抛射体理论中去了吗？为了给抛射体一个水平速度，他让物体从一定的高度下落，而不是把这个速度直接赋予它。他所使用的"高度"一词本身，不也是极具启发力和意味深长的吗？

　　因此在我看来，只有一个结论是可能的。对伽利略而言，"柏拉图的"宇宙论并不像《蒂迈欧篇》所说的那样只是一个神话（μυθος），它即使不是"真的"也是一个可能的故事。

第五篇 一封未发表的
胡克致牛顿的信

胡克 1679 年 12 月 9 日致牛顿的信,是这两位大科学家在 1679—1680 年间一系列非常有趣的通信的一部分。这些通信在牛顿思想的发展中起着重要的甚至是决定性的作用,[①] 它们于 60 多年前被 R. 鲍尔在三一学院图书馆中发现,并由他在其宝贵的《论牛顿的〈原理〉》(*An Essay on Newton's Principia*)中发表了。[②] 不幸的是,三一学院的收藏并不完整,只包含牛顿和胡克所写的七封信中的五封;其余两封——胡克 1679 年 12 月 9 日致牛顿的信,以及牛顿 1679 年 12 月 13 日的回信——则不知去向。

后一封信出现于 1904 年 6 月 29 日索斯比的一次拍卖会上,后被大英博物馆收藏。它于 1929 年被发表,并附有佩尔塞尼尔(Jean Pelseneer)先生所作的一篇极为认真的、具有很高学术水准的评论。[③]

---

① 在 1686 年 7 月 14 日致哈雷的信中,牛顿写道:"的确,他的信使我找到了确定形状的方法,我起先把它用于椭圆,后来抛弃了这些计算而转到了其他研究。"参见 W. W. Rouse Ball, *An Essay on Newton's "Principia"* (London, 1893), p. 165。

② Rouse Ball, *Essay*, "Appendix A: Correspondence between Hooke and Newton, 1679—1680, and Memoranda relating thereto," pp. 139—153.

③ Jean Pelseneer, "Une Lettre inédite de Newton," [牛顿的一封未发表的信]

　　前一封信也出现于 1918 年 4 月索斯比的一次拍卖会上,后被斯德哥尔摩的沃勒(Erik Waller)博士拥有,最终则被纽黑文的耶鲁大学图书馆获得。[①]正是由于得到了这个图书馆的巴布(James T. Babb)先生的惠允,我才得以将它首次在这里刊出。[②]这样,在 佩尔塞尼尔教授发表那些信件以后留下的裂隙,现在看来完全得到了弥补。[③]

222

(接上页)*Isis 12*(1929),237—254;重印于 H. W. Turnbull 与 J. F. Scott 编的 *The Correspondence of Isaac Newton* (Cambridge, England: Cambridge University Press, 1959), Ⅱ, 307 sq. 。

①　参见 Ernest Weil,"Robet Hooke's Letter of 9 December 1679 to Isaac Newton,"*Nature 158*(1946),135。

②　只有一段——"我可以补充许多其他论述,它们与我用直线运动与吸向中心的运动合成圆周运动的理论是一致的……"——被胡克本人保存了下来(参见其 *True state of the Case and Controversy between S* *Isaac Newton and Dr. Robert Hooke as to the Priority of that Noble Hypothesis of Motion of the Planets about the Sun as Their Center*[牛顿与胡克关于行星绕日运行假说优先权争论的真相],载于 Rouse Ball,*Essay*,pp. 151 sq.)。然而,这封信的内容并非完全不清楚,因为胡克曾在 1679 年 12 月 4 日皇家学会的会议上宣读过它,并且在学会的《会议记录》(*Minutes*)中插入过一篇关于它的短评,这篇评论发表于 Thomas Birch,*The History of the Royal Society of London*(London,1757),Ⅲ,512 sq. 。

③　佩尔塞尼尔引用胡克的日志(*Journal*)p. 238 所载的"Lettre inédite de Newton",似乎是要暗示本来还应有两封信;佩尔塞尼尔教授说,"可能只是几张字条"(Peut-être de simples billets)。但迄今为止还没有发现关于它们的线索,也没有听任何人提起过它们,甚至连牛顿也没有提过,这篇文章的原稿,即胡克写的一篇备忘录以及一些信件,都已经在皇家学会编的 *The Correspondence of Isaac Newton*[牛顿通信集]中发表了。它们的内容如下:第一卷:胡克的备忘录,1672 年 6 月 19 日,第 195—197 页;*胡克致布隆克尔爵士,1672 年 6 月,第 197—198 页;胡克致牛顿,1675/76 年 1 月 20 日;牛顿致胡克,1675/76 年 2 月 5 日,第 416—417 页;胡克致奥尔登堡,1671/72 年 2 月 15 日,第 110—114 页;第二卷:牛顿致胡克,1677 年 12 月 18 日,第 239 页;胡克致牛顿,1677 年 12 月 24 日,第 240 页;*牛顿致胡克,1677/78 年 3 月 5 日,第 253 页;牛顿致胡克,1678 年 5 月 18 日,第 264 页;胡克致牛顿,1678 年 5 月 25 日,第 265 页;*牛

　　牛顿与胡克的关系从未友好过,虽然只是在最后一次(第三次)冲突之后,紧随着牛顿《原理》的出版,他们的关系才发展到了水火不相容的地步。[①]他们的第二次冲突发生于 1679 年,它将是本篇论文的主题。至于第一次冲突——从许多方面来讲这是最重要的一次——则发生于 1672 年,那时牛顿的职业生涯才刚刚开始,胡克在其"光和颜色的新理论"(New Theory about Light and Colors)一文[②]中有些仓促地对牛顿的光学发现提出了尖锐的批评,不仅如此,他还宣称自己拥有对这些发现中最出色部分的优先权。[③]

223

(接上页)顿致胡克,1678 年 6 月 5 日,第 266 页;胡克致牛顿,1679 年 11 月 24 日,第297 页;牛顿致胡克,1679 年 11 月 28 日,第 300 页;胡克致牛顿,1679 年 12 月 9 日,第 304 页;牛顿致胡克,1679 年 12 月 13 日,第 307—308 页;胡克致牛顿,1679/80 年1 月 6 日,第 309—310 页;胡克致牛顿,1679/80 年 1 月 17 日,第 312—313 页;牛顿致胡克,1680 年 12 月 3 日,第 314 页;*胡克致牛顿,1680 年 12 月 18 日,第 317 页;第三卷,奥伯雷与胡克致伍德,1689 年 9 月 15 日,第 40—42 页。星号表示"就已了解的情况而言,以前从未发表过"。新的一封牛顿 1677/78 年 3 月 5 日致胡克的信非常短,它只是对胡克的一封信表示感谢,并对一个关于沼泽地形的问题做出答复;它最后说,"但愿我随时都能尽力为您服务,您感激不尽的仆人,艾·牛顿"。胡克 1680年 12 月 18 日写给牛顿的一封信又是很短的,并且与胡克和牛顿之间的任何争论无关。胡克 1672 年 6 月前后致布隆克尔(Brouncker)的信涉及牛顿发表其光和颜色的理论时的早期争论。

　　① 众所周知,牛顿拒不肯在胡克活着的时候发表《光学》。于是他把自己的手稿收起来,耐心而又充满自信地等待着他的对手的消失,并于胡克去世的 1704 年出版了这部著作。

　　② *Philosophical Transactions*,No. 80,pp. 3075 sq.,重印于 I. B. Cohen 编的 *Isaac Newton's Papers and Letters*(Cambridge,Massachusetts:Harvard University Press,1958),pp. 47 sq.。

　　③ 参见 Sir David Brewster,*Memoirs of the Life*,*Writings*,*and Discoveries of Sir Isaac Newton*(Edinburgh,1855),I,78—79;Louis Trenchard More,*Isaac Newton*,*a Biography*(New York:Scribner,1934),pp. 82—89。事实上,胡克的批评对牛顿非常有利;这使他可以把波动内容并入其中,从而改进自己的理论。参见 T. J. Kuhn,"Newton's

自然地，对于胡克这样一个闻名遐迩的人、著名的《显微图谱》①的

（接上页）Optical Papers，"［牛顿的光学文稿］载于 Cohen，*Newton's Papers and Letters*，pp. 27 sq. 。

　①　*Micrographia：or some physiological descriptions of minute bodies made by magnifying glasses，with observations and inquiries thereupon* by R. Hooke，Fellow of the Royal Society（London，1665）.《显微图谱》这个极为重要的一流成果，被《英国传记词典》（*Dictionary of National Biography*）称作"一本充满着天才想法和非凡预知的书。它包括通过干扰而对薄盘的'奇异色'进行准解释的最早研究（p. 66），首次注意到肥皂泡上的'黑斑'，以及一种关于光的理论，这种理论认为，光是一种通过'同质的介质'传播的、在传播直线的横截面上所做的一种'非常急促的振荡运动'。热被定义成'物体的一种属性，它起因于物体各个部分的运动或搅动'（p. 37），而且燃烧的真实本性也被详细地提了出来（p. 103），这比马尤（Mayow）发表类似的发现早了 11 年。"安德雷德（E. N. da C. Andrade）教授在其威尔金斯讲演中说道："《显微图谱》中的盘不仅本身漂亮，而且还记下了一系列的基础发现……植物学史家萨克斯（Sachs）将胡克与马尔比基、格鲁（Grew）和列文虎克相提并论，说他'力图通过诚挚的思考来把心灵的力量用到那些辅眼所看到的东西上，从而澄清微观事物的真正本性，并解释其结构的奥秘'。那些对蚊蚋、跳蚤、虱子形态的描绘已经久负盛名，但微观图片以及对它们的讨论只占了这本书的一小部分。在书中我们找到了关于光、热本性的重要的理论探讨……以及沿着他以前的论述思路对毛细管的进一步探讨［*An attempt for the explication of the phenomena observable in an experiment published by the Honorable Robert Boyle*（London，1661）］；关于固体和液体热膨胀的试验；对金属的回火所做的敏锐的猜测；对晶体结构的观测；天文学观测，包括试图人工建造类似月球上的火山口；以及对天体的大小所做的论述，其中说到更强大的望远镜能够发现新的星体……再有，我们必须注意到这本书包含了对薄盘颜色的完整讨论，比如云母片、玻璃间的空气层以及肥皂水、松香和其他物质的气泡等等，这些观察是后来与牛顿发生争论的一个起因。《显微图谱》使胡克在国内外享有极高声誉。"现在已经有了三个《显微图谱》的重印本：（1）R. T. Gunther 编的 *Early Science in Oxford*（Oxford：Printed for the Subscribers，1938），vol. XIII；（2）由 R. T. Gunther 作序的前引文献的平装本（New York：Dover，1961）；（3）1665年伦敦版的重印本，J. Cramer 与 H. K. Swann 编的 *Historiae naturalis classica*［古典自然史］（Weinheim：J. Cramer，1961），vol. XX 。胡克除了这些功绩以外，还可以加上他在 *Lectures de potentia restitutiva，or，Of the spring：Experiments on the power of springing bodies*［关于回复力的讲演，或论弹簧：关于弹性物体的能力的实验］（London，1678），重印于 *Lectiones Cutlerianae*［卡特勒讲演集］（London，1679）中提出的物质动能理论，以及非常天才的基于这个理论的重力理论；参见前面第三篇"牛顿与笛卡儿"

作者而言,他对牛顿这一名不见经传的剑桥教授所做的出其不意
的攻击,还有他所使用的口气,这一切都不能不使牛顿那颗骄傲而
敏感的心灵愤愤不平。①这场旷日持久的激烈争执,无疑导致了牛
顿在晚年逐渐产生了一种对所有出版物的近乎病态的厌恶,并且
除非无法回避,他绝不肯抛头露面。

　　1675/76 年,当牛顿提交给皇家学会"解释光属性的假说"
(*Hypothesis Explaining the Properties of Light*)一文时,②这场

(接上页)的附录 H。自本篇文章写成之后,已经出版的关于胡克的著作还有:Louise D.
Patterson,"Pendulums of Wren and Hooke,"[雷恩与胡克的摆]*Osiris 10*(1952),277—321;
"The Royal Society's Standard Thermometer 1663—1709,"[1663—1709 年间皇家学会的
标准温度计]*Isis 44*(1953),51—64;Margaret Espinasse,*Robert Hooke*(London:Heine-
mann,1956);Sir Geoffrey Keynes,*A Bibliography of Dr. Robert Hooke*[胡克著作目
录](Oxford:Clarendon Press,1960);Johs Lohne,"Newton's 'Proof' of the Sine Law
and His Mathematical Principles of Colors,"[牛顿关于正弦定律的"证明"及其关于颜
色的数学原理]*Archive for History of Exact Sciences 1*(1961),389—405;Richard S.
Westfall,"The Development of Newton's Theory of Color,"[牛顿颜色理论的发展]*Isis
53*(1962),339—358;"Newton's Reply to Hooke and the Theory of Colors,"[牛顿对胡
克的答复及颜色理论]*Isis 53*(1962),339—358;"Newton and his critics on the Nature
of Colors,"[牛顿及其批评者论颜色的本性]*Archives Internationales d'Histoire des
Sciences 15*(1962),47—58。

　　① 这使他放弃了写作 *Lectiones opticae*[光学讲义]的计划;参见 *Correspondence*
第一卷,p. 146 柯林斯致牛顿的信,以及 p. 161 牛顿致柯林斯的信。关于牛顿的性格,
参见 p. 223,注释 1 所引用的库恩教授的文章。

　　② 牛顿在 1675 年 12 月 9 日把它寄给了皇家学会,明确提出他不想让它在
Transactions 上发表。参见 Thomas Birch,*The History of the Royal Society of Lon-
don*,Ⅲ,247—305,重印于 Cohen,*Newton's Papers and Letters*,pp. 177—235。在这篇
论文中(pp. 263 sq.;pp. 193 sq.),牛顿所研究的问题之一,是关于薄盘和空气薄层
("环")中的颜色现象。的确,这些现象都已经被胡克在《显微图谱》中广泛研究过了
(参见Ⅸ,"Of the Colours observable in Muscovy Glass[mica]and other thin bodies,"
pp. 47—67)。因此,胡克争取优先权是对的。另一方面,牛顿正确地指出了胡克没有,
也不可能测量这些盘片的厚度,并把这项工作留给了他去做。

争论的激烈程度达到了顶点；胡克再次声称，牛顿工作的主要部分"在《显微图谱》中都有，牛顿先生仅仅在某些细节上做了拓展"。[①] 牛顿回应说，胡克的工作是得益于笛卡儿和其他一些人，并且指出胡克在光学问题，特别是对薄盘颜色进行精确测量方面甚是无能：

> 他把发现颜色和做实验的任务交给了我，也许是要告诉我那些颜色产生的方式，让我在此基础上构造一个假说；他的洞见不过是颜色依赖于盘的特定厚度；尽管他曾在其《显微图谱》中承认，他在研究每种颜色应当对应于何种厚度的过程中一无所得；因此，看来我只好自己去测量了，[②]我想他是不会不同意我使用自己费尽心力所得到的成果的。我希望这将使我澄清胡克先生乐此不疲的对我的指控罪名。[③]

然而，尽管胡克仍然坚持自己的理论优于对方，却非但没有对牛顿进行还击，反而出人意料地向和解迈出了一步。莫尔教

225

---

① Thomas Birch, *The History of the Royal Society of London*, III, 269; Cohen, *Newton's Papers and Letters*, p. 199.

② 牛顿是通过——天才的表现——把已知曲率的凸透镜与平凹透镜（物镜）压在一起，来代替胡克所使用的云母之类的薄盘而做到的；他只要测出环的半径，就可以计算出相应的透镜分开的距离。至于他的实验所"基于"的"假说"，则存在于——说来真是可怕(*horribile dictu*)——胡克的光波动理论与他自己的微粒概念的复合体中。参见 F. Rosenberger, *Newton und seine physikalischen Prinzipien*(Leipzig, 1895)。

③ Thomas Birch, *The History of the Royal Society of London*, III, 279; Cohen, *Newton's Papers and Letters*, 209.

授猜测"胡克是迫于压力去安抚这位年轻人受伤的感情"。① 这
个假设还可以解释一个似乎不可思议的事实，即胡克寄给牛顿
一封信，这封信被佩尔塞尼尔教授说成是"如此谦恭，以至于像
一个小孩子的道歉信"，他也将其归因于迫于——奥尔登堡
的②——压力。③

　　　　先生[胡克写道]，④听了您上周在皇家学会会议上宣读
的一封信后，我不由得开始怀疑，您也许是得到了一些关于我
的错误信息；而当我回想起自己以前也曾经历过的类似遭遇
时，这种怀疑不由得大大加强。⑤ 因此我将在此直言，希望这
将使您能在哲学上了解我的想法。首先，我从不赞成争论以
及公开地诋毁别人或者显示自己，并且极不情愿卷入此类事
件之中。其次，我非常渴望，也随时准备着去接受任何将被发
现的真理，即使它会与我以前所认为的观点相抵触。第三，我
的确非常尊重您那篇出色的讲演，并且极为高兴地看到我的
那些着手已久，却一直没有时间完成的想法得以拓展和完善。

---

　　①　参见 More, *Isaac Newton*, p. 175。

　　②　在我看来，这种压力更有可能不是奥尔登堡，而是布隆克尔爵士施加的；参见
胡克 1672 年 6 月致布隆克尔的信，*Correspondence*, I, 198 sq.。

　　③　参见 Jean Pelseeer, "Lettres inédites de Newton," *Osiris 7* (1939), 541。关于
这个问题，参见 A. Rupert Hall and Marie Boas Hall, "Why Blame Oldenburg?"[为什么
指责奥尔登堡]*Isis 53* (1962), 482—491。

　　④　参见 Brewster, *Memoirs*, I, 140—141; More, *Isaac Newton*, pp. 175—176; *Correspondence*, I, 412。

　　⑤　这显然是暗指奥尔登堡，而且并非不公正。

我认为您在这些事情上比我前进得更多,我还以为您不可能再碰到比这更值得去思考的事情了。因此,我觉得没有人能比您本人更适合和更有能力去钻研它了。您在各方面都那么有造诣,能够完成、纠正和改进我旧有的一些想法。要不是被那么多俗务缠身的话,[1]我本想自己去做些工作的,虽然我感

------

① 这一点完全属实。胡克作为皇家学会的实验馆长,需要"每天(他们每周聚会一次)给学会安排四个重要的实验",他从未享受过牛顿至少是在剑桥那些年充分享受的幸福的闲暇时光。不过当然,胡克并非仅仅是由于外部压力而无法想出他那些极为多产且极富原创性的思想来的;这还因为,甚至更是因为一种不安分的狂热心理所造成的内部压力。让我们再次引用《英国传记词典》的话:

"皇家学会的登记簿证实了胡克热切地从一个问题跳到另一个问题,得出了一些有才华却又不很确定的结论。他早期关注的问题有:空气的本性、它在呼吸和燃烧中的作用、比重、落体定律、改良马车和钟形潜水器、电报术的方法,以及气压计读数与天气变化的关系。他测量了悬挂于圣保罗教堂尖塔上的二百英尺长的摆的振动;定出了水的冰点处的温度计零度;还弄清了(1664 年 7 月)音符所对应的振动次数。"这种对胡克的描述和安德雷德教授的说法并无很大不同,他说("Robert Hooke",p.439):"胡克可能是历史上最有创造力的人和最有能力的实验者之一。他有一个非常敏锐的大脑,能够通过理性令人吃惊地在物理学的所有分支提出正确的猜想。然而,物理学远非他擅长的唯一领域:他是科学气象学的创始人;作为一位天文学家,他有非常重要的值得称赞的观测结果;他做了关于燃烧和呼吸的基础工作;他是现代地质学的创始人之一。"(p.441)"从现在起[1660 年],我们不得不困难地面对从胡克那富有创造力的头脑和灵巧的双手中倾泻而出的洪流,即那些发明、观念、卓越的建议、准确的观测、大胆的思索以及预言性的猜想。即使仅仅要把它们全都略微地提一下也是不可能的;对它们分类是困难的;在许多情况下,由于记录的缺乏,很难断定到底做了哪些东西。然而实际上,每样东西都将证明一种的确非同寻常的创造力和真正新式的眼光。有些时候胡克是错误的,但他错误的方式却是严格科学的而非过时的。有很多时候,他偶然得出的许多想法被别人使用了;有时他的发现也被别人独立发现了,胡克觉得这些不可思议。在任何时候,我们都目睹着这样一个如此有活力,如此善于想出应对之策的头脑,它每时每刻都在产生新的构想和新的计划,以至于我们无法理清他所做的事情。牛顿曾说,他做出发现的方法是把想法保存起来,直到第一缕曙光出现,然后逐渐地豁然开朗。胡克是不可能做到这一点的,他完全缺乏牛顿的那种专注能力。他的头脑是永无止息的,它总能产生新的想法,而这些想法几乎都很棒,有许多还是头等重要的。"

226　　觉得到，如果那样一来，问题解决的程度将远逊于您的。我觉
得我们的想法是一致的，那就是去发现真理。我主张我们能
互相倾听反对的意见，以使它们不致发展到公开的敌对，并且
都能坦诚面对由实验得来的最平易的结论。因此，如果您愿
意通过私人信件交流这些看法，我将非常乐于接受这一事实；
而当我有兴致去仔细阅读您出色的论文时，如果我有反对意
见，并且如果这不会使您不悦，那么我就将向您坦言自己的看
法。当然，更有可能的情况是，您的观点完全令我信服，那
么我就会告知我的赞同态度。我认为这种争论方式才是更
加哲学式的，因为尽管我承认，两个执拗的竞争者之间的冲
撞也许可以产生火花，[然而]如果他们是被其他人牵着而
227　　相互猜忌，那么随后就会造成怒火攻心的局面，这只能使事
态更加严重。先生，我希望您能原谅我的这种直截了当。
您忠实恭顺的仆人，

罗伯特·胡克①

1675/76

　　牛顿的回复有些类似，很可能也是迫于压力的缘故。然而
他的言辞尽管恭敬，甚至不乏和解的意思，却绝不像胡克的信那
样温顺与谦卑。恰恰相反，虽然牛顿认识到自己的前辈笛卡儿
和胡克的功绩，甚至称他们为"巨人"，他还是明确地坚持了自己

---

①　这封信上附有"致我尊敬的朋友，住在剑桥三一学院的艾萨克·牛顿先生"字样。

的看法：

亲爱的先生，

当我读到您的信时，我对您的坦率感到极为愉快与满意，觉得您的做法真正符合了哲学的精神。在哲学方面我最恐避之不及的就是争论了，特别是付诸发表的争论；因此，我非常乐于接受您私下通信的提议。在许多旁人面前所要考虑的，少有接近真理的东西；而在私交甚厚的朋友之间，取而代之的则是切磋而非争吵；我希望这将在你我之间得到印证。请尽将您的批评意见向我直言，尽管由于以前它对我频繁地干扰，我已经厌倦了这些事情，且再也不会相信还会对之发生兴趣，或在其上浪费时间，然而对于那种一针见血的反对意见，我却是真正渴望的，我知道没有人能比您更有能力使我从中获益，您那样做将使我蒙恩。如果您还对我的论文中出现的什么问题感到疑虑……

……如果您乐意把自己对它的看法留到私人信件中谈的话，我希望您［能发觉我］并不那么热衷于哲学上的考虑，不过我可以使它们服从……

然而同时您又过奖我对此的能力了。笛卡儿所迈出的是出色的一步，①然后您又在几个方向上有所推进，特别是关于薄盘颜色的工作。如果我曾经看得更远，那是因为我站在巨

---

① 如果考虑到笛卡儿建立了折射定律，并且给出了一整套关于虹的理论的话，那么我们必须承认，牛顿给他的赞扬并非很慷慨。

228　　人肩上的缘故。① 不过我无疑确信,除了业已发表的实验之外,您还做了许多重要的实验,而且很可能其中一些与我最近的文章中谈到的一样。②

　　这封著名信件自发表之日起,就备受史学家和牛顿的传记作者的赞赏与青睐。布儒斯特(Brewster)赞叹道:"这些流露着美好情感与崇高道义的优美信札,有助于我们理解两位最伟大的英国哲学家所具有的特点和采取的立场。"③我必须坦言,我并不同意这种一般性的赞誉。在我看来,这两封信都太过华而不实了。无论是相互的赞扬(尽管牛顿是很有分寸的),还是对公开争论和私下的友好探讨所做的微妙区分(这从普罗蒂克斯[Prodi-cos],或者至少从柏拉图开始就是寻常之事了),都给人一种循规蹈矩而非真正开诚布公的印象。或者用莫尔教授的话说:"这两封信的字里行间都充斥着一种正式和解的企图,这种和解是被别人怂恿的,他们自己也觉得有此必要。每一位作者都对对方的能力表示了极大的钦佩,而且每个人都要求对方严格批评自己的工作,不过这要在私下里进行。"④——当然,每个人都用不着大张旗鼓

---

　　①　正如 L. T. More, *Isaac Newton*, p. 177, n. 28 所指出的,这段经常被认为是牛顿所独创的,用来表示他高尚的谦逊品质的著名的话,事实上只是一句陈词滥调。Burton 在其 *Anatomy of Melancholy*[忧郁的解剖]中把它当作一句来自 Didacus Stel-la, *In Luc*. 10 tom. 2 的引语:Pigmaei Gigantum humeris impositi plusquam ipsi gigantes vident.

　　②　参见 Brewster, *Memoirs*, I, 141; More, *Isaac Newton*, 176; *Correspondence*, I, 416 sq. 。这封信的其余部分谈论的是个别光学问题,与本文关系不大。

　　③　参见 Brewster, *Memoirs*, I, 143。

　　④　参见 More, *Isaac Newton*, p. 177。

地盛情邀请对方。

这次正式和解并没有抚平前次冲突所带来的创伤,双方的痛苦和怨恨仍然潜藏于心,对牛顿一方来说就更是如此,再次引用莫尔教授的话说:

> 这两个人可以无关痛痒地沉湎于寒暄当中,各自使用着那些富有自尊含义的精致术语;然而再也找不到两个人能像他们那样在性情上如此不合,以致注定不可能形成持久的友谊。他们两人都多疑而虚荣,在胡克一方,这些品性表现在他对自己的成果被剽窃感到怒不可遏,并且一次次提出指控;而在牛顿一方则表现为,在受到反对时,他总是冷冷地摆出一副对名誉不屑一顾的样子,然后就默不作声地钻进他的象牙塔中。不用说,他们的通信仅限于公务上的联系,敌意的余烬仍然没有熄灭,正等待着一次新的机会将它公开挑明。他们从未原谅过对方:胡克继续宣称他的工作抢在了牛顿之先,而牛顿则一直保持着对皇家学会的冷淡态度,直到胡克的去世使他不再害怕其挖苦为止。①

然而,尽管在相互和解的通信之后并没有真正的科学通信,真诚的或者至少是客气的关系还是在形式上重新建立了起来。正如佩尔塞尼尔教授所指出的,在 1677 年到 1688 年间,牛顿与胡克实

---

① *Isaac Newton*, p. 177.

际上互致了一批（非常重要的）信件。① 牛顿甚至还向胡克在奥尔登堡死后继任皇家学会秘书一职表示祝贺。②

　　于是很自然地，两年以后的 1679 年 11 月 24 日，负责掌管皇家学会内部通信和与国外科学家通信的胡克，邀请牛顿把他以前与学会的关系继续下去，并同其成员进行科学信息交流：

　　　　先生——在我们的登记册上可以找到，您曾允诺与奥尔登堡先生通信，并且也乐于从我们这里收到一些信件，这才使我冒昧地用这封信讨扰您——格鲁博士有一些更为紧急的事情要处理，所以他谢绝了掌管通信事务的工作，之后学会将它委任给了我。因此我希望您能一如既往地热心于学会，并同我们交流您在哲学上产生的一些想法。作为回报，我保证我们会把从其他地方寄来的，或是在这里发现的重要材料及时向您告知。您将发现，这种信息交流方式将比您所能想到的任何其他方式都更有效。我不是不知道，就在不久以前，有人曾在您面前竭力歪曲我的形象，也许他们或其他人从未想过要对我做类似的事情，③然而我想，意见上的分歧，如果真有的话（特别是在哲学上，利益无足轻重），不应当变成相互的敌对——我确信我不会如此。对我来说，如果您乐于通过书信来交流，

---

　　①　参见 Pelseneer，"Lettres inédites de Newton"。

　　②　参见 *Correspondence*，II，239；Pelseneer，"Lettres inédites de Newton，"p. 542，牛顿 1677 年 12 月 18 日致胡克的信："我祝愿您能在新的工作中感到愉快，并祝皇家学会能因为有如此能干的一员而更加兴盛。"胡克于 1677 年 10 月 25 日被选为皇家学会秘书。

　　③　又一次暗指奥尔登堡。

指出对我的假说或观点的不满之处,特别是如果能让我知晓, 230
由沿切向的直线运动和吸向中心物体的运动所构成的行星的
复合运动①是怎么回事,或者您对我的弹性定律及其成因②的
假说有什么反对意见的话,我将会极为欣慰。

　　我最近收到了从巴黎寄来的一个新的假说,它是由索邦
神学院的博士马勒蒙(Mallement de Messanges)先生③想出
来的,他非常想知道对这个假说可以提出什么样的反对意见。
他假定所有行星都以正圆绕着我们这个涡旋的中心转动,每
颗行星都在相等的时间里走过相同的距离。然后他放上太
阳,并把水星作为其卫星;然后是金星;然后是地球,月亮作为
其卫星;然后是火星;然后是木星及其卫星;最后是土星及其
卫星。他假定太阳的旋转周期是地球的一半,且旋转平面与
黄道面的交角符合震颤所要求的数值。他没有精确定义任何
东西,以使被反对之处可以有修正的余地。

---

　　①　胡克关于天体力学的想法在其 *Attempt to Prove the Motion of the Earth by
Observation*[通过观测来证明地球运动的一个尝试](London,1674)的末尾被详细阐述
了,我在后面(边码)第233页引用了相关的段落。

　　②　胡克在其《关于回复力的讲演》(*Lectures de potentia restitutiva*)中研究了弹
性定律。

　　③　Claude Mallemont(或 Mallemans)de Messanges,普列西学院(Collège de Ples-
sis)哲学教授。他出版了 *Nouveau systéme du monde invent par Mallemont de Mes-
sanges*[马勒蒙的新世界体系](Paris,1678),随后是 *Nouveau systéme du monde,par
lequel,sans excentricité,trépidation et autres inventions d'astrologues on explique
mécaniquement tous les phénomènes*[新世界体系,机械地解释所有现象,而没有占星术
士们的怪论、困扰与其他发明](Paris,1679);1681 年发表了一篇 *Dissertation sur les
comètes*[论彗星];1686 年提出了一个关于圆积法[即作与圆等积的正方形]的解答。他
的所有著作都是一些谬论。

　　我还从巴黎获悉，他们正在那里进行另一项工作，即确定那些最重要的位置的经度和纬度：上一次是皮卡尔(Picard)与拉伊雷(de la Hire)先生，以及卡西尼(Cassini)与罗默(Romer)先生在巴黎通过木卫食测定的。他们发现布列塔尼的布列斯特与巴黎的距离比所有地图上所描绘的都要近18里格。我已经写信给德芬郡的一个通讯员，看看我们能否在这里也做一些类似的工作。如果通过垂直观测，我们能够测定出伦敦和剑桥间的纬度差，那么我将非常高兴。如果您知道有谁能在剑桥进行观测，我将设法使在这里的观测得以进行。

　　柯林斯先生给我看了一本他从巴黎的拉伊雷那里收到的书，内容包括圆锥切面的一种新方法①以及论立体位置(De locis solidis)的一篇论文。我还没有仔细阅读这本书，不过柯林斯先生通过最近的一些垂直观测已经证实了地球轨道视差的存在。

　　不过我担心已经讨扰太多，于是就此搁笔，以免造成更多不快。

您忠实的仆人
罗. 胡.

231　　格雷欣学院，1679 年 11 月 24 日②

---

　　① 可能是指 Philippe de la Hire 的 *Nouveaux éléments des sections coniques*, *les lieux géometriques*, *la construction ou effection des equations*[关于圆锥曲线、几何轨迹与方程构建的新纲要](Paris, 1679)。

　　② 参见 Rouse Ball, *Essay*, pp. 139 sq. ; More, *Isaac Newton*, pp. 220 sq. ; *Correspondence*, II, 297。

胡克的信几乎用不着多作评论。正如我已经说过的，我们可以问问自己，胡克为什么觉得有必要把马勒蒙的那些显然毫无价值的"假说"告诉牛顿。不过它的毫无价值可能在 1679 年并不像现在这样令人吃惊，仅仅过了一百年，《哲学会报》(*Philosophical Transactions*)里就充斥着显然无用、荒谬甚至是更糟的东西。同真理一样，荒谬也是时间的产儿。

另一方面，我们可以思考一下为什么胡克要请牛顿批评自己的工作，特别是关于弹性理论和天体力学的工作。难道他真想知道牛顿对它们可能提出的异议吗？这似乎并不可能：胡克同牛顿一样，对于批评也不能容忍。在我看来，这似乎更像是一种说辞，目的是让牛顿相信他真诚的友谊，并化解对他可能怀有的疑虑和戒心。我们也可以设想，胡克正在试图诱使牛顿承认他在这两个领域里出色的开创性工作所具有的价值，就好像牛顿完全没有关注过这两个领域似的；胡克不知道——也不可能知道——牛顿在这个领域里的工作早已令胡克难以望其项背。最后，胡克不可能指望，或至少是不希望牛顿能够将其天体力学做一了结，也就是说用数学方法得出那种引力变化的（作为距离的函数）比率，他是第一个断言这一比率具有宇宙普遍性和基础地位的人。①

胡克在弹性理论发展史上的功绩已被历史所认可，其基本定律已被冠以"胡克定律"之名；而另一方面，他对天体力学的贡献却

---

①　参见我的论文"La Gravitation universelle, de Kepler à Newton,"［从开普勒到牛顿的万有引力］*Archives Internationales d'Histoire des Sciences* 4 (1951)，638—653。

232　被牛顿的工作彻底掩盖了,以致我们几乎无法公正评价和确定它们在当时的价值和重要性有多大。① 为了能够做到这一点,我们不应把胡克的尝试与牛顿的成果进行比较——它们之间没有共同的衡量标准——而应与他那些同时代人或直接的前辈,比如博雷利的成果进行比较。②

　　这种比较表明,在开始那篇处理行星运动的论文——胡克于1666年5月23日在皇家学会宣读——中,博雷利的影响是清楚的,胡克的优势非常明显。③ 把博雷利的行星朝向太阳(或卫星朝向行星)运动的"趋势"或"自然本性",替换成中心物体把行星(或卫星)拉向自身的一种引力,使胡克得以迈出决定性的一步,即不

---

　　① 胡克在天体力学上应当拥有比通常所认为的重要得多的地位,这一点已由一项非常有才华的学术研究所证实,参见 Miss L. D. Patterson, "Hooke's Gravitation Theory and Its Influence on Newton,"[胡克的引力理论及其对牛顿的影响]*Isis 40*(1949),327—341;*41*(1950),32—45。然而遗憾的是,帕特森女士——她为了强化胡克(事实上,胡克已经被推崇牛顿的历史学家们相当糟糕地歪曲了)指控牛顿犯下的所有主要罪行,包括剽窃与伪造文章——似乎并没有公正地看待观念与理论之间的差异。对胡克的科学工作所做的一次更加公正的——迄今为止最为出色的——论述已经由 Andrade,"Robert Hooke"给出了。

　　② 参见 A. Amitage, " 'Borelli's Hypothesis' and the Rise of Celestial Mechanics,"["博雷利的假说"与天体力学的兴起]*Annals of Science 6*(1952),268—282,以及我的论文,"La Mécanique céleste de Borelli,"[博雷利的天体力学]*Revue d'Histoire des Sciences 5*(1952),101—138。

　　③ 参见 Thomas Birch,*The History of the Royal Society of London*,II,90;R. T. Gunther,"The Life and Work of Robert Hooke,"*Early Science in Oxford*,VI,245—266。在这篇论文中,胡克(a)草拟——并抛弃了——一个用以太压力来解释行星运动偏折的方法,(b)提出"物体由直线运动偏向一条曲线"可能是"中心物体的吸引属性使然,它持续努力着要把它吸向或者拉向自身"。胡克用一个圆锥摆实验来说明这个想法,摆根据作用于它的冲力(切向的)大小不同而划出圆或者不同指向的椭圆;参见前面第三篇"牛顿与笛卡儿"的附录 H。

把这种引力当成恒定的——就像博雷利的"趋势"或"自然本性"那样——而是当成距离的某个函数。当然，胡克并不知道这种力变化的精确定律，但我们绝不能忽视一个事实，即他的观念仅仅是不完整的，而不像博雷利那样是错误的。1670 年，胡克在其《卡特勒讲演集》(Cutlerian Lectures)中似乎又向前迈进了一步：这是极为重要的一大步。现在引力不再被认为是把行星束缚于太阳，或把卫星束缚于行星的一种特殊的力（或一组力），而是一种把所有天体（至少是我们太阳系中的那些天体）束缚到一起的普遍因素，而且，这与我们的地球重力是同一种力。①

1674 年，胡克在他的《通过观测来证明地球运动的一个尝试》(Attempt to Prove the Motion of the Earth by Observation)（伦敦，1674 年）的第 27 页以后提出了如下内容，按照胡克的说法，这是照搬了他 1670 年演讲的文字或内容，②它曾于 1671 年向皇家学会宣读过。他宣布了

---

①　Miss L. D. Patterson, Isis 40(1949)，330 认为尽管胡克没有在《显微图谱》中明确提到，但他早在 1664 年就发现了平方反比律，而且也几乎在同时发现了离心力定律，这些都发生在 1666 年 5 月 23 日的实验之前。在我看来，这绝不是事实。参见（边码）第 183 页和第三篇。我们不要忘了，万有引力已于 1644 年 5 月 23 日被罗贝瓦尔在其 Aristarchi Samii de mundi systemate partibus et motibus ejusdem libellus (Paris, 1644)中提出来了，后被梅森在 Cogitata physicomathematica [物理-数学思想](Paris, 1647)，vol. III 中重新提及。

②　Robert Hooke, Lectiones Cutlerianae 的序言中说："我已于 1670 年开始了一篇论文的写作，并且同年在格雷欣学院宣读了它。当时我打算将其发表，但一些朋友建议我再重新做些观测，不要只根据一年的经验就把它发表。但我发现疾病已经阻止我重复进行实验了，而且第一次的拖延也造成了某些年的观测资料丢失，所以我宁愿现在就将它发表，即使不完善也不愿意再拖延下去。希望它至少可以起到抛砖引玉的作用，以使其他人可以进行并完成这些观测，这正是我所企盼已久的。"

一个宇宙体系,与业已提出的机械运动的一般规则相比,这个体系在许多方面都有所不同。它基于三条假设:

第一条是,无论什么天体,都具有一种朝向其中心的引力或吸引能力。通过这种力量,它们不仅吸引住自身的多个部分,从而使之不致分崩离析,就像我们所看到的地球一样,而且也吸引所有那些位于其作用范围内的其他天体。① 结果是,不仅太阳与月球对地球及其运动发生影响,同时地球也影响它们,而且水星、金星、火星、木星和土星也通过各自的这种吸引能力而对地球产生巨大的影响,同时地球的吸引能力也相应地以同一方式对它们中的每一个施以巨大影响。

第二条假设是,无论什么物体,只要进入一种笔直而单纯的运动状态,就将继续沿此直线前进,直至被其他外来的力量所改变,从而被迫进入一种划出正圆、椭圆或者其他更加复杂的曲线的运动。

第三条假设是,这种吸引能力作用的强弱取决于被作用的物体距离其中心有多近。至于它们之间的关联程度有多强,我现在还没有用实验验证;② 但如果这个想法果真能够付

234

---

① 胡克认为引力或者重力的作用范围是有限的。

② 在 1680 年 1 月 6 日致牛顿的信中,胡克谈到哈雷说"当他从圣海伦娜回来时,他告诉我他的摆在山顶比在山脚运动得慢",并且这"解决了我长久以来渴望回答的一个问题,即重力到底是否真的距中心越远就越小。为了检验这种引力的减小,我以前曾在圣保罗教堂和威斯敏斯特教堂多次做过实验,但没有一次能够完全令人满意"。参见 Rouse Ball,*Essay*,p. 148。除了在圣保罗教堂和威斯敏斯特教堂所做的实验,胡克还在 Banstead Downes 的一个深坑中做过实验,参见 Gunther,*Early Science in Oxford*,VI,257。

诸实施,它必将极大地帮助天文学家把所有天体运动归结为一条特别的定律,我怀疑若非如此还能有其他什么途径。只要一个人理解了圆锥摆以及圆周运动的性质,他就能轻易地弄懂整个原理,并会知道应到自然中的何处去觅得此中真意。我敢保证,从事这项研究的人将会发现世界中的所有运动都是受这个原理支配的,对它的真正理解将成为天文学的至高成就。

　　胡克思想的大胆与清晰及其直觉的深度简直令人称羡,它与牛顿的世界观之相似是惊人的——胡克坚持优先权当然是对的。然而也不能否认,我们在其早期工作中所发现的缺憾未能被弥补:胡克仍然不晓得引力随距离变化的"程度是多少"。1678 年,当他发表《彗星》(*Cometa*)时,他对这个问题的解答一点都没有比 1674 年前进。① 也许正是由于感到自己不能信守诺言去"解释"其"宇宙体系",他才于 1679 年在《卡特勒讲演集》的掩盖下,对旧有的"尝试"老调重弹。

　　他仍旧相信可能"用实验"确定引力定律吗? 无论如何,当他 1679 年最终发现平方反比律时,他显然不是通过实验得到的。② 他 235

---

　　① 那种认为平方反比律在 *Cometa* 中被提出的说法(在《英国传记词典》和另外一些地方),是基于对牛顿 1680 年 6 月 20 日致哈雷的一封信中一段话的误解(Rouse Ball,*Essay*,p.157):"我几乎确信,当我访问雷恩爵士时,他知道平方反比关系;然后胡克(通过他后来写的 *Cometa* 一书)证明他是我们三个人里最后懂得它的人。"牛顿的意思并不是说"平方反比关系"可以在 *Cometa* 中找到,而是恰恰相反,即使在那里它也没有出现。

　　② 按照他所提出的方法,这是绝对做不到的。

诉诸天文学家和那些"懂得圆锥摆和圆锥运动本性"的人的做法,甚至可能反映出他对于这件事情能够纯粹用实验手段来研究心存疑虑。

我想重复一句我曾经说过的话:只有公正地去看,才能发现胡克的洞察力有多么了不起,才能让他抵挡住牛顿对他剽窃博雷利成果的非难。[①]不过我们也可以理解,当牛顿完成了《原理》并且面对胡克的要求时为什么会火冒三丈。胡克说,

> 博雷利谦虚地说他只做了某些工作。其实他什么都没做,却要这样去写,好像他对什么都了如指掌,什么都提示出来了,余下的工作仅仅是像计算和观测这样一些苦差事了。他不去做的借口是他有其他事情要处理,而他本该借口说自己没有能耐的。因为从他的话可以看得很清楚,他并不知道该怎样去做,这样不是很不错吗?数学家们做了一切扎实、确定的工作,却必定满意地宣称自己没有做出什么,无非是做了些枯燥计算的活儿而已;而又有人除了装腔作势和贪得无厌之外什么都没做,[②]却想要包揽所有的功劳,一如那些想步他

---

① 牛顿 1686 年 6 月 20 日致哈雷的信(Rouse Ball, *Essay*, p. 159; *Correspondence*, II, 437):"为了主持公道,我忍不住要再告诉你一件事,他以他自己的名义发表了博雷利的假说。"

② 牛顿没有认识到胡克那充满活力的头脑所具有的惊人创造力,这一点是非常不公平的。胡克并不只是一个"冒牌学者"和"贪得无厌的人";如果他因为"在他的时代,几乎没有一项发现是他认为自己不配申请的"(《英国传记词典》)而被戏称为"万有申请者"(The universal claimant),那是因为他的头脑是"如此多产",以至于他真的有理由去申请这些发现,或至少是它们所基于的想法。然而正是这种不安定,以及无法集中注意力来得到确定的结论,才使他不为牛顿所接受。按照佩尔塞尼尔教授的话说,牛顿是一个"古典的"人,当他读到胡克的 *profession de foi*[信仰告白](*Lectiones*

后尘的人及其前辈们所做的那样。①

　　我倾向于认为，如果胡克致信牛顿真的是指望或至少是希望能开始友好的探讨，并得到某些帮助的话，那么结果一定会令他大失所望。甚至有可能正是这次的失望——及恼火——导致了他接下来的行动，即虽然他曾向牛顿承诺会把其书信保存起来，他还是在一次皇家学会的会议上将它们公之于众了：他宣读了牛顿的信和他自己的答复。极有可能的情况是，尽管他——凭经验——很清楚牛顿是一个"易于应对"的人（洛克的说法），他还是禁不住要用公开批评的方式来使其对手蒙羞。

　　的确，面对胡克邀请他与他本人和皇家学会通信，牛顿的回复尽管不像若干年后在一封致哈雷的信中说的那样尖刻刺耳，却也在形式上装作②极为恭敬和文雅的样子，实际上其目的显然就是

236

（接上页）*Cutlerianae* 的序言）时，一定会浑身发抖的。胡克说："对于不计其数的问题来说，每一个被选中的机会都是很小的，但是写一部关于它们的确切的、完整的历史，却需要一个人投入整个一生的时间和注意力，并且做成千上万的发明和观察：所以从另一个方面来讲，没有人能够说他将完成这项或那项研究，无论它是什么。（发明中最了不起的部分只不过是运气尚佳，因为其大部分都不在我们所掌握的范围之内。发明的灵感就像刮风一样随它自己的意思飘忽不定，我们几乎不晓得它从哪里来，也不知它何时离去。）因此更好的选择是顺应天命，努力去研究我们所碰到的任何事物。我们很快就会发现，通过这种方式而得到的重要发现和发明的数量，将百倍于那些通过筹划而得到的数量。没有人对这个或那个他所熟悉的问题拥有某种幸运的提示或有用的想法，对这些提示或想法的考虑和交流可能有利于他人去改进它们的手段。"

　　①　参见 Rouse Ball，*Essay*，p. 159；*Correspondence*，Ⅱ，438。

　　②　牛顿 1680 年 6 月 20 日致哈雷的信，Rouse Ball，*Essay*，p. 157："我在回复他的第一封信时拒绝了他的通信要求，并告诉他我已经不再问津哲学。我只把抛射体的实验（只是简短地提示了一下，而没有详细描述）寄给了他，以使面子上好看一些，为的是再也不要从他那里得到任何消息。"

想让胡克死了这条心。事实很清楚，牛顿并不想把他以前与皇家
学会的关系继续下去：也许是更不情愿了，因为这将意味着与胡克
打交道，对于这个人，他既不喜欢也不信任。① 于是，为了断绝任何
进一步的亲近企图，他告诉胡克自己已经完全放弃了哲学，甚至也
从未听说过它的天体运动理论；并且实在没有时间用于通信，尽管
他本人非常愿意与之进行"口头讨论"——如果他们曾有过亲近交
谈的话。不过，作为一个有着良好教养的人，且作为皇家学会的成
员，牛顿觉得不能当着学会的面给胡克一个完全负面的回答。为了
使面子上好看一点，他提交了一个精心设计的有趣实验，此实验可
以使人"通过观察来证明地球的运动"。② 正是在描述这个实验的

237

---

　　① 按照 Professor More, *Isaac Newton*, 297 的看法，"牛顿……别出心裁地发泄
了过去由于不公正的对待而压在心底的仇恨，他想尽一切办法来激怒胡克，从而使他
不再进行通信"。

　　② 虽然牛顿在致哈雷的信中称它为"一个空想"，并且假装说"只是简短地提示了
一下，而没有详细论述"，但事实上，正如佩尔塞尼尔教授所正确指出的（"Lettre inédite
de Newton,"pp. 240 sq.），"尽管它有些叙述上的疏忽，但仍然是牛顿关于一个科学
问题的观念的了不起的例子"（en dépit de la négligence de l'exposé, un magnifuque ex-
emple de la conception d'un problème scientifique chez Newton）；不仅如此，他还补充说
（p. 241,注释 11），"这个疏忽更多地是涉及［叙述的］形式，由牛顿提出的实验的某些细
节，表明了牛顿［关于该实验的］误差的原因的相对重要性所具有的令人赞叹的感觉，
而胡克也曾在实验的过程中试图考虑诸如重物下落当中空气层的不对称性可能引起
的误差。"（cette négligence concerne surtout la forme; au contraire, certains détails de
l'expérience proposée par Newton révèlent un sens admirable de l'importance relative
des causes d'erreurs don't Hooke allait avoir à tenir compte au cours de
l'expérimentation, par exemple la dissymétrie causée dans les couches d'air du puits par
la chute de la bille.）我的看法还可以再进一步，依我之见，牛顿之所以要指导胡克怎样
去做那个实验和分析误差的可能来源，是想给胡克上一课，让他知道自己在实验方面
也不弱。不仅如此，他还在某种意义上扭转了角色：是他牛顿给出了想法，而胡克只是
去费力发现了它而已。

时候,牛顿犯下了那个致命的错误,[1]正是它点燃了与胡克进行第二次争执的导火索,并最终导致他提出万有引力的平方反比律。

牛顿致胡克的信已经被所有研究牛顿的历史学家们——甚至是像佩尔塞尼尔教授和莫尔教授这样认真细致的人——看成对牛顿的精神发展无甚价值的文献,但在我看来却绝非如此肯定。牛顿——心思多疑而且隐秘——没有什么理由要对胡克保持真诚和"坦率"。最有可能的情况是,事实并非如此。那么,他的所有说法不应都被当作绝对的真理,甚至连他那段著名的表达自己对科学的反感的话也当如此,虽然他在 1676 年也说过类似的话,并且被 1686 年致哈雷的信所证实。当然,情况很可能是这样的,当他收到胡克的信时,他正"忙于其他事情","无法按照这封信所说的做那么多哲学思考"。[2] 可能当时他正全神贯注于纯数学或化学实验,或神学,或其他什么东西,[3]然而这种冷淡情绪不可能持续那么多年,以至于到他告诉胡克时还那么强烈。事实上,就在几个月前(1679 年 2 月),他寄给洛克一篇精心写就的论文,其中提出了一种——作为一个假说——对引力的物理解释。不仅如此,他自己的口是心非也暴露无遗:就在他告诉胡克(在 1679 年 11 月 8 日的信中)自己已经"与哲学分手",而且从未听说过他的"用沿切向的直线运动复合出行星运动的假说"之时(这意味着他不仅从未听

---

[1] 他告诉胡克,下落物体的轨道将是一条螺旋线。

[2] 牛顿 1686 年 6 月 20 日致哈雷的信;Rouse Ball, *Essay*, p. 157;*Correspondence*, II, 436。

[3] 佩尔塞尼尔教授的"牛顿的一封未发表的信"(Lettre inédite de Newton)表明他当时正在研究法律。

说过胡克 1666 年所做的著名的摆的实验,而且也从未读过他
1674 年版和 1679 年版的《通过观测来证明地球运动的一个尝
试》),他说自己已经订购了做反射板的两块金属,并且向他祝贺
238　说,弗拉姆斯蒂德已经发现了他在书中谈到的地球视差现象。①

　　难怪胡克不相信他的话。② 牛顿的真实心态与其说是对哲学
缺乏热情,不如说是不喜欢胡克——而且害怕被"卷入"争论。不
过读者们还是自己去做判断吧。

　　先生,

　　　　对于您来信所提出的进行哲学通信的善意请求,我百分
　　之百表示赞同。只是我不得不真心向您表示道歉,目前我还

---

　　① 参见 *An Attempt to Prove the Motion of the Earth by Observation*,第 25 页:
"7 月 6 日和 9 日以及 10 月 1 日和 20 日的观测说明,地球轨道相对于天龙座前端的第
一颗恒星有一个可以觉察到的视差,从而肯定了哥白尼体系,否定了托勒密体系和第
谷体系。"很难想象,胡克著作中这些无知的结论除了嘲弄还能是什么。

　　② 胡克不相信牛顿的话,这是完全正确的,他还在牛顿的信的最后一段前面加上
了这样一句话:"他在此处装作不知道我的那些假说。"牛顿清楚"胡克的假说"这一事
实似乎是没有什么疑问的,除了我已经指出的那个疏忽以外,他还在 1686 年 6 月 20 日
致哈雷的信中肯定地这样说过。他在这封信中抗议胡克把"平方反比"说成是他教给
自己的,还说"出于同样的理由,他认为我不知道平方反比的其余部分,也可能认为我
对我以前曾读到的他那个理论的其余部分一无所知"(Rouse Ball,*Essay*,p. 157;*Corre-
spondence*,II,436);"当惠更斯[1673 年]制作出摆钟时……我开始关注怎样拿它同行
星由于圆周运动所产生的力进行对照,并且理解了它。所以又过了些时候,当胡克先
生在其《通过观测来证明地球运动的一个尝试》的结尾处严肃地提出这个问题时,如果
我以前并不知道平方反比关系,那就只得现在去发现了"。在这封信的附言中(第 160
页)牛顿写道:"他把平方反比关系推广到了中心(而我没有),这一点是他纠正了我,并
且把其余的理论都当作一种新的东西告诉了我,现在他坚持说,除了平方反比关系以
外我的所有结论都是从他的信中得到的,尽管他在此之前已经把这些话公之于众,我
也曾在他出版的书中读到过。"

没有准备好怎么答复您的期望——因为这半年来，直到昨天回来，我一直都在林肯郡忙活我亲戚中的一些事情，以至于挤不出时间去享受哲学思考的乐趣或是研究和关注其他东西，我所能及的只有那些乡间琐事。而在此之前，我已经用了若干年的时间力图把自己从哲学转向其他领域的研究，①以至于除了偶尔有可能因为某些分心的事情而无所事事以外，我在那个领域里所花的时间早已补回来了，所以我几乎完全不熟悉伦敦以及国外的哲学家们最近在研究什么。也许当我说下面的话时您会更加信任我，在收到您的信以前，我压根就没听说过（我记得如此）您关于用沿曲线切向的直线运动合成行星运动的假说，以及弹性定律及其原因，虽然这些无疑都是为哲学界所熟知的。那么既然我已经与哲学分手，目前又有其他一些事务缠身，我希望我此时面对这些事情的退缩不会使您或皇家学会感到不恭。尽管我必须承认，此前是由于其他一些原因，②何况还有奥尔登堡先生执意要设法把我卷入争论中去，才使我就此断绝了与他所有的书信往来。不过，我还是衷心地感谢您认为我值得进行如此高尚的交流，此外又免费寄给我一些东西。

　　至于马勒蒙先生的假说，它虽然可能不对，但如果能与现象相合，则将由于它的简洁而极具价值。不过，对于除水星以外的所有行星的轨道怎样能被还原为许多同心圆，使行星沿着

---

　　①　在 17 世纪的语言中，"哲学"一词包括自然哲学（*Philosophia naturalis*），但不包括数学。

　　②　牛顿认为自己受到了皇家学会，特别是胡克的不公正对待。

239

其中的每一个圆在相等的时间内移动相同的距离(如果我没误解您的话,这应该就是那条假说了),我却还不大清楚。我以为要证明这条规律的最简便的方法,就是首先在两颗行星上试试,比如说火星与地球,它们都有已经定好的数据可查。①

我不知道大学里有谁对天文观测着迷,我本人由于近视以及身体的虚弱而无法胜任这项工作。不过,等今年冬天的某个时候闲下来了,也许我可以尝试一下您所提出的关于确定剑桥和伦敦之间纬度差的工作。

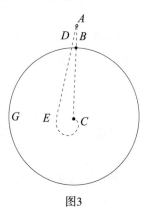

图3

我很高兴地得知,您关于地球周年视差的重要发现被弗拉姆斯蒂德先生的观测所支持。

---

① 佩尔塞尼尔教授对此的评论如下("Lettre inédite de Newton,"p. 240):"最后的这些话以非常好的方式表达了作为牛顿著作基础的一个观念:将经验事实翻译为数学的语言以及对这样实现的假说的可靠的控制。"(Ces derniers mots experiment de fort heureuse façon l'idée qui est à la base de l'oeuvre newtonienne:la traduction dans le langage mathématique des faits d'expériences et le contrôle des hypothèses ainsi réalisé en toute sûreté.)

作为这条消息的回报,我要告诉您一个我自己关于发现地球周日运动的设想。由于周年运动对实验的影响太小,所以这里我只考虑周日运动。假定[见图3]BDG代表地球,地球每天按照BDG的顺序,绕着中心C自西向东旋转;A是一个悬在空中并与地球一起运动的重物,因此它将永远位于地球上同一点B的上方。这时想象让A落下,则此时除了保持原有的自西向东的运动不变以外,物体的重力还将给它一种朝向地心的新的运动。由于在其下落以前,它的位置要比下落过程中所要到达的部分距地心更远,于是,此物体自西向东的运动,要比所有那些在下落过程中所到达的部分的运动更多;因此它不会沿着AC线下落,而会落向其东边,最终划出一条螺旋线$ADEC$。这与一般人所想象的恰好相反,他们会以为如果地球运动了,则下落的重物将被它超过,从而最终落在垂线的西边。物体下落二三十码而向东偏移的距离是很小的,不过我能想办法使它可以足够用来判定事实。假设在一个非常平静的日子里,把一颗手枪子弹用丝线从一座高层建筑或一个深坑的顶部放下。这条线从一个黄铜板或锡板的小孔中穿过,金属板则固定于建筑物或者坑的顶部。当子弹快要被放到底的时候,将它沉入水中以防震动,然后再把它沿一块南北放置的钢板边缘放下,看看每当经过如此处理,子弹是否除了有一点(越小越好)要向钢板西边下降的趋势,差不多都处于平衡态。按照这种方法把钢板置于底部,假定此时子弹被拉到顶部,并把丝线切断、剪断或烧断使子弹自由落下,

240

如果它总是落在钢板的东边,则这就表明地球在做周日运动。① 不过我不知道结果会是怎样,我从未试图去做这个实验。② 如果有人觉得它值得一试,我认为最好的方法就是在一座高的教堂或宽的尖塔里做,窗户要首先关起来:因为如果是在一个狭窄的深坑里做的话,子弹若是在下落过程中越来越趋近于某一边,它可能会受到从坑边直吹过来的空气的影响。还有,子弹落于其中的水的深度将以一两码深或更多为宜,这样做的部分原因是使子弹更加平缓地落在钢板上,另外也可以使它在入水时本已具有的自西向东的运动,由于在水中更长时间的下降而向东偏移得更多,从而使实验结果更加显著。

如果我对您上次提到的假说感到陌生并没有使您过于不快的话③(因为我几乎推开了所有哲学中所要做的或想要做的事情),那么我将遵照您的愿望,把我能想到的对它们的反对意见都发给您,如果我真能想得到的话。而另一方面,我将乐于听到任何对我工作的反对意见,并将尽可能轻松愉快地(in a transient discourse for a divertissement)④回答它。但是我对哲学的喜爱已经油尽灯枯,以至于我对它的漠不关心有如一个商人对其同行生意的态度,或是一个乡下人对待学问的态度。我必须坦言我对花时间写这些东西的厌恶,因为

① 读者可以判断,这些细致的规定是否真的"只是稍微提示一下,而没有详细论述"。
② 牛顿当然不会怀疑他对落体运动的分析以及它会"超过"其下方的地球的部分,对此他并不需要一个实验来证实;他唯一怀疑的是能否通过实验来证实这种"超过"。
③ 牛顿故意戳人痛处!
④ "... in a transient discourse for a divertissement",即不会去认真对待它们,这绝非胡克所希望的结果。

我本可以用这些时间去更多地关注我自己的事情和他人的利益的。我希望您和别人都不要责怪我的这种反感情绪。为了说明我这样做并不是由于最近的羞怯、缄默以及不信任感才故意拒绝哲学上的交流，而确是因为有其他事情缠身，我想拿前面写的关于用重物的下落来证明地球运动的想法与您交流；并且如果能有幸与您经常促膝交谈的话，①我将随时准备把我所知道的任何东西亲自告诉您。如果我可能想到什么对人类有用的东西，我也许会在某个时候通过信件告诉您。祝您能从努力中获得快乐和成功，此致。

> 听候您使唤的忠实仆人
> 艾·牛顿

又及：科克先生已经为我铸造了两块金属，以便进行关于反射管的进一步研究，这是我去年因为某位同事的劝说而答应下来的。要是我正在忙于您所希望听到的事情该多好！不过我怀疑铸造它们的工具被遗失了，它本来保存在一个要锻造这些金属的人手里，但他最近去世了。

剑桥，

1679 年 11 月 28 日

---

① 因为牛顿住在剑桥，平时从不去伦敦，所以这种"促膝交谈"的可能性显然并不很大。

背书:致他永远尊敬的朋友,住在伦敦格雷欣学院的罗伯特·胡克先生①

牛顿告诉胡克的那个他正在考虑的问题,即一个落向地球或地心的重物的轨道问题,有一段由来已久的复杂故事——可惜它说来话长,而且过于烦琐,所以这里无法尽述其详。霍庇(Edmund Hoppe)在其《物理学史》②(*History of Phyiscs*)中,发现"一般人认为,如果地球运动了,则下落的重物将被它超过,从而最终落在垂线的西边"这段话是源自第谷·布拉赫。他"在其《关于以太世界的新近现象》(*De mundi aetherei recentioribus phenomenis*,1588—1610)中,把在塔的西边落下的石块将会向西偏移这一事实看作对地球旋转的主要反驳,因为在石块下落的过程中,地球已经向西偏移了一段距离"。诚然,第谷的这个论证和其他几个论证都基于同样的基本概念——亚里士多德的动力学概念,然而他并没有发明它们,而只是有时给它们穿上现代的外衣。③ 至于物体从塔上落下的那个论证,则属于诸多反驳地球运动的论证中的一个。其历史可以追溯到托勒密甚至是亚里士多德本人对它的讨论和拒斥。他断言,如果地球在运动,则竖直上抛的石头将永远也不会落回原处,因为在下落期间,那个地方已经从下面移走了。④

---

① 参见 Rouse Ball,*Essay*,p. 141;*Correspondence*,Ⅱ,300 sq.;也可参见 L. T. More,*Isaac Newton*,pp. 223 sq.。

② 参见 Edmund Hoppe,*Histoire de la physique*(Paris:Payot,1928),p. 54。

③ 参见我的 *Études galiéennes*(Paris:Hermann,1939),part Ⅲ,"Galilée et la loi d'inertie,"pp. 22 sq.。

④ 参见 Aristotle,*De coelo*,Ⅰ,2;*Physica*,Ⅱ,1 and Ⅴ,2;Ptolemy,*Almagest*,Ⅰ,7。

亚里士多德的(托勒密的、第谷的)论证绝非愚蠢。恰恰相反，根据亚里士多德的动力学，或者更确切地说是根据他的运动观念，物体的运动，尤其是其自然运动，将完全独立于起始点的运动，而且不会受到它的影响。我们相信这就是在光线的传播中所出现的情况——它听起来完全恰当，甚至无法反驳。为了否证它，需要有一种新的运动观念(以及新的关于空间、物理实在等等的观念)的提出。在它(被伽利略和笛卡儿)发展起来以前，哥白尼主义者为回应这个论证所做的种种尝试必定是软弱无力和难以令人信服的。[①] 例如哥白尼曾经断言，地球的圆周运动是一种"自然的"而非"受迫的"运动，这种运动将为地球上的所有物体所"分有"；开普勒解释说，地球上的所有物体都被一种把它们拉向地球的"磁性"引力或张力由西拖到东。[②] 因此，反对哥白尼学说的人——反哥白尼主义并没有仅仅因为罗马教廷谴责日心体系就得到支持，而且它仅仅存在于天主教国家[③]——能在整个 17 世纪继续利用旧的反驳观点，也就不足为奇了。在不计其数的人当中，提出这条反驳的是著名耶稣会士里乔利(J. B. Riccioli)，他是那本流传甚广且影响巨大的《新至大论》(*Almagestum novum*)的作者。[④]

243

---

① 迄今为止，关于用冲力(*impetus*)理论对哥白尼立场所做的最出色的辩护是由布鲁诺做出的；参见我的 *Études galiéennes*, part Ⅲ, pp. 11 sq. 。

② *Études galiéennes*, part Ⅲ, pp. 26 sq. .

③ 甚至牛顿的老师艾萨克·巴罗都不敢肯定哥白尼学说的正确性；他临终时曾希望自己将在另一个世界学习这一真理。关于哥白尼主义在英国的传播，参见 F. R. Johnson, *Astronomical Thought in Renaissance England* [文艺复兴时期英格兰的天文学思想](Baltimore: Johns Hopkins Press, 1937)。

④ Johannes Baptista Riccioli, S. J. , *Almagestum novum* (Bologna, 1651); *Astronomia reformata* [改良的天文学](Bologna, 1665)。

　　当然,伽利略的"新科学"摧毁了亚里士多德推理的根基。但事实上,伽利略本人并没有给出这个问题的正确解决方案。在《关于两大世界体系的对话》中,他确实曾说无论地球运动与否,其中可能发生的所有现象都仍然会以完全相同的方式发生,除了潮汐是唯一的例外(他是通过地球的周日运动和周年运动的复合效应来解释这一点的)。这是一个似乎令人难以置信而且相当悲观的结论,它排除了找到哥白尼学说的物理证明的可能性,而且它也是错误的。不仅如此,与相对于运动着的地球的运动相区别,在推导落体的真正("绝对")运动的过程中(这是每一个哥白尼主义者都必须考虑的问题),他错误地说它是圆周的(这一点他后来认识到了)。①

　　伽利略解决方案的错误之处后来被梅森发觉了。②他提出了非常认真的批评,并试图设计一个更好的方案。这引出了一场关于落体轨道的非常有趣的探讨。在这场讨论中,费马扮演了重要244　角色。③

　　①　参见 *Dialogo...sopra i due massimi sistemi del mondo*,in *Le Opere di Galileo Galilei*(edizione nazionale,Ⅶ,pp. 190 sq.)。

　　②　参见 Marin Mersenne,*Harmonices mundi*[世界的和谐](Paris,1636);*Harmonie universelle*[普遍和谐](Paris,1636);*Cogitata physicomathematica*(Paris,1644)。

　　③　可惜的是,关于一个落到旋转着的地球上的物体的轨道所展开的有趣的讨论,由于过于复杂而无法在此详述了。我曾在"A Documentary History of the Problem of Fall from Kepler to Newton,"[从开普勒到牛顿关于下落问题的文献史]*Transactions of the American Philosophical Society*,new series,45(1955),329—355 中研究过这段历史。这里我只提一句,按照费马的观点,它的轨道将是一条螺旋线,这一看法也被 Stephano degli Angeli 所秉持(参见下一注释)。费马是在一封致伽利略的信中提出他的理论的,这封信还未被发表。不过,由于他把它告诉了梅森,梅森在其 *Cogitata physicomathematica* 的 pp. 57 sq. 对它做了一番叙述,甚至还给它加了一幅图(图 4),

而另一方面,由于里乔利部分接受了伽利略的错误理论,这促使他提出了一种新的反对地球运动的论证。这一论证在意大利引发了激烈争论,对此,牛顿的朋友詹姆斯·格雷戈里(James Gregory)在 1668 年的《哲学会报》上发表了一篇非常认真的报道。[①]   245

于是我们不会感到特别奇怪,牛顿可能早在读到格雷戈里的

(接上页)它与牛顿的图不无类似之处;比如尽管落体是由竖直方向偏向东边的,他们两人都从右往左画螺旋线。牛顿也许熟悉费马的论文和梅森的图。

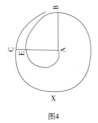

图4

① "An Account of a controversy betwixt Stephano de Angelis, professor of the mathematics in Padua, and Joh. Baptista Riccioli, Jesuite; as it was communicated out of their lately Printed Books by that learned mathematician, Mr. Jacob Gregory, a Fellow of the R. Society,"[格雷戈里所报道的 Angelis 与 Riccioli 之间的争论] *Philosophical Transactions of the Royal Society I*(1668), 693 sq. 格雷戈里没有引用他正在报道的书的名称。看来似乎有必要把它们都抄录下来:

[i]Stefano degli Angeli: *Considerationi sopra la forza/di alcune raggioni/fisicomattematiche/addotte dal M. R. P. /Gio. Battista Riccioli della Compagnia di Giesù nel suo Almagesto Nuova/et Astronomia Riformata contro il/Sistema Copernicano/espresse in due dialogi da F. /Stefano degli Angeli/Venetiano, Mattematico nello Studio di Padova*[关于由耶稣会士 Gio. Battista Riccioli 在其《新至大论》和《改良的天文学》中提供的反对帕多瓦学院的数学家、威尼斯人 Stefano degli Angeli 神父的两个对话中所表述的哥白尼体系的物理-数学理由的说服力的考察], Apreso Bartolo Bruni, Venetia 1667;

[ii]Michele Manfredi 以 Riccioli 的名义回答 Angeli,他不想把自己卷入这场争论,或至少不想使用真名(根据 Carlos Sommervogel, S. J., *Bibliothèque de la Compagnie de Jésus*[耶稣会文献][Brussels, Paris, 1895], Ⅵ, 1803, s. v. "Riccioli"的说法,"Manfredi"

这篇文章时，就已经把注意力转向了这个问题；也不会对他随即便找到了正确的答案感到惊奇：一个从高塔上落下的物体将不会"滞后"，而是会"超前"，也就是说，不是落到初始位置的西边而是东边。

（接上页）只是"Riccioli"的一个假名）：*Argomento fisicomattematico/del padre Gio. Battista Riccioli Della Compagnia di Giesù/contro il moto diurno della terra，/Confirmato di nuovo con l'occasione della Risposta alle Conside-/razioni sopro la Forza del dello Argomento，etc./Fatte dal M. R. Fr. Stefano De gil Angeli，/Mattematico nello Studio di Padova，/All'Illustriss. Signore il Sig. Co：Francesco Carlo Caprara，/Conte di Pantano，/Confaloniere di Giustizla/del Popolo e Commune di Bologna*，n Bologna，Per Emilio Maria，e Fratelli de' Manolesi，1668；

[iii]Angeli 回应了 Manfreidi 的攻击，并进行了反驳：*Seconde/considerationi/sopra la forza/dell' argomento fisico-mattematico/del M. Rev. P./Gio. Battista Riccioli/della Compagnia di Gésù，/contra il moto diurno della terra，/spiegato dal Sig. Michel Manfredi nelle sue"Risposte，e/Riflessioni sopra le prime Consideratione/di/F. Stefano degl' Angeli/Venetiano/Mattematico nello Studo di Padova"/Espresse da guesti in due altri Dialoghi III，e. IV.*/Per Mattio Bolzetta de Cadorini，in Padova，1668。

除了 Gregory 报道的四本书之外，论述同一主题的还有另外四本书：

[iv]*Risposta/di Gio：Alfonso/Borelli/Messinese Matematico della Studio di Pisa/Alle considerazioni fatte sopra alcuni luoghi del suo/Libro della Forza della Percossa/Dell R. P. F. Stefano De Gl. Angeli/Matematico nello Studio di Padova. All' Illustrissimo，e Dottissimo Sig./Michel Angelo Ricci.* Messina，29 Febraio，1688；

[v]*Terze/Considerationi/Sopra una lettera/Del Molto illustre，et eccelentissimo Signor/Gio：Alfonso Borelli Messinese Mattematico nello Studio di Pisa/Scritta da Questi in replica/Di a'cune dottrine incidamente tocche/Da Fra/Stefano degli Angeli/Venetiano/Mattematico Nello Studio di Padova/Nelle sue prime considerationi sopra la forza di certo Argomento/contro il moto diurno Terra/Espresse da questo in un Dialogo/Quinto in ordine*，In Venetia M. DC. LXVIII，Apresso li Heredi Leni conlicenza de'Superiori；

[vi]*Confermazione/d'una sentenza/del Signor/Gio Alfonso/Borelli M./Matematico dello studio di Pisa/di nuovo contradetta/Dal/M. R. P. Fra Stefano/de Gl' Angeli/ Matematico dello Studio di Padova/nelle sue terse considerationi/Prodotta da/ Diego Zerilli.*/In Napoli. Per Ludovico Cauallo，1668；

现在让我们回到牛顿与胡克。

一收到前面所说的牛顿来信,胡克立即把它交给了皇家学会。在 1679 年 12 月 4 日的会议上,

> 胡克先生展示并宣读了一封牛顿先生写给他本人的信,信的所署日期是 1679 年 11 月 28 日。内容包括对马勒蒙先生关于天空的新假说的意见,并且提出了检验地球是否在做周日运动的一个实验。方法是让一个物体从足够高处落下,他说如果地球在运动,则该物体一定会落在竖直方向的东边。
>
> 牛顿先生的这个提议得到了学会的高度赞扬,大家都希望它能尽快付诸检验。① 246

牛顿的提议不仅被赞许,而且还被讨论了。再没有什么东西能比这次讨论更加光彩照人了,它向我们展示了那个时期的科学风貌,或者换句话说,是那个时代最杰出人物的科学认识水平或理

（接上页）[vii]*Quarte/Considerationi/Sopra la Confermatone/D'una Sentenza dal Sig. Gio. Alfonso Borelli M./Matematico nello Studio di Pisa/Prodotta da Diego Zerilli/contro le terse Considerationi/Di Stefano degli Angeli/E sopra l'Apologia del M. R. P. Gio. Battista Riccioli/Della Compagnia di Giesù/A favore d'un suo Argomento detto FisicoMatematico/Contro il sistema Copernicano/Espresse dal medesimo de gl'Angeli Venetiano Matematico/nello Studio di Padova in due Dialoghi VI. e. VII.* In Padova, Per Mattio Cadorin detto Bolzetta, 1669, con Licenza de' Superiori.

按照 Sommervogel,"Riccioli,"的说法, R. P. G. B. Riccioli 的 *Apologia* 与[ii]中所引的 Manfredi 的书是同一本。参见我的文章"Le De motu gravium de Galilée,"[伽利略的"论重物的运动"]*Revue d'Histoire des Sciences 13*(1960),197—245。

① 1679 年 12 月 4 日皇家学会的会议记录; Thomas Birch, *The History of the Royal Society of London*, III, 512 sq.; Rouse Ball, *Essay*, p. 145。

解力的缺乏。我们读到，

> 克里斯托弗·雷恩爵士猜测说，这可能与如下的情况类似。
> 把一颗子弹沿着与竖直方向成固定角度的各个方向向上发射
> 出去，看看如此射出的子弹是否恰好围绕枪筒形成一个正圆。
> 他希望能把这个枪筒固定在一个有平坦底座的架子上，再把
> 这个底座置于一块真正平坦的地面上，而枪口几乎就位于地
> 面发射处上方的同一点上。
>
> 　弗拉姆斯蒂德先生就此说到，发射者发现要使子弹落回
> 枪口，就必须将它以 87 度角射出；他知道必须这样做的原因，
> 而且这符合他的理论：垂直发射的子弹永远也不会沿竖直方
> 向落下；他提到了一股竖直喷出的水柱的后坐力。但又有人
> 认为，这是由于发射者没有考虑周全的缘故，因为一个竖直发
> 射的物体仍将竖直落下，一个沿着 87 度角射出的物体将落在
> 距离发射处很远的地方。[①]

又过了一星期，到了 1679 年的 12 月 11 日，胡克再次讨论了
牛顿的信。这次所针对的不是那个实验，而是牛顿关于落体轨道
问题的解答可能出现的问题：

> 　谈到牛顿先生的信以及其中提到的实验时，胡克先生宣

---

① 1679 年 12 月 4 日皇家学会的会议记录；Thomas Birch, *The History of the Royal Society of London*，Ⅲ，512 sq. ；Rouse Ball, *Essay*, p. 145。对雷恩和弗拉姆斯蒂德观点的批评可能来自胡克。

读了他对这个问题的解答。他解释说,由于落体一方面要被地球的周日运动带着做圆周运动,[①]而另一方面又要因重力的作用而做竖直运动,那么如果不考虑介质的阻力,则物体在下落过程中所划出的曲线将不是牛顿先生所设想的螺旋线,而应是一条偏心的"椭圆形的线"(elliptoid);如果考虑介质阻力,则应是一条偏心的椭圆-螺旋线(ellipti-spiral)。物体在旋转多次之后,最终将落于中心点:重物的下落将不是像牛顿所设想的一直往东,而应是往东南方向,且偏南比偏东更多。希望这个实验能尽快找机会做一下。[②]　247

　　胡克的"椭圆形的线"一词到底指的是椭圆还是某种卵形线呢?这个问题一直是史学家们的难解之谜。[③]直到胡克给牛顿写的信被发现,才使我们可以最终找到这个令人困扰的问题的答案:即胡克并没有把这条曲线当成一个椭圆。[④]

　　而对于第二个令人困惑的问题,即胡克是通过什么推理确信落体——如通常所做的,假定介质没有阻力——会划出一段闭合曲线,且又使其破天荒地断言,[⑤]一个在运动着的地球上落

---

　　①　尽管胡克已经给出了惯性定律的一个相当好的表述,但他还是错误地认为,下落的子弹由于地球的旋转而做着圆周运动。

　　②　参见 Thomas Birch, *The History of the Royal Society of London*, Ⅲ, 516; Rouse Ball, *Essay*, p. 146。

　　③　参见 L. D. Patterson, *Isis 41*(1950), 32 sq. and 42。

　　④　胡克 1679 年 12 月 9 日致牛顿的信, *Correspondence*, Ⅱ, 304 sq.。这封信最初被发表在本篇文章的原本上, *Isis 43*(1952), 329 sq.。

　　⑤　博雷利曾断言,一个被吸向太阳并且沿切向运动的行星将不会落入太阳,而是会绕着它旋转并划出一个椭圆,但甚至连他都没有断言地球上的重物也将以同样方式运动。

下的物体,将一反地球不动时的情形,不会到达地心。不幸的是,关于这个问题,这封信并没有给我们提供什么信息,对此我们仍然处于猜测阶段。

然而很有意思的是,虽然胡克对牛顿"舍弃哲学"感到遗憾,却绝不怀疑这种舍弃的真实性。不过当然,这封信的主要价值还在于科学方面,因为尽管它不甚准确——我们不应因此而责怪他[①]——但还是向我们展示了把胡克的"用一直向[切向]运动和一吸向中心的运动合成曲线运动"的理论应用于落体轨道问题的初次尝试。

胡克这封信的所署日期是 1679 年 12 月 9 日:[②]

致他尊敬的朋友,剑桥的卢卡逊教授艾萨克·牛顿先生

先生,

就在您舍弃哲学之时,许多其他卓有成就的朋友(Steno, De Graft 以及最近 Signor Brorus,Borellij,Vivians[③]和其他一些人)也同样离开了它。这虽然看起来有些无情,但我仍然

---

① 胡克与牛顿正在处理的问题非常困难,它直到 1835 年才被科里奥利解决。

② 在这封信中,只有姓名地址和签名是胡克本人写的,其余都是由一个非常糟糕的无知的抄写员代笔。我尽可能忠实地把它写出来,无论是拼写还是标点错误,甚至连那些明显错误或毫无意义的词都不加修改。

③ 我不理解胡克所说的 Steno(Nicolaus Stenonius),De Graft(疑为 Regnerus de Graaf),Signor Brorus,Borelli(J. A. Borelli)以及 Vivians(Vincenzo Viviani)离开哲学的意思。当然,当 De Graaf 1673 年 8 月 17 日去世时是这样了;Borelli 死于 1679 年 12 月 31 日,但当胡克写这封信时他还活着。Steno 活到 1686 年 11 月 25 日,Viviani 活到 1703 年 9 月 22 日,他们两人直到死都很活跃。至于 Signor Brorus,胡克是指意大利炼

希望其魅力能在不经意间使您（以及他们）改变自己的决定：我承认我将向您坦言自己的真实想法。我并不对此感到绝望，因为我发现您在信中谈到您有时为了消遣，确实要花上一两个小时来交流。我知道您是非常懂得个中乐趣的，您只能对它们有所期待，并且时不时地体验一下它的妙处。从一个像您这么有能力的人身上，我不可能再期望更多了：我痛恨从事毫无生趣的工作或者对任何东西有所祈祷（Devotons）①，是贪婪、屈服或迷信招致了这些举动，它们除了能产生一些没有生命和灵魂的怪物之外，什么结果也产生不了。我希望自己相信您还没有完全泯灭对哲学的喜爱，也相信您仍会进行通信与交流。先生，我必须对此向您表示感谢，因为（他们说）这是一种可以收获更多的方法。希望借此能使您确信，我非常珍视您善意的来信和恩惠，特别是交流了您关于重物下落的想法：对于一个从高处落下的物体，就其要落向竖直线的东边而非西边而言，这当然是正确而真实的，正如迄今为止大多数人所设想的那样。在我们上个星期四的会议上，我宣读了您的信中涉及马勒蒙先生及这个实验的大部分内容（而没有读更多）。当时出席会议的雷恩先生、霍斯金（John Hoskins）先生、亨肖（Henshaw）先生以及在座的大多数人都对此没有异议。但就其下落曲线而言，您似乎认为（虽然这没有得到讨论）它将是一

（接上页）金术士 Giuseppe Francesco Barri（Borro，Burrhus），他那时（1695 年）还活着。参见 *Correspondence*，Ⅱ，306，n. 5。

① Devosons 或 Devotons。我不知道它是什么意思，也许是 devotees。［疑为 devotions，因为 devotion 的复数形式可以指"祈祷"，与下文的意思比较一致，而且与原文的拼

条螺旋线,并且在旋转几圈之后,最终落在地球的中心。而根据我的圆周运动理论,情况将很不同,它将根本不类似于一螺旋线,而是一种 elliptoid。至少,如果假设下落物体位于赤道面上,地球把赤道面分为两个半球,把两边分开一些距离,以使物体能够落入地球内部,再假设朝向以前中心位置的引力不变,而且地球仍然绕轴做着周日运动,物体在下落以前具有在地球表面其下落处的运动,此时让物体落下,我认为它运动时所划出的应该类似于一个椭圆:例如,令 ABDE[图 5]代表赤道,C 是所有重力线都要趋向的中心。令 A 代表重物,它从 A 处下落并被吸向 C,还要参与地球围绕 C 从 A 到 BDE 的周日运动,则我认为此下落物体 A 所划出的曲线将是 AF-GH。如果不是因为诸如空气等介质的阻力,它与中心 C 的距离将不可能比 G 更近,物体将围绕 C 持续沿 AFGHAFG 的路线旋转下去。然而如果介质有阻碍和损耗其运动的能力,那么物体运动的曲线将类似于 AIKLMNOP,且在旋转多次之后,最终落于中心 C 处。然而如果下落物体不在赤道面而在伦敦这里,则平面将相对于赤道面倾斜 52 度 32 分,以至于物体不会正好落到竖直方向的东边,而会落到东南方向;令 NLQS 代表通过伦敦的子午线,Q 是其二分点,L 代表伦敦,PL 是物体绕着轴 NS 运动的纬圈:在 L 处落下的物体,将在平面 LC 中沿着与子午线 NLQSR 所在平面成直角的路线下落,而不是在以地心 C 为定点,纬圈 PL 所在的平面为基底的锥面上

249

250

(接上页)写错误也较为吻合。——译者注]

下落[图6]。①我能够补充许多其他的考虑,那是与我的由一直
向运动和一吸向中心的运动合成圆周运动的理论相协调的。
但我担心已经鲁莽地打扰了您的那些更有用的思考。希望您
千万别把它们视作是对自己的挑战,目的是想使您把精力转向
寻求更成熟、更严格的解答上去。您只管继续从事自己的工作
直至完成。如果您成功了并且有空闲,请把您认为合适的事情
告诉我,从您那儿来的任何情况我都会极为珍视的。

图5

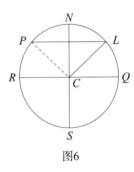

图6

您非常谦卑的仆人

罗·胡克

格雷欣学院,1679 年 12 月 9 日②

---

① 注意到下面一点是有趣的,牛顿并没有说落体将划出一条锥体上的螺旋线。胡
克误解了他或者说是重建了牛顿的看法。他显然是相信,牛顿秉持着某种关于重物落到
旋转地球上的理论,按照这个理论,这些物体将划出螺旋线,在赤道下落的划出一条平面
螺旋线,在某条纬线上方下落的划出圆锥螺旋线。这个由梅森和伽利略所报道的理论,
可以追溯到 John George Locher 的 *Disquisitiones mathematicae*[数学论集](Ingolstadt,
1614)上去。Locher 的 *Disquisitiones* 原先说成是"在 Christophor Scheiner 的庇护之下"
(*sub praesidio Christophori Scheineri*),它通常被误引为 Scheiner 的著作。

② 参见 *Correspondence*,II,304。

　　胡克给牛顿的信写得——或至少假装写得——和颜悦色,但
牛顿收到这封信时可绝非如此:恰恰相反,这使他大为光火。[①] 毕
竟,牛顿的反应是容易理解的;没有人会喜欢别人把错误向自己指
明并且"纠正"一番,更别说对牛顿这样的人了,即使这种纠正基
于——至少是部分基于——一种误解也是如此。而胡克不仅"纠
正"了牛顿的错误,还把它公布给了皇家学会,也就是说公布给了
全世界。[②]

251

　　难怪如此一来,牛顿的回复就像律师的文书一样干巴简短。
他想为自己的错误正名,并且也想给胡克一个教训,告诉他他本人
的一个错误,即在他所设想的情况下(没有阻力时物体在虚空中的
下落),落体的真实路径到底应该是什么样。

　　牛顿承认,如果没有阻力,那么所考察的物体就不会到达地
心。但这时出现的情况将与胡克设想的相反,物体将不会划出一

---

　　① "我几乎无法回他的第二封信,"牛顿在 1686 年 6 月 20 日致哈雷的信中这样
说道;Rouse Ball, *Essay*, p. 157;*Correspondence*, II, 436;顺便说一句,这"第三封信"可
能是这些信中最重要的一封:正是在这封信中,胡克告诉牛顿说,"引力总是与到中心
距离的平方成反比"。

　　② 严格地说,胡克的行为是绝对正确的:他没有向皇家学会宣读牛顿信中的那些
"私人部分"(关于他疏远哲学等);至于科学部分,既然它已经告诉了皇家学会的秘书
胡克,就必须也告诉其成员,就像胡克寄给牛顿的答复(科学的)一样。不过,胡克既已
三番五次地要求牛顿进行私人通信,并保证为其保守秘密,这次把信公之于众的确不
甚得当。至于牛顿的反应,则可以在下面这段话中表现出来,这是注释 1 中引用的他
致哈雷的信的附言:"竟然会有这样一个人,他自认为懂得一切,喜欢通过纠正和指导
别人来显示这一点,当你很忙的时候,他不考虑你的情况,非要对你进行一番说教,并
用他自己所犯的错误来纠正你,然后就把这些说教攒起来,到一定的时候就利用它吹
嘘自己教给了你所有的东西,并迫使你承认这一点,如果你不答应,他就要大呼不公
平;我相信你会认为他是一个不善交际的怪人。海维留斯(Hevelius)等人抱怨说,胡克
先生的信在若干方面都充斥着太多这种心态。"

条"类似于一个椭圆"的闭合曲线,而是一条非常复杂的开曲线①——一条他本人有能力而胡克没有能力定出来的曲线。他是这样写的:

先生,

我同意您的意见,假如在我们的纬度上的物体落下的高度足够大的话,它将向南而不是向东落下。并且我也同意,如果假定它的重力是均匀的,那么它将不会沿一螺旋线朝地心下落,而会通过其离心力与重力的交替平衡,以一种交替升降的方式循环运行。此外,我想象物体将不会划出一个椭球,而会是类似用 AFOGHIKL[图 7]等所表示的这样一种图形。②

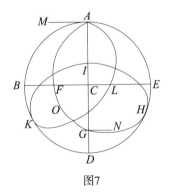

图7

①　事实上,牛顿既没说这条曲线将是开的也没说它将是闭的,他对它什么也没有说。他之所以把那幅非常细致的图画成这个样子,是为了使问题存而不论。

②　参见 Pelseneer,"Une Lettre inédite de Newton";*Correspondence*,Ⅱ,307。这封信的所署日期是 1679 年 12 月 13 日。

在这封信的结尾,牛顿仿照胡克的口气总结说:

您那封敏锐的信使我深入考虑了这条曲线的种类。[①] 我本可以用近似点补充一些关于它的描述,但这并没有多大重要性,所以就请您原谅我又乱写了一通来打扰您。如果您看到了任何不合适或者错误的地方,我希望您能原谅我以前和以后提供的东西,并请您不断纠正。

您非常忠实的仆人

艾·牛顿

牛顿的解答并不十分准确——事实上,这并不奇怪。他处理的问题非常困难,[②]解决它要用到牛顿当时可能还未掌握的数学方法,可能后来他也没有掌握。更奇怪的倒是牛顿当时正在处理的问题——受恒定向心力作用的物体的问题。换句话说,牛顿假设或至少似乎假设了重力是某种恒定的东西——这一假设使得胡克又一次"纠正"他说,牛顿误解了这个问题。

---

① 这是一个非常重要的时刻,因为正如牛顿本人后来所告诉哈雷的(1686 年 7 月 27 日的信,Rouse Ball,*Essay*,p. 167;*Correspondence*,Ⅱ,447):"他纠正了我的螺旋线,从而使我发现了此定理,后来我用这条定理考察了椭圆",以及(1686 年 7 月 14 日的信,Rouse Ball,*Essay*,p. 165;*Correspondence*,Ⅱ,444):"他的信促使我找到了确定形状的方法,当我把它用于椭圆时,我把那些计算扔在了一边而转向其他研究;于是直到五年后应你的要求我才去寻找那些论文,但没有找到,所以我就又做了一遍。"

② 关于对这一问题及其解答的讨论,参见 Pelseneer,"Une Lettre inédite de Newton,"pp. 250 sq. 。

"您让一个物体在到中心的所有距离上都被相等的力吸引,并用这种方法来计算物体所划出的曲线,就像对一个翻转的凹拱中滚动球的计算,"胡克在 1680 年 1 月 6 日给牛顿写道,"是正确的,[1]并且两个拱点将不是由大约三分之一圆周所接合的。但我的假设是,引力总是与到中心的距离的平方成反比。"[2]

几年后的 1686 年 5 月 27 日,在与胡克发生的新一轮争吵达到顶点时——这是最后一次争吵,主题是关于发现平方反比律的优先权问题——牛顿试图以如下方法来解释(或解释过去)他的错误:

> 胡克先生与我之间业已发生的事情的经过(就我记忆所及)是这样的。他请求我做些哲学交流等等,我就给了他这个想法,即由于地球的周日运动,下落物体应该向东运动,而不是像通常所认为的是向西下落。在我说明这个想法的方案中,我粗心地描述了这个物体沿一螺旋线向地心的下落。[3]

---

① Pelseneer, "Une Lettre inédite de Newton," p. 251:"胡克意识到,从研究一个重物处于具有垂直轴 CA,中心点 C 的锥体之上的运动,可以引出牛顿所处理的问题。我们知道,这两个问题的等价性,是关于圆锥曲面上的运动的方程的一个结果。尽管人们可以设想胡克并没有能力给出它的计算,但他的说法也的确显示了其直觉的深刻和确定。"(Hooke a donc observé qu'on peut ramener au problème traité par Newton l'étude du mouvement d'un point pesant assujetti à se mouvoir sur un cone de révolution, d'axe vertical et de rayon CA, reposant sur la point en C. On sait que cette équivalence des deux problèmes est une conséquence des équations intrinsèques du mouvement du point sur la surface conique. Si l'on songe que Hooke ne s'est probablement livré à aucun calcul, sa remarque donne une mesure exacte de la profondeur et de la sûreté de son intuition.)

② 胡克 1680 年 1 月 6 日致牛顿的信;Rouse Ball, *Essay*, p. 147; *Correspondence*, II, 309。

③ 这并不太真实:这幅图绝非粗心大意,比如它同文字是相符的。

这在介质有阻力的情况下是正确的,比如在我们的空气中就是如此。胡克先生回答说,它不会落到中心,而会在到达某一临界点后又重新向上返回。接着我计算了最简单的情形,即在一种无阻力的介质中,重力处处均匀时的结果——想必他已经从一些计算中得到了临界点的位置,并且已经为此首先考虑了这种最简单的情形。[①] 在这种情形中,我承认他所主张的是正确的,并且尽可能地说明了这种限制条件。他回复说重力并非均匀,而是以一种与每一圈的终了位置到中心的距离成平方反比的关系,随着落向中心而不断增加,于是这时的情况已经不符合我所说的限制条件了。他还说按照这种平方反比关系,行星的运动可以得到解释,其运行轨道也可以定出来。[②]

在 1686 年 6 月 20 日的一封信中(我已经多次引用这封信了),牛顿又补充说,在那次通信时,他"对哲学方面的注意力全都被引向那封信所提出的问题上了,因此当时可能无法对我自己的那种想法有足够好的考虑"。[③]

说实话,牛顿的解释似乎并不那么让人信服。很难相信,如果他当时已经对那个问题有所考虑,也就是说如果他真的已经想出了一个关于落体的完整轨道的理论,那他怎么还会把它忘得一干

[①] 牛顿可能想象胡克在仿照博雷利,博雷利虽然承认重力是恒力,却相信最终的曲线将是一个椭圆。

[②] 参见 Rouse Ball, *Essay*, p. 155; *Correspondence*, Ⅱ, 433。

[③] Rouse Ball, *Essay*, p. 157; *Correspondence*, Ⅱ, 436.

二净，以至于在关键时刻还要再想出一个全然不同的理论来。

同样很难让人接受的是，牛顿只是由于"粗心"才把落体的下落轨迹画成一条螺旋线。图形既然是为了说明信中文字的，一个更细心的人也许应该再给这根线添上一些螺旋，这并不会改变它的本意。再有，正如我已经说过的，落体在地球内部将划出一条螺旋线，这是一种普遍持有的观点，而且正如牛顿自己所说，对于有阻力的介质而言它就是正确的。

因此在我看来，很可能牛顿从未对这个问题有过多少"思考"。[1] 也许他认为这不仅缺乏真实性——物体不会穿过地球——而且也没什么重要的（他是这样告诉我们的），甚至可能觉得它缺乏任何（或至少是任何确定的）意义。在这个例子中，地球是怎样被考虑的呢？——它与我们的地球唯一不同之处，难道就在于它是一种像空气那样可以被穿透的物质吗？在这种情况下，介质是没有阻碍能力的。或者说，如果假想所有的物质全都消失，那么难道就只留下纯粹的空间和它以前的中心吗？而在这个例子中，为什么物体要落向它呢？对于像费马这样的人来说，答案是非常清楚的，因为他们仍然相信物体在"追寻"地球的中心。而对那

----

[1]　因为要解决从地球表面上方一点下落的物体的轨道问题——他在致胡克的第一封信中讨论的问题——他并不需要这一理论。他告诉哈雷(1686 年 6 月 20 日，附言，Rouse Ball, *Essay*, p. 162; *Correspondence*，Ⅱ，440)，"对于抛射体在地球上方小的升降运动而言，重力的变化是如此之小，以至于数学家们可以把它忽略不计。于是通常的理论就认为重力是均匀的"，这样说是完全正确的。不过当然，正如他在致胡克的第二封信中所说的，这并不等于说牛顿承认在地球表面以下直到地心的引力都是恒定的。而且说"身为一个数学家，我为什么不能在经常使用它的同时，不去考察天上的哲学或不认为它在哲学上是正确的呢？"这并没有解释他的做法或为之辩护，也没有把他的大错和草率解释过去。

些不这样认为,而相信物体是被"吸向"或者"推向"地球的人来说,情况就相当不同了。不管是一种拉力还是一种推力,他们必须发现这种引力在地球内部是怎样变化的。这个问题无人能回答,甚至连牛顿也向哈雷坦言,直到 1685 年,他对此非常不确定。[①] 因此牛顿"从未把平方反比关系推广到地球表面以下,并且在我去年发现了一种证明之前,我曾怀疑在如此低的地方它是否还会足够准确"。[②]

　　牛顿是把重力当作一个宇宙因素来考虑的。他竭力想找到一种对这种"力"的物理解释,因为我们知道,他从不相信一种"吸引力",但却没有如愿以偿。不过他发现了另外一种东西,即这样做是不可能的。[③] 这项发现极为重要(虽然通常不这么看),因为这使牛顿可以解除思想上的束缚,而把"吸引"从一种物理的力转变为"数学的"力。

　　至于地球的重力,虽然他猜测甚至是相信它与宇宙中的重力是同一的,但在胡克把问题提出来之前,他从未专门研究过它。他

---

①　Rouse Ball,*Essay*,pp. 156 sq. ;*Correspondence*,Ⅱ,pp. 435 sq. .

②　*De motu*(Rouse Ball,*Essay*,p. 56):"比起在山底的运动来,摆钟在极高的山顶上的运动会放缓,由此可见,重力是随着到地心距离的增加而减少的,但并未观察到它所遵循的比例关系。"(Ex horologii oscillatorii motu tardiore in cacumine montis praealti quam in valle liquet etiam gravitatem ex aucta nostra a terrae centro distantia diminui, sed qua proportione nondum observatum est.)牛顿没有告诉我们他为什么会怀疑"平方反比关系"在地球表面以下就不准确了,不过我可以猜猜其中的原因:(a)地球附近的部分会(初看起来)比那些较远的部分施加一个更大的影响力,(b)一个处于地球大气中的物体,已经在某种意义上位于其表面以下了。

③　他发现,要想把引力机械地解释为周围介质的作用(以太的压力),他不得不假定一种弹性以太;而这隐含地假定了以太微粒之间存在着一种斥力。于是引力可以仅仅用斥力,即在哲学上同样糟糕的东西来解释。

对于地球的重力甚至还没有对支配行星运动的"重力"或"引力"有把握,他从开普勒第三定律推出的平方反比关系绝不只是一种近似。唉,可惜他相信情况就是这样的:它只是一种近似——因为正如他所告诉哈雷的,"无需我的论证,自有对这个比例准确性的有力批驳,明智的哲学家绝不可能相信它是正确的,对于这一点,胡克先生还是个新手"。①

256

关于地球内部的情况,他只知道平方反比关系在那里不适用,但他无法确定——可能是对这个问题没有足够的兴趣——什么关系才是适用的。直到当胡克——错误地——提出,平方反比律甚至在那里也适用时(尽管他同时又承认,自己并不绝对有把握),牛顿才又着手解决这个问题。正如我们所知,他在 1685 年完成了这项工作。他发现(同时解决了两个问题)不应把平方反比律首先用

---

① 1686 年 6 月 20 日致哈雷的信;Rouse Ball,*Essay*,p. 158;*Correspondence*,II,437。这段话的重要性被卡约里在其 "Newton's Twenty Years' Delay in Announcing the Law of Gravitation"[牛顿公布引力定律的 20 年拖延],载于 *Sir Isaac Newton*,*a Bicentenary Evaluation of His Work*[牛顿爵士的工作:两百年后的评价](Baltimore:Williams and Wilkins,1928)的 p. 182 指了出来。卡约里得出结论说,"在 1685 年以前,牛顿怀疑平方反比律只不过是一种近似的真理。"牛顿相当合理地设想,距离落体最近的部分施加一个较强的引力,地球的质量不能被认为是集中于中心。他又一次没有告诉我们异议是什么,也没有说他思考的证明是什么;我们不得不再次去猜测。我想牛顿之所以觉得从开普勒第三定律推论出平方反比关系只是近似地(*quam proxime*),而非绝对地有效,是因为它是在行星的轨道为正圆而非椭圆的假定下做出的。一个对正圆适用的比例,怎么可能同时适用于偏心的椭圆呢? 轨道即使不是正圆,难道不应该至少是以太阳为中心,而其轨道的一个焦点? 显然,用遵从平方反比律的引力只能对这一异议做出部分的证明,"用切向运动与直向运动复合"将导致一种椭圆运动,反之亦然,这种运动蕴含了一种反比于距离的平方,且指向椭圆轨道一个焦点的引力。按照牛顿本人的看法,正是这个证明造就了他那项伟大的发现,而不是发明平方反比律——一个从惠更斯的工作开始甚至更早就很简单的事情。

于整个物体,而应当用于组成它们的微粒上,如此得到的球体的比如说地球的(数学的)引力,必须被当成好像其所有质量都集中在中心一样来计算。[①] 于是就有了那个令人惊奇,然而又必不可少而且显然的结论,即一个球外微粒所受到的引力反比于它到球心距离的平方;[②]而一个球内微粒所受到的引力正比于它到球心的距离。[③] 关于这些想法,牛顿告诉我们:

> 我发现朝向整个行星的重力,的确是由朝向其各个部分的重力复合而成的,而且每一部分的重力都与到那个部分的距离的平方成反比,在此之后,我仍然有些怀疑,在由诸多分力组成合力时,这种平方反比关系到底是绝对精确的呢,抑或是仅仅接近于此。也可能在很远的距离足够准确的比例,到了行星表面就不再适用了,因为此时诸微粒的远近程度不一致,它们的位置也不类似。但有了第一编命题 75、76 及其推论的帮助,我最终对这一定理的真实性感到满意,正如它现在摆在我们面前的样子。

---

① 这个发现所起的决定性作用被 J. A. Adams 与 J. W. L. Glaisher 于 1887 年(参见 Cajori,"Newton's Twenty Years' Delay,"pp. 127 sq.)以及 H. H. Turner 于 1927 年(参见 *Sir Isaac Newton*,*a Bicentenary Evaluation of His Work*,p. 187)认识到了,Turner 说这项结果使牛顿"大吃一惊"。

② 由 Andrew Motte 翻译,Florian Cajori 修订的 *Sir Isaac Newton's Mathematical Principles of Natural Philosophy*(Berkeley:University of California Press,1947),p. 199:命题 76,定理 36。

③ 由 Andrew Motte 翻译,Florian Cajori 修订的 *Sir Isaac Newton's Mathematical Principles of Natural Philosophy*(Berkeley:University of California Press,1947),p. 196:命题 73,定理 33。

[第三编,命题 8,定理 8:在两个相互吸引的球体内,如果到球心相等距离处的物质是相似的,则一个球相对于另一个球的重量反比于二球距离的平方。]①

257

然而在 1679 年,当胡克提出一种对地球运动的实验论证时,他似乎又只是因袭传统而把重力视为恒定,②并假设说如果一个重物不被地球阻挡,则它最终将到达地心。这两种概念彼此之间是全然不相容的。

现在让我们回到胡克。不可否认,他对解决落体轨道问题的尝试是极为天才的;把地球切成两半以使物体获得落向中心(围绕它)所需的空间,也绝对是才华横溢的;在《通过观测来证明地球的运动的尝试》中,他力图把从吉尔伯特、开普勒和培根那里继承下来的引力概念,连同伽利略的力学原理整合在一起,并把得到的模式不仅应用于天界物理学,而且也应用于地界物理学,这样做的方向是对的。我们不得不再次钦佩胡克的洞察力之深和想象力之广,也不得不再次承认,他没有能力得出一个精确的定量的数学结果,以及虽然这次他已经有了平方反比律,却又痛失良机。

他没有认识到,在他所设想的情形中,下落物体不会划出一条"椭圆形的线"即某种卵形线,而会是一个绝对的椭圆。更让人奇

---

① 由 Andrew Motte 翻译,Florian Cajori 修订的 *Sir Isaac Newton's Mathematical Principles of Natural Philosophy*(Berkeley:University of California Press,1947),pp. 415 sq. 。

② 这是一个历史的奇怪悖论,这个观念的最坚定支持者竟然是伽利略及其信徒。

怪的是,他放置重物的方式(穿过一条在赤道开的裂缝而下落)非
常类似于他在 1666 年 5 月 23 日给皇家学会做的著名实验中的情
况。这个假想的例子所导致的结果,极其类似于他那时想在皇家
学会的实验中证明的结论,即物体被吸向中心的力恰好正比于它
到中心的距离。①

　　奇怪的是,胡克似乎并没有认识到这一类比。更奇怪的是,他
知道(或更确切地说是假设)——正如任何一个接受用吸引来解释
重力的人都会假设的那样——这种引力在地球表面处达到最大,
无论是朝上还是朝下它都会减小。② 我们知道,他甚至还试图用
实验来确定这种减小的比率。

　　当然,有人也许会说,这种类比并不能为胡克开脱,正因为他
弄不清引力按照被吸引物体到地心距离的变化比率——他不能在
理论上确定它,实验也没能给出一个结果③——他才退一步含糊
地说,被考察的曲线将是一种"椭圆形的线",它类似于一个椭圆,
但不是一个椭圆。然而在这个例子中,他是没有理由说出"偏心的
椭圆形的线"的,④而且他也不该向牛顿宣称,他"假定这种引力永
远与到中心的距离的平方成反比关系",就像他在 1680 年 1 月 6
日的信中所说的那样。的确,在把地球"沿赤道面"切成两半的方
案中,他假定"朝向以前中心的引力保持不变"。

---

　　①　因此,牛顿批评胡克把平方反比关系推广到地心(1686 年 6 月 20 日致哈雷的
信;Rouse Ball,*Essay*,p. 159;*Correspondence*,Ⅱ,435 sq.)是完全正确的。

　　②　参见 Cornelis de Waard 对《费马全集》增补卷所作的导言(Paris:Gauthier-
Villars,1922)。

　　③　这不是胡克的过错,因为他所能使用的仪器不可能成功地做出一次直接测量。

　　④　当然,在 1666 年 5 月 23 日的信中,圆锥摆的球所划出的椭圆不是偏心的。

另一方面，有人也许以为，在从开普勒第三定律和离心力定律中发现了平方反比律（正如每个人都做到的那样）之后——正如牛顿没有忘记指出的，[①] 做到这一步是非常容易的，后者已由惠更斯在 1673 年发表[②]——胡克把天空中的运动图式转移到了落体。但胡克在那封表述平方反比律的信中提到了开普勒，[③] 这使得这一看法绝非不可能。[④] 它非常有可能，因为它可以解释胡克为什么没有把天文学图式径直转移到地界现象。的确，就在同一封信中

259

---

① 在 1686 年 6 月 20 日致哈雷的信（Rouse Ball，*Essay*，p. 160；*Correspondence*，II，438）的附言中，牛顿说从开普勒第三定律发现平方反比律很简单，任何数学家都可能做得到，并且五年前曾说（告诉胡克）："因为当惠更斯说怎样从各种圆周运动中找到这种力时，他也说了怎样在其他情形中做到这一点。"

② 在 1703 年的《摆钟论》中，惠更斯宣布了离心力定律（他 1659 年就得出了），但没有给出证明——这是给其同时代人的一个令人不快的恶作剧，因为这使他们必须自己去寻找证明。众所周知，牛顿承认惠更斯的优先权，他的论证——其中一个于 1665—1666 年间被独立发现——与惠更斯的非常不同。参见 J. W. Herivel，"Sur les premières recherches de Newton en dynamique，"［牛顿对动力学的最初研究］*Revue d'Histoire des Sciences 15*（1962），106—140，特别是 pp. 117—129。

③ 胡克 1680 年 1 月 6 日致牛顿的信（Rouse Ball，*Essay*，p. 147；*Correspondence*，Ⅱ，309）："我的假设是引力与到中心的距离的平方总是成反比的。所以，速度将与引力的平方根成比例，就像开普勒假设速度与距离成反比一样。"胡克没有认识到开普勒所犯的错误，这充分说明了他的"用一直向运动和一吸向中心的运动复合成圆周运动的理论"的不完美之处，也说明他在解决从引力的平方反比律推论出椭圆轨道这样的问题上的无能为力。参见哈雷 1686 年 6 月 29 日关于雷恩爵士对胡克的挑战而致牛顿的信（Rouse Ball，*Essay*，pp. 162 sq. ；*Correspondence*，Ⅱ，441 sq. ）。

④ 然而可以指出，牛顿提出了对胡克发现平方反比律的另外一种解释，它也并非不可能。（1686 年 6 月 20 日致哈雷的信，附言，Rouse Ball，*Essay*，p. 160；*Correspondence*，Ⅱ，438）："我也不明白他凭什么可以把它［平方反比关系］当作自己的成果；因为正如博雷利在他以前很久就说过，诸行星由于一种类似重力或磁力的朝向太阳的倾向而会沿着椭圆运动，所以布里阿德（Bullialdus）写道，所有以太阳为中心并且取决于物质的力，必定与到这个中心的距离的平方成反比。并且，先生，他还用了您在上一期《会报》上证明这个重力比例所用的论证去处理它。那么，既然胡克先生可以从布里阿德的这个一般命题中得知这个重力比例，为什么这里所说的比例必定是他所发现的呢？"

（对牛顿 1679 年 12 月 13 日信的回复,佩尔塞尼尔教授发表）,他写道:

> 关于我在上次信中所提到的在地球内部的下落问题,只是凭借这个吸引的假设,并不是我相信实际上有一个指向此地心的引力,而是相反,我宁愿设想物体越接近地心,它被引力所迫的程度就越小,可能有些像凹球面中运动的摆或物体上的引力,物体越倾向于水平运送,这种力量就越小。当与悬挂点垂直或在最低点时就是这样……但是,在天体运动中,太阳、运动或中心天体是引力的原因,虽然它们不能被假设成数学点,却可被想象成物理点。我们可以按前面所说的比例,从中心开始计算很大距离处的引力。①

260　关于天上的运动,由于被吸引的物体之间隔着很大距离,所以可以把它们当作点来处理;但对于地上的运动来说,这显然是不可能的,②即使是对于物体落到地心这样的不可能的运动也是如此。

（接上页）布里阿德的这段牛顿显然熟知的话,出自他的 *Astronomia philolaica*［菲罗劳斯天文学］(Paris,1645),pp. 21 sq.,而且他对胡克关于引力的看法、起源的解释,似乎被一段 *Posthumous Works*［遗著］(London,1705), p. 185(写于 1682 年)中的话所证实,它说引力的平方反比律是由一个与亮度的平方反比律的类比得出的。不过我不得不指出,布里阿德并没有断言引力的平方反比律,而是用牛顿所报道的论证以及磁力与光的类比来反驳开普勒的天体力学的。

①　胡克 1680 年 1 月 6 日致牛顿的信;Rouse Ball, *Essay*, p. 147;*Correspondence*, II,309。

②　正如我已经指出的,牛顿的主要贡献之一,就是证明了这不是不可能的,而是正相反,它必然是正确的。

在这种情况下,应当考虑这种吸引的"驱动力"随着物体趋于中心而变得越来越小。可它是怎样变的? 胡克并不知晓,他也不知道最后的路径实际上应该是什么样子。当然,它不是一个椭圆,而是某种类似于椭圆的曲线。

但知道这个结果是非常有趣甚至是非常有用的(对于天文学和航海而言),于是在 1680 年 1 月 17 日的信中,胡克再次敦促牛顿解决这个问题:

> 现在仍然有必要弄清楚这种由一个中心引力作用而形成的曲线(不是圆也不是同心圆)的特性,此引力使得各处在切线方向的下降速度或匀速直线运动的速度与距离的平方成反比。[①] 我对此毫不怀疑,用您那卓越的方法您将很容易发现这条曲线是什么,它的特性怎样,并能提出对这一比例的物理解释。[②]

我必须坦言,这次包含着对牛顿卓越数学能力的直接承认的求助,本应得到牛顿一方更好的礼遇。不错,牛顿是把问题解决了,但他却从未就此对胡克提过一个字。

[①]　胡克 1680 年 1 月 17 日致牛顿的信;Rouse Ball, *Essay*, p. 149; *Correspondence*,II,312。胡克又一次重蹈覆辙:一种遵循平方反比律的引力,不会使"各处从切线方向下降的速度或同样的直线运动的速度与距离的平方成反比"。不仅如此,如果把这个命题进行逐字的分析,就会发现它暗含了速度——而非加速度——与作用于物体上的力成正比。

[②]　正如我们所见,即使是在这个纯粹的情形中,胡克也没有表明最终曲线将是一种圆锥截线。

第六篇　牛顿的"哲学思考的规则"

　　在以前的一篇文章中，[①]我曾经提请研究牛顿的历史学家们注意《自然哲学的数学原理》的三个版本之间存在的差别，这有时是非常重要的，而且对这些版本进行一种比较性的分析，可能也是有趣的。[②] 对牛顿手稿[③]的研究——直到最近才被人重视——表

---

　　① 　A. Koyré，"Pour une édition critique des oeuvres de Newton，"［我们需要一个牛顿全集的校勘版］*Revue d'Histoire des Sciences 8*（1955），19—37.

　　② 　奇怪的是，这样一种系统分析还从未有人做过。不过，由科恩和我整理的牛顿《原理》的一个异文校勘版不久就要出版了。

　　③ 　牛顿手稿的历史非常复杂。他把它们留给了其外甥女孔伊特，她接着把它们留给了独生女凯瑟琳，凯瑟琳又把它们留给了儿子，即朴茨茅斯家族的第二位伯爵。朴茨茅斯家族把这些手稿存放到了他们在 Hurtsbourne Park 的城堡里。1872 年前后，他们的城堡遭受了一场大火，之后朴茨茅斯家族决定把这些科学手稿交给剑桥大学，但规定有关神学、年代学、历史和炼金术方面的手稿必须返还 Hurtsbourne。剑桥大学指派了一个由 H. R. Luard，G. G. Stokes，J. C. Adams 与 G. D. Living 组成的委员会，来对牛顿的手稿进行拣选、分类和描述。他们的工作获得了广泛赞誉，并于 1888 年出版了一本小册子：*A Catalogue of the Portsmouth Collection of Books and Papers Written by or Belonging to Sir Isaac Newton，the Scientific Portion of which has been Presented by the Earl of Portsmouth to the University of Cambridge*［朴茨茅斯家族收藏的牛顿著作目录］（Cambridge，1888）。唉，可惜尽管有著名科学家在委员会中，*Catalogue* 的出版还是没有激起对牛顿手稿的研究热潮，甚至还适得其反。只是在最近几年，这种研究工作才由科恩、曼纽尔、A. R. 霍尔、M. B. 霍尔、赫里维尔、韦斯特福尔、怀特赛德、特恩布尔、斯科特和我等一些人做了。朴茨茅斯家族保留的那些手稿在 1936 年公开拍卖了，凯恩斯勋爵买走了近乎半数，并在死后（1946 年）将它们留给了剑桥的国王学院。

明,牛顿在准备这几版《原理》①时所付出的工作量,实际要远远大于仅从对它们的比较所能猜想的程度。即使做这种比较时参考了牛顿与科茨的通信所提供的信息,情况也是如此。科茨是剑桥的普卢姆(Plumian)天文学教授,他在牛顿的指示下负责了《原理》第二版的筹备工作。 262

　　牛顿的数千页手稿显示了其心态的奇特一面。他似乎不动笔就不能进行思考,甚至能在纯机械的书写中找到快乐。于是,他详细抄写了他所读过的作者的著作,②甚至还重新抄写了他自己的著作。③ 他的手稿也显示他在著书立说时认真到了极点:先写,再划掉修改,重抄一遍,再划掉修改……再重抄一遍。完成以后,一切又都重新开始:于是,他至少写过八遍第二版中"总释"的草稿。

　　关于牛顿思想和行文演变的最有趣的例子之一就是"哲学思考的规则",④它是对牛顿的逻辑观点与认识论观点的一个简明概括,被放在了《原理》名为"宇宙体系"(*De systemate mundi*)的第三编的开头。

　　首先我们要注意,"哲学思考的规则"这个说法仅仅在《原理》

---

　　①　《原理》于1687年在哈雷的关照下出版;第二版于1713年问世,由牛顿剑桥职位的继任者科茨编订;第三版于1726年出版,由彭伯顿编订。科茨对编辑任务非常认真,他与牛顿有过一些极为有趣的通信(可惜失了一部分)。保存下来的书信发表于J. Edleston, *Correspondence of Sir Isaac Newton and Professor Cotes*(London,1850)。

　　②　牛顿手稿的一大部分是从炼金术书籍中摘引下来的话。

　　③　比如说,他把自己的神学手稿重抄了五到六遍。

　　④　有趣的是,莫特在《原理》英译本 *Principia—Sir Isaac Newton's Mathematical Principles of Natural Philosophy and His System of the World*(London,1729)中,把这段话译成了:"哲学中的推理规则"。夏特莱侯爵夫人在其法译本 *Principes mathématiques de la philosophie naturelle*(Paris,1757—1758)中翻译成:"物理研究中的推理规则"(Règles qu'il faut suivre dans l' étude de la physique)。

的第二版和第三版中才出现。在第一版的相应位置,我们找到的
是一系列命题,它们共有九个,被冠以"假说"之名。然而牛顿在其
科学生涯之初就口口声声表示自己对"假说"的敌视态度,还有那
句著名的"我不杜撰假说",①可以说是牛顿整个认识论的概括,考
虑到这些,这一事实就更加令人惊奇了。

老实说,把这些"假说"排列在一起并不很合逻辑,它只能用编
纂《原理》时比较匆忙来解释。事实上,它们包括两个方法论的"假
说"(I和II),一个断言物质统一性和任一物体转变为另一物体的可
能性的"假说"(III),②以及六个关于太阳系结构的"假说"。我们很
容易理解,为什么牛顿在第二版中没有把这种不一致的组合继续下
去,而是恰当地把这些"假说"分作三类,至少对那些保留下来的"假
说"他是这样做的:事实上,那条肯定物质统一性的假说III不见了,③
取而代之的是另外一些说法。不仅如此,在保留下来的八个命题

---

① 关于这句名言的意思,以及"假说"这个术语的含义,参见第二篇;也参见 I. B.
Cohen, *Franklin and Newton* (Philadelphia: The American Philosophical Society, 1956),
pp. 129 sq. 和附录一,"Newton's use of the word: HYPOTHESIS,"[牛顿对"假说"一
词的用法], pp. 575—589。

② 假说 III:"任一物体都可以被转化为另一个物体,并且所有那些居间的属性都
可以在其中产生。"(*Corpus omne in alterius cujuscunque generis corpus transformari
pone, et qualitatem gradus omnes intermedios successive induere.*)

③ 消失的原因并不十分清楚。有可能是因为牛顿已经在其拉丁文版《光学》
(1706 年)的疑问中,肯定了上帝在最初具有创造各种形状和质量的原子的可能性——
这暗含了不同种类物质之间的不可转化性——牛顿被迫撤掉了假说三,因为它得出了
相反的结论。

类似地,一个"假说"出现于《原理》第二编的第 6 章"流体的圆周运动"(*De motu
circulari fluidorum*)中:"由于流体各部分缺乏润滑而产生的阻力,在其他条件不变的
情况下,正比于使该流体各部分相互分离的速度。"(*Resistentiam, quae oritur ex defec-
tu lubricitatis partiuem Fluidi, caeteris paribus, proportionalem esse velocitati, qua
partes Fluidi separantur ab invicem.*)

中,只有"假说Ⅳ"(断言宇宙体系中心的不动性)仍然以假说的名义出现:它在第二版和第三版中以"假说Ⅰ"出现。① 后六个关于太阳系结构的"假说"在后两版中被提升为"现象",而头两个假说,本来是关于自然科学的形式原则和一般原则的,在第二版中则被冠以"规则"之名,推理规则,*Regulae Philosophandi*[哲学思考的规则],且保留原有的序号Ⅰ和Ⅱ不变。在第二版中,牛顿补充了第三条规则;在第三版也是最后一版中,他又补充了第四条规则。在某些时候他还有加入第五条规则的意向。

　　这里,我们将不再把大量时间花在"现象"上,而仅仅去关注"规则"。毫无疑问,术语的变化可以用牛顿对"假说"日益增长的反感,以及他使用这个术语时所含意义的改变来解释。在《原理》的第一版中,他赋予了它经典的含义,即理论中的基本假设或假定。这样,在他未发表的论文《论运动》②(*De motu*)中,他用四个

---

　　① 在第二版和第三版中,它出现于第三编的命题10,定理10之后,即假说Ⅰ:"宇宙体系的中心是不动的。所有人都承认这一点,只不过有些人认为这个中心是地球,而另一些人认为是太阳。"(*Centrum Systemates Mundo quiescere. Hoc ab omnibus concessum est,dum alii Terram,alii Solem in centro quiescere contendant.*)这个"假说"更加奇怪,因为对于牛顿而言,地球和太阳都不是不动的;但是太阳系重力中心的不动——牛顿似乎相信这一点——却不能被现象有效地证明,因此在这个意义上,它是一个假说。

　　《原理》第三编中紧随命题37引理3的假说Ⅱ说,如果把地球换成一个绕自己的轴做周日运动,并绕太阳做周年运动的圆环,该轴与黄道面交角为23.5度,则不论该环是流动的还是坚固的,其二分点的岁差都保持不变。这也是一个被牛顿认为是正确的命题——他是对的——但他无法证明这一点。

　　② 《论运动》这篇短论写于1684年末1685年初,是《原理》第一编的第一个版本,它发表于 S. P. Rigaud, *Historical Essay on the First Publication of Newton's "Principia"*(London:Oxford University Press,1938)以及 W. W. Rouse Ball, *An Essay on Newton's "Principia"*(London,1893)。

"假说"定义了离心力、物体的力以及阻力,其中包括惯性定律以及
运动合成定律——在《原理》中,这些假说将变成"运动的公理或定
律"(*Axiomata seu leges motu*);与此类似,他在宇宙体系(《原理》
第三编)的开头列出了"假说",也就是他的宇宙体系的基本假设。
然而正如我已在前面说过的,我们必须记住,由于将推理的一般原
则与经验材料掺和了起来,这些假说在逻辑上不可能是一致的。

　　又过了 20 或 25 年,[①]牛顿不再在"原理"的意义上——也不
会在一种有可能但又不确定的对现象的解释的意义上(他从年轻
时就是在这个意义上使用这个字眼的)[②]——使用"假说"了。现
在他把它用在一种狭窄得多且明显贬义的意义上,即一种未经证
实的、超出科学的无根据的断言。简而言之,从今以后,一个假说
既不是一条公理,甚至也不是一个推测,而是一种杜撰。[③]于是他
写信给科茨:

　　　　"假说"一词并不含有这样广泛的意义,能像在几何学中
一样足以把公理和公设都包括在内;所以在实验哲学中,它也
并不含有这样广泛的意义,足以把那些我称之为运动定律的

---

　　①　在拉丁文版《光学》(1706 年)后面所附的疑问中,"假说"一词的含义已经与第
二版和第三版《原理》一样了。

　　②　1706 年,牛顿交给皇家学会一篇很长的论文,题为 *An Hypothesis explaining
the Properties of Light*,*discoursed of in my several Papers*。这篇论文发表于 Thom-
as Birch,*The History of the Royal Society of London*(London,1757),Ⅲ,248—305,
重印于 *Isaac Newton's Papers and Letters*(Cambridge,Massachusetts:Harvard Uni-
versity Press,1958),pp. 178—235。

　　③　这句著名的 *Hypotheses non fingo* 并不是"我不作假说"(I don't make hypot-
heses),而是"我不杜撰假说"(I do not feign hypotheses)。参见第二篇。

基本原理或者公理都包括在内。这些原理从现象中推出，并通过归纳而成为一般，这是在此种实验哲学中一个命题最具说服力的证明。我这里所用的"假说"一词，仅仅是指这样一种命题，它既不是一个现象，也不是从任何现象中推论而来，而是一个——没有任何实验证明的——臆断或猜测。①

　　为使这个词的意义表达得绝对清楚，牛顿指示科茨在下一段的结尾处补充了如下论述：

　　　　因为凡不是从现象中推论出的，都应称其为假说，而这种假说无论是形而上学的还是物理的，无论是关于隐秘性质的还是关于机械性质的，在实验哲学中都没有位置。在这种哲学中，特定的命题总是从现象中推论出来的，然后再通过归纳使之成为一般。物体的不可入性、可运动性和冲力，以及运动和引力定律，都是这样发现出来的。对我们来说，能知道引力确实存在，并且按照我们业已说明的那些定律起着作用，还可以广泛地用它来解释天体和海洋的一切运动，就已经足够了。②

----

　　①　参见 J. Edleston, *Correspondence of Sir Isaac Newton and Professor Cotes*, pp. 154—155。

　　②　J. Edleston, *Correspondence of Sir Isaac Newton and Professor Cotes*, p. 155. 这段话也出现于《原理》第二版所补充的"总释"中。早在 1706 年，牛顿就已在其拉丁文版《光学》的疑问 24（英文第二版[1717 年]以及后面版本的疑问 31）中写道："因为在实验哲学中是不应该考虑什么假说的。虽然用归纳法来从实验和观察中进行论证不能算是普遍的结论，但它是事物的本性所许可的最好的论证方法，并且随着归纳的愈为普遍，这种论证看来也愈为有力。"

现在让我们考虑前两个"假说"或者"规则"。在《原理》的第一版（E₁）中，它们是这样的：

Hyp. I: Causas rerum naturalium non plures admitti debere, quam quae et vera sunt et earum Phenomenis explicandis sufficient. Natura enim simplex est et rerum causis superfluis non luxuriat.

Hyp. II: Ideoque effectuum naturalium ejusdem generis ejusdem sunt causae.

Uti respirationis in Homine et in Bestia; descensus lapidis in Europa et in America; Lucis in Igne culinary et in Sole; reflexionis lucis in Terra et in Planetis.

假说Ⅰ：除那些真实而已足够说明其现象者外，不必去寻求自然界事物的其他原因。因为自然界是简单的，它不爱用什么多余的原因来夸耀自己。

假说Ⅱ：所以对于自然界中的同一类结果，其原因也是相同的。

266　　　　例如人和兽的呼吸，石块在欧洲和美洲的下落，炉火和太阳的光，光线在地球和行星上的反射。

在《原理》的第二版（E₂）中，牛顿没有修改假说Ⅰ的说法，不过在把它变成规则Ⅰ的时候，他在表达自然简洁性的基本原理之前加了一条更为明确的陈述，从而把它略微拓展了一些：

Dicunt utique Philosophi：Natura nihil agit frustra，et frustra fit per plura quod fieri potest per pauciora．

为此哲学家说，自然不做徒劳之事，能用较少的手段来做的事情，就绝不会用更多的手段来做。

E_2 没有再对所说的规则做进一步的修改。

至于规则 Ⅱ，《原理》第二版（E_2）照搬了第一版（E_1）的写法，但第三版（E_3）所做的修改却相当令人惊奇。于是它就成了这样：

Ideoque effectum naturalium ejusdem generis eaedem assignandae sunt causae，quatenus fieri potest．

所以对于同一类自然结果，必须尽可能地归于同一种原因。

quatenus fieri potest（尽可能）三个字在 E_2 中没有，只在 E_3 中才有。

牛顿的手稿向我们表明，他不是一下子就提出最后的确定说法的。他最初写的是 *assumendae*，然后又把它划掉，换成 *assignandae*。接着他在 E_1 与 E_2 的表述中又补充了如下的说法：*Nisi quatenus diversitas ex phaenomenis patefacta sit，hae causae phaenomenis explicandis sufficient*（除非其多样性是明显来自于现象，否则这些原因就足以解释这些现象）。然后他又把 *Nisi quatenus diversitas*（除非这些多样性）划掉，换成 *nisi forte diversitas aliqua*（除非肯定有某种多样性）；接着他又把整句话换成 *nisi diversitas aliqua ex phaenomenis patefacta sit*（除非某种多样性是明显来自于现象的）；在此之后，他又把这些努力的成果抛弃，最后写下了 *quatenus fieri potest*（尽可能）。

我已经说过，在 E_2 中原有的"假说Ⅲ"不见了，取而代之的是一条"规则"，即规则Ⅲ：

267

Qualitates corporum quae intendi et remitti nequeunt, quaeque corporibus omnis competent in quibus experimenta instituere licet, pro qualitatibus corporum universorum habendae sunt.

物体的属性，凡既不能增强也不能减弱者，又为我们实验范围所及的一切物体所具有者，就应被视为所有物体的普遍属性。

这条规则以"实验哲学"的经验论来反对大陆哲学家（特别是笛卡儿与莱布尼茨）的先验论的论战性特征，后来被牛顿补充的话表达了出来：

物体的属性只有通过实验才能为我们所了解……当然，我们不应由于自己的空想和虚构而抛弃实验证明；也不应取消自

然界的相似性,因为自然界习惯于简单化,而且总是与其自身
和谐一致的。

正是由于自然本身是和谐一致的,我们才可以综合经验数据,
并把我们所能有的经验所显示出来的属性赋予所有物体。

　　整个物体的广延性、坚硬性、不可入性、可运动性和惯性
来自于其各个部分的广延性、坚硬性、不可入性、可运动性和
惯性;因此,我们可以下结论说,一切物体的最小微粒也具有
广延性、坚硬性、不可入性、可运动性,并且具有其固有的惯
性。这是整个哲学的基础。

牛顿的意思很清楚:广延性本身——与笛卡儿相反——被说
成是一种经验所予,持续性和不可入性也是一样,而笛卡儿并没有
把它们包括在物体的"本质"属性当中。不仅如此,原子论——再
次与笛卡儿(也与莱布尼茨)相反——被说成要对实验哲学负责,
它是一切哲学的最终基础。

但这还不是全部。这条评注的结尾告诉我们,由于我们经
验到的地球上的所有物体都被吸向地球,月球被吸向地球,海洋
被吸向月球,所有行星都互相吸引,彗星也被吸向太阳,因此我
们必须认为所有物体都是相互吸引的,因此承认重力是它们的
普遍属性。

这是一条无法预知的断言,它可以被理解成——的确曾被这
样理解过!——重力是物体的本质属性之一,但牛顿本人从未这

样说过。[①] 的确，他这样总结了规则 III 的讨论：

> Attamen gravitatem corporibus essentialem minime af-
> firmo. Per vim insitam intelligo solam vim inertiae. Haec im-
> mutabilis est. Gravitas recedendo a Terra diminuitur. [②]

　　我不是要断言重力对物体来说是本质的；所谓物体的固
有之力(*vis insita*)，我的意思只是指它们的惯性。惯性是不
变的，而物体的重力则随着它到地球距离的增加而减小。

　　规则Ⅲ的经验性的断言——很容易想见——并不会使大陆哲
学家们信服，恰恰相反，他们对牛顿"自然哲学"的反对却因此而加
强了。于是在 E₃ 中，牛顿的口气开始转向命令，他在规则Ⅳ中表
述了经验论的行为规则，或者说是审慎和良知的规则：

> In philosophia experimentali, propositiones ex phenomenis
> per inductionem collectae, non obstantibus contraries hypothesi-
> bus, pro veris aut accurate, aut quam proxime, haberi debent,
> donec alia occurrerint phenomena, per quae aut accuratiores red-

---

　　① 1717 年，为了防止对他的观点产生误解，牛顿在《光学》英文第二版的序言中
写道："为了表明我没有把重力当作物质的一种本质属性，我补充了一个关于它的成因
的疑问。之所以将它以疑问的方式提出，是因为实验的缺乏使我对它不甚满意。"
　　② 事实上，惯性是物体质量的函数；而重力则相反，它是引力的函数，其大小随着
距离的变化而变化。

dantur,aut exceptionibus obnoxiae. Hoc fieri debet ne argumentum inductionis tollatur per hypotheses.

在实验哲学中，我们必须把那些从各种现象中运用一般归纳而得出的命题看成是完全正确，或是近乎正确的；虽然我们可以设想一些假说与之相反，但在没有别的现象能使之更加正确或出现例外以前，我们仍然应当遵守这条规则，以免用假说来逃避通过归纳而得到的论证。

·换句话说，在实验哲学中我们必须坚持事实，并且如果没有其他事实违反或禁止它们的话，我们就必须基于事实，坚持那些通过事实而恰当建立起来的理论，如果事实与"哲学的"和抽象的"假说"相违背，后者就将不妙。正如牛顿所总结的：

Hoc fieri debet ne argumentum inductionis tollatur per hypotheses.

269

我们必须这样做，以免用假说来逃避通过归纳而得到的论证。

在这里，牛顿的手稿又一次使我们能够一步步地跟上表述规则 Ⅳ 时的煞费苦心。我们发现，就像规则 Ⅱ 的情况，每一次对这条规则的修订都使它变得愈发强硬和紧凑。牛顿以一段相当长的辩论性文字开篇：

In Philosophia experimentali contra Propositiones ex Phaenomenis per Inductionem collectas① non sunt② disputandum ab Hypothesibus. Nam si argumenta ab Hypothesibus contra Inductiones③ admitterentur, argumenta Inductionum④ in quibus tota Philosophia experimentalis fundatur per Hypotheses contraries semper everti possent. ⑤ Si Propositio aliqua per Inductionem collecta nondum sit satis accurate corrigi debet, ⑥ non per hypotheses, sed per phaenomena naturae fusius et accuratius observata. ⑦

在实验哲学中,从各种现象中运用一般归纳而得出的命

---

① 牛顿最初写的是 *collecta*。

② 在写了 *est* 之后,牛顿又在它的上面写下了 *sunt*(可能是当他把 *collecta* 改成 *collectas* 时),而没有把 *est* 划掉。

③ 牛顿最初写的是 *ab Hypothesibus admitterentur*;然后他又用一个脱字号把 *contra Inductiones* 加到了 *Hypothesibus* 与 *admitterentur* 之间。

④ 牛顿似乎最初写的是 *argumenta ab Inductione*;然后又把 *ab* 改成了 *ad*;接着又删去 *ad*,换掉 *Inductione* 中的 *e*,最后就成了 *argumenta Inductionum*。

⑤ 牛顿最初写的是 *in quibus tota Philosophia experimentalis fundatur nihil valerent，sed per Hypotheses contraries semper everti possent*。后来他把 *valerent* 后面的逗号改成了句号,又把 *sed* 划掉,用一个 *per Hypotheses* 前面的脱字号把它换成了 *Nam*。于是这个短语就成了 *:in quibus tota Philosophia experimentalis fundatur nihil valerent. Nam per Hypotheses contraries semper everti possent*。最后,他又把 *nil valerent. Nam* 划掉,就成了这里印出来的样子。

⑥ 牛顿在这里最初写的是 *:Si Propositiones per Inductionem collectae nondum sint satis accuratae，corrigi debent*。后来他把 *Propositiones* 改成了 *Propositio*,用一个脱字号把 *aliqua* 加到它的后面,然后又加了几个字母,把它变成了现在的样子(也就是把它从复数改成了单数),这可能是因为他对一个想法有所犹豫,即他的命题的复数形式可能不十分准确!

⑦ 最初是 *observanda*;后来改成了 *observata*。

题是不容争辩的;因为如果从假说而来的论证可以用来对抗
归纳,那么所有实验哲学所基于的归纳论证将总是可以被相
反的假说所抛弃。如果某个通过归纳得来的命题并不十分精
确,那么它绝不能通过假说,而只能通过更加准确和充分地观
察所得到的现象来修正它。

当牛顿重读这一段的时候,他无疑发现辩论式的口气在一条
规则中是不适当的,再说,他也用不着老去重复自己已经在规则Ⅲ
中说过的话。于是他又重新写道:

> In Philosophia experimentali① Hypotheses② contra ar-
> gumentum Inductionis non sunt audiendae sed Propositiones
> ex Phaenomenis per Inductionem collectae pro veris aut ac-
> curate aut quam proxime haberi debent③ donec alia occurre-
> rint Phaenomena per quae aut accuratiores reddantur,aut ex-
> ceptionibus obnoxiae. Hoc fieri debet ne argumentum Induc-
> tionis per Hypotheses tollatur.

270

---

　　①　牛顿最初写的是 *naturali*,后来他把它划掉,换成了 *experimentali*。

　　②　*Hypotheses* 这个词最初在 *Inductiones* 后面,但后来被划掉并被置于现在的位置上。

　　③　牛顿最初写的是:*In Philosophia experimentali*,*Propositiones ex Phaenomenis per Inductionem collectae pro veris aut accurate aut quam proxime haberi debent*,后用一个脱字号在 *collectae* 后面加了一些词,把它变成了 *In Philosophia experimentali*,*Propositiones ex Phaenomenis per Inductionem collectae non sunt per hypotheses corrigendae*,*sed hypotheses*,*sed pro veris*... 接着,他把刚刚加入的词划掉,再用脱字号在 *experimentali* 后加了其他一些词,就把句子变成了现在的样子。

在实验哲学中,为反对归纳论证[而提出的]假说是听不到[即不予考虑]的,而且如果没有其他现象或使之更加正确,或与之相矛盾,那么从现象中所得到的命题就应当被认为是正确或者近乎正确的。我们必须这样做,以使归纳论证不会为假说所毁坏。

就这样,我们发现这段文字成形了。它的措辞不大平衡,因为不让听到(考虑)假说是不适当的。于是牛顿就又把它划掉,代之以一种禁止性规定,即用假说来修正不完美的经验结果:

In Philosophia Experimentali① Propositiones ex Phaenomenis per Inductionem collectae pro veris aut accurate aut quam proxime haberi debent donec alia occurrerint Phaenomena per quae aut accuratius reddantur aut exceptionibus obnoxiae. Quae nondum sunt satis accuratae, hae per hypotheses emendari non debent sed ad incudem revocari per phaenomena naturae fusius et accuratius observandia. ② Argumenta ex Hypothesibus contra argumentum Inductionis desumenda non sunt. ③

---

① 牛顿最初写这个句子时是以 *Propositiones* 这个词开头,后用一个脱字符加入 *In Philosophia experimentali*。

② *Quae...observanda* 这些词在手稿中被划去了。

③ 牛顿最初写的是 *Hypotheses contra argumentum Inductiones nil valent*,后来把它改成了现在的样子。

在实验哲学中,在没有别的现象能使之更加正确或出现例外以前,我们必须把那些从各种现象中运用一般归纳而得出的命题看成是完全正确,或是近乎正确的;如果某个通过归纳得来的命题并不十分精确,那么它绝不能通过假说,而只能通过更加准确和充分地观察所得到的现象来完善。用假说来反对归纳论证是绝对不可取的。

通过假说来修正实验结果⋯⋯这可能是暗指笛卡儿和莱布尼茨的守恒定律,但牛顿无疑觉得这里还不是提它们的时候。而且,也不能不分青红皂白地把推理规则与关于实验技术的指令混淆起来。于是他把它们都划掉,再次采用了他已经抛弃的说法:

In Philosophia Experimentali, Propositiones ex Phaenomenis per Inductionem collectae,[1] non obstantibus Hypothesibus,[2] pro veris aut accurate quam proxime haberi debent, donec alia occurrerint Phaenomena per quae aut accuratiors reddantur aut exceptionibus obnoxiae. Hoc fieri debet ne argumentum Inductionis tollatur per Hypotheses.[3]

---

① 牛顿最初写的是 *In Philosophia experimentali*,[*Hypotheses contra argumentum Inductionis non sunt audiendae*, *sed*]*Propostiones ex Phaenomenis per Inductionem collectae*。后来他把它们划去,就变成了现在的样子。

② 牛顿最初写的是 *Hypothesibus*, *contraijs*, *pro veris*⋯,但他后来划去了 *contraijs*。出版时出现的是 *Contrariis* 一词。

③ 牛顿最初把 *per Hypotheses* 置于 *Inductionis* 之前,但后来把它放到了句末。这段话已经被翻译了,见前,(边码)第 268 页。

　　在实验哲学中,我们必须把那些从各种现象中运用一般
归纳而得出的命题看成是完全正确,或是近乎正确的;虽然我
们可以设想一些假说与之相反,但在没有别的现象能使之更
加正确或出现例外以前,我们仍然应当遵守这条规则,以免用
假说来逃避通过归纳所得到的论证。

　　除了附加的一个词 *contrariis*(反对的),这就是牛顿所发表的
文字。

　　E₃ 中只有四条规则。然而手稿却向我们显示,变得越来越反笛
卡儿的牛顿[①]曾经提出过第五条规则,在这条规则中,他用洛克的经
验论来反对法国哲学家的天赋观念。其实在他看来,笛卡儿越来越
成为其大陆对手的主要灵感来源,他们把自己的理论基于"假说",
不仅仅是要反驳他所提出的实验哲学,而且也指责他不过是一个普
通的哗众取宠者,想通过万有引力的学说把超距作用(不可思议的作
用)重新引入科学,而这一点已经彻底地被笛卡儿的机械论否定了。[②]

────────────

　　① 牛顿的反笛卡儿主义的来源是多方面的,而且不尽相同;我们确实可以说笛卡
儿主义在所有方面都遭到反对:在物理学中,经验论对立于先验论;在宗教中,作为工匠
的上帝(*Deus artifex*)对立于流血的上帝(*Dieu saignant*)。的确,对牛顿和牛顿主义者来
说——科茨给《原理》第二版所作的序言非常清楚地表达了他们的意见——笛卡儿(和莱
布尼茨)的上帝是不在场的,他并不介入对自然的机械操纵。由于运动(或活力)的守恒
定律,这种机械论是自足的。他们还指责笛卡儿(如摩尔所做的)把上帝从世界中驱逐了
出去。参见我的 *From the Closed World to the Infinite Universe*(Baltimore:Johns Hopkins
Press,1957)。

　　② 在牛顿的手稿中,有很长一段文字对笛卡儿的宇宙论(对虚空的拒斥)、以及他
对精神与物质的截然划分提出了批评。这份手稿(MS 4003)被发表在 A. R. Hall and
M. B. Hall,*Unpublished Scientific Papers of Isaac Newton*(Cambridge,England:
Cambridge University Press,1962)pp. 89—156,我在第三篇"牛顿与笛卡儿"中对它进
行了研究。

Reg. Ⅴ：Pro hypothesibus habenda sunt quaecunque ex rebus ipsis vel per sensus externos，vel per sensationem cogitationum① internarum non derivantur. Sentio utique quod Ego cogitem，id quod fieri nequiret nisi simul sentirem quod ego sim. Sed non sentio quod Idea aliqua sit innata. Et pro Phaenomenis habeo non solum quae per sensus quinque externos nobis innotescunt，sed etiam quae in mentibus nostris② intuemur cogitando：Ut quod，Ego sum，ego credo，doleo，etc. ③ Et quae ex phaenomenis nec demonstrando nec per argumentum inductionis consequuntur，pro Hypothesibus habeo.

规则Ⅴ：凡不是从事物本身获得的结论，无论它是通过外在的感觉而得到，还是通过内部思想的知觉而得到，都只能被当作假说。因此如果我没有同时感觉到我存在的话，我就不可能感觉到我在思想。但我并不认为会有什么先天的观念存在。而且我不仅把我们通过五种外在的感觉而得知的东西当作现象，我也把思考时心灵中所沉思的东西当作现象：比如我存在、我相信、我理解、我记得、我想、我希望、我不愿、我渴、我

① 牛顿最初写的是 *mentis*，后又把它划掉，换成 *cogitationum*。
② 牛顿最初在 *nostris* 后面写的是 *reflectendo*，后又把它划掉了。
③ 牛顿最初写的是 *Ut quod*，*Ego sum*，*Ego credo*，*Ego doleo*，*ego gandeo*，*ego recordor*，*ego cogito*，*Ego volo*，*nolo*，*cogito*，*intelligo*，*sitio*，*esuri...* 后又划掉一些词，改换了一下顺序，就得到了目前的样子。

饿、我欢乐、我痛苦等等。对于那些既不能由现象证实,也不能通过归纳从中推出的东西,我把它们当成假说。

牛顿似乎并没有继续把反笛卡儿的争论带入纯哲学的领域,他甚至没有把我刚才所引用的话重抄一遍。难道他认为在洛克没有成功的地方,他自己也不大可能成功吗?抑或是害怕激怒自己的对手,从而引发一场类似于新近与莱布尼茨所进行的旷日持久的不愉快的争吵吗?不过不管是出于什么原因,他反正是放弃了这种做法。规则V至今还长眠于他的论文中,这条规则极为有趣,因为它给我们提供了一份关于牛顿的纯粹哲学信念的自白。事实上,它是唯一一条曾为《自然哲学的数学原理》的作者本人所认可的假说。

第七篇　引力、牛顿与科茨

　　在一封广为人知的信中(1712/1713 年 2 月 18 日)，罗吉尔·科茨提请牛顿注意莱布尼茨发表于 1712 年 5 月号的《文学纪事》(*Memoirs of Literature*)的文章对他的攻击，并且建议他不要对此置之不理。[①] 科茨还在信中提出了一个对牛顿的引力理论的反驳，或至少就提出的方式来说是如此。科茨当然知道牛顿已经无数次地宣称，"引力"一词在他那里是纯中性的，与其他术语不作区分，可以被理解为压力或无论其他什么，只是不能理解成它字面上的意思。即便如此，科茨发现牛顿的引力暗含了把"引力"赋予物体，牛顿是暗中把它当成了"假说"或者"假定"。

　　在这封信中，科茨交给牛顿一份他受托写的《原理》序言草稿以求获准。他觉得"除了谈论这本书及其改进之处以外，如果再加上一些东西，特别是它所使用的区别于笛卡儿等人的哲学思考方式，那将是合适的"，也就是说，从自然现象证明它所基于的定律(万有引力定律)，而不是仅仅对它进行断言。这种证明将基于(a)第一运动定律(惯性定律)，这条定律说，运动的物体如果不受力的

---

　　① 参见 J. Edleston, *Correspondence of Sir Isaac Newton and Professor Cotes* (London, 1850), p. 153。

作用,将沿一条直线运动;(b)天文学事实,即行星并非如此运动,而是沿着曲线路径。因此,它们受到了力的作用,这种力"相对于旋转着的物体被称为向心力,相对于中心物体被称为引力,这并不是不合适的"。然而,科茨又接着说,

在[第三编]命题 5 的第一个推论中,我碰到了一个困难,它存在于这些词句中[Et cum attractio omnis mutual sit,因为引力都是相互的]。如果引力是名副其实的,那么我承认这些词句就是对的,不然可能就错的。① 用一个例子您就可以理解我的意思了。假定桌子上有两个球 A 和 B,彼此相隔一定距离。当 A 保持静止的时候,B 通过一种不可见的力量向A 运动;一个观察此运动,而对运动不直接构成原因的旁观者会说,球 B 的确趋向于球 A 的中心。因此,他也许会把这种不可见的力量称为 B 的向心力和 A 的引力,因为这种效应就好像与 A 真的施加了一个合适而真实的引力一样。但我觉得他不能仅凭这条公理[Attractio omnis mutual est,引力都是相互的],就违背他的感觉和观察得出结论说,球 A 也朝着球 B 运动,而且将在它们二者的重心相遇。这就是我在推理

---

① 《原理》第三编的命题 5(p.410)是这样说的:"木星的卫星被吸向木星;土星的卫星被吸向土星;各行星被吸向太阳;这些重力使它们偏离直线运动而停留在曲线轨道上。"这个命题本身解释说"那些旋转所依赖的力的减小……与物体远离地球时重力的减小比例相同,并且遵循同样的规律"。推论 1 说:"因此,有一种重力作用指向所有行星和卫星,因为毫无疑问,金星、水星以及其他星球与木星和土星都是同一类星体。而由于所有吸引(由定律 III)都是相互的,因此木星也为它所有的卫星所吸引,土星为它所有的卫星所吸引,地球为月球所吸引,太阳也为它所有的行星所吸引。"

过程中所碰到的障碍，我本来是想通过这种推理，以一种通俗的方式弄明白您在第三编命题 7 中所要表达的意思的。我将乐于见到您对这个困难的解答，如果我把它当成困难的话。如果它对您也是一样，那么我认为应该在书还没有付印之前做出修改，或是刊登一个勘误表附录。在此困难被澄清之前，我将不会试图回答任何关于您"杜撰假说"（*Hypothesim fingere*）的说法，我认为您似乎暗地里做了这个假定，即引力处于中心物体之中。①

科茨的反驳被埃德尔斯顿称为"智者千虑必有一失的例子"。②即使真是这样——其实并非如此——依我之见，它也将是一个很好的例子，说明牛顿的观念是如何能够容易和自然地遭到同时代人的曲解和误解。因此在我看来，值得对此做进一步的研究。

牛顿对科茨的"困难"的反应十分有趣。他先是教给科茨"假说"一词的含义，然后又告诉他万有引力并不是一种"假说"，而是通过归纳而建立起来的真理。物体相互之间存在着相等的引力，就是第三条基本的运动定律或公理，即作用力与反作用力相等的一种情形，这条定律已经在《原理》中得到了说明。

先生，

　　我收到您 2 月 18 日的来信，其中提到"因为引力都是相

①　*Correspondence*,pp. 152 sq..

②　*Correspondence*,p. 152 注释："科茨这里所提出的困难，提供了智者千虑必有一失的例子。"

互的"(Et cum Attractio omnis mutual sit)这句话所引起的困难。我认为这个困难可以这样来解决,那就是像在几何学中一样,"假说"一词并不含有这样广泛的意义,足以把公理和公设都包括在内;所以在实验哲学中,它也并不含有这样广泛的意义,足以把那些被我称为运动定律的基本原理或公理都包括在内。这些原理从现象中推出,通过归纳而成为一般,这是在这种实验哲学中一个命题最具说服力的证明。我这里所使用的"假说"一词,仅仅是指这样一种命题,它既不是一个现象,也不是从任何现象中推论出来,而是一种——没有任何实验证明的——臆断或者猜测。物体间相互而且相等的吸引是第三条运动定律的一支,至于这个分支是怎样从现象中推演出来的,您参阅第22页运动定律推论的最后部分就可明白。如果一个物体吸引另一个它附近的物体,而并不为这另一物体所吸引,那么被吸引的物体就会驱使吸引它的物体在它的前面运动,就好像它们遵从一种自我运动的原理,一起加速而无限制地运动下去一样,但这是违反第一运动定律的,而且在整个自然界中也不存在这种现象。①

作用力和反作用力相等的定律——所谓的第三定律——在《原理》中表述如下:

　　　定律 III:每一个作用总是有一个相等的反作用和它对

---

① *Correspondence*,pp. 154 sq..

抗；或者说，两物体彼此之间的相互作用永远相等，并且各自指向对方。

　　任何东西拉引或推压另一个东西时，同样也要被那个东西所拉引或推压。如果你用手指推压一块石头，那么手指也要被石头所推压。如果有一匹马拉引一块系于绳上的石头，那么这匹马（如果我可以这样说）将被相等的力向后拉向石头；因为这条拉紧的绳同样有使自己松弛或伸直的倾向，它将以同样的程度把马拉向石头和把石头拉向马，并且它阻止其中一个的前进和推动另一个的前进在程度上也是一样的。如果一个物体撞在另一个物体上，并且由于它的力的作用而改变后者的运动，那么这个物体的运动也将（由于相互推压的相等）发生一个大小相等而指向相反方向的变化。这些作用所引起的那些相等的变化，不是物体速度的变化相等，而是物体运动的变化相等；这就是说，如果这些物体不为任何其他障碍物所阻。这是因为由于运动的变化相等，那些指向相反方向的速度的变化便和物体的质量成反比。①

276

----

　　① *Mathematical Principles of Natural Philosophy*, Motte-Cajori translation (Berkeley：University of California Press，1946)，pp. 13 sq.．拉丁文第一版的这段话如下（p. 13）：

　　"LEX III

　　"Actioni contrariam semper & aequalem esse reactionem：sive corporum duorum actions in se mutuo semper esse aequales & in partes contraries dirige.

　　"Quicquid permit vel trahit alterum，tantundem ab eo premitur vel trahitur. Si quis lapidem digito permit，premitur & hujus digitus a lapide. Si equus lapidem funi alligatum

在公理或定律的"附释"中,牛顿说道:

　　关于吸引的问题,我将简短地把这事证明如下。假定在相互吸引的任何两物体 A,B 之间放进一个障碍物,阻止它们彼此相遇;那么当两物体中的一个,例如 A,受到另一物体 B 的吸引大于另一物体 B 受到物体 A 的吸引时,其结果将是,中间的障碍物受到来自物体 A 的压力将比来自物体 B 的压力要大,因此就不能保持平衡;而较强的压力将占优势,并将使这两个物体连同障碍物这个系统直接朝着 B 所在的方向运动,并且在自由空间中将以不断加速的运动趋向于无穷远处。但这是荒谬的,也是违背第一定律的。因为根据第一定律,这个系统应当继续[保持]其静止或者沿一直线均匀向前运动的状态;因此这两个物体必须以相等的力压障碍物,而且它们的相互吸引也必须相等。我曾用磁体和铁做过这种实验。如果将它们分别放在适当的容器中,并让它们互相靠近而浮在静止的水面上,那么它们就谁也不会推动谁;由于受到

(接上页)trahit,retrahetur etiam & equus(ut ita dicam)aequaliter in lapidem;nam funis utrinque distentus eodem relaxandi se conatu urgebit equum versus lapidem,ac lapidem versus equum,tantumque impediet progressum unius quantum promovet progressum alterius. Si corpus aliquod in corpus alium impingens,motum ejus vi sua quomodocunque mutaverit,idem quoque vicissim in motu proprio eandem mutationem in partem contrariam vi alterius(ob aequalitatem pressionis mutuae)subibit. His actionibus aequales fiunt mutations,non velocitatum,sed motuum;scilicet in corporibus non aliunde impeditis. Mutationes enim velocitatum,in contraries itidem partes factae,quia motus aequaliter mutantur,sunt corporibus reciproce proportionales."

的吸引相等，它们中的每一个都能抵住对方的压力，最后就在平衡中保持静止。①

于是，牛顿对科茨的回答仅仅是说(a)科茨误解了他，(b)建议他重新阅读或研究《原理》中的相关部分。

事实上，牛顿并没有仅止于此，他给《原理》的有关章节添加了一些内容(非常奇怪，在他与科茨的通信中没有任何地方提到这一点)：在第三定律后面他做了如下补充："这条定律，正如在下面一个注释中将加以证明的那样，对吸引作用也同样适用"，在我所引述的"附释"的那段话后面，他又加上了下面这段话，其中他说不仅是磁体和铁，而且地球及其各个部分之间的相互吸引也完全服从第三定律：

---

① *Mathematical Principles of Natural Philosophy*, Motte-Cajori translation (Berkeley: University of California Press, 1946), p. 25；拉丁文第一版，p. 23："In Attractionibus rem sic breviter ostendo. Corporibus duobus quibusvis A. B. se mutuo trahentibus, concipe obstaculum quodvis interponi quo congressus eorum impediatur. Si corpus alterutrum A magis trahitur versus corpus alterum B, quam illud alterum B in primum A, obstaculum magis urgebitur pressione corporis A quam pressione corporis B; proindeque non manebit in aequilibrio. Praevalebit pressio fortior, facietque ut systema corporum duorum & obstaculi moveatur in directum in partes versus B, motuque in spatiis liberis semper accelerato abeat in infinitum. Quod est absurdum & Legi primae contrarium. Nam per Legem primam debebit systema perseverare in statu suo quiescendi vel movendi uniformiter in directum, proindeque corpora aequaliter urgebunt obstaculum, & idcirco aequliter trahentur in invicem. Tentavi hoc in Magnete & Ferro. Si haec in vasculis propriis sese contingentibus seorsim posita, in aqua stagnante juxta fluitent; neutrum propellet alterum, sed aequalitate attractionis utrinque sustinebunt conatus in se mutuos, ac tandem in aequilibrio constituta quiescent."

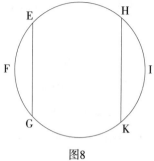

图8

地球及其各个部分之间的重力也是相互的。设地球 FI
［图 8］被任一平面 EG 切成 EGF 和 EGI 两个部分,那么其中
一部分对另一部分的重量将彼此相等。因为如果用另一平行
于 EG 面的平面 HK 把较大的部分 EGI 再切成 EGKH 和
HKI 两部分,使 HKI 等于第一次切出的 EFG 部分,那么显
然,中间部分 EGKH 凭着它自己的重量将不会倾向任何一
边,而将像它已经如此的那样,悬在两外侧部分之间,并在平
衡中保持静止。但一个外侧部分 HKI 将以其全部重量载于
中间部分之上,并把它压向另一外侧 EGF;因此,HKI 和
EGKH 两部分之和 EGI,压向第三部分 EGF 的力,等于 HKI
部分的重量。因此,EGI 和 EGF 两部分彼此相向的重量,正
如我所要证明的那样是相等的。而如果这两部分的重量实际
并不相等,那么浮在无阻力的以太中的整个地球,将屈服于较
大的重量而从以太中后退,一直跑到无穷远去。①

278

---

① Motte-Cajori, p. 26;addition of the second edition(Cambridge,1713),p. 22;

他还略微改换了一下命题 5① 的措辞,并且为它补充了一条推论,其中吸引的相互性再次被强调(推论 3):

(接上页) "Sic etiam gravitas inter Terram & ejus partes, mutual est. Secetur Terra F I plano quovis E G in partes duas E G F & E G I; & aequalia erunt harum pondera in se mutuo. Nam si plano allo H K quod priori E G parallelum sit, pars major E G I secetur in partes duas E G K H & H K I, quarum H K I aequalis sit parti prius abscissae E F G; manifestum est quod pars media E G K H pondere proprio in neutram partium extremarum propendebit, sed inter utramque in aequilibrio, ut ita decam, suspendetur, & quiescent. Pars autem extrema H K I toto suo pondere incumbet in partem mediam, & urgebit illam in partem alteram extremam E F G; ideoque vis qua partium H K I & E G K H summa E G I tendit versus partem tertiam E G F, aequalis est ponderi parties H K I, id est ponderi parties teriae E G F. Et propterea pondera partium duarum E G I, E G F in se mutuo sunt aequalia, uti volui ostendere. Et nisi pondera illa aequalia essent, Terra tota in libero aethere fluitans ponderi majori cederet, & ab eo fugiendo abiret in infinitum. "

① 第二版,第三编的命题 5(p. 365)是这样的:

"Propositio V, Theorema V

"*Planetas circumjoviales gravitare in Jovem, Circumsaturnios in Saturnum, et Circumsolares in Solem, & vi gravitates suae retrahi semper a motibus rectilineis, & in Orbibus curvilineis retineri.*

"Nam revolutes Planetarum Circumjovialium circa Jovem, Circumsaturniorum circa Saturnum, & Mercurii ac Veneris reliquorumque Circumsolarium circa Solem sunt Phaenomena ejusdem generis cum revolutione Lunae circa Terram; & propterea per Reg. 11 a causis ejusdem generis dependent: praesertim cum demonstratum sit quod vires, a quibus revolutes illae dependent, respiciant centra Jovis, Saturni ac Solis, & recedendo a Jove, Saturno & Sole decrescant eadem ratione ac lege, qua vis gravitates decrescit in recessu a Terra.

"*Corol. 1.* Gravitas igitur datur in Planetas universos. Nam Venerem, Mercurium, caeterosque esse corpora ejusdem generis cum Jove & Saturno, nemo dubitat. Et cum attractio omnis (per motus Legem Tertiam) mutual sit, Jupiter in Satellites suo omnes, Saturnus in suos, Terraque in Lunam, et Sol in Planetas omnes primaries gravitabit.

"*Corol. 2.* Gravitatem, quae Planetam unumquemque respicit, esse reciproce ut quadratum distantiae locorum ab ipsius centro.

"*Corol. 3.* Graves sunt Planetae omnes in se mutuo per Corol. 1 et 2. Et hinc Jupiter &

　　由推论 I 和 II,所有的行星相互之间也存在着吸引。因此,当木星和土星接近其交会点时,它们之间的相互作用会明显地干扰对方的运动。所以太阳干扰月球的运动;太阳与月球都干扰海洋的运动,这将在以后解释。①

　　科茨没有对牛顿的劝诫做出回复。他被说服了吗? 他意识到自己是错误的以及自己所犯的大错了吗? 至少在相当程度上,我并不以为如此:我认为他开始确信自己是正确的了,不过也犯了一个大错。的确,科茨的推理绝对是正确的(尽管埃德尔斯顿等人不同意),他正确地指出,只有当物体相互作用——在我们的例子中是只有它们真正相互吸引——时,作用力与反作用力相等的定律才适用。②他还正确地说,牛顿的整个推理是基于如下预设:当然,如果一个物体"拉"或"拖"(拉丁文是 *trahit*)另一个物体,它也同样强烈地为它所拖拉。③但如果一个物体仅仅是被推向另一个呢?

(接上页)Saturnus prope conjunctionem se invicem attrahendo, sensibiliter perturbant motus mutuos, Sol perturbat motus Lunares, Sol & Luna perturbant Mare nostrum, ut in sequentibus explicabitur. "

　　①　第二版,第三编的命题 5(p. 365);Motte-Cajori, p. 410。牛顿在自己《原理》的插页中写道:"Graves sunt Planetae omnes in se mutuo per corol. 1 et 2. Omnis enim attractio mutual est per motus legem tertiam. "在出版的时候,*omnis enim* … 被划掉了。它的确仅仅是重复了推论 I 所说的意思。

　　②　第三定律在运用时有些微妙,我们必须当心别把它用出格了:动力学(在日常生活中,*action*[作用]甚至是 *attraction*[吸引]都不是单方的),而且别忘了,*stricto sensu*[严格意义上]既没有暗含接触作用,也没有暗含瞬时的超距作用。的确,在通过一种介质而作用时,它仅仅发生于与此介质相接触的部分之间,而不是发生于作用与被作用的物体之间。

　　③　即使是在这种情形中,如果物体不是被直接推动,而是比如说被一根棍子推着,或是被一根绳索拉着,那么都无法直接运用第三定律。

作用力与反作用力发生于施推物体与被推物体之间,而不是发生于被推物体与它所被推向的物体之间。它们的作用力不是"相互的"。

这才是科茨对牛顿的反驳之处。

让我们把他的推理说得更详细一些;比如让我们假设,行星之所以会偏离直线路径而被迫沿着曲线运动,这并非是由于一种把它们拉向太阳的力(就像一块系在吊索上旋转的石块,同时也被吊索往回拖)所引起的,而是由于一种外面的压力,比如笛卡儿或惠更斯涡旋的一个"旋臂"的压力,或是由于以太微粒涌向它所引起,[①]或是由于更加"粗大"和更为"稀薄"的以太微粒连续不断地运动所引起,[②]或者最后,是由于"弹性以太"的作用所引起,它的密度(因此压力也)随着到太阳距离的增加而增加(1717 年《光学》英文第二版的疑问 21):那么行星就将被推向太阳,而太阳却不会被推向行星。于是"有的人"的确可以说"行星为太阳所吸引"(正如莱布尼茨在其《论天体运动的原因》中所做的那样),但他假设这种"引力"是"相互的"却必定是错误的。正如惠更斯所说,[③]在这种——或类似的——机制下,我们可以不再需要太阳。

280

---

① 参见 Newton's "Hypothesis explaining the Properties of Light, discoursed of in my several Papers" of 1975, T. Birch, *The History of the Royal Society of London* (London, 1757), Ⅲ, 250 sq. , 重印于 Cohen, *Newton's Papers and Letters*(Cambridge, Massachusetts: Harvard University Press, 1958), pp. 180 sq. 。

② 参见 1678/1679 年 2 月 28 日致波义耳的信, Cohen, *Newton's Papers and Letters*, pp. 250 sq. ; *Correspondence*, Ⅱ, 288 sq. , 以及 1686 年 7 月 27 日致哈雷的信, *Correspondence*, Ⅱ, 446 sq. 。

③ 参见他的《论重力的成因》(*Discours sur la cause de la pesanteur*), 它是作为 *Traité de la lumiére*(Leiden, 1690), *Opera omnia*, vol. XXXI 的一个附录发表的。

牛顿告诉我们,他曾经用磁体和铁做过实验,并且证明了作用力与反作用力相等的定律在磁的吸引的情况下是有效的。由此他可以准确地得出结论说,磁体真正地"作用"于铁,或者用科茨的说法,在这种情况下有"名副其实的"引力。这确实极为重要:他从磁学领域中排除了那种单方的引力,而这一点甚至连吉尔伯特和开普勒都认为是可能的,他们说地球上的磁体吸引铁,却不被铁吸引;或者太阳吸引或排斥行星,却不会反过来被行星作用。

事实上,牛顿即使不做实验,也本可以断言这种"吸引"是相互的(和相等的):我们几乎不能假设磁体把一个铁块"拖"向自身,却不同时"趋向于"那个铁块。另一方面,让磁力服从第三定律,所排除的正是这种"趋向"的单方性。

《原理》第二版中所讨论的地球的情况就更加困难了。当然,如果地球是通过"吸引"其各个部分而保持在一起,那么这种"吸引"将不是一种单方的作用或者这些部分朝向整体的"趋向",而是一种相互的作用:地球与它的各个部分将具有朝向彼此的"重力"或"重量"。但从地球(a)的确保持在一起,以及(b)在空间中并非运行得越来越快等事实来看,我们几乎不能断定它真的是由这种引力维持在一起的。难道它不能被一种外界的作用压在一起吗?

至于行星,它们的情况显然完全不同;我们甚至不知道它们是否真的相互"吸引"——吸引,按照牛顿反复说的那样,可能真的就是压力或其他什么东西——我们只知道它们受到向心力的作用。仅仅因为所有的引力(*omnis attractio*)都是这样的并且遵从第三定律,就断言说这些力是相互的,这显然是循环论证,甚至更糟,是犯了 *petitio principii*[循环论证]的错误。

不过我们几乎难以把一个如此基本的错误归于牛顿：因此，我们不得不想办法用其他方式来解释他的推理。但这样做的唯一方式——至少对我来说是这样——就是承认（尽管有所有那些冒充实证主义和不可知论的闲话），对牛顿来说，"引力"是一种真实的力（虽然不是一种机械力，甚至可能不是一种"物理的"力），物体通过它真实地相互作用（虽然不是通过虚空，而是通过一种非物质的连接物或介质而瞬时发生作用）。这种"力"以某种方式处于这些物质之中或者与之相连，大小也依赖于或正比于它们的质量。换句话说，正如科茨所说，这种引力是"名副其实的"。

科茨所犯的唯一错误，就是认为这个概念是牛顿所提出的一个（无意识的或者默认的）"假说"，目的是使这种"引力"能够服从第三定律的要求，然而在牛顿看来——正如他所告诉科茨的，他还在《原理》第二版第三编的宇宙体系，以及同一部分的"总释"中说过——引力是一种用实验，或者更好地说，是用经验确证的事实（只不过其原因仍然不为人知），它绝非一种假说。

科茨似乎完全理解这一点：他错误地把引力当成了一种"假定"。于是他变得坚信自己的想法，即引力事实上是物体的一种属性甚至是根本属性。因此，他在其序言中这样说了。起初他甚至还更进一步，说重力（吸引的力）是物体的一种本质属性。因为这个明显的错误，[①]他受到了克拉克的指责，在此之前他曾把这篇序

---

① 显然，只要一个人仍然坚持原子论和"机械论哲学"，也就是说，只要他认为物质只是某种"能够完全地、充分地""充满"空间的东西，那么就不可能把力——无论是排斥的还是吸引的——纳入到物体的本质之中去，它已经被广延、不可入性、硬度、运动性和惯性完全决定了。或者如果愿意，唯一能被纳入的"力"也只能是（伪）惯性力。

言的草稿交给克拉克指正。[①]他回复说,他说"本质的"并非是指它的全部含义;他只是想指出,因为我们不知道物质到底是什么,所以我们可以给它赋予各种各样的属性,即我们凭经验知道的它所具有的所有那些性质:

　　　　先生:我对您纠正那篇序言深表谢意,特别感谢您对其中的一个不当之处所提的建议,在那里我称重力对物体来说是本质的。我完全同意您的看法,即这将为无端指摘提供方便,因此我一从坎农(Cannon)博士那里听说您的反对意见,就立即把这段话删掉了,所以它从未被刊出。我说那段话的意思并不是要说重力对物质是本质的,而是想说,我们对物质的本质属性是一无所知的。其实就我们的认识而言,重力是可以与我所提到的其他性质同样享有这一称誉的。因为我把本质属性理解为这样一些属性,没有它们,同一实体的其他属性就将不复存在:我不能证明,如果没有了像广延这样的属性,物体的任何其他属性就不可能存在。[②]

──────────

①　克拉克的信没有被保留下来,我们只能从科茨的回复中去猜测了。

②　参见 J. Edleston,*Correspondence of Sir Isaac Newton and Professor Cotes*,158。牛顿同意这个传统观点。于是,他在"总释"(《原理》第二版的一个增补)中写道(Motte-Cajori 译本的 p.546):"我们不知道一个物体的真正本质是什么。对于物体,我们仅仅看到它们的形状与颜色,听到它们的声音,摸到它们弯曲的表面,闻到它们的气味,以及尝到它们的味道;然而它们内部的本质却既不为我们的感官所知,也不为我们心灵的任何反映形式所知。"在这段话未发表的草稿中,他甚至走得更远;参见 A. Rupert Hall and Marie Boas Hall,*Unpublished Scientific Papers of Isaac Newton,A Selection from the Portsmouth Collection in the University Library*,*Cambridge*(Cambridge,England:Cambridge University Press,1962),pp.356 sq.:

　　于是就像切恩博士若干年前所做的那样，[①] 他改变了自己的措辞，说引力是物体的一种基本属性：在宇宙物体的第一性质中，如果引力没有位置，那么广延、可运动性和不可入性也同样不会有自己的位置。（*Inter primarias qualitates corporum universorum*

　　（接上页）"我们不认识事物的实体，也不具有关于这些实体的观念，从现象出发我们只能获取关于它们的性质，然后从性质中推断何为实体。仅从现象我们推断物体都是彼此不可入的；从现象中至少还可以表明，不同种类的实体也是彼此不可入的。从现象中我们能推断的东西，我们也不该不敢断定。

　　"基于现象，我们认识事物的性质，然后从这些性质我们推断事物本身，并且把这些东西称作实体，尽管我们关于这些实体的观念并不比关于颜色的那些含混的观念更多一些……

　　"我们具有关于属性的观念，但是关于实体到底是什么，我们却知道得很少。"

　　（"Substantias rerum non cognoscimus. Nullas habemus earum ideas. Ex phenomenis colligimus earum proprietates solas & ex proprietatibus quod sint substantiae. Corpora se mutuo non penetrare colligimus ex solis phaenomenis; substantias diversi generis se mutuo non penetrare ex phaenomenis minime constat. Et quod ex phaenominis minime colligitur temere affirmari non debet.

　　"Ex phaenomenis cognoscimus proprietates rerum & ex proprietatibus colligimus res ipsas extare easque vocamus substantias sed ideas substantiarum non magis habemus quam caecus ideas colorum ⋯

　　"Ideas habemus attributorum ejus sed quid sit rei alicujus substantia minime cognoscimus."）

　　① 　Dr. George Cheyne, *Philosophical principles of Religion: Natural and Revealed*(London, 1715—1716), p. 41："引力对物质来说不是本质的，它更像是一种原初的推力，这种力凭借神的无所不在的活动性而在物质中维持。它是神在只适用于粗大造物的低层次的一种摹本或影像，所以直到现在，它仍是物质的基本性质之一，没有它，物质就不可能是它现在所构成的样子。"切恩博士还说(p. 42)，它不能被机械地解释。也可参见 J. Rohault, *System of Natural Philosophy, illustrated with Dr. Samuel Calrke's Notes; taken mostly out of Sir Isaac's Philosophy*(London, 1723)，II，96(part II，chap. XXVIII，n. 12)："物体的重力或者重量不是运动或什么精细物质所带来的偶然效应，而是上帝最初赋予所有物质的一般定律，并且通过某种能够穿透其本体的效力使其永久保存。因此，我们不应再去探究物体为什么会吸引，而应去探究物体是怎样开始被移动的。因此，自然中确有真空存在。"

vel Gravitas habebit locum , vel Extensio ,Mobilitas et Impenetra-
bilitas non habebit.)

索　引

（按条目中文拼音顺序排列，页码指原书页码，本书边码）

人名译名对照表

（按中译名拼音顺序排列）

A

阿达玛 Hadamard
阿迪松 Addison
阿采留斯 Azellius
阿尔加罗蒂 Algarotti，Francesco
阿基米德 Archimedes
阿里斯塔克 Aristarchus of Samus
阿提库斯 Atticus
阿威罗伊 Averroes
埃德尔斯顿 Edleston，J.
爱因斯坦 Einstein，Albert
安德雷德 Andrade，E. N. da C.
安瑟尔谟 Saint Anselm

B

巴布 Babb，James T.
巴蒂斯 Pardis，Ignatius Gaston
巴利亚尼 Baliani，Giovanni-Battista
巴罗 Barrow，Issac
巴索尔斯 Bassols，Jean de
鲍尔 Ball，W. W. Rouse
贝纳尔，夏特尔的 Bernard of Chartres
本特利 Bentley，Richard
柏格森 Bergson，Henri
柏拉图 Plato
波舒哀 Bossuet，Jacques Benigne
波斯考维奇 Boscovich

波义耳 Boyle，Robert
博厄斯 Boas，Marie
博雷利 Borelli，Alphonse
博纳 Beaune，de
博内 Bonet，Théophile
博内 Bonnet，Nicolas
伯努利 Bernoulli，Daniel
伯奇 Birch，Thomas
布雷德沃丁 Bradwardine，Thomas
布里阿德 Bouillaud，Ismael
布隆代尔 Blondel，François
布隆克尔 Brouncker，Lord
布鲁诺 Bruno，Giordano
布鲁斯特 Brewster，D. W.
布儒斯特 Brewster，David

D

达莱 d'Allais，Count
达朗贝尔 D'Alembert，Jean Le Rond
道森 Dawson，William
德梅佐 Des Maiseaux
德谟克利特 Democritus
德萨居利耶 Desaguliers
邓斯·司各脱 Duns Scotus，John
笛卡儿 Descartes，René
狄德罗 Diderot，Denis
迪利耶 Dullier，Fatio de
第谷 Tycho Brahe

第欧根尼 Diogenes Laertius

F

法布里 Fabri，Honoré
法布里修斯 Fabricius，David
法拉第 Faraday，Michael
费马 Fermat，Pierre
丰特奈勒 Fontenelle，Bernard le Bovier de
弗拉姆斯蒂德 Flamsteed，John
弗雷尼科 Frénicle
弗雷泽 Fraser，A. C.

G

哥白尼 Copernicus，Nicolaus
格哈特 Gerhardt，C. J.
格雷戈里 Gregory，David
格雷戈里 Gregory，James
格里马尔迪 Grimaldi，Francesco Maria
格鲁 Grew

H

哈雷 Halley，Edmund
哈尔措克 Hartsoeker，N.
亥姆霍兹 Helmholtz，H. von
海维留斯 Hevelius，Johann
赫尔曼 Hermann，Jacob
赫拉弗桑德 s'Gravesande，W. J.
黑尔斯 Hales，Stephen
亨肖 Henshaw
怀特海 Whitehead，Alfred North
惠更斯 Huygens，Christian
霍庇 Hoppe，Edmund
霍布利特 Horblit，Mark M.
霍布斯 Hobbes，Thomas
霍尔 Hall，A. Rupert
霍尔 Hall，Marie Boas
霍尔科特 Holkot，Robert
豪克斯比 Hauksbee，Francis
霍斯金 Hoskin，John
霍斯利 Horsley，Samuel
胡克 Hooke，Robert

怀特赛德 Whiteside，Derek Thomas
惠斯顿 Whiston，W.

J

伽利略 Galileo Galilei
伽桑狄 Gassendi，Petri
吉尔伯特 Gilbert，William
吉利斯皮 Gillispie，Charles C.

K

卡尔卡维 Carcavy，Pietro
卡兰德林 Calandrin，J. L.
卡约里 Cajori，Florian
卡瓦列里 Cavalieri，Bonaventura
卡西尼 Cassini，Giovanni Domenico
开普勒 Kepler，Johannes
凯恩斯 Keynes，J. M.
凯尔 Keill，John K.
凯瑟琳 Catherine，Viscountess L.
坎农 Cannon
康德 Kant，Immanuel
科茨 Cotes，Roger
科恩 Cohen，I. B.
科克 Cock
科里奥利 Coriolis，Gaspard Gustave
柯林斯 Collins，Anthony
科斯特 Coste，Pierre
柯瓦雷 Koyr，Alexandre
克拉克 Clarke，Samuel
克莱尔 Clerc，J. Le
克勒瑟利耶 Clerselier
克莱罗 Clairaut，Alexis Claude
克里斯蒂娜 Christina
孔德 Comte，Auguste
孔蒂 Conti，Abbé
孔多塞 Condorcet，Antoine Nicolas de
孔杜伊特 Conduitt，Catherine
库萨的尼古拉 Nicolaus of Cusa

L

拉格朗日 Lagrange，Joseph

圣托马斯 Saint Thomas

W

瓦里尼翁 Varignon，Pierre
威尔金斯 Wilkins
沃德 Ward，Seth
沃勒 Waller，Erik
沃利斯 Wallis，John

X

夏特莱侯爵夫人 Châtelet，Mme. Du

夏特尔的贝纳尔 Bernard of Chartres

Y

亚当斯 Adams，John Couch
亚里士多德 Aristotle
伊壁鸠鲁 Epicurus

柯瓦雷的生平与著作[①]

C. C. 吉利斯皮

刘胜利　译

张卜天　校

亚历山大·柯瓦雷（Alexandre Koyré）于 1892 年 8 月 29 日生于俄罗斯的塔甘罗格（Taganrog），1964 年 4 月 28 日逝于法国巴黎，研究领域涉及科学史、哲学史和观念史。

柯瓦雷的工作包括三个方面：首先，他影响了整整一代科学史家的成长，尤其是美国科学史家；其次，在法国，他主要活跃在哲学圈内，他不仅最早推动了 20 世纪 30 年代黑格尔研究的复兴，而且还出版了关于其他纯粹哲学家的重要研究著作，其中最著名的是关于斯宾诺莎的研究[6][②]；最后，他关于俄罗斯思想和哲学倾向的论述是对其祖国思想史的重要贡献[4,11]。柯瓦雷的所有著作

① 本文译自吉利斯皮主编的《科学家传记辞典》，原文为吉利斯皮亲自撰写，可参见：Charles C. Gillispie（Editor in chief），*Dictionary of Scientific Biography*，New York：Charles Scribner's sons，vol. 7，pp. 482—490。北京大学哲学系孙永平老师帮助校定了文后的"柯瓦雷著作目录索引"，特此致谢。

② 方括号中所列序号为本文后附的"柯瓦雷著作目录索引"的序号，下同。——译者注

都洋溢着一股强烈的哲学观念论气息，即使在涉及宗教问题时也不例外。这种观念论来源于"哲学推理的对象是实在"这个假定。在他研究雅各布·波墨（Jacob Boehme）的著作的序言中，柯瓦雷写下了一段评论，这段评论也许同样适用于他自己的所有著作："我们认为……伟大哲学家的思想体系是无法穷尽的，它就像这个体系所要表达的实在本身一样无法穷尽，就像支配这个体系的最高直觉一样无法穷尽。"①

柯瓦雷一直是一位柏拉图主义者。事实上，正是他那篇优美的文章《发现柏拉图》（*Discovering Plato*）[9]最好地介绍了他的全部著作所共有的观点和价值。这篇文章最初是 1940 年法国战败后柯瓦雷在贝鲁特（Beirut）发表的讲演的讲稿，1945 年它以法语和英语两种版本在纽约出版。不管欧洲文明在当时如何显示出类似希腊化时期的瓦解和衰退，柯瓦雷从未对它感到绝望。他在内心一直秉持的信念是：精神迟早总会获胜。他那思辨式的口吻亦庄亦谐，展现了纯正的柏拉图风格，消除了读者对说教式言辞的抗拒，并向读者揭示了哲学对于个人以及个人对于政治的内涵。正是这些主题为柏拉图的对话赋予了戏剧性的张力。

在上述文章中，柯瓦雷几乎很少提到科学发展过程中的柏拉图主义。但正是这篇文章所揭示的理智与性格、个人卓越与公民责任之间的关系解释了他对于柏拉图的影响所产生的共鸣。他在近代科学的创始者们（尤其是伽利略）的各种动机中发现了这种影

---

① *La philosophie de Jacob Boehme*，p. viii.

响(在其他作品中他也许有些夸大了这种影响)。

柯瓦雷在第弗利斯(Tiflis)①开始其中学教育,16 岁时在顿河畔罗斯托夫(Rostov-on-Don)上完中学。他的父亲弗拉基米尔(Vladimir)既是从事殖民地产品贸易的一名富裕进口商,也是巴库油田(Baku oil fields)的一名成功投资者。胡塞尔是柯瓦雷中学时代的偶像,于是他于 1908 年前往哥廷根求学。在那里,柯瓦雷除了追随胡塞尔这位现象学导师之外,还遇到了希尔伯特,并且听了他的高等数学课程。1911 年,他移居巴黎,并转入巴黎大学(Sorbonne)学习。他在那里听过柏格森(Bergson)、德尔博斯(Victor Delbos)、拉朗德(André Lalande)以及布兰舒维克(Léon Brunschvicg)的课程。尽管柯瓦雷与他在巴黎的老师们的关系并不像他与胡塞尔及其家人相处时那样亲近(胡塞尔夫人有时甚至把他当自己的孩子看待),但在这种更为冷静的法兰西文明的氛围中,他感到轻松自在。

在战前,柯瓦雷就已在皮卡韦(François Picavet)的指导下开始撰写一篇关于圣安瑟尔谟(Saint Anselm)的论文,随后在巴黎高等研究实践学院(École Pratique des Hautes Études)任教。1914 年,尽管柯瓦雷还不是法国公民,但他仍然应征入伍,并为法兰西战斗了两年。接着,当他获悉祖国招募志愿兵时,遂转入一支俄国军团服役,他也因此而回到了俄国,并在西南前线继续战斗直至 1917 年俄国战败。在随后的内战中,柯瓦雷发现自己正置身于反对组织当中,这些反对组织就好像是一些抵抗力量,他们同时与

①　即今天的格鲁吉亚首都第比利斯(Tbilisi),Tiflis 为其旧称。——译者注

红军和白军开战。过了一段时间,他决定要从这种混战中摆脱出来。这时战争已结束,他就回到了巴黎。在那里,他与来自一个敖德萨(Odessa)家庭的女儿,多拉·雷贝尔曼(Dora Rèybermann)喜结连理。雷贝尔曼的姐姐也嫁给了柯瓦雷的哥哥。在巴黎,柯瓦雷重新开始了研究哲学的学术生涯,此时他才惊讶地发现,在整个战争期间,他学生时代曾租住的那家旅馆的老板一直忠诚地保存着他关于安瑟尔谟的论文手稿。

柯瓦雷一直认为自己的职业是一名哲学家。他的职业生涯始于宗教思想研究,尽管他后来最深刻的工作是在科学史领域中做出的。他早期发表的都是关于神学的著作,这些著作包括:《论笛卡儿的上帝观念及其关于上帝存在的证明》(*Essai sur l'idée de Dieu et les preuves de son existence chez Descartes*,1922),《圣安瑟尔谟哲学中的上帝观念》(*L'idée de Dieu dans la philosophie de St. Anselme*,1923),《雅各布·波墨的哲学》(*La philosophie de Jacob Boehme*,1929)。第一篇论文使他获得了实践学院的毕业文凭和该学院的讲师职位(*chargé de conférence*)。终其一生,柯瓦雷都与实践学院保持着联系。他关于安瑟尔谟的工作虽然完成得更早,但直到后来才正式发表。这项工作使他获得了大学博士学位,这个学位由于波墨的论文而得以升格为"国家博士"(*doctorat d'État*)。

如果阅读柯瓦雷后期的科学史著作,我们可以从中辨认出柯瓦雷用以分析上述早期研究主题的典型动机和方法。柯瓦雷所感兴趣的神学传统是各种护教策略中最具思想性的那部分内容,即关于上帝存在的本体论证明。在各种版本的证明中(无论是这种证明的创始者安瑟尔谟,还是笛卡儿所给出的版本),使得主体所把握的人格存在与外部实在之间的联系得以建立的是精神而不是宗教体验。在以上情境中,这种精神的重要方面当然是"上帝",尽管当柯瓦雷的兴趣转向那些自然哲学家时,它也很容易被理解为是"自然"。他关于笛卡儿的核心观点是:近代哲学家在许多方面都得益于中世纪的先驱者。这个观点如今已毋庸置疑了。此外,柯瓦雷还明确肯定了经院推理的哲学价值,他从不认为"繁琐"(subtleties)是一个贬义词。

对于科学史家来说,以上讨论最有意思的特征是柯瓦雷所发现的笛卡儿对"完美"和"无限"这两个概念的运用。在研究"无限"概念的过程中,柯瓦雷揭示了作为数学家的笛卡儿如何支持着作为哲学家的笛卡儿,并为上述本体论证明赋予了一种安瑟尔谟的推理所无法企及的精致性。在柯瓦雷著作中偶然出现的一些旁白预示了他今后的发展方向,例如:"我们认为,作为数学家的笛卡儿的最令人瞩目的成就是他认识到了数的连续性。通过将分立的数对应于一些线或广延量,他将连续和无限引入了有限数的领域"①。然而在这本书中,柯瓦雷的注意力仍集中在《沉思集》(Meditations)以及作为神学家和形而上学家的笛卡儿。直到后来在那本优美流畅的《关于笛卡儿的对话》(Entretiens sur Descartes[8])中,柯瓦雷才转向《方法谈》(Discourse on Method)的研究,强调它是笛卡儿关于几何学、光学、气象学等各种论述的导言。此时,柯瓦雷已不会再赞成他自己年轻时的一个观点,这个观点的

---

① *L'idée de Dieu et les preuves de son existence chez Descartes*, p. 128.

大意是：尽管笛卡儿改变了哲学史的整个进程，但对于科学史来说，即便笛卡儿从未生存过，科学史也几乎不会有什么不同。[①]

事实上，通过对比柯瓦雷关于笛卡儿的两部主要作品的笔调，我们就可以发现他本人的偏好。《关于笛卡儿的对话》是一部热情洋溢的著作，对待笛卡儿的态度是同情甚至热爱。但他的毕业论文则并非如此，不仅它的行文略嫌拘谨，而且作者处理论文主题时也显得并非那么得心应手。尤其是在论述笛卡儿不够坦白的那些段落里，上述局促感更是暴露无遗，但给读者留下的更一般的感受则是：从神学角度论述笛卡儿的这项研究本身就比较牵强。由于当时柯瓦雷已成为实践学院第五部（一个研究"宗教科学"的部门）的教职候选人，也许这件事很自然地影响到了他对于研究主题的选择。然而令人惊讶的是，尽管柯瓦雷将他毕生的大部分时间都献给了科学史研究，而且巴黎的学术架构也没有为科学史这一学科提供适当的资源，但实践学院的上述部门却在柯瓦雷生前一直为他保留着职位。这种情形既显示了法国首都各种公共机构的僵化，也显示了这些机构的管理者的灵活与弹性。尽管有管理者的宽宏大量，柯瓦雷晚年在履行工作职责方面还是感到有些困难。

安瑟尔谟的信仰的质朴和宁静并没有被文本的含混所遮蔽。尽管柯瓦雷论述这位关于上帝存在的本体论证明的创始者的专著在研究主题上并未像他关于笛卡儿的论文那样暗示了他后期的研究旨趣，但在研究方式上却更贴近他的后期旨趣，特别是在同情的理解、透过文本来洞察其作者等方面。

---

① *La philosophie de Jacob Boehme*，p. vi.

　　作为一名学者来说，也许柯瓦雷最独特的天赋（这也是他的个人品质在学术上的体现）在于他有能力进入他所研究的人物的世界之中，并为读者再现后者在其世界中看到各种事物的方式：比如，安瑟尔谟在某种精神和理智的实在中幸福而又逻辑地把握到了上帝的必然存在；再比如，亚里士多德的物理对象世界是通过常识来把握，并被整理成一种条理分明的哲学；波墨关于各种印记以及人和自然之间的各种对应关系之网；导致哥白尼的诸天球不停自转和公转的简单而又充分的理由是"它们都是圆的"；开普勒对于数的形式与毕达哥拉斯的正立体形的看法；伽利略的由可量化物体所构成的抽象实在，这些物体在几何空间中发生运动学上的联系；最后还有牛顿的开放宇宙，在其中意识已不再位于古希腊哲学的宇宙（cosmos）之中，而是位于无限空间之中。

　　然而，正是通过对重要文本的细致分析（而不是通过一般的概括和意译），柯瓦雷才能够从他所研究的人物的思想构造中发掘出丰富而广泛的内涵。他喜欢大段大段地引述文本来配合自己的分析，以使读者有可能弄明白他正在做什么。事实上，他的作品将"文本阐释"（*explication de texte*）的法国教学技巧应用于学术研究的最高目的。他后期的大部分著作都源自他在法国、埃及和美国等地的许多机构讲授的课程（通常源自个人讲座），他在这些机构定期授课或仅仅是到那里访学。在那些不太自信的年轻学者看来，柯瓦雷的学识有时会使他显得有些严厉，但其实这并非是他有意造成的。从根本上说，柯瓦雷是一位极富人情味的知识分子，他只是在分析问题时要求严格，但在待人处世方面却极为宽厚。他总是希望去揭示他所研究的人物的价值，而不是去展示他们可能有的浅陋与错误。他也从不会被那些容易达成的目标所诱惑。这样一来,柯瓦雷的自信就与他最真诚的谦逊相得益彰,因为他已将他的天赋用于彰显那些伟人的卓越之处,这些伟人用他们的精神、勇气、想象和品位为拓展我们的文化做出了贡献,并因此而激起了他的钦佩之情。

这种容易与前人心灵相通的倾向促使柯瓦雷对黑格尔哲学以及 19 世纪俄罗斯的思想文化做出了重要的研究。尽管这些研究都没有对科学史产生直接影响,但也许还是应该提一下。他对黑格尔的了解源自他年轻时对于胡塞尔现象学的浸淫。在 20 世纪 30 年代早期,他想将黑格尔哲学的意义传播到他在巴黎的哲学朋友圈(圈中绝大多数朋友都是柯瓦雷在巴黎高师结识的)。黑格尔哲学对于这个圈子来说,即便不是未知领域,也在很大程度上是相当陌生的。这些论文引起了不错的反响[1],有些研究主题相似的读者也许会发现他那篇《关于黑格尔的语言和术语的注记》(Note sur la langue et la terminologie hégéliennes)[2]尤其具有启发性。类似地,柯瓦雷在两部关于俄罗斯思想史的著作中所发表的论文为法国学者群体引出了一个话题(对此柯瓦雷尤其具有发言权):俄罗斯作家在对待欧洲文化上陷入了进退两难的困境,一方面,如果他们的国家想要发展文明,就必须认同欧洲文化;另一方面,如果俄罗斯想要确立自己的国家认同感,就必须抵制欧洲文化[4,

---

① Jean Wahl,"Le rôle de A. Koyré dans le développement des études hégéliennes en France",in *Archives de philosophie*,**28**(July-Sept. 1965),323—336.

② *Études d'histoire da la pensée philosophique*;该文最先发表在:*Revue philosophique*,**112**(1931),409—439。

11]。欣赏柯瓦雷科学史著作的读者们最好也读一读这些研究中写得最长的那篇论文，那是一篇关于恰阿达耶夫(Tchaadaev)的专论。①尽管这篇论文与读者的研究主题毫无关系，但它却是柯瓦雷所写论文中最精致、最富同情、最发人深思的作品之一。

相比之下，柯瓦雷关于德国神秘主义的研究工作确实影响了他的科学编史学，尽管这种影响有点令人难以捉摸。因为，尽管他竭力去帮助读者理解这一难解的传统，但他本人对德国神秘主义做出的反应却是从那些神学研究主题转回到了他在哥廷根学生时代的科学兴趣。他那篇重要的博士论文一直是关于波墨的最详尽和最可靠的研究，这篇论文清晰地阐述了波墨这位晦涩作者的思想。此外，柯瓦雷还将论述施温克菲尔德(Schwenkfeld)、弗兰克(Sebastian Franck)、帕拉塞尔苏斯(Paracelsus)、魏格尔(Valentin Weigel)的四篇短论集结成一本小书，书中论及的上述四人都是波墨最重要的思想来源。这本小书于1971年再版时正巧碰上了神秘学的复兴，而这种神秘学却是柯瓦雷本来想强烈反对的。的确，也许有人会认为，波墨也对自然世界感兴趣，甚至与伽利略、笛卡儿和开普勒等同时代人同样感兴趣。然而，以上任何相似之处都是表面的，因为波墨对自然的理解完全是象征性的，对于他来说，各种现象背后的实在性就在于它们拥有神的印记。的确，柯瓦雷完全认识到在近代科学摧毁这些象征性的意义之前，世界如何影响着意识，而且这样的认识也使得他后期关于科学革命的著作变得更加敏锐。但他逐渐感觉到探究神秘主义者各种体验的工作从

---

　　① *Études sur l'histoire des idées philosophiques*, pp. 19—102.

某种意义上来说是徒劳无益的,因为根据定义,上述体验只有拥有这些体验的人才能了解。也正因此,波墨一直在试图解读人与世界之间的对应关系,而这些对应关系又来自他通常所称的"自我之书"(the book of himself);而柯瓦雷在《伽利略研究》(*Études galiléennes*)开篇就评论说,只有科学史才能为"进步"这一观念赋予意义,因为它记录了人类心灵在把握实在的道路上所赢得的各种胜利。[①]

无论如何,贯穿柯瓦雷科学史研究的主题是运动问题。他在一篇名为《关于芝诺悖论的评注》(*Bemerkungen zu den Zenonischen Paradoxen*)的哲学论文中首先界定了这一主题。这篇论文发表于1922年,早于前文所述的神学作品[②],这也是柯瓦雷的第一篇实际发表的作品。[③] 在其中柯瓦雷论证说,为了理解芝诺悖论,我们不仅需要分析运动,还要分析运动借助时空参量概念化时涉及"无限"和"连续"观念的方式。在回顾了布罗沙尔(Brochard)、诺埃尔(Noël)、埃弗兰(Evelyn)和柏格森研究芝诺悖论的贡献之后,柯瓦雷(无疑是回想起了自己跟随希尔伯特所做的研究)援引了波尔查诺(Bolzano)和康托尔(Cantor)关于无限和极限本性的研究成果,并区分了以下两种运动:一种是作为过程的运动,这个过程在其本性上就包含着物体;另一种是作为关系的运

---

① *Études galiléennes*,p. 6.

② *Jahrbuch für Philosophie und phänomenologische Forschung*,**5**(1922),603—628;该论文的法文版已收入[17a]。

③ 在第一次世界大战之前,柯瓦雷曾经发表过一则短评:《关于伯特兰·罗素的数的评注》,参见:"Remarques sur les nombres de M. B. Russell",in *Revue de metaphysique et de morale*,**20**(1912),722—724。

动,物体本身与这种作为关系的运动无关。曾经有一个脚注预示了柯瓦雷毕生的工作:"古代物理学和近代物理学之间的所有分歧都可被归结为这样一点:对于亚里士多德来说,运动必然是一种活动,或者更确切地说,是一种现实化(潜能作为潜能的现实化[*actus entis in potentia in quantum est in potentia*]),而对于伽利略和笛卡儿来说,运动变成了一种状态。"① 在他生命最后的日子里,柯瓦雷经常被问到他怎么会从神学转向科学,有一次他回答说:"我回到了我的初恋。"②

柯瓦雷的学术生涯充满了跌宕起伏。最初他曾为巴黎大学斯拉夫研究院(*Institut d'Études Slaves*)的一门课程准备过一些有关俄罗斯思想史的资料。1929 年,即在《雅各布·波墨的哲学》出版的那一年,柯瓦雷在蒙彼利埃大学文学院谋得一席教职,并从1930 年 9 月起在那里任教直至 1931 年 12 月。其间柯瓦雷一直颇为享受法国南部的气候与生活品质,但也常常为无法利用巴黎的各大图书馆而感到遗憾。1932 年 1 月,他被选为实践学院的研究主任(*directeur d'études*),并回到了巴黎,开始在学院讲授关于16 世纪科学与信仰的课程。为了准备这门课,柯瓦雷阅读了哥白尼的著作,他发现哥白尼划时代的成就几乎完全不被人所知。于是他着手翻译了《天球运行论》(*De revolutionibus*)的第 I 卷,即该书理论性和宇宙论的部分,并为之撰写了一则关于历史背景的阐

---

① *Études d'histoire da la pensée philosophique*,p. 30,n. 1.

② 在他的论文中,柯瓦雷留下了一份 1951 年的求职履历,这份履历阐述了柯瓦雷自己对他的研究工作(包括已完成的工作和其后打算进行的工作)的内在关联性的理解;参见 *Études d'histoire da la pensée scientifique*,pp. 1—5。

释性的导言。这是他对科学史本身的第一项贡献。在上述导言
中,哥白尼代表着一位研究宇宙的思想家,一位既迂腐保守而又革
命激进的思想家,而不再仅仅是一位摆弄各种本轮的学者。说他
迂腐保守,是因为哥白尼还沉溺于柏拉图的正圆美学,并将它变成
了一种宇宙运动学;说他革命激进,是因为哥白尼坚信几何形式必
须与物理实在相符合,只要一种假说能将两者结合起来,那么不管
这种假说可能会给传统和常识带来什么后果,它都不致因为太过
冒险而不值得采纳。通过这样一种蕴涵,形式本身变成几何的而
不是实体的,近代科学就在这条道路的前方。

　　当 1934 年柯瓦雷出版其关于哥白尼的著作时,他正以访问学
者的身份在开罗大学教课。由于柯瓦雷发现自己与那里的同事和
学生非常投缘,故他于 1936—1937 学年和 1937—1938 学年两度
回到那里讲课。他为那里的听众所准备的讲稿后来发展成了《关
于笛卡儿的对话》这部著作。当时柯瓦雷的研究兴趣已经从哥白
尼转向了伽利略,他将一套由法瓦罗(Favaro)编辑的出色的伽利
略著作全集带到了埃及,并在开罗安顿下来之后潜心研究。也正
是在那里,柯瓦雷撰写了他的名著《伽利略研究》[①]。这本名著的
标题页上显示的出版年份是 1939 年,但实际上它直到 1940 年 4
月,即在德国入侵前才出现在巴黎。当时柯瓦雷和他的妻子又一
次待在开罗。但他想在国难当头时为国家出点力,于是他们又匆

---

　　① 柯瓦雷此前已发表的两篇论文包含了这项工作的部分内容,分别是:《伽利略
与比萨实验》,参见:"Galilée et l'expérience de Pise",in *Annales de l'Université de Par-is*,**12**(1937),441—453;《伽利略与笛卡儿》,参见:"Galilée et Descartes",in *Travaux du IXᵉ Congrès international de Philosophie*,**2**(1937),41—47。

匆回到了法国,抵达巴黎时恰逢巴黎已经投降。他们掉转头先到
蒙彼利埃,然后再取道贝鲁特返回开罗。当戴高乐将军来到开罗
时,柯瓦雷已经决定加入"自由法国"组织并为戴高乐效力。由于
柯瓦雷持有美国签证,戴高乐认为,如果能有这样一位学识卓越之
士留在美国,而且能够在这个其政策有利于贝当政府(Pétain)①的
国家阐释戴高乐的观点,那么"自由法国"事业或许会从中受益。
于是,柯瓦雷夫妇设法转道印度,横渡太平洋,取道旧金山并最终
来到纽约。他在纽约加入了一个由法国和比利时科学家与学者组
成的团体,并参与了这个团体创建"高等研究自由学院"(École Li-
bre des Hautes Études)的工作。在整个二战期间,他一直在那里
以及"新社会研究学院"(New School for Social Research)任教,只
在 1942 年去过一次伦敦向戴高乐汇报工作。在纽约,柯瓦雷逐渐
熟悉并融入了美国的生活,这自然使得他愿意在美国度过其晚年
的学术生涯,这几乎占了他全部职业生涯的一半时间。

　　由于战争移开了人们关注学术的视线,《伽利略研究》在战争
期间并没有产生多大影响。但在战争刚刚结束的那几年,这本名
著却在美国受到了极为广泛和热情的关注。这真是"书逢其时,一
举成名"。那时恰逢新一代的科学史家们在日益扩展的美国大学
体系中寻找契机,这代人最早以完全职业化的方式来构想科学史
这一学科,而且无论当时的大学体系在学术精湛程度和哲学深度

---

①　贝当(Henri Philippe Pétain,1856—1951),法国元帅,维希(Vichy)政府元首。
第二次世界大战期间法国沦陷后,德法停战协议将法国一分为二,其中一半(含首都巴
黎)由德国占领,另一半由投降的贝当元帅组建傀儡政府进行统治,史称"维希政府"或
"贝当政府"。——译者注

方面如何缺憾，它对于科学的热忱和灵活度也足以弥补它的缺点。正当科学史家们通过参考文献苦苦寻找题材时，他们就像发现某种启示那样发现了《伽利略研究》，因为这本著作揭示了他们初创的学科可能会具有怎样激动人心的思想意义。此外，这本著作既不是关于各种科学发现和过时术语的枯燥堆积，也不是对于科学精神所创造的各种奇迹的煽情吹捧，更不是对某种哲学体系的掩饰（尽管作者本人支持柏拉图主义），就像实证主义观点谈及科学和马克思主义观点谈及历史时所做的那样。

相反，他们在《伽利略研究》中发现了一段分析细致入微但却极其激动人心的思想战斗史，这场战斗由伽利略、笛卡儿等伟大的倡导者发起，目的是力图获得经典物理学的那些最基本的概念和公式。这些概念和公式后来显得如此简单，甚至连中学生也能轻而易举地掌握它们。这场战斗所针对的既不是宗教，也不是迷信或无知（关于科学的流俗观点往往会有这样的误解），而是习惯和常识，是那些最伟大的心灵在面对他们自己所执着的信念的逼迫时容易犯错的倾向。事实上，柯瓦雷曾经评论说，关于错误的历史和关于正确理论的历史同样富有教益，而且在某种程度上前者甚至更具有启发意义。因为，尽管错误本身并没有什么歌颂的价值（柯瓦雷并不是非理性主义者），但它们确实展示出了某些限制因素的力量和本质，而理智的欲求必须努力突破这些限制才能创造出知识（在一篇名为《说谎者厄庇墨尼德》[*Epiménide le menteur*]的隽永的反讽性文章中，柯瓦雷在古典语境下深入探讨了关于"错误"的更严格意义上的哲学问题）。

柯瓦雷研究问题的技巧既注重精雕细琢，又不失宏观概括。

就问题本身而言，它注重精雕细琢；就其始终意识到这些问题的广泛意义来说，又不失宏观概括。《伽利略研究》包含独立成卷的三篇论文，第一篇题为"经典科学的黎明"（À l'aube de la science classique），这里的经典科学是指经典物理学。贯穿三篇论文的统一主题是：经典物理学（没有它，近代科学的其他内容都是不可思议的）如何起源于表述落体定律和惯性定律的努力，它们分别是《伽利略研究》第二、第三篇论文所要处理的问题。第一篇论文的副标题是"伽利略的青年时代"，它意味着伽利略的早期学习和最初研究将会重溯物理学从其古代以来所经历的主要历史阶段。柯瓦雷关于亚里士多德物理学的同情式概括既强调了亚里士多德赋予抛射体运动的原因的反常性，又解释了博纳米科和贝内代蒂的推理。贝内代蒂将 14 世纪的冲力理论发展成了一整套解释抛射体飞行和重物下落的思想方案，从他那里，伽利略学到了冲力物理学。然而，只有当伽利略抛弃了作为原因的冲力（causal impetus）的观念之后，他才开始率先将一种关于质的物理学引向一种关于量的物理学。在他青年时期留下的手稿《论运动》（De motu）的分析中，他首先尝试迈出这一步。在上述手稿中，他用阿基米德的方法替代了亚里士多德的方法，并使用"相对密度"等术语论述了物体与其周围介质的相互关系。

在柯瓦雷看来，科学革命的关键问题是如何将亚里士多德意义上的物理量几何化。《伽利略研究》所展现的思想戏剧（在书中经常是由各种阴差阳错构成的喜剧）在伽利略和笛卡儿之间进行了某种对比，两者都力图将落体定律和惯性定律（这两个定律分别是近代动力学最早和最一般的定律）从普通物体的日常表现的遮蔽中提炼出来。最后,伽利略得到了落体定律,而笛卡儿则得到了惯性概念。1604 年,伽利略在其私人书信中最先对落体定律进行了正确表述(即物体从静止开始自由下落所通过的距离正比于它所经历的时间的平方),但同时又把上述定律归之于一个错误的原理(即物体在下落的任一点所获得的速度增量正比于已下落的距离)。

事实上,在匀加速运动中,速度的增加与时间成正比。出人意料的是,15 年以后,笛卡儿在与毕克曼的通信中独立重复了同样的混淆。正是这种惊人的巧合揭示了上述错误的深刻之处。表述落体定律的独特困难在于数学与动力学的相互隔阂。无论伽利略多么清楚地意识到需要用数学语言来表述落体定律,他能够用于将运动数学化的工具唯有算术与几何。尽管他的思维是分析性的,他也不得不用比例来表示函数依赖的关系,而时间的流逝能自然地用几何量来表达,这一点一开始对伽利略来说并非那么直观清楚。但伽利略的直觉显然是一位物理学家的直觉,他最终突破了这一点,并且修正了自己的错误。《两门新科学》包含了从匀加速原理出发对落体定律进行的一个完整的数学推导,并在随后用著名的斜面实验来证实这个定律(由于柯瓦雷本人过度怀疑早期物理学的实验成分,他仅仅视斜面实验为一种思想实验)。

在落体问题上,笛卡儿不如伽利略那样幸运。由于笛卡儿执意将物理学等同于几何学,他从未真正觉察到他关于下落的表述与对落体现象的物理描述不一致。但是,如果说是这种"彻底几何化"(géometrisation à outrance)的倾向对笛卡儿隐藏了物理问题的基本原理,那么,在另一方面,正是这种数学激进主义将他引向了惯性定律,使他可以不必关心"运动会在哪里停止?"、"如果物体倾向于沿直线运动到无限远处,那么还有什么东西能将整个世界聚合在一起?"等问题。在这些物理问题面前,伽利略最终退回到了传统的运动观念,认为天界仍沿着圆周运动,并留待笛卡儿来明确阐述这个更一般、更普遍的运动定律。将惯性定律归于笛卡儿当然是柯瓦雷在《伽利略研究》中最原创、最惊人的发现之一,也是柯瓦雷论证的核心。由于惯性原理的出现,一个以人为中心、其秩序符合人的目的的有限宇宙(cosmos)的古代观念消逝在令人不安的无限空间之中。在柯瓦雷看来,科学革命包含着人类对自己在世界中生存的意识的某种嬗变,这种嬗变比从古希腊人类文明的开端以来的任何思想事件都更具决定性意义。而这种嬗变之所以会发生,其原因就在于:为了解决那些关于运动的基本问题,人类构想这些问题的广泛界限和参量的方式必须发生转变。

在战后的岁月里,柯瓦雷一方面在巴黎重拾教职,另一方面不时在哈佛、耶鲁、约翰·霍普金斯、芝加哥和威斯康星等大学发表演讲。1964 年,西储大学授予柯瓦雷"古典文学博士"的荣誉学位。1955 年,柯瓦雷进入普林斯顿高等研究院,次年获得研究院的终身成员资格。从那时起一直到 1962 年他开始身体欠佳,每年他都会有六个月待在普林斯顿,并在每个春季回到巴黎实践学院讲授他的年度课程。普林斯顿高等研究院的宁静氛围,尤其是那里关于科学史初版著作的罗森瓦尔德藏书(Rosenwald collection),对于柯瓦雷完成其后续著作来说至关重要。在此期间,同事哈罗德·谢尼斯(Harold Cherniss)、埃文·帕诺夫斯基(Erwin Panofsky)的友谊,以及研究院院长罗伯特·奥本海默(Robert

Oppenheimer)的敏锐和批评都给了柯瓦雷极大的激励和鼓舞。在上述同事的鼓励和陪伴下,柯瓦雷成为研究院中思想上泰然自若、感觉上从容自在的极少数学者之一。

柯瓦雷的后期著作进一步延续着他在研究科学革命及其历史与哲学方面时发现的那些主题。《天文学革命》(La révolution astronomique)是他生前留下的最后一部已完成著作,这部著作的主体是一篇关于开普勒的天文学变革的内容十分翔实的论文,在这篇论文之前是柯瓦雷关于哥白尼的早期论述的一篇概要,之后是一篇关于博雷利(Borelli)的天体力学的论文。最后一篇论文是柯瓦雷对于科学史研究的最原创的贡献之一,因为尽管博雷利早已因其机械论的生理学而为学者们所熟知,但近代以来极少有研究者论及他的宇宙机器的错综复杂的理性结构。至于《天文学革命》的主要部分,开普勒一直是他最欣赏的人物之一。柯瓦雷欣赏开普勒的勇气,欣赏他的想象力,欣赏他的柏拉图主义以及他的精确。柯瓦雷为开普勒勾勒的形象不同于哥白尼,他将开普勒刻画成一位为行星运动寻求物理解释的天体物理学家,在寻求过程中他提出了那些数学定律。柯瓦雷一点也不贬低开普勒思想的那些异想天开的方面和毕达哥拉斯主义的要素所发挥的重要作用。事实上,也许我们可以说,一直到他关于开普勒的研究,柯瓦雷早年关于德国神秘主义的兴趣才在科学中找到了用武之地。然而,最终说来,开普勒留下的影响之所以如此深远,是因为他对物理事实的忠诚始终支配着他的想象力,并因此而取得了丰硕的成果。

柯瓦雷所感兴趣的那些主题在牛顿综合中到达了它们的结局,他论述牛顿综合的意义的那篇论文也是他最清晰、透彻和全面的作品之一。这篇论文也成为柯瓦雷身后出版的《牛顿研究》(*Newtonian Studies*)的开篇。或许有些令人遗憾,柯瓦雷并没有把"从开普勒到牛顿关于落体问题的文献史"(A Documentary History of the Problem of Fall From Kepler to Newton)这篇论文收入《牛顿研究》,因为这篇一丝不苟的专论最好地展示了他在学术研究方面的天才,即他特别善于从细节和总体两个方面处理某个问题在许多分析性的头脑中所呈现的方方面面。与《伽利略研究》相比,柯瓦雷还没来得及在他关于牛顿的各项研究之间建立同等程度的融贯性。在他生命的最后几年,柯瓦雷一直在与科恩(I. Bernard Cohen)合作筹备一个牛顿《原理》(*Principia*)的集注版,这个集注版目前已经付印。在《牛顿研究》中,柯瓦雷那篇论述"牛顿的假说与实验"的论文将牛顿的名言"我不杜撰假说"(*hypotheses non fingo*)翻译成了"杜撰"(feign)而不是"构造"(frame),对人们将一种实证主义哲学归于牛顿本人的做法提出了异议。《牛顿研究》中篇幅最长的论文比较了牛顿和笛卡儿的空间学说,细致地探究了两种学说之间差异的神学含义,这个主题在柯瓦雷的另一本著作《从封闭世界到无限宇宙》(*From the Closed World to the Infinite Universe*)中得到了更为充分的探讨。

《从封闭世界到无限宇宙》早于《牛顿研究》完成,它重溯了书名所体现的形而上学转变过程,这段过程始于库萨的尼古拉(Nicolas of Cusa)的宇宙论,终于牛顿关于无限空间的绝对性和一位与自然相区别的人格上帝的全能性的断言。从神学角度看,贯穿于整个过程的关键问题是上帝和世界的关系。笛卡儿的科学似乎只有通过陷入泛神论才能避开无神论,这个结论尤其适用于亨利·摩尔(Henry More)。对读者来说,柯瓦雷关于这些问题的讨论似乎有点令人摸不着头脑,因为他们的感受力还未能很好地适应旧本体论的形而上学与神学含义。然而,如果从心理学角度而不是从形而上学角度来理解上述问题,那么这些问题就会变得生动起来。这种解读与柯瓦雷本人对梅耶松(Émile Meyerson)著作的推崇是一致的,他曾将他的《伽利略研究》题献给梅耶松。[1]这种解读也使《从封闭世界到无限宇宙》成为《伽利略研究》的更哲学化的补充篇或姐妹篇,前者关注的是柯瓦雷所称的"世界感"(world-feelings)[2],而后者所关注的则是"世界观"(world views)。

《从封闭世界到无限宇宙》的核心主题是异化,即意识通过创造出科学将自身从自然中异化出来。如果用这样的术语来表达,那么在现代人眼中,关于上帝和世界的各种形而上学焦虑就会显得非常实在,而这正是希腊宇宙(cosmos)的解体所蕴含的后果:

> 一个作为有序的有限整体、空间结构体现着完美等级与价值等级的世界,被一个无定限的(indefinite)甚或无限的(infinite)宇宙所取代,将这个宇宙统一在一起的不再是自然的从属关系,而仅仅是其最终的基本组分和定律的同一性;空间的几何化是指,亚里士多德的空间观(世界内部的一系列处处有别的处所)被欧几里得几何的空间观(本质上无限的同质

---

[1]　参见柯瓦雷的以下两篇论文:"Die Philosophie Émile Meyersons", in *Deutsch-Französische Rundschau*, **4**(1931), 197—217;以及"Les essais d'Émile Meyerson", in *Journal de psychologie normale et pathologique*(1946), 124—128。

[2]　*From the Closed World to the Infinite Universe*, p. 43.

广延)所取代,从那时起,后者被等同于宇宙的真实空间。①

　　然而,尽管柯瓦雷的上述强调可能会助长将科学斥之为反人性的流行思潮,但他的论述却丝毫无助于反科学主义的鼓吹者。值得注意的是,在17世纪所有伟大的天才中,除培根外,柯瓦雷唯一不太同情的就是帕斯卡。因为他一直认为,理智的创造是精神与混乱长期艰苦搏斗之后获得的成就,而不是需要哀惋叹惜的负担。

附:参考文献目录

Ⅰ.柯瓦雷著作的目录索引

　　在柯瓦雷七十岁生日之际,有人组织编撰了一个两卷本的纪念文集,题为《柯瓦雷文集》(*Mélanges Alexandre Koyré*,2 vols,Paris,1964)。该文集第二卷的卷首列出了柯瓦雷主要出版物的清单,包括大约75个条目的作品。本文仅限于列出柯瓦雷的各种著作,以及在前文脚注中提到过,或下文[17]、[18]、[19]三本论文集所收录的那些较重要的论文。在其晚年及逝世之后,柯瓦雷的同事和出版商们认为有必要将这些作品收集在一起,并以书籍的形式重新发表。这也证明人们对柯瓦雷的专业研究保有持续的兴趣。了解一下这些论文集的内容,对读者来说是很有帮助的。

　　[1]《论笛卡儿的上帝观念及其关于上帝存在的证明》(*L'idée*

---

　　①　*From the Closed World to the Infinite Universe*,p. viii.

de Dieu et les preuves de son existence chez Descartes, Paris, 1922; German trans., Bonn, 1923)

[2]《圣安瑟尔谟哲学中的上帝观念》(*L'idée de Dieu dans la philosophie de S. Anselme*, Paris, 1923)

[3]《雅各布·波墨的哲学:关于德国形而上学起源的研究》(*La philosophie de Jacob Boehme*; *Étude sur les origines de la métaphysique allemande*, Paris, 1929)

[4]《19世纪初俄罗斯的哲学及民族运动》(*La philosophie et le mouvement national en Russie au début du XIXe siècle*, Paris, 1936)

[5]《哥白尼的《天球运行论》第一卷:导言、译文及注释》(*Des Révolutions des orbes célestes*, *liv. 1*, *introduction*, *traduction et notes*, Paris, 1934; repub. 1970)

[6]《斯宾诺莎的《理智改进论》:导言、文本、译文及注释》(*Spinoza*: *De Intellectus Emendatione*, *introduction*, *texte*, *traduction*, *notes*, Paris, 1936)

[7]《伽利略研究》:第Ⅰ部分,"经典科学的黎明";第Ⅱ部分,"惯性定律:笛卡儿与伽利略";第Ⅲ部分,"伽利略与惯性定律"。(*Études galiléennes*, Paris, 1939: Ⅰ, *À l'aube de la science classique*; Ⅱ, *La loi de la chute des corps*, *Descartes et Galilée*; Ⅲ, *Galilée et la loi d'inertie*.)

[8]《关于笛卡儿的对话》(*Entretiens sur Descartes*, New York, 1944; repub. with[9], Paris, 1962)

[9]《柏拉图对话导论》(法),《发现柏拉图》(英)(*Introduction*

à la lecture de Platon,New York,1945;English trans. ,*Discove-ring Plato*,New York,1945;Spanish trans. ,Mexico City,1946;Italian trans. , Florence, 1956; repub. in combination with [8], Paris,1962)

[10]《说谎者厄庇墨尼德》(*Epiménide le menteur*,Paris,1947)

[11]《俄罗斯哲学观念史研究》(*Études sur l'histoire des idées philosophiques en Russie*,Paris,1950)

[12]《16 世纪德国的神秘主义者、唯灵论者与炼金术士：施温克菲尔德、弗兰克、魏格尔、帕拉塞尔苏斯》(*Mystiques*,*spirituels*, *alchimistes du XVIᵉ siècle allemand*:*Schwenkfeld*,*Seb. Franck*, *Weigel*,*Paracelse*,Paris,1955;repub. 1971)

[13]《从开普勒到牛顿关于落体问题的文献史：在地动假设下的重物自然下落运动》(A Documentary History of the Problem of Fall From Kepler to Newton:De motu gravium naturaliter cadentium in hypothesi terrae motae),发表在 *Transactions of the American Philosophical Society*,**45**,pt. 4(1955),329—395。法语译文由 Vrin 出版社出版,书名为：《从开普勒到牛顿的地球运动与物体下落：该问题的历史与文献》(*Chute des corps et mouvement da la terre de Kepler à Newton*:*Histoire et documents du problème*)

[14]《从封闭世界到无限宇宙》(*From the Closed World to the Infinite Universe*,Baltimore,1957;repub. New York,1958;French trans. ,Paris,1961)

[15]《天文学革命：哥白尼、开普勒与博雷利》(*La révolution*

astronomique：*Copernic*，*Kepler*，*Borelli*，Paris，1961）

　　［16］《牛顿研究》（*Newtonian Studies*，Cambridge，Mass.，1965；French trans.，Paris，1966）

　　［17］《哲学思想史研究》（*Études d'histoire da la pensée philosophique*，Paris，1961），收入以下 12 篇论文：

　　（a）"关于芝诺悖论的评注"（Remarques sur les paradoxes de Zénon，1922）

　　（b）"14 世纪的虚空与无限空间"（Le vide et l'espace infini au XIVe siècle，1949）

　　（c）"星座之犬和吠叫之犬"（Le chien，constellation céleste，et le chien，animal aboyant，1950）

　　（d）"孔多塞"（Condorcet，1948）

　　（e）"路易·德·伯纳尔"（Louis de Bonald，1946）

　　（f）"耶拿时期的黑格尔"（Hegel à Iena，1934）

　　（g）"关于黑格尔的语言和术语的注记"（Note sur la langue et la terminologie hégéliennes，1934）

　　（h）"关于法国黑格尔研究状况的报告"（Rapport sur l'état des études hégéliennes en France，1930）

　　（i）"论科学观念对科学理论演变的影响"（De l'influenece des conceptions scientifiques sur l'évolution des théories scientifique，1955）

　　（j）"马丁·海德格尔的哲学演变"（L' évolution philosophique de Martin Heidegger，1946）

　　（k）"哲学家与机器"（Les philosophes et la machine，1948）

(l)"从近似世界到精确宇宙"(Du monde de l'"à-peu-près"à l'univers de précision,1948)

[18]《科学思想史研究》(Études d'histoire da la pensée scientifique,Paris,1966),收入以下 18 篇论文:

(a)"近代思想"(La pensée moderne,1930)

(b)"中世纪哲学中的亚里士多德主义与柏拉图主义"(Aristotélisme et platonisme dans la philosophie du Moyen Age,1944)

(c)"文艺复兴的科学意义"(L'apport scientifique de la Renaissance,1951)

(d)"近代科学的起源"(Les origines de la science moderne,1956)

(e)"科学宇宙论的诸阶段"(Les étapes de la cosmologie scientifique,1952)

(f)"五百年后的列奥纳多·达·芬奇"(Léonard de Vinci 500 ans après,1953)

(g)"尼科洛·塔尔塔里亚的动力学"(La dynamique de Nicolo Tartaglia,1960)

(h)"贝内代蒂:亚里士多德的批判者"(Jean-Baptiste Benedetti,critique d'Aristote,1959)

(i)"伽利略与柏拉图"(Galilée et Platon,1943)*

(j)"伽利略与 17 世纪科学革命"(Galilée et la révolution scientifique du XVIIᵉ siècle,1955)*

(k)"伽 利 略 与 比 萨 实 验:关 于 一 个 传 说"(Galilée et l'

expérience de Pise:à propos d'une légende,1937)

(l)"伽利略的"论重物的运动":论思想实验及其滥用"(Le "De motu gravium" de Galilée:de l' expérience imaginaire et de son abus,1960)**

(m)""翻译者,背叛者也":关于哥白尼与伽利略"("Traduttore-traditore",à propos de Copernic et de Galilée,1943)

(n)"一个测量实验"(Une expérience de mesure,1953)*

(o)"伽桑狄及其时代的科学"(Gassendi et la science de son temps,1957)**

(p)"博纳文图拉·卡瓦列里及其关于连续的几何学"(Bonaventura Cavalieri et la géométrie des continus,1954)

(q)"学者帕斯卡"(Pascal Savant,1956)**

(r)"科学史面面观"(Perspectives sur l'histoire des sciences,1963)

其中:标*者原文是英语,重印于论文集[19];

标**者原文是法语,译成英语后收入[19]。

[19]《形而上学与测量》(*Metaphysics and Measurement*,London,1968),收入了论文集[18]中(i)、(j)、(l)、(n)、(o)、(q)等六篇论文的英文版。

Ⅱ.二手文献

读者还可在以下文献中找到关于柯瓦雷及其工作的论述:

(1)Yvon Belaval,*Critique*,nos. 207—208(1964),675—704;

(2)Pierre Costabel and Charles C. Gillispie,*Archives inter-*

nationales d'histoire des sciences, no. 67(1964), 149—156；

(3)Suzanne Delorme, Paul Vignaux, René Taton, and Pierre Costabel in *Revue d'histoire des sciences*, **18**(1965), 129—159；

(4)T. S. Kuhn, "Alexander Koyré and the History of Science", in *Encounter*, **34**(1970), 67—69；

(5)René Taton, *Revue de synthèse*, **88**(1967), 7—20.

译　后　记

　　本书是科学思想史上的一部经典名著。作者亚历山大·柯瓦雷(Alexandre Koyré,1892—1964)是所谓科学思想史学派或内史学派的领袖人物。他1892年出生于俄罗斯的塔甘罗格,曾师从胡塞尔学习现象学,师从希尔伯特学习数学,后又到巴黎随柏格森和布兰施维克(Léon Brunschvicg)学习哲学。第一次世界大战过后,他回到巴黎,以一篇论述笛卡儿的论文从实践学院(école Pratique)毕业,并在那里获得教职。后又以一篇论述安瑟尔谟的论文在索邦神学院获得博士学位。其早期的研究涉及笛卡儿和安瑟尔谟关于上帝存在的本体论论证以及德国神秘主义哲学家雅各布·波墨(Jacob Boehme,1575—1624)的哲学。1934年,他在实践学院执教时为哥白尼《天球运行论》关于宇宙论部分的第一卷作了翻译和评注,开始了他在科学史方面的研究工作。1939年,他出版了著名的《伽利略研究》,其主题是关于经典物理学是怎样从表述落体定律和惯性定律的艰苦努力中逐渐成形的。第二次世界大战期间,他被从开罗派到美国传播戴高乐派的观点,《伽利略研究》也随之受到了美国科学史界的高度关注。战后,他在实践学院和包括普林斯顿高等研究院在内的美国多所著名院校巡回讲学,1964年在巴黎去世。

与强调科学的社会、经济背景的外史学派相反,柯瓦雷认为科学本质上是对真理的理论探求,科学的进步体现在概念的演化上,它有着内在的和自主的发展逻辑。按照他的说法,思想如果成其为一个体系,就总蕴含着一种世界图像或观念。正是这种考虑把他引向了科学思想史的研究。他认为科学思想史旨在把握科学思想在其创造性活动的过程本身中的历程。为此,关键是要把所研究的著作置于其思想和精神氛围之中,并依据其作者的思维方式和好恶偏向去解释它们。此外,还要在科学思想始终纳入该思想理解自身以及它与先前思想和同时代思想之关系的方式。每位科学家或哲学家所提出的思想,都有其内在外在的融贯性,科学史家应该根据他所关注的问题和所处的时代背景来理解他的理论,解释其著作,而不是如实证主义者那样将其思想体系拆分,根据后世的科学标准进行取舍。根据这种思想史的编史纲领,柯瓦雷写出了一批对科学史产生极大影响的著作,《牛顿研究》(1965 年)是他最负盛名、影响最大的著作之一。他的其他代表作还有《伽利略研究》(1939 年)、《天文学革命》(1961 年)、《形而上学与测量》(1968年)等。

《牛顿研究》于作者身后发表,是关于 17 世纪科学革命和牛顿的经典研究著作。它虽然是由看似无关的七篇论文所组成,但正如作者在序言中所说,它们是"用概念分析的方法来说明基本的科学思想既与哲学思想的主流相联系,又被经验控制所决定"。读者在阅读过程中不知不觉就会更深刻地理解牛顿在建立概念体系过程中所付出的巨大努力及其复杂性情的方方面面,还可以对牛顿同时代人及前人的思想与牛顿体系千丝万缕的联系产生更深刻的认识。其中第一篇文章"牛顿综合的意义"，则更是科学思想史领域的名篇。

《牛顿研究》是笔者的第一本译作，2003年被列为"北京大学科技哲学丛书"中的一种由北京大学出版社出版，距今已有十多年。现在想来，当年咬牙坚持将其译出，不禁有些后怕。这不仅是因为该书注释繁多，各种西文令人目不暇接，更是因为当时我对科学革命了解还很少，许多术语和相关内容还不熟悉，导致有不少译错或译得不当的地方。值此次商务再版之机，我又做了许多改动，其中"牛顿综合的意义"一篇则做了逐字逐句的校改和重译，还在书后附上了《科学家传记辞典》(*Dictionary of Scientific Biography*)中"柯瓦雷"词条译文——"柯瓦雷的生平与著作"。此外，在北大版中，原书的大量脚注被排成了尾注，非常不利于读者查阅，此次再版改回脚注。但由于时间和精力所限，此次对原译文的校改仍然不够完善，文中必定还存在着不少错误或可以改进之处，恳请广大读者不吝指正！最后，还要对当年为本书翻译帮助甚多，也是将柯瓦雷的著作第一次引入中国的吴国盛老师和孙永平老师再次表示衷心的感谢！

张卜天

2014年5月10日

图书在版编目(CIP)数据

牛顿研究/(法)亚历山大·柯瓦雷著;张卜天译.—
北京:商务印书馆,2016(2022.8重印)
(科学史译丛)
ISBN 978 - 7 - 100 - 12404 - 1

Ⅰ.①牛… Ⅱ.①亚… ②张… Ⅲ.①牛顿,I.(1642 -
1727)—人物研究 Ⅳ.①K835.616.11

中国版本图书馆 CIP 数据核字(2016)第 170575 号

科学史译丛

牛顿研究

〔法〕 亚历山大·柯瓦雷 著

张卜天 译

商 务 印 书 馆 出 版
(北京王府井大街36号 邮政编码100710)
商 务 印 书 馆 发 行
北京中科印刷有限公司印刷
ISBN 978 - 7 - 100 - 12404 - 1

2016 年 10 月第 1 版	开本 880×1230 1/32
2022 年 8 月北京第 4 次印刷	印张 14⅝

定价:79.00 元

《科学史译丛》书目